Migration und sprachliche Bildung

Interkulturelle Bildungsforschung

herausgegeben von
Ingrid Gogolin
und Marianne Krüger-Potratz

Band 15

Waxmann Münster / New York
München / Berlin

Ingrid Gogolin, Marianne Krüger-Potratz,
Katharina Kuhs, Ursula Neumann, Fritz Wittek (Hrsg.)

Migration und sprachliche Bildung

Waxmann Münster / New York
München / Berlin

Bibliografische Informationen Der Deutschen Bibliothek
Die Deutsche Bibliothek verzeichnet diese Publikation in der Deutschen Nationalbibliografie; detaillierte bibliografische Daten sind im Internet über http://dnb.ddb.de abrufbar.

ISBN 3-8309-1541-1

www.waxmann.com
info@waxmann.com

Umschlaggestaltung: Pleßmann Kommunikationsdesign, Ascheberg
Umschlaggrafik und die Abbildungen auf den Seiten 48, 102, 150 und 230: Heide Reich, Landau
Satz: Isabella Dieterich, Hamburg
Druck: Zeitdruck GmbH, Münster
Gedruckt auf alterungsbeständigem Papier, DIN 6738

Vorwort

Im Dezember 2004 hat unser Kollege und Freund *Hans H. Reich* seinen 65. Geburtstag gefeiert; seit dem Sommersemester 2005 ist er Emeritus der rheinland-pfälzischen Universität Koblenz-Landau, Campus Landau. Verabschiedet wird er mit einem wissenschaftlichen Kolloquium im Juni 2005. Unser Geschenk für ihn ist diese Festschrift.

An ihr mitgeschrieben haben Menschen, die ihn ein kurzes oder längeres Stück seines beruflichen Lebens begleitet haben, die sich von seinen Gedanken haben inspirieren lassen, die mit ihm zusammen an vielfältigen Forschungsaktivitäten, in vielen verschiedenen Forschungsgruppen und wissenschaftlichen Gremien gearbeitet haben und noch arbeiten. Wie groß das Spektrum seiner wissenschaftlichen Arbeiten ist, die sich um Migration, Mehrsprachigkeit und Bildung ranken, belegt das Schriftenverzeichnis, das wir mit detektivischer Lust zusammengestellt haben. Die Beiträge dieses Buchs können die Bandbreite von Hans Reichs wissenschaftlicher Arbeit nur unvollkommen wiedergeben – aber immerhin: Sie handeln von der Freude an der sprachlichen Vielfalt unserer Gesellschaft, von den Fähigkeiten der Menschen, damit umzugehen, und von der Forscherlust daran, diesen Prozessen nachzuspüren. Davon und von den Hoffnungen, dass einst Bildungsinstitutionen so gestaltet sein werden, dass Mehrsprachigkeit darin gefördert wird, handelt ein Essay über Migration, Mehrsprachigkeit und sprachliche Bildung von Ingrid Gogolin, Marianne Krüger-Potratz und Ursula Neumann.

Den Auftakt des Bandes bilden zwei Beispiele für frühe Verbindungen persönlicher und thematischer Art. Wir erinnern an den Nachbarn Ludwig Soumagne, Mundartdichter aus Norf, dessen Werk Hans Reich angeregt hat, einer Variante von Zweisprachigkeit literaturwissenschaftlich nachzuspüren. Und es kommt der Weggefährte und Freund Manfred Hohmann zu Wort, mit dem gemeinsam Hans Reich Verbindungen zwischen allgemeiner und interkultureller Bildung gestiftet hat. Mit dem Abdruck in diesem Band wird ein bislang nur schwer zugänglicher Text gewürdigt, der in der Geschichte der Interkulturellen Pädagogik eine sehr wichtige Rolle gespielt hat.

Das erste Kapitel dreht sich um die Bereitschaft für den Erwerb von Sprachen und die Potenziale zur Mehrsprachigkeit. Gudula List beschreibt das faszinierende Geschehen der ersten Sprachaneignung. Ernst Apeltauer betrachtet die Sicht von Kindern, die den Anforderungen ihrer mehrsprachigen Lebenswelt folgen. Warum die Katze weint, erfahren die Leserinnen und Leser zwar nicht im Aufsatz von Hans-Joachim Roth, denn dieser handelt von Merkmalen des gesprochenen Deutsch zweisprachiger Kinder. Auskunft darüber, warum die Katze weint, geben vielmehr die lebendigen Beispiele für sprachliche Kreativität von zweisprachigen Kindern, denen die Frage nach dem Grund der Katzentrauer im Rahmen von Sprachstandserhebungen gestellt wurde. Wir haben ihre Geschichten – gesammelt in bilingualen Klassen in Hamburger Grundschulen –, zwischen die Beiträge des Bandes gefügt.

Um Freude an Sprachen, um kreative Mehrsprachigkeit und um die Rolle, die Mehrsprachigkeit für ihre Inhaberinnen und Inhaber spielt, geht es im zweiten Teil des Bandes. İnci Dirim und ihre Mutter Hildegard erzählen von ihrer Sprachpraxis in Ankara, in der Deutsch und Türkisch eine innige Verbindung eingehen. Ursula Boos-Nünning präsentiert einen Ausschnitt ihrer empirischen Studie über Mädchen und junge Frauen mit Migrationshintergrund. Hans-Jürgen Krumm steuert aus seinen Forschungen über das Sprachbewusstsein mehrsprachiger Kinder Texte und Bilder bei, die ihre „mehrsprachliche Praxis" illustrieren. Normann Jørgensen zeigt Ausschnitte aus Schülergesprächen, in denen Jugendliche ihre Mehrsprachigkeit kreativ nutzen; er nennt sie „languager".

Der dritte Teil der Festschrift umfasst Texte über interkulturelle Bildungsprozesse und Fragen sprachlicher Bildung in verschiedenen Institutionen. Hanns Petillon befasst sich mit Beziehungen, die zwischen interkulturellem und sozialem Lernen gestiftet werden können. Ton Vallen berichtet darüber, wie „interkulturell faire" Instrumente der Beurteilung von Leistungen zustande kommen können. Die Gestaltung der Lehrerausbildung für Deutsch als Fremdsprache in der Türkei wird von Nilüfer Tapan und Tülin Polat dargestellt. Das Konzept der deutsch-italienischen Gesamtschule Wolfsburg wird von Milena Hienz de Albentiis präsentiert. Katharina Kuhs setzt sich mit der sprachlichen Förderung mehrsprachiger Kinder im Elementarbereich auseinander. Annette Kliewer begründet, dass auch der Dialektdichtung eine Rolle bei der Förderung von Mehrsprachigkeit zukommt.

Alle Anstrengungen zur Nutzung der Potenziale von Mehrsprachigkeit stehen in einem brisanten politischen und gesellschaftlichen Kontext. Diesem Problem sind die Beiträge im vierten Teil der Festschrift gewidmet. Dieter Oberndörfer, langjähriger Vorsitzender des „Rats für Migration", dem Hans Reich angehört, betrachtet das Verhältnis von Sprache und Nation. Günther List führt die Geschichte des Begriffs der Zweisprachigkeit vor Augen und macht auf die Begrenzungen eines Konzepts der Zweisprachigkeit in einer multilingualen Lage aufmerksam. Wilfried Stölting untersucht das Potenzial Mehrsprachiger, sich der Einsprachigkeitsforderung zu widersetzen, und er zeigt, wie wenig rechtliche Regelungen der Sprachpraxis der Menschen entsprechen. In den Beiträgen von Sjaak Kroon und Michael Damanakis werden die politischen Implikationen und Wirkungen von Bildungskonzepten analysiert; in beiden Fällen geht es um den Erhalt und die Vermittlung der „Muttersprachen" der Migrantenkinder. Zum guten Schluss fragt Fritz Wittek nach dem „Mehrwert" europäischer Bildungskooperation, wie leicht man ihn verfehlen, und wie man ihn vielleicht erzeugen kann.

Unser Buch soll – wie jedes Geschenk – Freude machen. Der Facettenreichtum des Themas Mehrsprachigkeit in der Migrationsgesellschaft spiegelt sich in der Vielfalt der Perspektiven wider, die in den Texten vorgestellt werden. Die Zeichnungen von Heide Reich tragen dazu bei, auch in anderer als geschriebener Form Blicke auf Migration und Mehrsprachigkeit zu werfen. Das Herausgeberteam dankt allen, die am Entstehen des Buchs beteiligt waren – nicht zuletzt Isabella Dieterich, die die Autorinnen und Autoren und das Herausgeberteam bei der Fertigstellung des Buches ebenso kompetent wie geduldig unterstützt hat.

Hamburg, Münster, Landau und Berlin, im Mai 2005
Die Herausgeberinnen und der Herausgeber

Inhalt

Ingrid Gogolin, Marianne Krüger-Potratz und Ursula Neumann

Migration, Mehrsprachigkeit und sprachliche Bildung. Ein Essay über ungehobene Schätze und gute Argumente für die Weiterentwicklung einer pädagogischen Utopie.

Folgte die mit Bildung befasste fachliche und politische Öffentlichkeit den Entdeckungen und Erkenntnissen, die Hans H. Reich wissenschaftlich fundiert zur Verfügung stellt, so wären Mehrsprachigkeit und sprachliche Bildung ein unzertrennliches Paar. Dann wäre unumstritten, dass sprachliche Bildung in komplexen und differenzierten, technologisch weit entwickelten Migrationsgesellschaften unabweisbar auf Mehrsprachigkeit als Bildungsvoraussetzung trifft. Und es stünde außer Frage, dass die jungen Menschen, die sich heute in sprachlichen Bildungsprozessen befinden, ein Leben führen werden, in dem sie Mehrsprachigkeit als kontinuierliche Bedingung ihres Handelns erfahren; in dem sie sich immer wieder in Situationen wiederfinden, in denen Verständigung nur gelingen kann, wenn sie über Varianten von Mehrsprachigkeit verfügen. Konsequent wäre es demnach, wenn die allgemeine sprachliche Bildung als Bildung von (stets näherungsweise) mehrsprachigen Menschen konzipiert wäre und selbstverständlich das Ziel verfolgte, eine jede, einen jeden auf dem Weg zur kompetenten Mehrsprachigkeit ein gutes Stück voranzubringen.

Gelänge es, allgemeine sprachliche Bildung in Deutschland in diesem Sinne zu gestalten, dann verfügte dieses Land nicht nur über sprechkundige Menschen in weit mehr als 100 Sprachen, sondern auch über eine große Zahl von Lese- und Schreibkundigen in sehr vielen dieser Sprachen. Aktuellen empirischen Befunden nach ist davon auszugehen, dass mindestens diese Anzahl von Sprachen neben dem Deutschen hier lebendig ist. In zwei dieser Sprachen – Deutsch und Englisch – wären alle diejenigen, die einen Bildungsgang in einer deutschen Schule durchlaufen haben, auch lese- und schreibfähig. In vielen weiteren Sprachen – dazu würden mit hoher Wahrscheinlichkeit zum Beispiel Polnisch, Russisch und Türkisch gehören, aber auch romanische Sprachen und einige Sprachen Asiens – gebe es größere Gruppen von Menschen, die sie lebensweltlich gebrauchen und die Kunst des Lesens und Schreibens beherrschen. In einer Anzahl weiterer Sprachen, die in Deutschland alltäglich verwendet werden, wäre Literalität sicher auch weiterhin eher kleineren Gruppen von Menschen vorbehalten, aber deren Expertentum stünde in der vielsprachigen, sprachenteilig organisierten Gesellschaft als allgemein wertgeschätzte Ressource zur Verfügung.

Faktum ist: Mehrsprachigkeit ist zwar ein Merkmal der deutschen Gesellschaft. Aber dass sie eine individuelle und zugleich allgemeine Ressource darstellt, wird öffentlich kaum so gesehen. Sprachliche Bildung in allen Bildungsgängen als Bildung zur Mehrsprachigkeit zu denken, ist gegenwärtig kaum verbreitet und wenig anerkannt. Die vorherrschende Perspektive ist die von Monolingualität als dem gesetzten Normalfall, verknüpft mit der Überzeugung, dass das Leben in mehr als einer Sprache die monolinguale Normalität (des Einzelnen wie der Gemeinschaft) womöglich gefährde – es sei denn, dass der Mensch, der dieses Leben lebt, einer privilegierten sozialen Schicht angehört.

Das wissenschaftliche Werk von Hans H. REICH ist ein Beispiel dafür, dass dennoch mit beharrlicher Geduld das Konzept einer allgemeinen sprachlichen Bildung als Bildung zur Mehrsprachigkeit weiterentwickelt wird. „Zu fragen ist – in die Zukunft hinein – nach Chancen des Kompetent-Werdens im Umgang mit einer vielsprachigen, aber nicht länger nach Sprachterritorien aufgeteilten Welt. Das sich herausbildende Welt-Sprachensystem auf der einen Seite, die Lernmöglichkeiten der Kinder und Jugendlichen auf der anderen, bilden die Bezugspunkte für Antworten auf diese Frage" – so sein Standpunkt (REICH 2000a, S. 363). Und es gehört zu diesem Standpunkt, dass den Sprachen der Migranten ein legitimer Ort in diesem Bildungskonzept zukommt.

Es ist bekannt, dass die Autorinnen dieses Beitrags sich mit Hans H. Reich über die formulierte Zielperspektive ebenso einig sind wie über die im Zitat genannten Bezugspunkte. Das gemeinsame Zukunftsprojekt hat keinen leichten Stand; die Gegnerschaft ist stark. Aber zugleich zeigen forschende Blicke, seien sie in die Geschichte gerichtet oder auf heutige Verhältnisse, die Ambivalenz der Lage: Es gibt immer wieder Anhaltspunkte und, wie wir meinen, noch zahlreiche nicht genügend ausgeschöpfte Erfahrungen, die für die Weiterentwicklung des gemeinsamen Projekts zu nutzen wären. Unser Beitrag in der Festschrift zu Hans Reichs Ehren besteht darin, einige der Zusammenhänge anzudeuten, in denen wir noch ungehobene Schätze für die Stärkung der Argumentationen zugunsten des Projekts vermuten, in der vielsprachigen Lage allgemeine sprachliche Bildung als Bildung zur Mehrsprachigkeit zu etablieren.

Erstes Streiflicht:
Ambivalenzen im Vorfeld der Entscheidungen für Sprachbildung als Bildung zur Monolingualität

Die Erlernung einer fremden Sprache sollte [...] die Gewinnung eines neuen Standpunktes in der bisherigen Weltansicht seyn und ist es in der That bis auf einen gewissen Grad, da jede Sprache das ganze Gewebe der Begriffe und die Vorstellungsweise eines Theils der Menschheit enthält. (Wilhelm von Humboldt, Über die Verschiedenheit des menschlichen Sprachbaues und ihren Einfluß auf die geistige Entwicklung des Menschen.)

Die Argumente für oder wider die Konzeptionierung von Sprachbildung als Bildung zur Mehrsprachigkeit können im historischen Rückblick als eine kontinuierliche Erscheinung der Debatten über Sprachbildung überhaupt identifiziert werden – seit sich diese im Zusammenhang mit der Gestaltung eines öffentlichen Bildungssystems für die ‚breite Masse' abspielen. Klar ist, dass die Argumente wider diese Position vorerst den Sieg davongetragen haben. Monolingualismus gehört zu den im deutschen Bildungswesen tief verankerten ‚nationalen Glaubensdoktrinen', um eine Kennzeichnung von Norbert ELIAS aufzugreifen. Im momentanen Aggregatzustand des deutschen Bildungswesens ist, wie gesagt, die Zielperspektive der Monolingualität eine feste Größe. Allerdings tritt sie inzwischen in einem modernisierten Gewand auf: dem der ‚dualistischen Einsprachigkeit', bestehend aus der nationalen Sprache plus Englisch. Die nationale Sprache bestimmt den Alltag in allen öffentlichen Bereichen. Englisch – die Sprache, die zur richtigen Zeit am richtigen Platz war (CRYSTAL 1997) – ist als Instrument moderner Kommunikation neben die nationale Sprache getreten; es ist, weil deterritorialisiert, für diese keine Konkurrenz. In diesem Sinne ist ‚national-englische Zweisprachigkeit' (HAARMANN 2001) auch nicht Gegenstand der Konflikte über Zwei- und Mehrsprachigkeit, sondern – historisch gesprochen – die aktuelle Ausformung des Normalfalls ‚Einsprachigkeit'.

Der Blick in die Geschichte zeigt aber auch, dass die Durchsetzung der monolingualen Perspektive nicht zwangsläufig war. Vielmehr gab es in ihrem Vorfeld Widerstreit der Positionen, Momente der Unentschiedenheit und damit, mindestens vorübergehend, Offenheit hinsichtlich des Ausgangs der Debatten. Eine historische Analyse, die nicht nur nach den Widerständen gegen Mehrsprachigkeit als Zielperspektive sprachlicher Bildung fragt, sondern auch Argumente für sie sucht, sollte also lohnen.

In der zweiten Hälfte des 18. Jahrhunderts – also an der Epochenschwelle zur Nation – war es keineswegs schon ausgemacht, dass diese sich als selbstbezügliches, in gesellschaftlicher Homogenität und Monolingualität aufgehendes Konstrukt entwickeln würde. Anzutreffen war auch eine Variante der Auslegung von Nationalität, die im Begriff des Kosmopolitismus gefasst wird. Die Figur des gebildeten Menschen im Sinne dieses Verständnisses, mit Vorstellungen von den Kompetenzen in sprachlicher Hinsicht, die er besitzen müsse, sind in Gestalten jener Zeit präsent, die die Perspektive einer ‚Republik des Geistes' ebenso lebhaft vertraten wie die einer ‚Republik der Menschen'. Ganz selbstverständlich sind Gebildete in diesem Verständnis polyglott. Ihr Wohlwollen und ihre Neugierde gilt dem ‚ganzen menschlichen Geschlecht' (Rousseau). In der Erfahrung von Andersartigkeit, von Fremde liegt für sie Faszination und Attraktivität. Weltläufigkeit, Interesse an der Begegnung mit dem Fremden, kosmopolitisches Miteinander machen es erforderlich, dass sich die Mittel der Verbindung und Verständigung zunehmend entfalten. Die Kenntnis fremder Sprachen galt als Ausweis kosmopolitischer Gesinnung, in Aneignung und Gebrauch mehrerer Sprachen lag tiefe Selbstverständlichkeit. Wenn diese Schilderung eines gewissen Enthusiasmus nicht entbehrt, so liegt dies nicht allein in unserer Vorliebe für den vielsprachigen Menschen, sondern es greift eine Stimmungslage, ein geistiges Klima jener Epoche auf und spiegelt somit auch eine Facette der seinerzeitigen gesellschaftlichen Wirklichkeit (siehe dazu z.B. COULMAS 1990). In der ästhetisch bestimmten

Sichtweise etwa, die HERDER auf die Menschheit einnimmt, liegt noch der Impetus harmonischer Ergänzung von Weltläufigkeit und nationaler Sonderung. In seinem Sinne ist es, „daß Gott die Länder, die Völker, die Sprachen verschieden gesetzt [hat], auf daß Spiel, Reiz, Kampf und Lust auf Erden sei“ (so in den Ideen zur Philosophie der Geschichte der Menschheit, 7. Buch). Und zugleich erfüllt ihn die Überzeugung, dass das Ziel der Humanität nur zu erlangen sei, wenn sie in Volksgeist, Vaterland und ‚Muttersprache‘ liege. Es ist die doppelte Bewegung von Einigung und Sonderung, von universellem Anspruch und partikularer Realisierung, aus der das Projekt der Monolingualisierung seine Kraft bezieht.

Gewiss war diese Wirklichkeit entschieden schichtspezifisch, und dies wirkt bis heute nach. Es war nicht die ‚breite Masse‘, die sich in der kosmopolitischen Weite jener Epoche bewegte und den ‚herrlichen Sonnenaufgang‘ (Hegel) empfand, in dem die Menschheit auf ihre Einheit zustrebte. Es waren vielmehr schmale, elitäre Schichten, die sich mit Selbstverständlichkeit in diesem geistigen Klima bewegten und es mitbestimmten. Parallel zu ihrer Weltläufigkeit und der dazugehörigen Mehrsprachigkeit wurde das Projekt der nationalen Monolingualisierung als eine Regierungs-Strategie entwickelt. Bei dieser ging es um die Schaffung einer allgemeinen christlichen Bildung für das Volk. Dieser Prozess war mit heftigen Auseinandersetzungen zwischen den Konfessionen verbunden – und mit tiefem Streit über die Sprache der religiösen Unterweisung. Ein anderer Anlass zum ‚Sprachenstreit‘ ergab sich durch die Vorstellung von schulischer Bildung als ‚Kultivierung‘. Zu ‚Cultur‘ führe nur die nationale Sprache, so die sich artikulierende Vorstellung; die Unterrichtung in der Sprache des alltäglichen Lebens, oder: der Familie, sei daher nicht bildend.

In der Beantwortung der Frage, wie auch in der breiten Masse das Streben nach Humanität und Wahrheit, also Bildung verankert werden könne, findet sich bei der Sprachenfrage eine Widersprüchlichkeit, die sich bis heute hält. Einerseits schwingt die Vorstellung von Überforderung durch Vielfalt mit; Volksbildung gestatte daher nur die Unterrichtung (in) einer Sprache. Andererseits aber wird es nicht als Überforderung gesehen, dass nicht die Sprache der Familie oder des alltäglichen Lebens, sondern die der Nation die Unterrichts- und Bildungssprache sein soll. So ergibt sich das Paradox, dass eine potentielle Überforderung durch Vielfalt durch die Politik der Monolingualisierung erst einmal erzeugt wird, die nicht die nationale Sprache der schon gesprochenen hinzufügt, sondern die letztere durch erstere zum Verschwinden bringen will. Dies gilt für die ‚breiten Massen‘, die Varietäten des Deutschen sprechen, ebenso wie für die Kinder der ‚fremdsprachigen Volksteile‘, wie es in der Zwischenkriegszeit hieß, die mit einer nicht deutschen Sprache aufwachsen.

Im Laufe des 19. Jahrhunderts wurde – mit dem bekannten Resultat – der Streit über die ‚Sprache des Volkes‘ entschieden, der im Zuge der Durchsetzung der deutschsprachigen Pflichtschule, die mit der Durchsetzung der Schulpflicht für alle Landeskinder einherging, geführt worden war. Für die wenig Begünstigten galt fraglos Monolingualität als Bildungsziel, alles andere hingegen als Überforderung – bei gleichzeitiger Nichtbeachtung ihrer schon entwickelten (Familien-)Sprachlichkeit. Für die oberen Schichten blieb es als selbstverständlich angesehen, dass zum Gebildetsein mehrere Sprachen gehören. Literaten, Wissenschaftler und andere Leitende bedienten sich verschiedener Sprachen mit Leichtigkeit, um ihre Erkenntnisse zu kommunizieren und zu publizieren. Erst am Anfang des 20. Jahrhunderts – im Zuge erster Bemühungen um Demokratisierung des Schulsystems – findet es in pädagogischen Schriften kritische Erwähnung, dass den Kindern der weniger begünstigten Schichten das Lernen fremder Sprachen vorenthalten wird ...

Soweit dies erste Streiflicht. Es würde lohnen, diese Geschichte in ihrer mehrfachen Widersprüchlichkeit zu erforschen und aufzurollen, um so sichtbar zu machen, wie Gewissheiten entstehen, an deren Dekonstruktion wir heute interessiert sein müssen. In einer Aufarbeitung des Geschehens seit der Epoche des Kosmopolitismus würden wir vor allem Antworten auf die Frage suchen, wie es zu dem Überforderungsargument in dem Augenblick kam, in dem die breite Masse in den Blick gerät. Welche Begründungen fand es? Wurde es überhaupt jemals, und wenn ja: wie, bewiesen? Es hat sich ohne Zweifel durchgesetzt und ist bis heute wirksam, dass nur die Mitglieder gehobener Schichten zur Mehrsprachigkeit imstande seien, ohne Schaden zu nehmen – aber worin lag, worin liegt die Evidenz für diese Vorstellung?

Zweites Streiflicht: Mehrsprachigkeit als Überlebenskunst

> *T: Meine Muttersprache ist erst einmal Dioula [.....] Und ich kenn auch Madinka [.....] sehr gut auch! Und viele andere Sprachen! Ich kenne ungefähr fünf Sprachen, die ich sehr gut sprechen kann, genau wie meine Muttersprache. Und danach verstehe ich fast 16 Sprachen, die ich ganz verstehe, aber nicht sprechen kann.*
> *I: Ja, nur nicht sprechen kannst. Oh, enorm!*
> *T: Ja, bei uns gibt es 65 Sprachen. (Taschat, 22 Jahre, Côte d'Ivoire)*[1]

Der Blick zurück in die Epoche der Unentschiedenheit über das Nation- und Sprachkonzept könnte auch mit dem Motiv verbunden sein, Genaueres darüber herauszufinden, welche Haltung, welche Mentalität es ist, die die (freilich:) Ausgewählten jener Zeit in die Lage versetzte, sich mit Selbstverständlichkeit und Leichtigkeit Sprachen anzueignen und ‚interkultureller Studien' zu unterziehen. Denn ein solches Selbstverständnis ist offenkundig eine fruchtbare Voraussetzung dafür, sich mehrere Sprachen anzueignen und Mehrsprachigkeit zu leben.

Eine andere nicht ausgeschöpfte Möglichkeit, sich mit der Stichhaltigkeit des Überforderungsarguments genauer zu befassen, liegt darin, andere Gesellschaften genauer in den Blick zu nehmen, in denen Mehrsprachigkeit den Status der Normalität

1 Das Zitat ist entnommen aus NIEDRIG 2003, S. 338.

besitzt. Während im hiesigen Kontext die Überzeugung vorherrscht, dass Gesellschaften mit einer großen Fülle an Sprachen in ihrer Entwicklung behindert werden, dass Sprachenvielfalt ökonomisch zu kostspielig sei, dass sie den wissenschaftlichen Fortschritt beeinträchtige – etwa: weil viele Sprachen die verfügbare Zeit für das Studium der Naturwissenschaften und der Technologie vermindern würden –, gibt es andere Weltregionen, in denen sich die Sprachenfrage auf diese Weise gar nicht stellt, weil es das Ereignis der entschiedenen Monolingualisierung in ihrer Geschichte nicht gegeben hat. Ein schönes Beispiel für das Zusammentreffen der einen und der anderen Normalvorstellung ist das Gespräch zwischen einem britischen Journalisten und dem indischen Wissenschaftler Debi Prasanna Pattanayak, das unter anderem in ‚Deutsch lernen', 1/1992, S. 68–76, abgedruckt wurde. „Glauben Sie nicht", so fragt der Journalist, „dass viele Sprachen eine Last sind?" Die Antwort: „So, wie ein Esel eine Ladung Sandelholz als Last betrachtet, ist Bildung eine Last für den, der meint, sie sei ihm gegen seinen Willen auferlegt worden. Die vielen Sprachen werden für verschiedene Zwecke gebraucht. Ebenso wie lokale Geschichte, regionale Geschichte und Weltgeschichte keine Last sind, müssen auch eine Sprache für die private Kommunikation, eine für die nähere Kommunikation und eine oder viele für die entfernte Kommunikation nicht als Last betrachtet werden (S. 69)."

Demgegenüber gilt bei uns die Sache mit der Last als ausgemacht – Eliten ausgenommen. Das Belastungsargument tritt in vielen Spielarten in Debatten über das Sprachenlernen auf, und es wird insbesondere im Zusammenhang damit geführt, dass Menschen unter weniger günstigen Lebensumständen in zwei oder mehr Sprachen leben. Hier gilt das Überforderungsargument *per se* als stichhaltig. Besonders überzeugt vorgetragen wird auch hier die Berufung auf den Faktor Zeit. Das auf dem Lernzeitkonto für Sprache liegende Vermögen verzehre sich gleichsam, so die gedankliche Figur, wenn man es in mehr als eine Sprache investiere; die Zeit, die für das Lernen einer weiteren Sprache aufgewendet werde, sei gleichzusetzen mit Verlust – an Zeit, und damit: an Entwicklungsmöglichkeiten – für *die Eine*.

Eine andere Sicht auf die Dinge würde höchstwahrscheinlich die noch eingehendere Beschäftigung mit Sprachaneignungsprozessen ermöglichen, die Menschen in oder aus Weltgegenden durchlaufen, in denen sich ein monolinguales Selbstverständnis nicht im gleichen Sinn wie hier entwickelt hat. Die empirische Forschung, die hierzu möglicherweise vorliegt, ist im hiesigen Kontext kaum aufgearbeitet; nur sehr kursorisch werden ihre Resultate zur Kenntnis genommen.[2]

Eine andere Möglichkeit der empirischen Beobachtungen solcher Prozesse ist es, sprachlernende junge Menschen einzubeziehen, die aus Weltgegenden mit eher multilingualem Selbstverständnis stammen, aber hierzulande leben. Erste Beobachtungen dieser Art haben inzwischen stattgefunden. Einbezogen waren afrikanische Jugendli-

---

2 Eine der raren Gelegenheiten war die Tagung „Imagining Multilingual Schools" an der Columbia University New York im Herbst 2004.

che, die ohne Begleitung von Eltern und Verwandten nach Deutschland geflüchtet sind – junge Menschen also, deren Lebensumstände für das Lernen ungünstiger kaum sein könnten. Die Untersuchten kommen aus desolaten gesellschaftlichen Verhältnissen. Sie bringen Kriegs- und Gewalterfahrungen mit; sie besitzen nur geringe und oft unterbrochene Schulbildungen. Aber sie haben diese Verhältnisse überlebt, sich ihnen durch die Flucht entziehen können. Wie es scheint, entwickeln die Jugendlichen, die unter derart bedrängten Verhältnissen leben, einen „Habitus der Überlebenskunst" (SEUKWA 2005), der ihre besondere Ressource im erneuten Kampf ums Überleben in der deutschen Gesellschaft darstellt. Diesem Habitus wohnt die Fähigkeit inne, trotz Aussichtslosigkeit, trotz Gewalterfahrung, undurchschaubarer Machtverhältnisse das gesellschaftliche Spiel mitzuspielen, nicht aufzugeben, sich zu behaupten. Ein Element der Überlebenskunst ist es, dass die Jugendlichen erfolgreiche Sprachaneignungsgeschichten vorzuweisen haben. Sie haben, wie es scheint, die Kompetenz entwickelt, Sprache bei jeder Gelegenheit zu lernen – auf der Straße, in alltäglichen Kommunikationssituationen, und auch in der Schule. Dass sie beim sprachlichen Lernen in der Schule von den Früchten ihrer Überlebenskunst nicht unbedingt profitieren können, gehört freilich auch zu den Erfahrungen aus dieser Studie. Das Beispiel dafür ist ein Jugendlicher, der in einer Vorbereitungsklasse der Berufsschule beobachtet wurde. Oben auf dem Tisch fand Deutschlernen statt, wie vom Lehrer geheißen: durch das Abschreiben von Reihen von Buchstaben aus Unterrichtsmaterial der Grundschule. Unter dem Tisch stillte er sein Informationsbedürfnis, indem er eine englischsprachige Zeitung las ...

Wie es scheint, verfügen diese Jugendlichen über so etwas wie ‚sprachlichen Optimismus', der sich aus der Erfahrung speist, dass Mehrsprachigkeit nichts Besonderes ist; dass die Menschen im eigenen Herkunftsland normalerweise mehrere Sprachen beherrschen. In dieser Erfahrung liegt vermutlich eine sehr positive Verstärkung für das Selbstverständnis, dass man mehrere Sprachen nicht nur lernen muss, sondern auch *kann* – als Mittel des Überlebens, zur Verständigung, zu beruflichem Fortkommen und einer ökonomisch gesicherten Zukunft, auf die die Hoffnung auch unter den ungünstigen Lebensumständen nicht aufgegeben wird.

Es wäre lohnend, diese Spuren weiterzuverfolgen. Ein zu beachtender Gesichtspunkt dabei müsste freilich sein, dass sich die Sprachaneignungserfolge, die diese Jugendlichen vorzuweisen haben, im Wesentlichen informellen Lern- oder Aneignungsprozessen verdanken. Klar ist, dass dies Begrenzungen mit sich bringt; etwa die, dass ein guter Teil des Sprachvermögens sich mit der Mündlichkeit bescheiden muss. Aber dies verweist nur wieder auf die große Bedeutung, die den Umständen der Sprachaneignung beizumessen ist – worauf Hans H. REICH in zahlreichen seiner Arbeiten aufmerksam gemacht hat (siehe z.B. die Analyse des entsprechenden Forschungsstands: REICH 2005). Es gibt guten Grund anzunehmen, dass da, wo die Erfahrung der Mehrsprachigkeit positiv gemacht wurde, auch für die Anbahnung von Literalität gute Voraussetzungen vorliegen (vgl. Gudula LIST, in diesem Band). Das Faktum, dass die hier untersuchten Jugendlichen trotz widrigster Lebensumstände Mehrsprachigkeit meistern, stützt jedenfalls die These, dass es angeraten ist, sich mit dem Überforderungsargument doch wesentlich genauer – historisch und empirisch – zu befassen.

Drittes Streiflicht: Inszenierungen des Lernens

„... doch der geist einer sprache fuhr leicht in mich hinein"
(Jean Paul: Selberlebensbeschreibungen)

Eine Frage, die sich im Anschluss an die – gemessen an den Umständen – erfolgreichen sprachlichen Selbstbildungsgeschichten der jungen Flüchtlinge stellt, lautet, ob es (und wenn ja: wie) gelingen könnte, in die schulischen Inszenierungen von sprachlichem Lernen etwas von ihrem ‚sprachlichen Optimismus' herüberzuretten. Ein erster Schritt zur Klärung dieser Frage wäre es, erneut den Blick zurück in die Geschichte zu werfen und pädagogische Reformansätze unter dem Gesichtspunkt zu untersuchen, ob sie entsprechende Gestaltungsprojekte inspirieren können. Freilich kann sich herausstellen, dass man durchaus auf ‚falsche Freunde' trifft; und dann doch wieder: dass sich vielleicht das Weitergraben trotzdem lohnt.

Interessant für eine solche Analyse könnten die Diskurse der reformpädagogischen Bewegung sein, die sich um die Wende zum 20. Jahrhundert artikulierte. In diesen wurde die gedankliche Figur einer ‚vom Kinde aus' gesehenen Pädagogik entfaltet. Dies, zusammen mit dem Umstand, dass zugleich zugunsten einer Perspektive der Internationalität argumentiert wurde, die in das Bildungswesen Einzug nehmen müsse, deutet darauf, dass hier vielleicht noch ungehobene Schätze für die Entwicklung einer Mehrsprachigkeitsperspektive liegen könnten, die das konkrete Handlungsfeld des Unterrichts im Blick hat.

Zwar war in der Wendezeit zum 20. Jahrhundert ‚Nationalität' in dem auf sich selbst bezogenen, auf Homogenität im Inneren und Abwehr nach außen gerichteten Sinne längst an die Stelle von ‚Humanität' getreten. Aber zugleich erlebt das ausklingende 19. Jahrhundert die semantische Neufassung des Attributes ‚international', seine Erhebung zum politischen und wissenschaftlichen Grundbegriff, die Gründung von ‚Internationalen' als überstaatliche Bewegungen und Organisationen vor dem Hintergrund, dass der politische, ökonomische und ideelle Strukturwandel, der sich seit dem 18. Jahrhundert vollzog, neue Konzepte für die Beziehungen zwischen Völkern und Gesellschaftsklassen herausforderte.

Auch im pädagogischen Reformdiskurs jener Epoche lässt sich eine ‚Internationale' ausmachen. Die reformpädagogische Bewegung pflegte (soweit die Umstände dies zuließen) ihre nationenübergreifenden Verbindungen. Die Reformpädagogen aller Länder vereinigten sich zwar nicht, aber sie standen in regem Austausch, besaßen ihre

Organisationen und Organe – wie etwa den ‚Weltbund für die Erneuerung der Erziehung', der eine Zeitschrift in 15 Sprachen herausgab. Ein wiederkehrendes Motiv der im Hinblick auf Internationalität geführten pädagogischen Debatte ist das Anliegen einer Harmonisierung, Versöhnung von Nationalität und Internationalität – denn ‚Weltbürgertum' und ‚Vaterlandsliebe' könnten, so das Argument, harmonisch Hand in Hand gehen.

Eingehender betrachtet, zeigt sich jedoch in diesen Diskursen die Grundsubstanz der durchgesetzten Sicht auf die deutsche Nation. Völkerversöhnung könne nur in Einklang mit Nationalerziehung gelingen, so wurde argumentiert. Im deutschen Kontext bedeute dies: „Erziehung im Geiste des deutschen Volkstums". Nur diese könne den nationalen wie übernationalen Charakter der Pädagogik zur Geltung gelangen lassen, betonte der Verfasser dieses Diktums, der gleichzeitig ein Buch mit dem Titel „Welterziehungsbewegung" vorgelegt hatte (EBERHARD 1930). In diesem Sinne äußern sich auch andere pädagogische Zeitgenossen. Peter PETERSEN etwa, der sich für einen ‚modernen Kosmopolismus' – verwandt mit dem Goethes und Schillers –, einsetzt, warnt zugleich davor, ‚das Volk zu überspringen'. Es dürfe in den Schulen „nicht nur der Geist der Völkerversöhnung" herrschen, „sondern *zuvor* der ‚Geist des deutschen Volkstums'" (PETERSEN 1924).

Im Hinblick auf ihre praktischen Mittel blieb die ‚reformpädagogische Internationale' farblos und unverbindlich; als international galt die Summe der Nationen. Ihre pädagogischen Vorschläge waren die des grenzenüberschreitenden Austauschs, der Begegnung, mit dem Ziel, durch den Vergleich den ‚Wahrheiten' über Erziehung und Bildung näher zukommen. Zugleich sollten Begegnung und Kontakt der Verständigung zwischen den Menschen und den Völkern dienen. Es fragt sich angesichts dieser Ziele und Wünsche, warum dem reformpädagogischen Diskurs so wenig Anhaltspunkte darüber zu entlocken sind, was über die Mittel der internationalen Verständigung, also die Sprachen gedacht wurde. Den Sprachen und ihrer Pflege wurde von reformpädagogischer Seite wenig explizite Aufmerksamkeit entgegengebracht.

Zumindest die bekannte Geschichte der Reformpädagogik legt die Vermutung nahe, dass es auch in Reformschulen, die das Selbstverständnis einer internationalen Schülerschaft besaßen (wie etwa die Odenwaldschule Paul Geheebs) keine Versuche gegeben hat, die Ressource Mehrsprachigkeit auszuschöpfen, die sich da höchstwahrscheinlich bot. Es scheint eher das Gegenteil der Fall zu sein. Der einzige internationale Kongress zur Frage von Zweisprachigkeit und Erziehung (*Bilinguisme et Education* 1928), organisiert vom Genfer *Bureau International d'Education* – einem der wichtigsten reformpädagogischen Institute –, stärkte das Argument der Einsprachigkeit. Bei allen Unterschieden im Detail waren sich die Redner des Kongresses darüber einig, dass lebensweltliche Zweisprachigkeit schädlich sei – von individuellen Ausnahmen abgesehen.

Zu den Gründen für die Zurückhaltung gegenüber Sprachenfragen und die eher misstrauische Haltung zur Mehrsprachigkeit mag gehören, dass die Reformpädagogik

– wo sie überhaupt über die vielfältigen, aber letztlich doch einzelnen Schulprojekte wie die Landerziehungsheime hinaus wirkte – ihre Anhängerschaft vorrangig in der Volksschullehrerschaft fand. Und im Curriculum der Volksschule waren Fremdsprachen nicht vorgesehen. Die Volksschullehrer, die sich nach dem Ersten Weltkrieg dem Gedanken der Völkerversöhnung verpflichtet sahen, propagierten daher Esperanto – hoffend, dass die Kunstsprache schnell und leicht zu lernen sei und dass auch mit ihrer Hilfe weltweit Kontakte geknüpft werden, die Welt in die Klassenzimmer geholt werden könne. Damit war zwar eine Perspektive von Mehrsprachigkeit in dem Sinne ausgeschlossen, dass die Kinder des Volkes sich an anderen ‚lebendigen Sprachen' zu bilden versuchen durften, aber immerhin war hier das Überforderungsargument ein kleines Stück in den Hintergrund getreten. In die Kritik geriet dieser Reformansatz dennoch – die Protagonisten der Idee wurden mit dem Vorwurf des ‚Pazifismus' überzogen, was bedeuten sollte: Illoyalität gegenüber dem eigenen Land.

Im Sinne der expliziten konzeptionellen Befassung mit Mehrsprachigkeit scheint die reformpädagogische Bewegung also keine Inspirationen für unsere Fragen bereitzuhalten. Möglich wäre aber, dass eine Suche nach Potentialen jener Epoche lohnt, die sich auf die Inszenierung von Lehr- und Lernprozessen konzentriert. Der Anregungsreichtum für die von uns artikulierten Interessen könnte vor allem im Methodischen liegen: im reformpädagogischen Repertoire der Entfesselung kindlicher Aktivität, der Anschaulichkeit und Erfahrungsorientierung. Hier lohnt vielleicht das Weitergraben noch: für die Suche nach methodischen Anregungen, die wir auf sprachliches Lernen unter den Bedingungen von Mehrsprachigkeit transferieren könnten; nach Anregungen, die nutzbar gemacht werden können für einen Unterricht, in dem eigentlich nichts näher läge als das Aufgreifen der sprachlichen Erfahrungen, die die Schüler selbst verkörpern, und damit in der Tat: ‚vom Kinde aus' zu denken.

* * *

„... ce n'est pas pour les langues que nous combattons,
mais pour les gens qui les parlent
(Louis Jean CALVET 2000)

Die in den drei Streiflichtern angedeuteten Zusammenhänge genauer zu untersuchen, wäre nach unserer Ansicht ein lohnender Teil des Zukunftsprojekts, Mehrsprachigkeit als Ziel und Mittel allgemeiner sprachlicher Bildung historisch begründet zu konzipieren. Zwar kommt man dabei nicht umhin, sich dem Problem zu stellen, dass es nur sehr schwer möglich ist, sich mit Sprache und sprachlicher Bildung wissenschaftlich zu befassen, ohne den Subtext des Themas zu beachten, der lautet: Man befindet sich auf politisch und ideologisch besetztem Terrain (wo vielleicht sogar ‚falsche Freunde' locken ...). Die von Hans REICH beherrschte und in den mit ihm kooperierenden Teams angestrebte Kunst ist es, mit diesem Problem ausdrücklich umzugehen. „Vorurteilsfrei zu sein, ohne dem Faktum der Verquickung von Politik und Sprache auszuweichen, ist die Absicht dieser Arbeit" – so lautet der erste Satz seiner Dissertation zum Thema „Sprache und Politik", die 1968 publiziert wurde. Damals ging es ihm noch nicht um das Lernen von Sprache oder Sprachen, sondern um ihr Funktionieren in einer spezifischen historischen Konstellation – nämlich der des geteilten Deutschland, in dem sich zwei öffentlich legitimierte Varietäten des Deutschen etabliert hatten. Schon sichtbar aber ist die Überzeugung, dass selbst beim Thema Sprache am Ende doch theoretisch glaubwürdig und empirisch geerdet argumentiert werden könne ...

Wir teilen diese Überzeugung und die Hoffnung, dass es deshalb auf Dauer nicht gelingen kann und wird, die guten Argumente in den Wind zu schlagen, die sich der Geschichte und der Gegenwart pro Mehrsprachigkeit als allgemeines Bildungsziel entlocken lassen. Wir werden also weiter, gemeinsam mit Hans H. REICH, daran arbeiten, Mythen zu entzaubern, ungehobene Schätze zu entdecken – und so Erfahrungen und Argumente dafür zusammenzutragen, dass „sprachliche Bildung in der mehrsprachig gewordenen Gesellschaft gar nicht mehr als Aufgabe des Unterrichts einer bestimmten Sprache gedacht werden kann, sondern als *Erziehung zu Vielsprachigkeit* neu konzipiert werden muss" (REICH 2000b, S. 249).

Literatur

BUREAU INTERNATIONAL D'EDUCATION (1929): Le Bilinguisme et l'Education. Travaux de la Conférence internationale, tenue à Luxembourg du 2 au 5 avril 1928. – Genève/Luxembourg.

CALVET, L.J. (2000): La guerre des langues et les chances d'un véritable plurilinguisme. In: Panoramiques, Nr. 48, S. 10–16.

COULMAS, P. (1990): Weltbürger, Geschichte einer Menschheitssehnsucht. – Frankfurt a. M.

CRYSTAL, D. (1997): English as a global language. – Cambridge.

EBERHARD, O. (1930): Welterziehungsbewegung. Kräfte und Gegenkräfte in der Völkerpädagogik. – Berlin.

ELIAS, N. (1989): Studien über die Deutschen. Machtkämpfe und Habitusentwicklung im 19. und 20. Jahrhundert. – Frankfurt.

HAARMANN, H. (2001): Babylonische Welt. Geschichte und Zukunft der Sprachen. – Frankfurt a. M.

HERDER, G. (1784–1791): Ideen zur Philosophie der Geschichte der Menschheit. Hg. von Proß, W. – München 2002.

NIEDRIG, H. (2003): Bildungsinstitutionen im Spiegel der sprachlichen Ressourcen von afrikanischen Flüchtlingsjugendlichen. In: Neumann, U./Niedrig, H./Schroeder, J./Seukwa, L.H. (Hg.): Lernen am Rande der Gesellschaft. Bildungsinstitutionen im Spiegel von Flüchtlingsbiographien. – Münster, S. 303–346.

PETERSEN, P. (1924): Allgemeine Erziehungswissenschaft. – Berlin.

REICH, H.H. (1968): Sprache und Politik. Untersuchungen zu Wortschatz und Wortwahl des offiziellen Sprachgebrauchs in der DDR. – München.

REICH, H.H. (2000a): Machtverhältnisse und pädagogische Kultur. In: Gogolin, I./Nauck, B. (Hg.): Migration, gesellschaftliche Differenzierung und Bildung. – Opladen, S. 342–364.

REICH, H.H. (2000b): Deutsch: Sprache. In: Reich, H.H./Holzbrecher, A./Roth, H.-J. (Hg.): Fachdidaktik interkulturell. Ein Handbuch. – Opladen, S. 235–256.

REICH, H.H. (2005): Forschungsstand und Desideratenaufweis zu Migrationslinguistik und Migrationspädagogik für die Zwecke des ‚Anforderungsrahmens'. In: Bundesministerium für Bildung und Forschung/ Ehlich, K. u. a.: Anforderungen an Verfahren der regelmäßigen Sprachstandsfeststellung als Grundlage für die frühe und individuelle Förderung von Kindern und Jugendlichen mit Migrationshintergrund. – Berlin (BMBF, Reihe ‚Bildungsreform', Band 11), S. 121–169.

SEUKWA, L.H. (2005): Kompetenz als Habitus der Überlebenskunst. Dissertation. – Hamburg (Universität Hamburg).

Ausgewählte Schriften von Hans H. Reich: 1976–2004

Die Dissertation (1968) trägt den Titel: Sprache und Politik. Untersuchungen zu Wortschatz und Wortwahl des offiziellen Sprachgebrauchs in der DDR. (= Münchener Germanistische Beiträge, Band 1. Hrsg.: Werner Betz und Hermann Kunisch). München: Hueber.

1976 Integration ausländischer Arbeitnehmer. Schulbildung ausländischer Kinder. Zus. mit Ursula Boos-Nünning und Manfred Hohmann, hrsg. v.d. Konrad-Adenauer-Stiftung (= Studien zur Kommunalpolitik; 14), Bonn: Eichholz.

Zum Unterricht in Deutsch als Fremdsprache. In: Manfred Hohmann (Hrsg.): Unterricht mit ausländischen Kindern. Düsseldorf: Schwann, S. 149–184.

„Deutsch ist doch keine Fremdsprache!" Ausbildungsgänge für Lehrer ausländischer Kinder an deutschen Schulen. In: Neusprachliche Mitteilungen 29, Heft 1, S. 10–16.

Lernmittel für Deutsch als Fremdsprache. In: Harro Müller-Michaels (Hrsg.): Arbeitsmittel und Medien für den Deutschunterricht. Kronberg/Ts.: Scriptor, S. 55–77.

1977 Türkische Kinder – deutsche Lehrer. Zus. mit Ursula Neumann. Düsseldorf: Schwann.

Individuelle Interferenzen bei deutschlernenden griechischen Kindern. In: Herbert Kolb und Hartmut Lauffer (Hrsg.): Sprachliche Interferenz. Tübingen: Niemeyer, S. 119–126.

1978 (Hrsg.): Ihr Kind in der deutschen Schule. Informationen für italienische Eltern in NRW. Zus. mit Detlef Friberg (= Berichte und Materialien der Forschungsgruppe ALFA; 10). Neuss: Publikation ALFA .

Zur Fortbildung und Ausbildung deutscher Lehrer für Ausländerkinder. In: Arbeitskreis Deutsch als Fremdsprache beim DAAD (Hrsg.): Didaktische und methodische Beiträge Deutsch als Fremdsprache (= Materialien Deutsch als Fremdsprache; 4). Regensburg: Arbeitskreis Deutsch als Fremdsprache, S. 28–39.

Aus sprachlichem Rohstoff geformt. Zu den Texten Ludwig Soumagnes. In: Ludwig Soumagne. Dichter in Neuss (= Schriftenreihe der Volkshochschule Neuss, 1). Neuss, S. 50–62; 2. Aufl. 1981, S. 68–80.

1979 Deutschlehrer für Gastarbeiterkinder: Eine Übersicht über Ausbildungsmöglichkeiten in der Bundesrepublik. In: Deutsch lernen, 3, S. 3–14.
Wieder abgedruckt in: Arbeitskreis Deutsch als Fremdsprache beim DAAD (Hrsg.): Diskussion eines Rahmenplans Deutsch als Fremdsprache an den Hochschulen (= Materialien Deutsch als Fremdsprache; 15). Regensburg: Arbeitskreis Deutsch als Fremdsprache, S. 187–213.
Wieder abgedruckt in: Gert Henrici/Uwe Koreik (1994): Deutsch als Fremdsprache. Wo warst Du, wo bist Du, wohin gehst du? Zwei Jahrzehnte der Debatte über die Konstituierung des Faches Deutsch als Fremdsprache. Baltmannsweiler: Schneider, S. 90–104.

Qualifikationen und Inhalte für die Teilprüfung für den Studiengang „Lehrer für Ausländerkinder“. Zus. mit Detlef Friberg und Manfred Hohmann. In: Arbeitskreis Deutsch als Fremdsprache beim DAAD (Hrsg.): Didaktische und methodische Beiträge Deutsch als Fremdsprache (= Materialien Deutsch als Fremdsprache; 7). Regensburg: Arbeitskreis Deutsch als Fremdsprache, S. 133–136.

Ausbildung, Fortbildung und Weiterbildung ausländischer und deutscher Lehrer. Zus. mit Manfred Hohmann und Bernt-Rüdiger Linke. In: Arbeitskreis Deutsch als Fremdsprache beim DAAD (Hrsg.): Didaktische und methodische Beiträge Deutsch als Fremdsprache (= Materialien Deutsch als Fremdsprache; 7). Regensburg: Arbeitskreis Deutsch als Fremdsprache, S. 124–132.

Lehrer fremder Muttersprache – Bericht über Fortbildungsarbeit mit ausländischen Lehrern. In: Studium Linguistik, Heft 7, S. 93–101.

1980 Türkische Kinder – deutsche Lehrer. Zus. mit Ursula Neumann. 3. Auflage. Düsseldorf: Schwann.

Vergleichende Evaluation von Modellversuchen zum Aufnahmeunterricht und muttersprachlichen Unterricht für Kinder von Wanderarbeitnehmern in den Mitgliedstaaten der Europäischen Gemeinschaft. Abschlussbericht für die Kommission der Europäischen Gemeinschaften (Teil 1–3 + Anhang). Zus. mit Ursula Boos-Nünning, Manfred Hohmann, Fritz Wittek, Katharina Kuhs, Peter Groenewald. Essen/Landau.

Deutschlehrer für Gastarbeiterkinder. Eine Übersicht über Ausbildungsmöglichkeiten in der Bundesrepublik. In: Arbeitskreis Deutsch als Fremdsprache beim DAAD (Hrsg.): Diskussion eines Rahmenplans Deutsch als Fremdsprache an den Hochschulen (= Materialien Deutsch als Fremdsprache; 15). Regensburg: Arbeitskreis Deutsch als Fremdsprache, S. 187–213.

Rechtschreibprobleme türkischer Schüler. Fehleranalyse und Unterrichtsvorschläge. Zus. mit Katharina Kuhs. In: Praxis Deutsch, Sonderheft, S. 55–61.

Der Lernprozeß der Fortbildner: die Tagungen mit türkischen Lehrern, die türkische Schüler unterrichten. In: Ursula Boos-Nünning und Manfred Hohmann (Hrsg.): Fortbildung ausländischer Lehrer. Voraussetzungen und Konzepte (= Berichte und Materialien der Forschungsgruppe ALFA; 12). Neuss: Publikation ALFA, S. 62–69.

1981 Auswirkungen der familialen Kommunikationsstruktur auf die Berufsorientierung türkischer Jugendlicher. Zus. mit Ursula Boos-Nünning. In: Deutsch lernen, Heft 1, S. 80–88.

1982 Türkische Kinder – deutsche Lehrer. Zus. mit Ursula Neumann. 4. Auflage, München: Oldenbourg.

Die Landauer Ringvorlesung: Ausländerunterricht – Schulrechtliche, bildungspolitische und unterrichtsorganisatorische Beiträge. Zus. mit Michael Damanakis. Essen/Landau: Publikation ALFA.

Materialien für italienische Lehrer. Modellversuch der Kommission der Europäischen Gemeinschaften zur Fortbildung italienischer Lehrer in der BRD. Zus. mit Michael Neutsch. Landau: Forschungsgruppe ALFA.

Sechs Thesen zum Diskussionsforum „Konzepte der DaF-Lehrerausbildung“. In: Arbeitskreis Deutsch als Fremdsprache beim DAAD (Hrsg.): Die Aus- und Weiterbildung von Lehrern für Deutsch als Fremdsprache (= Materialien Deutsch als Fremdsprache; 19). Regensburg: Arbeitskreis Deutsch als Fremdsprache, S. 52–53.

Die Richtlinie der EG – Ansätze zu einer zweisprachigen Erziehung der Gastarbeiterkinder. In: Die Landauer Ringvorlesung: Ausländerunterricht – Schulrechtliche, bildungspolitische und unterrichtsorganisatorische Beiträge. Zus. mit Michael Damanakis. Essen/Landau: Publikation ALFA, S. 3 – 15.

1983 Aufnahmeunterricht, Muttersprachlicher Unterricht, Interkultureller Unterricht. Zus. mit Ursula Boos-Nünning, Manfred Hohmann und Fritz Wittek. München: Oldenbourg.

Der Modellversuch in Paris. In: Ursula Boos-Nünning, Manfred Hohmann, Fritz Wittek: Aufnahmeunterricht, muttersprachlicher Unterricht, interkultureller Unterricht. München: Oldenbourg, S. 178–223.

Zum Verständnis berufsorientierender Texte durch türkische Jugendliche. In: Rudolf Hohberg (Hrsg.): Sprachprobleme ausländischer Jugendlicher: Aufgaben der beruflichen Bildung. Frankfurt/M.: Scriptor, S. 215–239.

Berufsorientierung türkischer Jugendlicher. Zus. mit Ursula Boos-Nünning und Ursula Neumann. In: Unterrichtswissenschaft, Heft 1, S. 97–107.

1984 (Hrsg.): Migration, Bildungspolitik, Pädagogik. Aus der Diskussion um die interkulturelle Erziehung in Europa. Zus. mit Fritz Wittek, Essen/Landau: Publikation ALFA.

Krise oder Krisengerede? Von den Pflichten einer illegitimen Wissenschaft. Zus. mit Ursula Boos-Nünning, Ursula Neumann, und Fritz Wittek. In: Hans H. Reich/Fritz Wittek (Hrsg.): Migration, Bildungspolitik, Pädagogik.

Aus der Diskussion um die interkulturelle Erziehung in Europa, Essen/Landau: Publikation ALFA., S. 7–34.

Probleme des empirischen Vorgehens bei der Erforschung des Fremdsprachenunterrichts. In: Karl-Richard Bausch u.a. (Hrsg.): Empirie und Fremdsprachenunterricht. Arbeitspapiere der 4. Frühjahrskonferenz zur Erforschung des Fremdsprachenunterrichts. Tübingen: Narr, S. 122–126.

1985 (Hrsg.): „Sprachstunden – Lesestunden". Unterrichtswerk für den Deutschunterricht mit dem Sprachbuch: „Sprachstunden" und dem Lesebuch: „Lesestunden" für die Klassen 1–4. Zus. mit Ernst Apeltauer, Heinz W. Grahs u.a. Bochum: Kamp.

Deutsch als Zweitsprache. Band 1: Zweisprachigkeit, Zweitspracherwerb, Sprachvergleich und Fehleranalyse. Eine kommentierte Auswahlbibliographie (= nli-drucksachen „Ausländerpädagogik – Interkulturelle Erziehung"). Hrsg. v. Niedersächsischen Landesinstitut für Lehrerfortbildung, Lehrerweiterbildung und Unterrichtsforschung. Hildesheim: NLI.

Deutsch als Zweitsprache. Band 2: Didaktik und Methodik des Deutschunterrichts mit ausländischen Schülern. Kommentierte Auswahlbibliographie. (= nli-drucksachen „Ausländerpädagogik – Interkulturelle Erziehung"). Hrsg. v. Niedersächsischen Landesinstitut für Lehrerfortbildung, Lehrerweiterbildung und Unterrichtsforschung. Hildesheim: NLI.

Deutsch als Zweitsprache. Band 3: Lehr- und Lernmittel für den Deutschunterricht mit ausländischen Schülern: Kindergarten, Vorschule, Erstunterricht, Grund- und Hauptschule. Kommentierte Auswahlbibliographie (= nli-drucksachen „Ausländerpädagogik – Interkulturelle Erziehung"). Hrsg. v. Niedersächsischen Landesinstitut für Lehrerfortbildung, Lehrerweiterbildung und Unterrichtsforschung. Hildesheim: NLI.

Deutsch als Zweitsprache. Band 4: Lehr- und Lernmittel für den Deutschunterricht mit ausländischen Jugendlichen und Erwachsenen. Kommentierte Auswahlbibliographie (= nli-drucksachen „Ausländerpädagogik – Interkulturelle Erziehung"). Hrsg. v. Niedersächsischen Landesinstitut für Lehrerfortbildung, Lehrerweiterbildung und Unterrichtsforschung. Hildesheim: NLI.

Kulturoffener Sachunterricht und Erziehung zur Zweisprachigkeit: Bericht über einen Modellversuch mit türkischen Kindern an einer französischen Grundschule. In: Deutsch lernen, Heft 4, S. 19–41.

Pädagogische Probleme in der Berufsorientierung türkischer Jugendlicher. Zus. mit Ursula Neumann. In: Zeitschrift für Pädagogik, Heft 19, S. 337–358.

1986 (Hrsg.): Zwischen Elternhaus und Arbeitsamt: Türkische Jugendliche suchen einen Beruf. Zus. mit Atilla Yakut, Ursula Neumann und Ursula Boos-Nünning. Berlin: Express Edition.

(Hrsg.): Towards Intercultural Education. A comparative study of the education of migrant children in Belgium, England, France and the Netherlands. Zus. mit Ursula Boos-Nünning, Manfred Hohmann und Fritz Wittek. London: Center for Information on Language Teaching and Research.

(Hrsg.): Studienmaterialien für italienische und deutsche Lehrerinnen und Lehrer. Zus. mit Francesca Chillemi und Gabriele Steffen. Tübingen: Deutsches Institut für Fernstudien.

Sprachliche Probleme beim Verstehen berufsorientierender Texte. Zus. mit Atilla Yakut. In: Atilla Yakut, Hans H. Reich, Ursula Neumann, Ursula Boos-Nünning (Hrsg.): Zwischen Elternhaus und Arbeitsamt: Türkische Jugendliche suchen einen Beruf. Berlin: Express Edition, S. 343–388.

Interkulturelle Erziehung als Partner pädagogischer Reform. In: Hermann Bausinger (Hrsg.): Ausländer – Inländer, Tübingen: Vereinigung für Völkerkunde, S. 83–98.

Deutsch und Dänisch in den Schulen der dänischen Minderheit in Süd-Schleswig. In: Diskussion Deutsch, 90, S. 343–349.

Untersuchungen zum muttersprachlichen Unterricht griechischer Schüler in der BRD. In: Deutsch lernen, Heft 1, S. 79–81.

Sprachsensibler Fachunterricht. Eine Lernkartei für ausländische Auszubildende im Stützunterricht. In: Sprache und Beruf, Heft 2, S. 22–36.

1987 Sprachenvielfalt im Unterricht. In: Pädagogische Beiträge, Heft 12, S. 31–35.

Stützunterricht für ausländische Jugendliche in der Berufsausbildung. In: Unterrichtswissenschaft, Heft 1, S. 52–64.

Integration als Aufgabe der Lehrerbildung. In: Bildung und Erziehung, Heft 3, S. 285–303.

Für eine pädagogische Sprachtheorie. In: K.-Richard Bausch u.a. (Hrsg.): Sprachbegriffe im Fremdsprachenunterricht: Arbeitspapiere der 7. Frühjahrskonferenz zur Erforschung des Fremdsprachenunterrichts. Tübingen: Narr, S. 161–165.

1988 „Lesestunden". Ein Lese- und Arbeitsheft für türkische Schüler in der Grundschule. Zus. mit Katharina Kuhs. Bochum: Kamp.

1989 (Hrsg.): Ein Europa für Mehrheiten und Minderheiten. Diskussionen um interkulturelle Erziehung. Zus. mit Manfred Hohmann, Münster/New York: Waxmann.

Unterricht für ausländische Schüler. Sprachwahrnehmungstraining für Lehrer ausländischer Schüler. Zus. mit Ingrid Gogolin und Alfred Goll. Hrsg. v. Landesinstitut für Schule und Weiterbildung NW. Soest: Soester Verlagskontor.

FABER – Ein Schwerpunktprogramm zur Erforschung der Folge von Arbeitsmigration für Bildung und Erziehung. Zus. mit Ursula Neumann, Marianne Krüger-Potratz, Ingrid Gogolin. In: Migration, Heft 6, S. 127–136.

Kurzinformation über Modellversuche. Bildung von Migrantenkindern und interkulturelle Erziehung. Zus. mit Walter Jungmann und Ulrike Pörnbacher, Landau: Erziehungswissenschaftliche Hochschule Rheinland-Pfalz, Abt. Landau.

Zu den Entwicklungsmöglichkeiten institutionalisierten Sprachenlernens. In: Karl-Richard Bausch u.a. (Hrsg.): Der Fremdsprachenunterricht und seine institutionellen Bedingungen. Arbeitspapiere der 9. Frühjahrskonferenz zur Erforschung des Fremdsprachenunterrichts. Tübingen: Narr, S. 108–111.

Wege zu einem sprachsensiblen Fachunterricht. In: Deutsch lernen, Heft 2–3, S. 131–152.

1990 Ludwig Soumagne. (=Monographien zur Mundartliteratur der Gegenwart, Bd. 1.) Hrsg. Fernand Hoffmann und Hans H. Reich:. Krefeld: van Acken.

Europäische Modellversuche mit Migrantenkindern – Ergebnisse einer vergleichenden Evaluation. In Deutsch lernen, Heft 1, S. 3–24.

Auf dem Weg zum Lesen in der Zweitsprache. In: Gudula List und Günther List (Hrsg.): Gebärde, Laut und graphisches Zeichen: Schrifterwerb im Problemfeld von Mehrsprachigkeit. Opladen: Westdeutscher Verlag, S. 132–145.

Interkulturelle Erziehung in Europa. Zus. mit Ursula Neumann. In: Olaf Schwencke (Hrsg.): Bildung ohne Grenzen. Europäische Bildungspolitik unter der Perspektive „Binnenmarkt 1992“ (= Loccumer Protokolle; 62). Loccum: Kirchliche Verwaltungsstelle Loccum, S. 123–137.

Der muttersprachliche Unterricht für die Kinder der neuen ethnischen Minderheiten. Entwicklungstendenzen in den Staaten der Europäischen Gemeinschaft. In: Bildung und Erziehung, Heft 2, S. 177–193.

Stand der Literaturinformation zum Migrantenbereich. In: Deutsch lernen, Heft 3, S. 216–225.

Ab 1990 (zusammen mit Ingrid Gogolin) Herausgeber der Reihe „Migrantenkinder in den Schulen Europas. Versuche und Erfahrungen“. Münster/New York: Waxmann. (bis 2004: 10 Bände)

1991 „Von der Schule zu ...“. Der Kopenhagener Modellversuch zur Bildungs- und Berufsberatung von Einwandererjugendlichen (= Migrantenkinder in den Schulen Europas; 3). Münster/New York: Waxmann.

Ein Blick über die Grenze: Englisch für zweisprachige Schüler in England. In: Der Deutschunterricht, Heft 2, S. 82–89.

Lehrer für vielsprachige Klassen. Ein Bericht über das Projekt „Linguistic Diversity in the Primary School". In: Deutsch lernen, Heft 3, S. 285–293.

Developments in ethnic minority language teaching within the European Community. In: Koen Jaspa (Ed.): Ethnic minority languages and education. Amsterdam: Sweets en Zeitlinger, S. 161–174.

„Lesen vermittelt sprachgewordene Kultur". In: Joseph A. Kruse u.a. (Hrsg.): Literatur, Verständnis und Vermittlung. Düsseldorf: Cornelsen, S. 189–199.

Sprachbildung von Migrantenkindern. In: Klaus J. Mattheier (Hrsg.): Ein Europa – viele Sprachen. Kongressbeiträge zur 21. Jahrestagung der Gesellschaft für Angewandte Linguistik GAL.eV. (= Forum Angewandte Linguistik; 22). Frankfurt/M. u.a.: Lang, S. 79–80.

Sprachliche Lernanforderungen im Rahmen eines interkulturellen Bildungskonzepts. In: Landesbeauftragte für Ausländerfragen bei der Staatskanzlei Rheinland-Pfalz (Hrsg.): Interkulturelles Lernen. Dokumentation der internationalen Fachtagung vom 28.–30.9. 1990 in Budenheim, Mainz: Staatskanzlei Rheinland-Pfalz, S. 39–44.

1992 (Ed.) Breaking the Boundaries. Migrant Workers' Children in the EC. A Comparative Evaluation of the Pilot Projects Supported by the EC on the Education of Children of Migrant Workers 1986–89. Zus. mit Euan Reid. Clevedon/Philadelphia/Adelaide: Multilingual Matters LTD.

Education for Bilingualism. Zus. mit Euan Reid. In: Hans H. Reich/Euan Reid (Eds.): Breaking the Boundaries. Migrant Workers' Children in the EC. A Comparative Evaluation of the Pilot Projects Supported by the EC on the Education of Children of Migrant Workers 1986–89, Clevedon/Philadelphia/Adelaide: Multilingual Matters LTD, S. 134–178.

Grundsatzüberlegungen zum Muttersprachlichen Unterricht. In: Deutsch lernen, Heft 1, S. 77–84.

Leistungsbewertung bei ausländischen Jugendlichen. Zus. mit Siegfried Dallmann, Annelie Diewald, Gerhard Kullik und Karin Wiegand. In: Bildungsarbeit in der Zweitsprache Deutsch, Heft 2, S. 89–99.

1993 (Hrsg.): Interkulturelle Didaktiken. Fächerübergreifende und fächerspezifische Ansätze. Zus. mit Ulrike Pörnbacher. Münster/New York: Waxmann.

Zur Entwicklung interkultureller Curricula. In: Hans H. Reich/Ulrike Pörnbacher (Hrsg.): Interkulturelle Didaktiken. Fächerübergreifende und fächerspezifische Ansätze. Münster/New York: Waxmann, S. 106–117. Wieder abgedruckt in: Sachunterricht und Mathematik in der Primarstufe, Heft 21, S. 419–423.

Streß durch Sprache? In: Bundesanstalt für Arbeit (Hrsg.): Jugendliche ausländischer Herkunft vor der Berufswahl. Handbuch für die Berufsberatung. Wiesbaden: wgb, S. 183–203.

Folgen der Arbeitsmigration für Bildung und Erziehung. Zus. mit Hans Merkens. In: Unterrichtswissenschaft, Heft 2, S. 100–105.

1994 Interkulturelle Pädagogik – eine Zwischenbilanz. In: Zeitschrift für Pädagogik, Heft 1 (Migration, kulturelle Vielfalt, Bildungsprobleme in Europa), S. 19–27.

Über die Schule Zugang finden zu einer anderen Kultur. Zus. mit Francesca Chillemi. In: Ernst Apeltauer (Hrsg.): Aus Erfahrung lernen: Exkursionen und Auslandspraktika im Bereich Deutsch als Zweit- und Fremdsprache. Baltmannsweiler: Schneider, S. 54–69.

Herkunftssprachen „anstelle einer Fremdsprache". Ein Vergleich zwischen England, Frankreich und (West-) Deutschland. In: Sigrid Luchtenberg und Wolfgang Nieke (Hrsg.): Interkulturelle Pädagogik und Europäische Dimension. Herausforderungen für Bildungssystem und Erziehungswissenschaft. Festschrift zum 60. Geburtstag von Manfred Hohmann. Münster/New York: Waxmann, S. 25–37.

Sprachbildung von Migrantenkindern in England. In: Andreas Paula (Hrsg.): Mehrsprachigkeit in Europa: Modelle für den Umgang mit Sprachen und Kulturen. Klagenfurt: Drava, S. 83–106.

1995 Community languages teaching. Herkunftssprachenunterricht in England. (= Migrantenkinder in den Schulen Europas. Versuche und Erfahrungen; 9). Münster/New York: Waxmann.

Langues et cultures d'origine. Herkunftssprachenunterricht in Frankreich. (= Migrantenkinder in den Schulen Europas. Versuche und Erfahrungen; 10). Münster/New York: Waxmann.

L'éducation interculturelle en Allemagne: un aperçu historique. In: Migrants-Formation, Nr. 102, S. 154–170.

Bericht über die Arbeit der Sektion „Sprachenlernen in multikulturellen Gesellschaften". In: Lothar Bredella/Herbert Christ (Hrsg.): Didaktik des Fremdverstehens. Tübingen: Narr, S. 101–103.

Zur quantitativen Entwicklung des Muttersprachlichen Ergänzungsunterrichts in der Bundesrepublik Deutschland. Zus. mit Ulrike Pörnbacher. In: Deutsch lernen, Heft 2, S. 136–159.

1996 Hemspråksundervisning. Herkunftssprachenunterricht in Schweden (= Migrantenkinder in den Schulen Europas. Versuche und Erfahrungen; 6). Münster/New York: Waxmann.

Interkulturelle Behördenkommunikation als Gegenstand von Weiterbildung. Zus. mit Michael Seifert und Katharina Klees. In: Rainer Pitschas (Hrsg.): Politik und Recht der Inneren Sicherheit in Mittel- und Osteuropa. München / Berlin: Jehle Rehm, S. 375–388.

1997 (Hrsg.): Folgen der Arbeitsmigration für Bildung und Erziehung. Ein Schwerpunktprogramm der Deutschen Forschungsgemeinschaft. Kommentierte bibliographische Informationen. Frankfurt/M.: Deutsches Institut für Internationale Pädagogische Forschung.

Die Wissenschaft vom Deutschen als Zweitsprache. In: Germanistische Linguistik, Heft 137–138, S. 229–241.

Wie geht das Bildungswesen mit der (auch migrationsbedingten) Vielsprachigkeit um? Verschiedene Ansätze in Europa. In: Deutsch lernen, Heft 1, S. 48–59.

1998 (Red.) EUNIT – European Network of Intercultural Teacher Training (Hrsg.): Qualifikationen für das Unterrichten in mehrsprachigen Schulen. Skills and abilities required for teaching in multilingual schools. Münster/New York: Waxmann.

Ansätze interkultureller Lehrerbildung in Landau (Rheinland-Pfalz). Zus. mit Anke Potthoff. In: EUNIT – European Network of Intercultural Teacher Training (Hrsg.): Qualifikationen für das Unterrichten in mehrsprachigen Schulen. Skills and abilities required for teaching in multilingual schools. Münster/New York: Waxmann, S. 41–47.

Vielsprachigkeit als Herausforderung der Lehrerbildung. In: EUNIT – European Network of Intercultural Teacher Training (Hrsg.): Qualifikationen für das Unterrichten in mehrsprachigen Schulen. Skills and abilities required for teaching in multilingual schools. Münster/New York: Waxmann, S. 6–17.

„Sprachen werden total gebraucht, weil irgendwie mußt du ja mit den Leuten reden." Analyse eines Interviews zum Thema Spracheinstellungen und Mehrsprachigkeit. In: Ingrid Gogolin, Sabine Graap, Günther List (Hrsg.): Über Mehrsprachigkeit. Gudula List zum 60. Geburtstag. Tübingen: Stauffenburg, S. 213–231.

Der Herkunftssprachenunterricht. Erlaßlage und statistische Entwicklung in den alten Bundesländern. Zus. mit Milena Hienz de Albentiis. In: Deutsch lernen, Heft 1, S. 3–45.

1999 (Hrsg.): Die Nationalstaaten und die internationale Migration (= Beiträge der Akademie für Migration und Integration; 1). Osnabrück: Rasch.

(Hrsg.): Die Integration Jugendlicher unter den Bedingungen von Systemwandel und Emigration (= Beiträge der Akademie für Migration und Integration; 2). Osnabrück: Rasch.

(Hrsg.): Migrations- und Integrationspolitik gegenüber „gleichstämmigen" Zuwanderern. Zus. mit Klaus J. Bade (= Beiträge der Akademie für Migration und Integration; 3). Osnabrück: Rasch.

Eine Zielgruppenkonzeption von Social Consult? In: Deutsch lernen, Heft 3, S. 215–216.

2000 (Hrsg.): Fachdidaktik interkulturell. Ein Handbuch. Zus. mit Alfred Holzbrecher und Hans-Joachim Roth (= Schule und Gesellschaft; 20). Opladen: Leske & Budrich.

Deutsch: Sprache. In: Hans H. Reich, Alfred Holzbrecher und Hans-Joachim Roth (Hrsg.): Fachdidaktik interkulturell. Ein Handbuch (= Schule und Gesellschaft; 20). Opladen: Leske & Budrich, S. 235–256.

Machtverhältnisse und pädagogische Kultur. Die Legitimierung des Unterrichts in den Herkunftssprachen von Migranten als Gegenstand eines internationalen Vergleichs. In: Ingrid Gogolin/Bernhard Nauck (Hrsg.): Migration, gesellschaftliche Differenzierung und Bildung. Opladen: Leske & Budrich, S. 343–364.

Die Gegner des Herkunftssprachenunterrichts und ihre Argumente. In: Deutsch lernen, Heft 2, S. 112–125.

Hamburger Erhebung zum Sprachstand türkisch-deutscher Schulanfänger im Schuljahr 1999/2000. Hamburg: Behörde für Schule, Jugend und Berufsbildung.

Lehrplan Deutsch als Zweitsprache. Hrsg. v. Sächsischen Staatsministerium für Kultus. Dresden: Sächsisches Staatsministerium für Kultus.

2001 Lehrerbildung interkulturell. Zus. mit Marianne Krüger-Potratz (= Interkulturelle Studien; 34). Münster: Arbeitsstelle Interkulturelle Pädagogik.

Entwicklungen des Unterrichts in Deutsch als Fremd- und Deutsch als Zweitsprache in Deutschland. In: Gerhard Helbig, Lutz Götze, Gert Henrici, Hans-Jürgen Krumm (Hrsg.): Deutsch als Fremdsprache. Ein internationales Handbuch, 1. Halbband. Berlin/New York: de Gruyter, S. 56–68.

Sprache und Integration. In: Klaus J. Bade (Hrsg.): Integration und Illegalität in Deutschland. Osnabrück: Institut für Migrationsforschung und Interkulturelle Studien, S. 41–50.

Die Bedeutung der sprachlichen Herkunft für die Schulleistung. Zus. mit Andreas Helmke. In: Empirische Pädagogik, Heft 4, S. 567–600.

Verfahren zur Beschreibung der Sprachentwicklung zweisprachiger Kinder. In: Deutsches Jugendinstitut (Hrsg.): Treffpunkt Sprache. Sprachförderung von mehrsprachigen Kindern in Kindertagesstätten. Forschungsansätze – Konzepte – Erfahrungen. Eine Tagungsdokumentation. München: Deutsches Jugendinstitut, S. 77–82.

Sprachenpolitische Entwicklungen in Europa. In: Ege Üniversitesi Edebiyat Fakültesi Yayinlari (Hrsg.): Ege – Forschungen zur deutschen Sprache- und Literaturwissenschaft (III). Izmir, S. 1–15.

Immigrant Languages in Federal Germany. Zus. mit Ingrid Gogolin. In: Guus Extra/D. Gorter (Eds.): The other languages of Europe. Demographic, sociolinguistic and educational perspectives. Clevedon et. al.: Multilingual Matters, S. 77–82.

Zum Stand der nationalen und internationalen Forschung zum Zweitspracherwerb zweisprachig aufwachsender Kinder und Jugendlicher. Vorläufige Fassung zur Vorlage bei der 3. November-Akademie „Mehrsprachigkeit und Bildung“ am 23./24. November 2001 in Hamburg. Zus. mit Hans-Joachim Roth. Hrsg. von der Freien und Hansestadt Hamburg, Behörde für Schule, Jugend und Berufsbildung. Amt für Schule. Hamburg/Landau: Eigendruck.

Lehrerbildung interkulturell. Texte, Materialien, Dokumente. Zus. mit Marianne Krüger-Potratz (= iks interkulturelle studien; 34). Münster: Arbeitsstelle Interkulturelle Pädagogik.

2002 (Hrsg.): Integration und Partizipation in der Einwanderungsgesellschaft. Zus. mit Marianne Krüger-Potratz und Bernhard Santel (= Beiträge der Akademie für Migration und Integration; 5). Osnabrück: Rasch

Spracherwerb zweisprachig aufwachsender Kinder und Jugendlicher. Zum Stand der nationalen und internationalen Forschung. Zus. mit Hans-Joachim Roth. Hrsg. von der Freien und Hansestadt Hamburg. Hamburg/Landau: Reset Grahische Medien GmbH.

Una nuova lingua a cinquant'anni? La situazione dell' apprendimento delle lingue nell'età adulta, con riferimento alla germania ed al contesto europeo. Zus. mit Francesca Chillemi Jungmann, in: Pedagogia e Vita, 6, S. 142–154.

Sprachen am Zollstock. Zur Vergleichbarkeit von Erst- und Zweitsprache bei zweisprachigen Kindern. In: Hans Barkowski/Renate Faistauer (Hrsg.): ... in Sachen Deutsch als Fremdsprache. Sprachenpolitik und Mehrsprachigkeit, Unterricht, Interkulturelle Begegnung, Hohengehren: Schneider, S.145–152.

Zweisprachig schreiben lernen. Erste Ergebnisse von Sprachstandserhebungen. In: Grundschule Sprachen, Heft 6, S. 38–41.

2003 (Hrsg.): Zwischen Regionen. Grenzüberschreitende Beziehungen am Beispiel des Oberrheins (= Landauer Schriften zur Kommunikations- und Kulturwissenschaft). Landau: Knecht.

Wahrnehmung und Bewertung des Fremden in Goethes Werk. In: Gerhard Fieguth (Hrsg.): Begegnungen mit Goethe (= Landauer Schriften zur Kommunikations- und Kulturwissenschaft). Landau: Knecht, S. 129–143.

Bildung. Zus. mit Alois Wierlacher. In: A. Bogner/Alois Wierlacher (Hrsg.): Handbuch Interkulturelle Germanistik. Stuttgart: J.B. Metzler, S. 203–210.

Ergebnisse und Ausblick. Zus. mit Christina Allemann-Ghionda. In: Marcella Heine/Antonio Ricco/Dieter Schoof-Wetzig (Hrsg.): Bilinguales Lernen im interkulturellen Kontext. Braunschweig: Westermann, S. 166–168.

Sprachstandsanalyse und Bildungsreform. In: Ingrid Gogolin, Jürgen Helmchen, Helma Lutz, Gerlind Schmidt (Hrsg.): Pluralismus unausweichlich? Blickwechsel zwischen vergleichender und interkultureller Pädagogik, Münster/New York: Waxmann, S. 145–155.

Verfahren zur Beschreibung der Sprachentwicklung zweisprachiger Kinder. In: Sara Fürstenau, Ingrid Gogolin, Kutlay Yagmur (Hrsg.): Mehrsprachigkeit in Hamburg. Ergebnisse einer Spracherhebung an den Grundschulen in Hamburg. Münster/New York: Waxmann, S. 231–237.

Tests und Sprachstandsmessungen bei Schülern und Schülerinnen, die Deutsch nicht als Muttersprache haben. In: Ursula Bredel, Gesa Siebert-Ott/Hartmut Günther/Peter Klotz/Jakob Ossner (Hrsg.): Didaktik der deutschen Sprache. Ein Handbuch, 2. Teilband. Paderborn u.a.: Schöningh, S. 914–923.

2004 Anforderungen an Verfahren der regelmäßigen Sprachstandsfeststellung als Grundlage für die frühe und individuelle Sprachförderung von Kindern mit und ohne Migrationshintergrund. Expertise für das Bundesministerium für Bildung und Forschung. Zus. mit Konrad Ehlich. München.

Projekt „Sprachentwicklung zweisprachiger Kinder im Elementarbereich". Bericht über Beobachtung, Dokumentation und Analyse zweisprachiger Entwicklungen im ersten und zweiten Projektjahr. Landau: Institut für Bildung im Kindes- und Jugendalter der Universität Koblenz-Landau.

Hamburger Verfahren zur Analyse des Sprachstandes bei 5-Jährigen (HAVAS 5). Auswertungsbogen und Auswertungshinweise „Katze und Vogel" – Deutsch. Zus. mit Hans-Joachim Roth. Hrsg. vom Landesinstitut für Lehrerbildung und Schulentwicklung Hamburg. Hamburg.

Sprachstand und Sprachförderung bei zweisprachigen Kindern. In: Yasemin Karakasoglu/Julian Lüddecke (Hrsg.): Migrationsforschung und Interkulturelle Pädagogik. Ursula Boos-Nünning zum 60. Geburtstag. Münster/New York: Waxmann, S. 131–143.

Manfred Hohmann

Interkulturelle Erziehung als Herausforderung für allgemeine Bildung?[1]

Die europäische Migration hat in der Zeit nach dem Zweiten Weltkrieg in vielen sozialen Lebensbereichen der Bundesrepublik zu Veränderungen geführt. Im Erziehungs- und Bildungssystem betreffen diese Veränderungen vor allem Unterrichtsformen, Medien und Curricula für den Unterricht der Migrantenkinder. Hans H. Reich war einer der ersten Hochschullehrer, die im Rahmen der Lehrerbildung ihre Aufgabe in der Entwicklung von Formen und darauf bezogener Curricula für den Unterricht mit ausländischen Kindern gesehen haben.

Die Diskussion um die Legitimität dieses Unterrichts wurde zunächst im Umfeld der Begriffe Ausgrenzung und Integration geführt. Seit Anfang der 1970er Jahre zielten die Bemühungen auf die Entwicklung eines Curriculums ab, das den Unterricht für deutsche und ausländische Kinder übergreift. Die Entwicklung eines solchen Curriculums erschien untrennbar verbunden mit dem Begriff der interkulturellen Erziehung. Diese Vorstellung interkultureller Erziehung basierte auf der Idee der Gleichwertigkeit der Kulturen. Ihren Klienten gegenüber vertrat sie einen Anspruch auf *Allgemeinheit der Bildung*, die andere Dimensionen zu haben schien als die bisher für die deutsche Schule geltende Idee der allgemeinen Bildung.

Am gegenseitigen Verhältnis dieser Vorstellungen von Bildung setzte meine Frage in einem 1987 erstmals erschienenen, inzwischen schwer zugänglichen Text ein. Er wird hier mit nur leichten redaktionellen Veränderungen[2] noch einmal veröffentlicht. Kann interkulturelle Erziehung als Herausforderung für allgemeine Bildung betrachtet werden, war damals die Leitfrage. Bei der Antwort ist versucht worden, den damaligen Stand der Diskussion zur interkulturellen Erziehung, wie sie sich in westeuropäischen Industriestaaten entwickelt hat, einzubeziehen, wobei damals vielfältig Konzeptionen und Begriffe aus dem angelsächsischen Sprachraum stammten.

Wolfgang KLAFKIS Allgemeinbildungskonzept als Referenz

Hinsichtlich des Begriffs der allgemeinen Bildung möchte ich mich weder auf eine Diskussion seiner historischen Varianten noch auf den Versuch einer Aktualisierung

1 Der vorliegende Text beruht auf einem im Rahmen des DGfE-Kongresses 1986 in Heidelberg gehaltenen Vortrag; erstmals veröffentlicht in: Vergleichende Erziehungswissenschaft. Informationen – Bericht – Studien, Heft 17 (1987), S. 98–115 – d. Hrsg.

2 Der Text ist nicht der neuen Rechtschreibung angepasst worden – d. Hrsg.

einlassen. Ich möchte vielmehr auf die von Wolfgang KLAFKI 1985 herausgearbeiteten „Konturen eines neuen Allgemeinbildungskonzepts“ zurückgreifen, um einen Maßstab für die Beantwortung der Frage an die interkulturelle Erziehung zu gewinnen. KLAFKI stellt in dieser Studie den Kritikern des Allgemeinbildungskonzepts die These entgegen, „daß eine zentrale Kategorie wie der Bildungsbegriff oder ein Äquivalent dafür [...] unbedingt notwendig“ sei, „wenn die pädagogischen Bemühungen um die nachwachsende Generation und der heute unabdingbar gewordene Anspruch an unser aller also auch der Erwachsenen ‚lebenslanges Lernen‘ nicht in ein unverbundenes Nebeneinander oder gar Gegeneinander von zahllosen Einzelaktivitäten auseinanderfallen soll, wenn vielmehr pädagogisch gemeinte Hilfen, Maßnahmen, Handlungen und individuelle Lernbemühungen *begründbar* und *verantwortbar* bleiben oder werden sollen“ (KLAFKI 1985, S. 13).[3]

KLAFKI interpretiert diesen Begriff von Bildung als Allgemeinbildung. Den Aspekt des Allgemeinen im Begriff der Bildung legt er in drei Dimensionen aus. Demnach drückt „allgemein“ in diesem Zusammenhang aus,

a) „daß Bildung eine Möglichkeit und ein Anspruch aller Menschen der betreffenden Gesellschaft bzw. des betreffenden Kulturkreises, ja letztlich der Menschheit im ganzen“ sei,
b) daß Bildung „auf das Insgesamt der menschlichen Möglichkeiten, sofern sie mit der Selbstbestimmung und der Entwicklung aller anderen Menschen vereinbar sind“ ziele,
c) „daß Bildung sich zentral im Medium des Allgemeinen vollzieht oder vollziehen solle“ (KLAFKI 1985, S. 17f.).

Interpretationsbedürftig ist in diesem Zusammenhang vor allem der an dritter Stelle genannte Aspekt. Nach KLAFKI geht es hier um das Problem des Bildungskanons und dessen kritischer Revision und Aktualisierung: „Bildung bzw. Allgemeinbildung bedeutet in der hier angegebenen Perspektive, ein geschichtlich vermitteltes Bewußtsein von zentralen Problemen der gemeinsamen Gegenwart und der voraussehbaren Zukunft gewonnen zu haben, Einsicht in die Mitverantwortlichkeit *aller* angesichts solcher Probleme und Bereitschaft sich ihnen zu stellen und am Bemühen um ihre Bewältigung teilzunehmen“ (KLAFKI 1985, S. 20).

KLAFKI listet in knapper Form achtzehn „Zentralprobleme“ exemplarisch auf und berührt dabei auch zwei Aufgaben, die im Kontext interkultureller Erziehung zu sehen sind: „Recht und Grenzen nationaler Identitätsbestimmung angesichts der Unabdingbarkeit universaler Verantwortung“ sowie „Deutsche und Ausländer in Deutschland“ (KLAFKI 1985, S. 21). Selbstverständlich reichen derartige kurze Hinweise nicht aus,

---

3 KLAFKIS Überlegungen zu einer zeitgemäßen Allgemeinbildung war 1995 erneut Gegenstand einer Arbeitstagung der Arbeitsgemeinschaft „Interkulturelle Bildung“ in der Deutschen Gesellschaft für Erziehungswissenschaft. Die Beiträge sind abgedruckt in GOGOLIN/KRÜGER-POTRATZ/WENNING 1996.

um eine themengemäße Beziehung zwischen den Konzepten von Allgemeinbildung und interkultureller Erziehung herzustellen. Die Fragen, um die es im folgenden geht, haben ihren Bezugspunkt nicht in inhaltlichen, sondern primär in formalen Aspekten:

- Kann die interkulturelle Erziehung als Praxis und Theorie als ein Äquivalent zum Begriff der Allgemeinbildung verstanden werden, also „im Sinne oberster Lernziele oder allgemeinster Prinzipien für Lernzielbestimmungen“ verwendet werden bzw. „als zentrierendes Orientierungs- und Beurteilungs-(kriterium) für alle pädagogischen Einzelmaßnahmen“ (KLAFKI 1985, S. 13) gelten?
- Wie allgemein, wie übergreifend und umfassend ist das Konzept der interkulturellen Erziehung, gemessen an den Dimensionen des Allgemeinen im Bildungsbegriff; reichen die Möglichkeiten der interkulturellen Erziehung aus, um den in diesen Dimensionen ausgesprochenen Anforderungen gerecht zu werden?

Unter diesen Fragestellungen soll im folgenden versucht werden, interkulturelle Erziehung als Herausforderung für allgemeine Bildung zu betrachten.

Das Konzept der interkulturellen Erziehung: Entwicklung und Strukturen

Es soll zunächst inhaltlich geklärt werden, was gegenwärtig unter dem Begriff und Konzept der interkulturellen Erziehung zu verstehen ist. Der Ursprung des Konzepts ist wohl, darüber besteht Einigkeit, im Zusammenhang mit der Entwicklung eines Bewußtseins dafür zu suchen, daß die weltweit zu beobachtende Migration von Arbeitskräften pädagogische, soziale, politische Fragen aufgeworfen hat, die Pädagogen vor neue Aufgaben stellen. Ein Ansatz zur Beantwortung dieser Fragen ist im Konzept der interkulturellen Erziehung bzw. interkulturellen Pädagogik zu sehen, wobei nicht übersehen werden darf, daß das Adjektiv ‚interkulturell‘ auch in anderen disziplinären Zusammenhängen verwendet wird. Dies soll jedoch hier nicht weiter berücksichtigt werden.[4]

In dem hier relevanten Sinne wird der Begriff der interkulturellen Erziehung in der Bundesrepublik wohl 1974 erstmalig verwendet. Dennoch dauert es bis zum Ende der 1970er Jahre, bis die Konturen dieses Konzepts in der erziehungswissenschaftlichen Diskussion verdeutlicht werden. Die Anregungen zu dieser Entwicklung entstammen offenbar den internationalen Kontakten, die sich im Verlauf der 1970er Jahre zwischen Pädagogen und Wissenschaftlern anderer Disziplinen aus der Bundesrepublik sowie den anderen europäischen Aufnahmeländern und den überseeischen Einwanderungsländern ergeben haben. Gefördert wurden diese Kontakte nicht zuletzt auch

4 Für den Zeitraum vor 1987 vgl. HOHMANN 1983b.

durch Aktivitäten der großen übernationalen Organisationen (UNESCO, Europarat, EG) in der zweiten Hälfte der 1970er Jahre.[5]

Auslösendes Moment für die Diskussion in der Bundesrepublik waren jedoch nicht nur die Auslandskontakte, sondern die kritischen Auseinandersetzungen um eine am Begriff der Integration orientierte Pädagogik und Bildungspolitik für ausländische Arbeiter und ihre Familien. Die offensichtliche Abhängigkeit der Pädagogen von der Ausländerpolitik und die Enttäuschung über die Wirkungslosigkeit pädagogischer Maßnahmen gegenüber den Problemen der Migration machten sich in Kritik an der Integrationspädagogik und der Suche nach alternativen Konzepten Luft und führten nicht selten dazu, daß der Pädagogik in dieser Situation Handlungsmöglichkeiten generell abgesprochen wurden (vgl. u.a. GRIESE 1984; HAMBURGER 1983; ferner BOOS-NÜNNING/NEUMANN/REICH/WITTEK 1984). Die Kritik äußerte sich in Vorwürfen wie z.B. Vagheit und fehlende Eindeutigkeit des Bildungsbegriffs, wissenschaftlich unzulässige Verbindung deskriptiv analytischer Aspekte mit normativen, fehlendes Bewußtsein für die sozio-ökonomische und politisch-rechtliche Lage der ausländischen Arbeitnehmer und ihrer Familien, Unentschiedenheit der pädagogischen Zielsetzungen („Doppelaufgabe“[6]), Ineffektivität organisatorischer Maßnahmen, Abhängigkeit der theoretischen Ansätze vom Praxisdruck, falsche Zielsetzungen wie z.B. Assimilation bzw. Germanisierung der ausländischen Schüler durch die deutsche Schule, Paternalismus, kompensatorisches Denken usw.

Diese Kritiken waren nicht unberechtigt, übersahen und übersehen aber auch heute noch [i. e. 1987] vielfach die besondere Situation, nämlich das Fehlen jeder praktischen Erfahrung und jeder Theorie bis in die erste Hälfte der 1970er Jahre hinein. Sie übersehen aber auch, daß manche Probleme, die der Integrationspädagogik zur Last gelegt wurden, nicht nur speziell diese betrafen, sondern vielmehr als Probleme der Pädagogik generell zu betrachten sind und konsequenterweise sich auch in Alternativkonzepten wie dem der interkulturellen Erziehung wiederfinden lassen. Bemerkenswert ist in diesem Zusammenhang, daß der Integrationsbegriff von alternativen Konzepten keineswegs verdrängt wurde, bis heute vielmehr die Konzepte der Integrationspädagogik und der interkulturellen Erziehung in der pädagogischen Literatur ne-

---

5 Begriff und Konzept der interkulturellen Erziehung tauchen in der Bundesrepublik erstmalig auf bei VINK (1974), S. 127–142. Diese Studie blieb ohne großen Einfluß auf die spätere Entwicklung. Erst die Studie PFRIEM/VINK (1980) hatte nachhaltigen Erfolg. Zur Darstellung der Aktionen übernationaler Organisationen vgl. CHMIELORZ (1985) sowie BOOS-NÜNNING/HOHMANN/REICH/WITTEK (1983), ferner MAUVIEL (1982). Diese Arbeit gibt einen räumlich und zeitlich besonders breit gefaßten Überblick.

6 „Doppelaufgabe“ bezieht sich auf die KMK-Empfehlung von 1976 und entsprechende Erlassregelungen in den Ländern: die für die ausländischen Schülerinnen und Schüler getroffenen bildungspolitischen Maßnahmen sollten einerseits zu deren sozialen Eingliederung für die Dauer des Aufenthaltes in der BRD dienen, wie auch zum Erhalt ihrer sprachlichen und kulturellen Identität und damit zur Rückkehrfähigkeit beitragen (vgl. KMK 1976) – Anm. der Hrsg.

beneinander weiter bestehen bis hin zu ihrer friedlichen Verbindung im Begriff der „interkulturellen Integration“ (vgl. z.B. REUTER 1984, S. 10). In einem Aspekt lassen sich die genannten Konzepte jedoch offenbar deutlich unterscheiden. Zwar sind auch den Vertretern des Konzepts der Integrationspädagogik die demographischen Veränderungen in der Population ausländischer Schüler aufgegangen: Verlagerung des Adressatenschwerpunktes vom ‚Seiteneinsteiger‘ hin zum ausländischen Schüler, der früh einwanderte bzw. in der Bundesrepublik geboren wurde. Doch scheint die daraus ableitbare Folgerung, daß alle in einer multikulturellen Gesellschaft zusammenlebenden ethnischen Gruppen als Adressaten pädagogischer Maßnahmen betrachtet werden müssen, gegenwärtig das Merkmal zu sein, über das die interkulturelle Erziehung am eindeutigsten identifizierbar ist. Gleichzeitig läßt sich aber auch von diesem Merkmal aus verstehen, wie die Frage aufkommen konnte, ob die interkulturelle Erziehung als Herausforderung für allgemeine Bildung betrachtet werden kann, da der Anspruch auf allgemeine Geltung in diesem Charakteristikum hier wie kaum sonst zutage tritt.

Dennoch gibt es auch noch eine Reihe anderer Merkmale der interkulturellen Erziehung, die einen solchen Anspruch auf allgemeine Geltung zu stützen scheinen. So wird heute in der Regel die Auffassung vertreten, daß interkulturelle Erziehung nicht als Fach oder als Methode oder als bestimmte Funktion oder Maßnahme beschrieben werden kann, sondern als Prinzip verstanden werden muß, das sich in allen Fächern, Maßnahmen usw. niederschlägt und wiederfinden läßt[7]. Darin ist ein wichtiger Unterschied zwischen der interkulturellen Erziehung und dem Gemeinsamen Unterricht zu sehen, der zu Anfang der 1970er Jahre als Element des Aufnahmeunterrichts entwickelt wurde und in dessen Konzeption manche didaktischen Anregungen verborgen sind, die sich unmittelbar auch auf den interkulturellen Unterricht beziehen lassen (vgl. z.B. FRIBERG 1976, S. 185–208). Die These, daß interkulturelle Erziehung als Unterrichtsprinzip zu verstehen sei, schließt aber auch ein, daß weder ein einzelnes Fach noch eine einzelne Maßnahme ohne weiteres schon als Indiz für interkulturelle Erziehung gelten kann (vgl. REY 1983). Damit wird wiederum die Frage relevant, ob es eine besondere Didaktik für den Unterricht mit ausländischen Schülern geben kann (vgl. HOHMANN 1983a).

Interkulturelle Erziehung wendet sich ferner gegen die Auffassung, daß die Situation der Migranten in den Aufnahmeländern und deren pädagogische und soziale Konsequenzen ausschließlich als Problem zu gelten hätten. Interkulturelle Erziehung reklamiert für sich vielmehr als Ausgangspunkt pädagogischer Interventionen die Auffassung, daß die durch Migration entstandene Situation und ihre Konsequenzen als Chance für den Bildungsprozeß der ausländischen und auch der einheimischen Schüler verstanden werden sollte. Die Entwürfe zur interkulturellen Erziehung stim-

---

7 Bildungspolitisch wirksam geworden ist die hier von HOHMANN schon Ende der 1980er Jahre vertretene Position in der KMK-Empfehlung von 1996 „Interkulturelle Bildung und Erziehung in der Schule“ (vgl. KMK 1996) – Anm. der Hrsg.

men schließlich in der Aussage überein, daß die Gleichwertigkeit aller Kulturen in Theorie und Praxis der interkulturellen Erziehung vorausgesetzt werde.

Allen genannten Grundzügen für ein Konzept der interkulturellen Erziehung ist, wenn auch in unterschiedlichem Maße, ein Anspruch auf allgemeine Geltung zu eigen. Dadurch rechtfertigt sich die Frage, ob die interkulturelle Erziehung als Herausforderung respektive als Äquivalent der allgemeinen Bildung betrachtet werden kann. Die relativ starke Verbreitung der hier als Grundzüge der interkulturellen Erziehung vorgestellten Aspekte darf jedoch nicht dazu verführen, die relativ deutliche Kritik zu überhören, die zu einzelnen dieser Aspekte laut geworden ist. Diese Kritik resultiert offenbar nicht selten aus Kontroversen, die aber bisher, zumindest in der deutschen Literatur, zu selten in der theoretischen Diskussion aufgegriffen worden sind, wie beispielsweise die Frage nach dem Zusammenhang von interkultureller Erziehung und Muttersprachlichem Unterricht (vgl. z.B. FASE/VAN DEN BERG 1985, S. 38ff.). Kontrovers, aber nur selten bisher diskutiert, erscheint auch die Frage nach den Zielen interkultureller Erziehung – eine Frage, die trotz des Fehlens einer einheitlichen Beantwortung allgemeine Geltung für sich beanspruchen kann.

Diese Frage geht von der für alle Aspekte der interkulturellen Erziehung grundlegenden Auffassung aus, daß interkulturelle Erziehung als pädagogische Reaktion auf die durch Migration bedingte kulturelle Pluralität der Gesellschaft in den Aufnahmeländern zu verstehen sei. Diese Reaktionen lassen sich typologisch nach zwei Richtungen beschreiben, die man kontrovers, aber auch als zwei Dimensionen einer einzigen Auffassung, verstehen kann: Pädagogik der Begegnung und Konfliktpädagogik (vgl. FASE/VAN DEN BERG 1985, S. 50ff.).

Die Pädagogik der Begegnung unterschiedlicher Kulturen in einer kulturell pluralen Gesellschaft ist in ihrer simpelsten Form zu beschreiben als die schlichte Repräsentation einer fremden Kultur in einem mono- oder multikulturellen Zusammenhang, affektiv und/oder kognitiv. In ihrer am weitesten entwickelten Form vertritt interkulturelle Erziehung den hochgreifenden, wenn nicht utopischen Anspruch auf kulturellen Austausch und kulturelle Bereicherung im Verhältnis zwischen kulturell unterschiedlichen Gruppen (vgl. z.B. REY 1979). Insgesamt geht es hier um ein Erfahren und Kennenlernen fremder Kultur in einer weitgehend harmonischen Atmosphäre. Die andere typologisch unterscheidbare Form ist dagegen eher konfliktorientiert. Sie läßt sich zwar auch als Fortsetzung des begegnungspädagogischen Ansatzes verstehen, muß aber in ihren prägnantesten Formen von diesem eher abgesetzt werden. In der Grundintention handelt es sich hier um einen Ansatz, der sich die Beseitigung von Barrieren zum Ziel setzt, die der Entwicklung einer multikulturellen Gesellschaft entgegenstehen: die Bekämpfung von Ausländerfeindlichkeit, Diskriminierung und Rassismus, die Beseitigung von Ethnozentrismus und Vorurteilen, aber auch die Herstellung von Chancengleichheit als Voraussetzung für die angestrebte Begegnung von Kulturen.

In der Bundesrepublik werden in der Regel beide Aufgabenbereiche der interkulturellen Erziehung als notwendig betrachtet, wobei die Aufgaben des konfliktorientierten Typs manchmal vernachläßigt oder übersehen werden. Häufiger wird jedoch die Frage diskutiert, ob die Pädagogik im Umfeld migrationsbedingter Aufgaben überhaupt die Möglichkeit für erfolgreiche Interventionen habe. In den anderen westeuropäischen Aufnahmeländern werden die beiden typologisch unterscheidbaren Aufgaben eher kontrovers diskutiert. Dabei scheint sich das Aufgabenfeld der Pädagogik innerhalb der Migrationssituation zunehmend auf die Bekämpfung des Rassismus – ‚*multiracial education*' – zu reduzieren. Diese Tendenz geht wohl vor allem von Großbritannien aus, läßt sich aber auch u.a. in den Niederlanden beobachten.[8] Eine der Ursachen für diese unterschiedlichen Entwicklungstendenzen mag damit zu tun haben, daß in Großbritannien und in den Niederlanden anders als in der Bundesrepublik die Migrantenpopulation zu einem beträchtlichen Teil aus Farbigen besteht bzw. aus Personengruppen, die aus den ehemaligen Kolonien eingewandert sind und das Staatsbürgerrecht besitzen.

Zur Frage der allgemeinen Geltung von Aspekten der interkulturellen Erziehung

Im Folgenden sollen die eingangs vorgestellten Dimensionen des Allgemeinen im Bildungskonzept nach W. KLAFKI (1985, S. 17–18) als Ausgangspunkt für eine Analyse der interkulturellen Erziehung genommen werden. Dabei geht es um die Diskussion folgender Fragen:

- Wie umfassend ist der Adressatenkreis der interkulturellen Erziehung?
- Wie umfassend ist das Bildungsangebot der interkulturellen Erziehung und entspricht es den Bedürfnissen der Adressaten?
- Wie universal sind die tragenden theoretischen und normativen Begründungen und die Legitimation der interkulturellen Erziehung?

Bei der Beantwortung dieser Fragen und den Versuchen einer kritischen Analyse muß jedoch berücksichtigt werden, daß die Reflektion über theoretische Annahmen und praktische Erfahrungen zur interkulturellen Erziehung in der Bundesrepublik, anders als in anderen westeuropäischen Aufnahmeländern, noch in den Anfängen steckt, und die Diskussion dieser Fragen sich oft nur als Kontroverse zwischen pädagogischer Idee und der harten Realität des pädagogischen Alltags abspielt.

---

8 vgl. z.B. MULLARD 1981; ferner FENTON 1982 [deutsch 1989 – d. Hg.]; zur Entwicklung in den Niederlanden vgl. FASE/VAN DEN BERG 1985.

Die Adressaten

Interkulturelle Erziehung betrifft *alle* Menschen, die in einer kulturell als pluralistisch erfahrenen Gesellschaft zusammenleben: Ausländer und Einheimische, Majorität und Minoritäten. Man kann jedoch darüber streiten, wer tatsächlich und in welchem Grade dazugehört, denn was *alle* Menschen sind, wird letztlich aus pädagogischer Perspektive definiert. Das sind zunächst die Mitglieder der Schulgemeinschaft im engeren Sinne, also die einheimischen und ausländischen Schüler und Lehrer. Interkulturelle Erziehung bezieht sich jedoch nicht nur auf ein einzelnes pädagogisches Arbeitsfeld, sondern versteht sich dort, wo sie ihren Schwerpunkt im schulischen Arbeitsfeld hat, immer auch als gemeinwesenorientierte Arbeit. In Anlehnung an Gedanken der *Community Education* geht sie grundsätzlich über die in Schule und Unterricht traditionell festgelegten Grenzen hinaus. Die Schule öffnet sich für andere im schulischen Umfeld lebenden gesellschaftlichen Gruppen und verbindet diese durch Aktivitäten, die im herkömmlichen Sinn eher der Sozialpädagogik bzw. Sozialarbeit zugeordnet werden müssen. Primäre Zielgruppe dieser Aktivitäten sind die einheimischen und ausländischen Eltern, darüber hinaus aber auch oft andere Gruppen wie alte Menschen, arbeitslose Jugendliche, Frauen usw., wobei interkulturelle Erziehung nicht nur schulische sondern ausdrücklich auch gesamtgesellschaftliche Interessen im Auge hat.

Beispiele für gemeinwesenorientierte Arbeit – *Community Education* – im Zusammenhang mit interkultureller Erziehung liegen aus den meisten europäischen Aufnahmestaaten vor, auch aus der Bundesrepublik (vgl. u.a. die einschlägigen Arbeiten und Publikationen des Europarats, z.B. COUNCIL OF EUROPE [Hg.] 1983; vgl. BOOS-NÜNNING 1984). Hier aber ist der Grenzbereich zwischen Schul- und Sozialpädagogik seit langem umstritten und nicht selten wird der Pädagogik generell Unfähigkeit bei der Lösung von migrationsbedingten Problemen vorgeworfen und von ihr verlangt, daß sie ihre Ansprüche zugunsten von Sozialarbeit und Politik zurückstecke. Dieser Disput zeigt, daß die interkulturelle Erziehung in der Bundesrepublik im eigenen Hause noch viel Engagement aufwenden muß, um sich gegenüber Konkurrenten zu legitimieren.

Zu den Aufgaben, die interkulturelle Erziehung bewältigen muß, wenn sie ihren Anspruch auf Geltung für einen umfassenden Adressatenkreis glaubhaft machen will, zählt die Verbesserung des Status der ausländischen Lehrer und Sozialpädagogen. Sie kann auf deren Mitwirkung bei der Herstellung schulischer und außerschulischer Kontakte zwischen kulturell unterschiedlichen Gruppen nicht verzichten, doch ist die berufliche und private Situation der ausländischen Kollegen bei der Realisierung des Anspruchs interkultureller Erziehung meist hinderlich, auch wenn in den letzten Jahren hier Verbesserungen erzielt werden konnten: Mängel in der Zusammenarbeit zwischen einheimischen und ausländischen Kollegen, Mängel bei der Einbeziehung in das Kollegium, erfahrbar als berufliche und private Isolierung, Unklarheiten bei der Frage nach Rang, Inhalt und Umfang des Muttersprachlichen Unterrichts im Rahmen des einheimischen Regelcurriculums. Diese Schwierigkeiten haben nur zum Teil mit offenen oder verdeckten Machtansprüchen der einheimischen Majorität gegenüber den kulturellen Minoritäten zu tun, es geht dabei auch um inhaltliche, didaktische bzw. methodische Fragen des Unterrichts ausländischer und einheimischer Schüler. Es zeigt sich hier, wie sehr die Frage nach den Adressaten verknüpft ist mit Fragen der Unterrichtsführung. Der Hinweis, daß interkulturelle Erziehung in dem von ihr beanspruchten Stück Erziehungswirklichkeit die gesellschaftliche Realität, also die multikulturelle Gesellschaft, abzubilden habe, ist dabei kaum hilfreich, er bleibt eine schöne Utopie.

Das zeigt sich nicht zuletzt in den Schulversuchen, die zwar, wie beispielsweise das „Krefelder Modell", mit gutem Grund auf ihre Leistungen bei der Realisierung interkultureller Erziehung verweisen können, bei der Bewältigung spezieller, migrationsbedingter pädagogischer Fragen jedoch zu Formen der Unterrichtsorganisation greifen müssen, die im Widerspruch zur interkulturellen Erziehung zu stehen scheinen, bzw. in ihren praktischen Konsequenzen zu derartigen Widersprüchen führen (vgl. u.a. DICKOPP 1982). In Krefeld geht beispielsweise die aus didaktischen Überlegungen sicherlich gerechtfertigte „bikulturelle" Organisation des Unterrichts zu Lasten der Beziehungen zwischen Schule und Elternhaus, was der Idee der interkulturellen Erziehung zuwiderläuft. Letztlich führt jede demographische Verzerrung der sozialen Struktur im Wohnumfeld der Schulen, konkret: sehr hoher oder sehr geringer Anteil ausländischer Schüler und ausländischer Familien, zu der Frage, ob es so etwas wie eine besonders günstige Relation zwischen kulturell unterschiedlichen Gruppen in einer kulturell pluralen Gesellschaft bzw. Schule gibt. Die Pädagogik wird hier vor die Frage gestellt, ob interkulturelle Erziehung in Klassen ohne einheimische Schüler oder mit nur einem geringen Anteil einheimischer Schüler noch sinnvoll und möglich ist. Die Frage läßt sich auch andersherum stellen: Ist die Begegnung zwischen unterschiedlichen Kulturen im Unterricht an die Präsenz von Repräsentanten dieser Kulturen gebunden? Welche Konsequenzen hat es für Theoriebewußtsein und Praxis der interkulturellen Erziehung, wenn auf Repräsentanten dieser Kultur verzichtet wird?[9] Tatsächlich gibt es vereinzelte Hinweise auf Tendenzen, interkulturelle Erziehung unabhängig von in der Schule oder im Unterricht anwesenden Schülergruppen zu betreiben.[10] Dieser Tendenz unmittelbar benachbart sind Überlegungen, ob man im interkulturellen Unterricht nicht grundsätzlich zu ‚neutralen' Kulturbegegnungen übergehen, also ein ‚affektfreies' Umgehen mit fremder Kultur favorisieren solle (vgl. REY 1979).

Schließlich muß in diesem Zusammenhang die Frage gestellt werden, ob den kulturellen Minoritäten – Schülern, Lehrern, Eltern – in der Aufnahmegesellschaft überhaupt in politischer, ökonomischer, sozialer und pädagogischer Hinsicht diejenigen

---

9 Vgl. die Diskussion bei BOOS-NÜNNING/HOHMANN/REICH/WITTEK 1983, S. 311f.

10 Vgl. die Darstellung der französischen Projekte bei BOOS-NÜNNING/HOHMANN/REICH/WITTEK 1983.

Bildungs- und Lebenschancen geboten werden, die im Anspruch auf Geltung der interkulturellen Erziehung für *alle* Menschen vorausgesetzt werden. Wie stark muß eine Minderheit, wie offen eine Mehrheit wohl sein, wenn die interkulturelle Erziehung eine faire Chance zur Erprobung ihrer Ideen erhalten soll?

Ohne Zweifel kommt die These, daß interkulturelle Erziehung für alle Mitglieder in einer kulturell pluralen Gesellschaft zu gelten habe, dem Allgemeinheitsanspruch von Bildung weit entgegen. Dabei wird die Auffassung unterstützt, daß der Allgemeinbildung in der interkulturellen Erziehung unter diesem Teilaspekt eine Herausforderung erwachsen könnte. Doch muß man aber auch realistisch sehen, daß hier theoretische Programmatik und praktische Realisierungschancen noch weit auseinander klaffen, zumal die konkreten Zielrichtungen der interkulturellen Erziehung theoretisch noch ungeklärt und im einzelnen umstritten sind.

Das Bildungsangebot

Fragen des Bildungsangebots wurden bereits unter der Perspektive der Adressaten interkultureller Erziehung angesprochen. Die Notwendigkeit dazu ergab sich aus der inneren Verflechtung der Aspekte, die wir in Anlehnung an KLAFKIs Bestimmung von Dimensionen des Allgemeinen im Bildungsbegriff unterschieden haben. Konkret geht es in der zweiten Dimension um die Frage, wie weit das Bildungsangebot den Bedürfnissen der Adressaten angemessen ist, wie weit die pädagogischen Möglichkeiten der interkulturellen Erziehung reichen oder auch, ob man dem Bildungsangebot der interkulturellen Erziehung Adressatengerechtheit unter den Kriterien von Vielseitigkeit bzw. Allseitigkeit zusprechen kann.

Ein gewisser Anspruch auf allgemeine Geltung des hier angesprochenen Aspekts der interkulturellen Erziehung läßt sich generell aus der These ableiten, daß sie nicht als Fach oder einzelne Maßnahme zu verstehen sei, sondern als Prinzip für alle Unterrichtsfächer gelten soll. Diese Auffassung ist weit verbreitet und wird kaum noch bestritten, doch kann man sie nicht ohne Bedenken akzeptieren. In der weitest gehenden Version wird interkulturelle Erziehung mit jeder Form der Pädagogik für Migranten gleichgesetzt.[11] Davon läßt sich ein Wortgebrauch abheben, der interkulturelle Erziehung als eine bestimmte historische Variante dieser Migrantenpädagogik versteht, ohne dabei auf den Anspruch zu verzichten, daß interkulturelle Erziehung als Unterrichtsprinzip für alle Fächer gelten soll (vgl. BOOS-NÜNNING/HOHMANN/REICH/WITTEK 1983, S. 311f). Ich neige dieser engeren Auffassung zu, da mit Recht auf die begrifflichen Unschärfen kritisch hingewiesen wurde, die sich als Konsequenz der weiteren Version ergeben.[12] Zu problematisieren ist der Verzicht auf eine Definition

11 Vgl. die Arbeiten aus dem Berliner Institut für interkulturelle Erziehung und Bildung und seinem Umfeld; u. a. ZIMMER 1982

12 Vgl. z.B. die Kritik bei KLOOSTERMAN 1984, S. 196 und 221–223.

von interkultureller Erziehung als Unterrichtsfach, wenn man bedenkt, wie wenig Erfolg Unterrichtsgegenstände in der Vergangenheit hatten, die man unverbindlich zum Prinzip erklärt hatte (z.B. Verkehrsunterricht oder Gesundheitserziehung). Die Erfahrungen mit diesen Versuchen sprechen, denkt man an Effektivität, eher dafür, interkulturelle Erziehung besser innerhalb eines Faches oder einer Fächergruppe zu verankern. Das geht aber mit Sicherheit zulasten der geforderten Vielseitigkeit des Bildungsangebots. Ein Ausweg aus diesem Dilemma scheint sich mit Hilfe des Projektunterrichts zu ergeben, der von vielen Autoren als die günstigste und die einzig legitime Form angesehen wird (vgl. HOHMANN 1983c, besonders S. 9–31, bes. S. 11; vgl. auch KLOOSTERMAN 1984). Das scheint berechtigt zu sein, wenn man berücksichtigt, daß auf diese Weise Adressatengerechtheit und fachliche Anforderungen am ehesten miteinander verbunden werden können. So ist es nicht verwunderlich, daß – auch international gesehen – Beispiele zur Praxis der interkulturellen Erziehung überwiegend als Projekt vorgestellt werden.

Adressatengleichheit des Bildungsangebots ist aber nicht nur eine Frage der Unterrichtsorganisation, sondern auch der Unterrichtsinhalte. Es besteht weitgehend Einmütigkeit darüber, daß Folklore, das Erleben von Exotik beim Essen und Trinken oder emphatische Verbrüderungsaktionen als Bildungsinhalte nicht ausreichen, um den Zielvorstellungen der interkulturellen Erziehung gerecht zu werden. Gleichwohl ist man von den Ansätzen eines Curriculums für interkulturelle Erziehung noch weit entfernt. Das läßt sich vor allem an der unterschiedlichen Situation interkultureller Erziehung gegenüber einzelnen Unterrichtsfächern verdeutlichen. Es scheint so, als hätten die kultur- und sozialwissenschaftlichen sowie die musischen Fächer Vorteile bei der Bestimmung relevanter Inhalte gegenüber den mathematisch-naturwissenschaftlichen Disziplinen. Jedoch ist bis jetzt kaum mehr als eine Diskussion des Fachsprachenproblems und eine Bereinigung der Lehr-/Lernmittel von Ethnozentrismen geleistet worden. Auch die Frage nach einer besonderen Didaktik für den Unterricht ausländischer Schüler – hier wäre möglicherweise ein Ansatzpunkt für interkulturelle Erziehung – wird gegenwärtig überwiegend negativ beantwortet, und es wird darauf hingewiesen, daß eine Verfeinerung und situative Anpassung der herkömmlichen Didaktik ausreicht, um den Ansprüchen der Adressaten interkultureller Erziehung gerecht zu werden.

Umstritten ist ferner der formale Ansatzpunkt und die damit verbundene Legitimation für currciculare Entwicklungen. Abzulehnen ist ein ‚Häppchen'-Curriculum, das sich eklektizistisch aus den Bildungsangeboten der unterschiedlichen beteiligten Kulturen bedient (ein wenig Atatürk, ein wenig Bismarck usw.), hier fehlt ein umfangreiches curriculares Prinzip. Viele Autoren sehen dieses Prinzip in einer grundsätzlichen Orientierung an den Bedürfnissen und Interessen der Schüler (vgl. u.a. PORCHER 1979, S. 27ff.), andere favorisieren einen situativen Ansatz (vgl. u.a. ZIMMER 1982), der wissenschaftsorientierte Ansatz steht außerhalb der Diskussion. Dennoch scheint mir kein Weg an einer Verbindung der verschiedenen Ansätze zur Curriculumentwicklung vorbei zu führen, einer Verbindung, in der die Frage nach den unterschiedlichen Lebenserfahrungen der Adressaten eine zentrale Rolle spielen mag. Diese Lebenserfahrungen werden bei ausländischen Erwachsenen, Kindern und Jugendlichen zunehmend durch die Migrationsgesellschaft des Aufnahmelandes bestimmt, die Bedeutung der Erfahrungen im Herkunftsland nimmt ab. Relative Einigkeit besteht in diesem Zusammenhang auch darüber, daß die unterschiedlichen Lebenserfahrungen der einheimischen und ausländischen Adressaten der interkulturellen Erziehung als besondere Chance für den Bildungsprozeß und weniger als Problem gesehen werden sollten.

Eine beträchtliche Zahl weiterer Fragen zum Bildungsangebot der interkulturellen Erziehung ist bisher kaum diskutiert, geschweige denn beantwortet worden. Dazu gehören u.a.: die Reduktion migrationspädagogischer Interventionen auf Einzelaspekte, wie z.B. die „multiracial education", die Frage, ob interkulturelle Erziehung konfliktträchtige oder konfliktfreie, ‚neutrale' Aspekte thematisieren solle (vgl. FASE/VAN DEN BERG 1985, S. 38ff; S. 50ff), die Verbindung migrantenspezifischen Unterrichts (z.B. Aufnahmeunterricht, Muttersprachlicher Unterricht) mit dem interkulturellen Unterricht (vgl. HOHMANN 1983b), die Frage nach der Beziehung von Entwicklungspädagogik bzw. Pädagogik der Dritten Welt oder ähnlicher Tendenzen zum interkulturellen Unterricht (vgl. z.B. THEMENHEFT 1983), schließlich eine Frage, die sich angesichts der permanenten Verdichtung internationaler Beziehungen zunehmend stellt, die nach dem Verhältnis interkultureller Bemühungen zu einer Erziehung zum Europagedanken, zum Weltbürgertum usw. (vgl. ZUCK 1983).

Insgesamt scheinen mir die angesprochenen Aspekte zum Bildungsangebot der interkulturellen Erziehung darauf hinzuweisen, daß man auch in diesem Bereich Grund hat, nach dem Allgemeinheitsanspruch interkultureller Erziehung zu fragen, eine Diskussion der theoretischen Voraussetzungen und Implikationen sowie der praktischen Erfahrungen ergibt jedoch derart viel unbeantwortete und kontroverse Fragen, daß über eine Äquivalenz interkultureller Erziehung und allgemeiner Bildung z. Zt. nicht geurteilt werden kann. Darüber hinaus scheint der Anspruch unter den hier diskutierten Perspektiven des Bildungsangebots zu hoch gesteckt, zu hoch zumindest insoweit man an die derzeitigen Realisierungschancen interkultureller Erziehung denkt.

Aspekte der Begründung und Legitimation

Wenn von interkultureller Erziehung als Erziehung in der multikulturellen Gesellschaft gesprochen wird, werden zwei Fragen relevant, die für die Begründung und Legitimation der Pädagogik wichtig sind: die Frage, was in diesem Zusammenhang unter Kultur zu verstehen sei und ferner die Frage, wie die Relationen zwischen den Kulturen beschaffen sind, die mit ‚inter' bzw. ‚multi' umschrieben werden. Über diese Relationen scheint es nur wenige Definitionen oder pädagogische Reflexionen zu geben. Vage umschrieben kennzeichnet der Begriff ‚multikulturell‘ einen Zustand des Pluralismus innerhalb einer Gesellschaft, bei dem die verschiedenen kulturellen Gruppen miteinander leben, ohne daß die verschiedenen denkbaren Lebensformen voneinander abgrenzbar wären. Gegenüber dem Begriff ‚interkulturell‘ erscheint die Bezeichnung ‚multikulturell‘ pädagogisch eher als unverbindlich, ‚interkulturell‘ ist dagegen explizit als pädagogische Leitvorstellung aufzufassen. Das gilt für die deutsche Verwendung dieser Begriffe. In anderen Aufnahmeländern, vor allem in Großbritannien, werden die beiden Begriffe ohne scharfe Trennung nebeneinander verwendet, wobei der Begriff ‚multikulturell‘ oft wesentlich häufiger und auch mit pädagogischer Bedeutung benutzt wird. Nachdrücklicher bemüht man sich dagegen in der deutschen Literatur zur interkulturellen Erziehung um eine Klärung des Kulturbegriffs, um von hier aus eine Basis für inhaltliche Klärungen, einen Ansatzpunkt für theoretische Erörterungen und eine Basis für die Begründung und Erörterung von interkultureller Erziehung zu gewinnen.

Nun ist zwar davon auszugehen, daß der Kulturbegriff in den von Migration betroffenen Industrienationen mit unterschiedlichen Konnotationen verbunden ist, und insofern auch ein grenzüberschreitender Vergleich von Begriffen wie ‚multikulturell‘ bzw. ‚interkulturell‘ immer auch zwangsläufig zu etwas fragwürdigen Ergebnissen kommt. Doch zeigt ein Blick auf den Kontext, in dem diese beiden Begriffe in anderen Industrienationen verwendet werden, daß der Begriff ‚Kultur‘ nicht ausreicht, um eine angemessene Basis für die Erklärung des durch die Migration entstandenen gesellschaftlichen Pluralismus zu erhalten. Die Suche nach dem richtigen Kulturbegriff für den interkulturellen Ansatz greift daher von vornherein zu kurz. In anderen westeuropäischen Aufnahmeländern und den überseeischen Einwanderungsländern, vor allem im angelsächsischen Sprachbereich, wird dagegen ein stark verbreitertes und anders akzentuiertes Begriffsspektrum verwendet, um gesellschaftliche Pluralität zu erfassen und zu begründen. Neben dem Begriff der Kultur sind es hier u.a. vor allem die Begriffe Ethnie und Rasse, die eine Bedeutung in der pädagogischen Literatur erlangt haben. Dabei zeichnet sich ab, daß die mit diesen Begriffen bezeichneten Aspekte – ‚multi-ethnic education‘ und ‚multi-racial education‘ neben ‚multi-cultural education‘ – zunehmend Exklusivität für sich beanspruchen und folglich kontrovers diskutiert werden (vgl. FASE/VAN DEN BERG 1985, S. 47ff). Die ‚multi-ethnic education‘ scheint in diesem Zusammenhang ein breiteres Bedeutungsfeld als die anderen beiden Begriffe abzudecken und bleibt in einer vermittelnden Stellung gegenüber den anderen Begriffen eher neutral. Es ist kein Zufall, daß die Ethnizität als Schlüsselbegriff für gesellschaftlichen Pluralismus vor allem auch in den Ländern aufgegriffen wird, die sich im Zuge der Dekolonialisierung nach dem Zweiten Weltkrieg mit der Einwanderung von Gruppen konfrontiert sahen, die nicht nur in kultureller, sondern auch in ethnischer Hinsicht von der einheimischen Bevölkerung abwichen, nicht selten jedoch das Staatsbürgerrecht dieser Aufnahmeländer besaßen.

Vor allem in den USA findet sich eine breite Diskussion dieser Begriffe und ihrer sozialen und pädagogischen Konsequenzen. J.A. BANKS hat in seiner Studie über „Multi-Ethnic-Education" eine Typologie der Aspekte vorgestellt, die den Begriff der Ethnizität charakterisieren (vgl. BANKS 1981, S. 54ff): Demnach wird Ethnizität durch folgende Variablen bestimmt: Sprache und Dialekte, nonverbale Kommunikation, Kulturelemente (wie z.B. Nahrung, künstlerische Formgebung, Literatur), gesellschaftliche Perspektiven und Weltanschauungen, Verhaltensstile und Nuancen ethnischer Werte, Methoden des Denkens und der Bewertung von Wissen, ethnische Identifikation. Hinsichtlich des letztgenannten Aspekts geht BANKS von einer aufkündbaren Mitgliedschaft in einer Ethnie aus; in dieser Hinsicht unterscheidet sich sein Konzept von anderen (vgl. DE VOS/ROMANUCCI-ROSS 1975). Neben diesen Begriffen zur Kennzeichnung gesellschaftlicher Pluralität gibt es auch andere, die weniger weit verbreitet sind, wie die von Schicht und Klasse oder den von J.U. OGBU (1978) benutzten Begriff der ‚Kaste'.

Es scheint mir sinnvoll zu sein, den Begriff der Ethnizität auf seine Verwendbarkeit in der Bundesrepublik zu überprüfen. Zumindest scheint er mir breiter und daher geeigneter als der Begriff der Kultur zu sein. Doch sollte man sich meines Erachtens vor der reduktionistischen Tendenz hüten, alle Aspekte der Migration mit einer Kategorie beschreiben und erklären zu wollen. Insofern scheint mir das Konzept interkultureller Erziehung zwar kritik- und ergänzungsbedürftig, aber keineswegs überflüssig zu sein. Generell läßt sich aber die hier im Thema angesprochene Frage auch unter dieser dritten Perspektive dahin beantworten, daß von einer verbindlichen, allgemeinen Begründung und Legitimation der interkulturellen Erziehung noch nicht gesprochen werden kann: Das heißt auch, daß in der interkulturellen Erziehung auf absehbare Zeit noch kein Äquivalent zur allgemeinen Bildung gesehen werden kann. Dieser Eindruck läßt sich auch noch einmal mit dem Blick auf die pädagogischen Konzepte verstärken, die ihre Begründung und Legitimation nicht in, sondern jenseits der vorgegebenen Kultur- und Gesellschaftsform suchen und insofern dem interkulturellen Konzept kritisch gegenüber stehen. Dazu gehört beispielsweise das Konzept einer ‚transkulturellen' Erziehung, das von E.A. LATHAM (1981; 1982) vertreten wird. Bezugspunkt für die Legitimation dieses Konzepts sind die jenseits aller Kulturen und Gesellschaftsformen gültigen Menschenrechte, wie sie in der Charta der Menschenrechte durch die UNO formuliert worden sind. Aber auch derartige Konzepte fordern neue Kritik heraus, sie müssen sich der Diskussion um den Wertrelativismus stellen (vgl. z.B. ZEC 1980, S. 77–86).

Faßt man die Diskussion dieser in Anlehnung an KLAFKI unterschiedenen drei Bereiche zusammen, so zeigt sich, daß die interkulturelle Erziehung in ihrem Konzept immer wieder zu der Frage Anlaß gibt, ob sie als Herausforderung für allgemeine Bildung verstanden werden kann. Es zeigt sich aber auch, daß sie aufgrund ihres derzeitigen Diskussions- und Erfahrungsstandes keine ernstzunehmende Alternative zum Begriff der allgemeinen Bildung zu bieten hat. Ohne Zweifel bedarf es hier noch langwieriger Diskussionen und Experimente, um ihr die Bedeutung zu geben, die ihr von ihren Vertretern zugesprochen wird. Ich bin jedoch, um Mißverständnissen vorzubeugen, der Meinung, daß sich die Weiterentwicklung des Konzepts der interkulturellen Erziehung unter den hier angesprochenen Perspektiven lohnt.

Literatur

BANKS, J.A. (1981): Multiethnic education. Theory and Practice. – Boston u.a., S. 54ff.

BOOS-NÜNNING, U. u.a. (1984): Abschlussbericht für die Kommission der Europäischen Gemeinschaften. 6 Teile. – Essen/Landau.

BOOS-NÜNNING, U./HOHMANN, M./REICH, H.H./WITTEK, F. (1983): Aufnahmeunterricht – Muttersprachlicher Unterricht – Interkultureller Unterricht. – München.

BOOS-NÜNNING, U./NEUMANN, U./REICH, H.H./WITTEK, F. (1984): Krise – oder Krisengerede? Von den Pflichten einer illegitimen Wissenschaft. In: Reich, H.H./Wittek, F. (Hg.): Migration, Bildungspolitik, Pädagogik. – Essen/Landau, S. 7–33.

CHMIELORZ, A. (1985): Der Europarat und die Migration in Europa. Pädagogische Diskussionen in seinen Gremien und die Entwicklung von Konzepten für den Unterricht von Migrantenkindern. – Frankfurt/Bern.

COUNCIL OF EUROPE (Hg.) (1983): Compendium of information on intercultural education schemes in Europe. – Straßburg.

DE VOS, G./ROMANUCCI-ROSS, L. (Ed.) (1975): Ethnic identity, cultural continuities and change. – Palo Alto.

DICKOPP, K.-H. (1982): Erziehung ausländischer Kinder als pädagogische Herausforderung. Das Krefelder Modell. – Düsseldorf.

FASE, W./VAN DEN BERG, G. (1985): Theorie en praktijk van intercultureel onderwijs. – 's Gravenhage, S. 38ff.

FENTON, S. (1982): Multi-something education. In: New Community, Heft 1, S. 57–63; in deutscher Übersetzung: Fenton, S. (1989): ‚Multi-was-denn-nun'-Erziehung. In: Hohmann, M./Reich, H.H.: (1989): Ein Europa für Mehrheiten und Minderheiten. Diskussionen um Interkulturelle Erziehung. – Münster, S. 91–103.

FRIBERG, D. (1976): Gemeinsamer Unterricht. In: Hohmann, M. (Hg.): Unterricht mit ausländischen Kindern. – Düsseldorf, S. 185–208.

GOGOLIN, I./KRÜGER-POTRATZ, M./WENNING, N. (Hg.) (1996): Zum Verhältnis von Interkultureller und Allgemeiner Bildung. Beiträge der 2. Arbeitstagung der AG auf Zeit Interkulturelle Bildung der DGfE., Hamburg, Juni 1995. – Münster 1996 (= interkulturelle studien, 27).

GRIESE, H.M. (Hg.) (1984): Der gläserne Fremde. Bilanz und Kritik der Gastarbeiterforschung und der Ausländerpädagogik. – Opladen.

HAMBURGER, F. u.a. (1983): Sozialarbeit und Ausländerpolitik. Argumente für einen sozialpädagogischen Beitrag zum Entwurf einer multikulturellen Gesellschaft. In: Sozialarbeit und Ausländerpolitik. Sonderheft Nr. 7 der Zeitschrift „Neue Praxis", S. 3–20.

HOHMANN, M. (1983a): Gibt es eine Didaktik für den Unterricht mit ausländischen Kindern? In: Regenbrecht, A./Franke, U. (Hg.): Ausländerpädagogik an den Universitäten. – Hamm, S. 10–18.

HOHMANN, M. (1983b): Interkulturelle Erziehung – Versuch einer Bestandsaufnahme. In: Ausländerkinder in Schule und Kindergarten, Heft 4, S. 4–8.

HOHMANN, M. u.a. (1983c): Intercultural education in primary schools. In: Council of Europe (Ed.): Compendium of information on intercultural education schemes in Europe. – Straßburg, S. 9–31.

HOHMANN, M. (1987): Interkulturelle Erziehung als Herausforderung für allgemeine Bildung. In: Vergleichende Erziehungswissenschaft. Informationen – Bericht – Studien, Heft 17: Erziehung in der multikulturellen Gesellschaft, S. 98–115.

KLAFKI, W. (1985): Konturen eines neuen Allgemeinbildungskonzepts. In: Ders.: Neue Studien zur Bildungstheorie und Didaktik. – Weinheim/Basel, S. 12–30.

KLOOSTERMAN, A. (1984): Primitief denken over intercultureel onderwijs. In: Samenwijs, Heft 4, S. 196 und 221–223.

KMK 1976: Neufassung der Empfehlungen der Kultusministerkonferenz: „Unterricht für Kinder ausländischer Arbeitnehmer". Beschluß der Kultusministerkonferenz vom 8.4.1976. In: GABI.NW.1976, Nr. 8, S. 385–388.

KMK 1996: Empfehlung der Kultusministerkonferenz: „Interkulturelle Bildung und Erziehung in der Schule". Beschluß der Kultusministerkonferenz vom 25.10.1996. In: KMK, Nr. 671.1.

LATHAM, E.A. (1981): Intercultureel onderwijs: nieuwlichterij of een nieuw etiket? – Leiden (Manuskript).

LATHAM, E.A. (1982): Transcultureele Pedagogiek: De twee maten nagemeten. – Leiden (Manuskript).

MAUVIEL, M. (1982): Le multiculturalisme: aspects historiques et conceptuels. In: Revue Française de Pédagogie, Heft Oct./Nov., S. 61–71.

MULLARD, C. (1981): Multiracial education in Britain: From assimilation to cultural pluralism. In: Tierney, J. (Ed.): Race, migration and schooling. – London u.a., S. 120–133.

OGBU, J.U. (1978): Minority education and caste. The American system in cross-cultural perspective. – New York u.a.

PFRIEM, R./VINK, J. (1980): Materialien zur interkulturellen Erziehung im Kindergarten. – Stuttgart.

PORCHER, L. (1979): L'éducation des enfants des travailleurs migrants en Europe: L'interculturalisme et la formation des enseignants. – Strasbourg, S. 27ff.

REUTER, L.R. (1984): Labor migration and the role of education. – Hamburg.

REY, M. (1979): Pistes pour l'éducation interculturelle. In: Ministère de l'Éducation/Direction des Écoles (Ed.): Communication, Cultures, Éducation des enfants de migrants. Journées d'études à l'École Normale d'Etiolles, S. 123–150.

REY, M. (1983): Conclusions: Main lines of intercultural education. In: Council of Europe (Ed.): Compendium of information on intercultural education schemes in Europe. – Strasbourg, S. 185–189.

THEMENHEFT (1983). Fremdes Wahrnehmen – Eigenes Entdecken – Interkulturelles Lernen. In: Zeitschrift für Entwicklungspädagogik, Heft 2/3.

VINK, J. (1974): Außerschulische Förderungsmaßnahmen für ausländische Schüler. In: Müller, H. (Hg.): Ausländerkinder in deutschen Schulen. – Stuttgart, S. 127–142.

ZEC, P. (1980): Multicultural education: what kind of relativism is possible? In: Journal of Philosophy of Education, Heft 14, S. 77–86.

ZIMMER, J. (1982): Situationsansatz und interkulturelle Erziehung. Bericht über zwei Modellversuche in Berliner Kindergärten und Grundschulen. In: Die Deutsche Schule, Heft 5, S. 378–384.

ZUCK, J.G. (1983): Global citizenship, pluralistic societies, and teacher education. In: Van den Berg, L. u.a. (Ed.): Multicultural Education. A challenge for teachers. – Dordrecht (NL)/Cinnaminson (USA), S. 173–189.

Ludwig Soumagne

Litanei

Häer, mer danke Dech!
Bös ungs wigder su jnädig, Häer!
Jott em Himmel, halt Ding Hank üvver se –
Beschötz die Dolle op Äede,
die net dofür künne, dat mer su sind,
die für ungs de Kohle us em Füür holle,
die für ungs de Hank en et Füür läje,
die für ungs dorch et Füür jonnt,
die für ungs de schwere Ärbeet donnt,
die für ungs der Kopp hinhalde,
die für ungs der Drieß un Dreck fäje,
die für ungs danze und sprenge,
die für ungs Strank hant,
die für ungs der Hot träcke,
die für ungs schöldig wäede,
die für ungs dree Fenger huchhäve,
die für ungs höngere un freere,
die für ungs läve un sterve,
die für ungs der Himmel op Äede bedüje,
die für ungs draan jlöve müsse -
Leeve Häer, Du weeß, wie mer op die Dolle
aanjewiese sind; erbarm Dech on lott se
öm Joddes Welle net ussterve, Amen!

Quellennachweis: „Rheinische Mundart" Anthologie 1979 (S. 169)
Hrsg. vom Landschaftsverband Rheinland in Zusammenarbeit mit der Gruppe Rheinischer Mundartschriftsteller
ISBN 3-7927-0460-9
Rheinland Verlag GmbH Köln in Kommission bei Rudolf Habelt GmbH – Verlag, Am Buchenhang 1, D – 53115 Bonn

BALANCEAKT

Gudula List

Vom potenziellen Weltbürgertum zur Einrichtung in Sprachenwelten

1 Zur Dialektik von Universalismus und empirischer Vielfalt

Angesichts menschlicher Sprachfähigkeit und ihrer in aller Regel zuverlässigen Reproduktion bei jeder Ontogenese in wundersam kurzer Zeit sind seit Jahrhunderten nativistische und empiristische Erklärungsversuche gegeneinander angetreten. Vehement gerieten sie Ende der 1950er Jahre in Gestalt der Kontroverse zwischen SKINNER und CHOMSKY in Konflikt.[1] Seither hat diese Auseinandersetzung für produktives Streitpotenzial zwischen eher formal-linguistisch geprägter und eher prozesshaft-psychologisch orientierter Forschung im Feld des kindlichen Spracherwerbs gesorgt. Vermittlungen sind längst angesagt, aber gerade innerhalb der Linguistik wird hier und da immer noch die einseitige Position vertreten, die von einem ‚Sprachinstinkt' (PINKER 1998), einem universalgrammatischen ‚Bioprogramm' (BICKERTON 1984) ausgeht und in den Genen ein vorgefertigtes Regelwerk vermutet, das nur eines Anstoßes bedarf, um sich ansonsten selbsttätig zu entfalten (CRAIN 1991).

Ohne die in der Evolution entwickelte Sprachbereitschaft ist das faszinierende Geschehen der ersten Lebensjahre nicht zu denken. Aber eine in die Gene eingeschriebene Grammatik ist schwerlich nachzuweisen, denn die Menschen teilen einen Großteil ihrer genetischen Ausstattung mit den eng verwandten Primaten – er wird vielfach auf einen Prozentwert von über 98 beziffert. Gleichwohl hat keine Primatenart je ein Symbolsystem entwickelt, sei es phonisch oder gestisch, das sich in die Kategorien natürlicher menschlicher Sprachen fügen könnte. Die Basis für humane sprachbegabte Existenz muss daher vielschichtiger sein. Es passt hierher, wenn wir erfahren, dass die Menschen im Genom mit den Zebrafinken zwar insgesamt sehr viel weniger Gemeinsamkeiten haben als mit den Schimpansen, jedoch mit ihnen ein Gen teilen, das in den basalen Kernen des zentralen Nervensystems aktiv ist, denn die Finken gehören zu denjenigen Vögeln, die singen *lernen*, deren Artikulationsmuster also nicht angeboren

1 Dieser Beitrag ist in Erinnerung an das allererste Gespräch entstanden, das ich vor vielen Jahren mit Heinz Reich führen konnte. Eric LENNEBERGS *Biologische Grundlagen der Sprache* waren gerade in deutscher Übersetzung erschienen und hatten uns beide beschäftigt. Ganz rasch waren wir uns einig darüber, wie notwendig und wie gut platziert CHOMSKYS Schlag gegen SKINNERS befremdliche Einebnung menschlicher Sprache als ‚verbales Verhalten' gelungen war. Nicht ganz so einmütig konnten wir uns dagegen auf LENNEBERGS Folgerungen einlassen. Das war der Auftakt eines inzwischen über dreißig Jahre währenden freundschaftlichen interdisziplinären Diskurses, für den ich überaus dankbar bin.

sind (HAESLER et al. 2004). Ganz sicher handelt es sich dabei nicht um ‚das Sprach-Gen', aber möglicherweise um die *spezifische* Komponente einer *allgemeinen* sensumotorischen Organisation, die für die Internalisierung prozeduraler Akte unentbehrlich ist, wenn sie auf Wahrnehmungen eben dieser Aktivitäten bei einem Gegenüber beruht. In diesem Beitrag sollen Mutmaßungen über eine dialektische Beziehung zwischen zunächst universeller Offenheit für sprachliche Angebote und empirischer Engführung in der Phase vorübergehend einsprachiger Einübung in kommunikativen Symbolaustausch angestellt werden, deren Zusammenspiel erst das wiederum universelle Potenzial für vielfältig symbolische und vielsprachige Tätigkeit freisetzt.

Im letzten Jahrzehnt hat die Forschung über frühe Kindheit mit ihren mannigfaltigen Beobachtungen über den ‚kompetenten Säugling' (vgl. ein umfassendes Referat: HENNON/HIRSH-PASEK/GOLNIKOFF 2000) insbesondere den Phonologen, aber auch insgesamt der strukturbeschreibenden Linguistik ein reiches Arbeitsfeld beschert, in dem die Instrumentarien des Faches sich erproben ließen. So ist es gelungen, praktisch von Anfang an kindliche Artikulationen über rhythmische und reduplikative Konsonant-Vokal-Verbindungen und allmählich kanonische, also dem Rhythmus der silbisch gegliederten Umgebungssprache folgende vorsprachliche Äußerungen bis hin zu ersten erkennbaren Wörtern und Wortkombinationen als Vorläufer morphologischer und syntaktischer Kompetenzen zu registrieren (zum Überblick: PENNER 2000, WEISSENBORN 2000). Aber wo sich linguistische Regelsysteme vorzüglich dazu eignen, die Veränderungen in der kindlichen Lautproduktion vor dem Hintergrund ausgearbeiteter abstrakter Grammatiken zu *beschreiben*, könnte es sich nichtsdestoweniger um ein Mißverständnis handeln, wollte man diese Deskriptionen als ‚Universalgrammatik' ontologisieren und darüber die komplizierte interaktionelle Basis sprachlicher Ontogenese aus dem Auge zu verlieren, die erst den Charakter der kulturellen Tradierung *erklären* kann, dem das wichtigste Symbolsystem unserer Gattung seine Existenz verdankt.

Dabei ist es gerade die Säuglingsforschung (im ersten Lebensjahr kann ja im Grunde von einer aktiven Teilhabe am *sprachlichen* Austausch noch kaum die Rede sein), die im Verein mit dem wahrhaft sprunghaft ansteigenden Wissen über die vernetzten neuronalen Steuerungen des Spracherwerbs und der zwischenmenschlichen Verständigung dringend nach vermittelnden Erklärungen verlangt. Ausgeklügelte experimentelle Verfahren, mit denen man von Saugreflexen, Kopfbewegungen, Blickfixationen, Veränderungen der Blickrichtung und elektrischen Ableitungen von der Schädeldecke auf die Verarbeitung von akustischen und visuellen Stimulationen durch kleine Babys schließen kann, führen nämlich zu der Beobachtung, dass Kinder sich einerseits tatsächlich bereits in den ersten Wochen und Monaten Angeboten der Sprache, wohl gemerkt: in *allen* möglichen Sprachen, erkennbar interessierter zuwenden als anderer hörbarer Information. Darin lässt sich durchaus eine universelle Bereitschaft für sprachliche Vielfalt ausmachen. Andererseits zeigt sich, dass diese am Anfang weltbürgerlich offene Aufmerksamkeit für *jedwede* Sprache schon sehr bald dem bevorzugten Interesse an sprachlichen Melodien weicht, die in der Umgebung des Kindes vorherrschen. Solche Engführung bleibt gleichwohl sehr flexibel und schränkt keineswegs auf vertraute, also gewissermaßen ‚gelernte' Stimmen ein. Daher bedarf es zur Erklärung dieser Lernvorgänge natürlich weit mehr als bloß behavioristischer Argumente. Die Lage ruft in jedem Fall nach Konzepten, die *humanspezifischen* Formen der *Interaktion von Disposition und Erfahrung* Rechnung tragen können.

Welche grundlegenden und miteinander kombinierten Dispositionen kommen als Ermöglichung des Sprachenlernens in Frage? Plausibel ins Gespräch gebrachte Kandidaten hierfür sind einerseits eine generelle Fähigkeit, interne Repräsentation von beobachteten zielführenden Handlungen zu bilden. Sie ist es, die eine Tendenz zu installieren scheint, Handlungssequenzen, die sinnvoll in der Zeit gestaltet sind, aktiv in Imitationen umzusetzen. Zum andern eine offenbar exklusiv *humane* Fähigkeit, auch andere als augenscheinlich sinnvolle, nämlich *symbolisch vermittelte* Handlungsrhythmen zu imitieren, sie auf Grund intersubjektiven Austauschs mit konventionellem Sinn füllen zu lernen und die damit entstehende Symbolkompetenz produktiv in Denken und Sprechen wirksam werden zu lassen. Die neuronalen Grundlagen der ersten Fähigkeit sind für Primaten insgesamt erwiesen und in der Fachwelt unter dem Stichwort ‚Spiegelneuronen' (mirror neuron systems) beschrieben worden (RIZZOLATI/ARBIB 1998): Vergleichbare Kreisläufe von Innervationen (die immer das frontale Großhirn und die subkortikalen Basalganglien mit einbeziehen) haben sich nämlich gleichermaßen bei der aktiven Durchführung von Handlungen wie bei der bloßen Beobachtung derselben Handlungen an einem Gegenüber registrieren lassen, und zwar auch dann, wenn nur Teile der Handlungskette sichtbar sind (UMILTA et al. 2001). Die andere Fähigkeit, in *symbolischen* Abläufen Regelmäßigkeit und Inhalt wahrzunehmen, ist von neurologischer (DOMINEY et al. 2003) und psycholinguistischer Seite (MACNEILAGE et al. 2000; RASMUS/NESPOR/MEHLER 1999) überzeugend nur für Menschen nachgewiesen.

Es erscheint also sinnvoll, eine fundamentale, im menschlichen Nervensystem angelegte Neigung zur Imitation sozialer Vorbilder anzunehmen, die darauf eingestellt ist, generell in der Gliederung von Sequenzen Sinnhaftigkeit zu erkennen und speziell in *sprachlich*-sequenziell entfalteten Angeboten eine den rhythmischen Sprachfluß untergliedernde Architektur nicht nur von Anfang an zu fokussieren, sondern hierauf auch aktiv nachahmend und teilnehmend zu reagieren. Die Hirnforschung und die psychologische Spracherwerbsforschung haben für diese Annahme elaborierte konnektionistische Konzepte entwickelt, die auf die Bedeutsamkeit der Eigentätigkeit des Organismus ausgerichtet sind (ELMAN et al. 1996; JOHNSON 2000, KARMILOFF-SMITH 1991). Sie wollen weder auf eine blanke Gegenposition zum Nativismus noch auf vordergründigen Empirismus reduziert werden, sondern unterscheiden zwischen einem Bündel genetisch angelegter *unspezifischer Mechanismen* und *inhaltlich spezifischen Kenntnissen*, die erst im ‚kollaborativen Dialog' (SWAIN 2000) auf Grund tätiger Verarbeitungen von Erlebtem herausgebildet werden und sich auf diese Weise in netzwerkartigen intracerebralen Verknüpfungen als Repräsentationen niederschlagen. Die Ausbildung funktioneller Sprachfähigkeit basiert hiernach darauf, dass Kinder sich in die prosodischen Muster der Ansprache, die sie erleben, handelnd einklinken, zunächst entsprechend den sich erst entwickelnden artikulatorischen Möglichkeiten diffus und näherungsweise, in den letzten Monaten des ersten Jahres jedoch schon so weit imitierend, dass sie als künftige ‚Muttersprachler' kenntlich sind. In der ersten Lebenszeit stehen diese Vorgänge wesentlich unter subkortikaler Steuerung, und es ist die zunehmende Ausbreitung dieser Steuerungen in die Bereiche des Großhirns hinein, die das bis dahin allein prozedural-implizite Lernen ergänzt und überführt in ‚höhere' und potenziell bewusstseinsfähige inhaltliche Apperzeption und Handlungsfähigkeit (vgl. LIST 2000).

2 Primärer Spracherwerb als temporäre Engführung auf dem Weg zu produktiver Vielfalt

Etwa sechs Monate nach der Geburt beginnt die Offenheit für jegliche Sprache der Welt sich einzuschränken. Sie lässt sich bis dahin bei Säuglingen durch ein Vielfaches an Sensibilität gegenüber sprachlich relevanten Lautkontrasten belegen, als Erwachsene sie in den Laborexperimenten bekundet haben. Aber in der zweiten Hälfte ihres ersten Lebensjahres beginnen Babys die Lautsysteme und die rhythmische Organisation der Sprachen, die sie hören, erkundend und brabbelnd mit zu vollziehen, im Gedächtnis zu verankern und sich damit allmählich bereit zu machen für die Wahrnehmung von Wörtern und deren Funktionen in Aussagen (vgl. WERKER/TEES 1999 für einen zusammenfassenden Bericht wichtiger Untersuchungen). Sie lernen gegen das Ende des ersten Jahres, Wörter auf die Objektwelt zu beziehen, auf Ereignisse und Handlungen mit Gegenständen, auf Gestimmtheiten und die sozialen Verhältnisse um sie herum. All dies geschieht in konkreter Interaktion mit den Menschen der unmittelbaren Umgebung und stellt nicht nur die allmähliche Verfügung über regelgeleitete Sprachfähigkeiten her, sondern setzt inhaltliches Lernen überhaupt in Gang. Mit dem primären Erwerb der Sprache wird die Grundlage zu einem Werkzeuggebrauch besonderer Art gelegt: Das Instrument zum Interagieren mit anderen, aber auch mit sich selbst, in Form von Nachdenken, Planen, Handeln und Urteilen.

Es gibt gute Argumente dafür, den ‚Mutter-, oder ‚Familienspracherwerb' als eben diese grundlegende Installierung des Instrumentariums für künftigen Symbolgebrauch innerhalb der ersten zwei bis drei Lebensjahre aufzufassen, den Begriff ‚Muttersprache' also nicht zu Landes- oder Nationalsprache, schon gar nicht zu ‚Hochsprache' hin auszudehnen. Es ist leichtfertig und unrealistisch, von einem Baby, das irgendwo in der Welt aufwächst, anzunehmen, es ‚beherrsche', wenn es groß ist, automatisch und ‚vollständig' die Sprache vor Ort, so wie sie von den linguistischen

Disziplinen beschrieben werden kann. Nach dieser so im wahren Wortsinn grundlegenden Periode der ersten Lebensjahre setzt schließlich die eigentliche kulturelle Arbeit erst ein, bei der dann Spracherwerb nicht mehr herauszulösen ist aus der gesamten Konstruktion der Geschichte einer Person. Was die allerersten Jahre angeht, so wissen wir über differenzielle Aspekte dieses Vorgangs, also vor allem über Unterschiede, die durch jeweilige Umgebungsbedingungen hervorgerufen werden können, aus der neueren Spracherwerbsforschung leider wenig. Diese Forschung ist zwar ungeheuer produktiv, aber doch einseitig angelegt: War sie zu Beginn des 20. Jahrhunderts im wesentlichen noch Beschreibung von Einzelfällen, so bietet sie zwar, seit sie vor etwa 30 Jahren methodisch aufgeblüht ist, generalisierbare Befunde an. Aber der allergrößte Anteil stammt aus englischsprachigen Ländern, und über die konkreten Umgebungsbedingungen berichten die Untersuchungen sehr selten Genaueres. Die kleinen Probanden sind eben in der Regel weiße Kinder aus besser situierten Elternhäusern, die sich bereit finden, mit der Forschung zu kooperieren.

Wir können nur mutmaßen, dass der Drang zur Sprache und das Bedürfnis nach sozialem Austausch bei kleinen Kindern so vital ist, dass sie, fürsorgliche Zuwendung einmal vorausgesetzt, am Anfang *jegliches* Angebot auf optimale Weise nutzen, um genau diesen überall ähnlich wirksamen Dienst der ersten Umgebungssprache zu erfahren: Eine vorübergehende empirische Vereinzelung, die aber ihrerseits den produktiven Schub zu potenziell unbegrenzter Vielfalt an Lernfähigkeiten mit sich bringt. Alle hierfür eingeführten Bezeichnungen wie ‚Muttersprache', ‚Familiensprache', ‚Umgebungssprache' erscheinen nicht wirklich treffend, um dieses offenbar so einheitlich wirkende robuste Interaktionsangebot zu kennzeichnen. Am ehesten könnte ‚primärer Spracherwerb' für das Geschehen ein akzeptabel neutraler Ausdruck sein, denn auch bei ‚Erstspracherwerb' beginnt insgeheim das Zählen mitzuschwingen, so als seien Menschen, die schließlich mit mehr als einer Sprache umgehen, Additionen aus mehreren Sprechern. Es geht um ein Prinzip: Um die universelle Anlage zu sprachlicher Vielfalt, die ein empirisches Durchgangsstadium benötigt, um das reflexive Potenzial zu begründen, mit dem auf Grund von persönlicher Erfahrung ein Denken und Handeln *quer* durch Sprachen hindurch freigesetzt werden kann (LIST/LIST 2004).

‚Primärer' Spracherwerb trifft das Geschehen auch deshalb am ehesten, weil ‚empirische Eingrenzung' nicht notwendig heißen muss: Eingrenzung auf *ein* Idiom. Es gibt genügend Belege dafür, dass die Prozesse ähnlich ablaufen, wenn in den Familien von Anfang an zwei Sprachen gleichermaßen angeboten werden. Zwei Studien seien hier erwähnt, weil sie sich in methodischer Hinsicht besonders auszeichnen. Beide verwerten Langzeitbeobachtungen, was aufwendig ist und daher nicht häufig geschieht. Eine davon (OLLER et al. 1997) berichtet über Beobachtungen, die in regelmäßigen Zeitabständen vom vierten bis achtzehnten Lebensmonat an Kindern aus einsprachiger und zweisprachiger Umgebung gemacht worden sind. Hier wurde verantwortungsbewusst für die Parallelisierung des sozialen Hintergrunds in den Vergleichsgruppen gesorgt. Es handelt sich um eine von mehreren Veröffentlichungen einer Forschungsgruppe in Florida, wo Menschen, die mit Englisch und Spanisch zugleich aufwachsen, in allen sozioökonomischen Schichten zu finden sind. An der anderen Untersuchung war zwar nur eine geringe Anzahl von Kindern beteiligt, und für die Altersgruppen vom 10. Monat bis 2;0, von 2;6 bis 3;6 und 3;6 bis 4;6 standen jeweils unterschiedliche Kinder zur Verfügung. Auch werden hier keine Angaben über sozioökonomische Hintergründe gemacht. Dafür gilt aber dieser Bericht aus einer Forschungsgruppe in Kanada (PETITTO et al. 2001) dem außerordentlich interessanten Vergleich von zwei ganz verschiedenen Formen der bilingualen Erfahrung, nämlich zweisprachig englisch-französisch aufwachsenden Kindern und (hörenden) Kindern, in deren Familien französische Lautsprache und französische Gebärdensprache zur Verfügung standen. Die Ergebnisse dieser Forschungsgruppe bestätigen vergleichbare Alterszeiträume für die hier gemessenen ‚Meilensteine' der Sprachentwicklung (erstes identifizierbares Wort bzw. Gebärde, erste Kombinationen von Wörtern/Gebärden und Erreichen der ersten 50 unterschiedlichen Wörter/Gebärden). Die Alterszeiträume stimmen darüber hinaus mit den aus der Literatur entnehmbaren Daten für einsprachig aufwachsende Kinder überein. Die Ergebnisse der Forschungsgruppe um OLLER in Florida, die die Entwicklung des ‚kanonischen' Brabbelns bis zu ersten Wörtern beobachtet hat, stellen gleichermaßen eine bemerkenswerte Ähnlichkeit der Abläufe bei monolingual und bilingual umgebenen Kindern fest und können darüber hinaus sozioökonomische Einflüsse als differenziellen Faktor ausschließen.

Ob und in welchem Ausmaß und für welche Handlungsbereiche zwei solchermaßen anfänglich zugleich bearbeitete Sprachen in einer Biographie weiter gepflegt werden, hängt natürlich von den jeweiligen Lebensumständen ab. Aber die Chance, dies ungebrochen von Anfang an zu tun, haben die ‚happy few'. Demgegenüber sind mehrsprachige Existenzen zwar fast überall auf der Welt die Regel, aber in den meisten Fällen werden erst nach *einer* ersten, in den beiden grundlegenden Lebensjahren sensu-motorisch verankerten Primärsprache weitere hinzu gewonnen. Die Literatur ist voll von Hypothesen, Erörterungen und Befunden, was, unter welchen Bedingungen, bis zu welchem Lebensalter und wie ‚authentisch' später an anderen Sprachen systematisch hinzu gelernt oder im kommunikativen Kontext erworben werden kann. Dies aufzuarbeiten, ist hier nicht die Absicht. Optimistisch summierend (vgl. LIST 2001) darf aber angemerkt werden, dass bei entsprechend zwingenden Motivationen und förderlichen Bedingungen die Einrichtung in mehreren Sprachenwelten durchaus gelingen kann. Es gibt keine unüberwindliche Einschränkung bei der Aneignung derjenigen Kompetenzen, über die eine Person dringend zu verfügen *benötigt,* und zwar, was authentische Flüssigkeit angeht, offenbar insbesondere dann, wenn die Aufmerksamkeit weniger den linguistischen Formalien gilt als den Menschen, mit denen sie kommunizieren muss, und den Inhalten, die dabei verhandelt werden. Das kann bei entsprechend intensiver und langfristiger Interaktion nicht nur für den Umfang des Lexikons, für Grammatik und Pragmatik gelten, sondern sogar für Intonation und

Aussprache (FLEGE 1991). Möglicherweise ist es weniger der meist als so prominent dargestellte Faktor des Lebensalters als solcher, der hier Hindernisse aufbaut. Zumindest nach der späteren Kindheit, könnte die unbewusste Scheu davor, den gewohnten Klang der persönlichen Artikulation und mit ihr verknüpfte tief eingewurzelte kulturelle Praxen hinter sich zu lassen, dabei eine noch längst nicht ausreichend untersuchte Rolle spielen.

Der hier vorgetragene Optimismus will freilich keineswegs von den vielschichtigen sozialen, ökonomischen und politischen Bedingungskonstellationen ablenken, die weiteres Sprachenlernen, gerade auch in Migrationssituationen häufig erschweren und behindern können. Nur werden solche Schwierigkeiten in diesem Beitrag nicht das Thema sein. Vielmehr kam es bis hierher darauf an, die wahrhaft fundamentale Bedeutung der ersten Sprachkontakte für die Installierung der basalen Sprachverarbeitungsfähigkeit hervorzuheben, die zum alles organisierenden Instrument werden wird, das eine Person zur Lebensgestaltung braucht. Es spielt dabei wohl wirklich keine Rolle, wie elaboriert das erste Sprachangebot ist. Entscheidend ist vielmehr, dass es sich einfügt in die schon vor dem ersten Geburtstag eingespielte Interaktion mit anderen Menschen. Dass mit den ersten Sprachkontakten zunächst eine Engführung der perzeptiven und artikulatorischen Muster einhergeht, ist beschrieben worden. Mit solcher empirischen Eingrenzung korrespondiert aber ihr dialektisches Gegenstück, die Ermöglichung prinzipiell unbegrenzten sprachlich vermittelten Lernens in der Zukunft.

3 Perspektivenübernahme, Literalität und die Entfaltung von Quersprachigkeit

Symbolerfindung und -tradierung erfordern eine Gemeinschaft von Individuen, die zwischen Selbst und Andern unterscheiden und verschiedenartige Perspektiven auf gemeinsam Erfahrenes auseinanderhalten können. Für das Hineinwachsen in die Welt sprachlicher Symbole werden kleine Kinder im Dreieck von Personen und Sachen zuverlässig präpariert durch vorsprachliche Interaktionen, in denen Blick und Zeigegesten zusammen mit melodischer Artikulation die wesentlichen Rollen spielen. „Joint attentional interactions with other persons represent the initial ‚meeting of minds‘ that provide the foundation for all subsequent acts of communication and cultural learning involving reference to the outside world“, so bringen CARPENTER/NAGELL/TOMASELLO (1998, 2) dies auf eine schlüssige Formel. Noch im ersten Lebensjahr beginnen Babys damit, ihre Aufmerksamkeit gleichzeitig und gleichermaßen auf andere Menschen und auf die Gegenstände der nahen Umwelt zu richten. Sie folgen dem Blick der Partner und drängen darauf, andere in ihr eigenes Blickfeld hineinzuziehen. Das deutet darauf hin, wie interessiert sie an dem sind, was andere tun und was sie dabei empfinden. Früh schon nehmen also kleine Kinder ihre Vertrauten als Personen mit Absichten und Gefühlen wahr und testen aus, welche Reaktionen ihre eigenen Handlungen bei anderen auslösen werden. Damit erfahren sie die Welt um sie herum unmittelbar als eine von andern bereits bewertete. Und wenn dann um den ersten Geburtstag konventionelle Zeichen die Funktion erlangen, für Sachen, Ereignisse und Empfindungen zu stehen, ist die Grundvoraussetzung geschaffen, Symbole als mentale Instrumente im Gedächtnis zu verankern. Das Anwachsen des Vokabulars und die Neugier auf immer neue Bezeichnungen und ihre Verknüpfungen ab dem zweiten Lebensjahr bezeugen ein überwältigendes Interesse kleiner Kinder an den Menschen, die ihnen nahe sind, und daran, wie diese zu gemeinsam Erlebtem stehen.

Zunächst ist dieses vitale Interesse an anderen Menschen freilich ganz von der selbstverständlichen Annahme geprägt, dass die Gefühle des anderen wie die eigenen sind. So lange beruht das Lernen auf sozialer Identifikation. Eine sozial-*kulturelle* Qualität erhält es, wenn Begründungen und Erläuterungen eine Rolle zu spielen beginnen. Hier fangen dann auch die Unterschiede in der häuslichen Anregung und die jeweils herrschenden Formen des Umgangs mit der Sprache an zu greifen. Nun richtet sich die Aufmerksamkeit auf die Erklärungen, die Erwachsene beim Handeln geben, auf Ermutigungen, Warnungen, Verbote, auch auf die Rollenverteilungen in der Kommunikation. In dieser Zeit beginnen Kinder damit, sich die Rede der Großen zu eigen zu machen, sie präsent zu halten und den erwachsenen Part intern immer besser zu beleben, wenn sie allein sind und ähnliche Problemlagen antreffen, wie sie gemeinsam schon bewältigt wurden. Auf diese Weise werden zunächst *intersubjektiv* gestaltete Vorgänge in *inner-subjektive* Repräsentation überführt. Damit ist innere Sprache auf den Weg gebracht, die von nun an den Dienst der Selbstvergewisserung zu leisten beginnt, also dazu verhilft, die eigene Person von anderen zu unterscheiden (WYGOTSKY 1974).

Diese Praxis des Dialogs mit der eigenen Person, die einen so bedeutsamen Ertrag bedeutet, der sich mit dem primären Spracherwerb anbahnt, verändert das Denken, und führt auch die Kommunikation mit anderen auf ein neues Niveau. Jetzt kann zunächst die Entdeckung gemacht werden, dass andere Menschen anders *empfinden* können, später auch, dass sie anders *denken* können als man selbst, weil nun begriffen wird, dass andere von ihren eigenen Voraussetzungen ausgehen, und daher auch zu anderen Schlussfolgerungen kommen als man selber. In der Regel beginnen Kinder in der Zeit, wenn ihr Gesichtskreis sich erweitert und über die enge Umgebung hinaus neue Personen hinzukommen, vor allem auch mehr Kinder unterschiedlichen Alters als Spielgefährten auftauchen, regelrecht damit, andere Gemüter zu studieren und (Alltags-) Theorien auf dem Feld der Interpersonalität und der Verschiedenheit von Ansichten und Motivationen zu entwickeln (WELLMAN 1990). Die Übernahme fremder Perspektiven, die Aufmerksamkeit auf differente Redeweisen und auch Sprachen, die Unterscheidung verschiedener symbolischer Medien, also all die exklusiv humanen Kognitionen, nehmen sämtlich von hier ihren Ausgang und bleiben ein Leben lang soziales Arbeitsprogramm.

Die frühe Präsenz von mehr als einer Sprache, in der Nachbarschaft oder in vorschulischen Bildungseinrichtungen, sollte dabei genau das besonders anregen können, was Kinder ab drei Jahren ohnehin so intensiv betreiben, nämlich die Einschränkung auf eine, die eigene Perspektive zu überwinden. Vereinzelt liegen kontrollierte Beobachtungen darüber vor (HERMAN 1997, GOETZ 2003), dass dort, wo Kinder mit *mehr als einer Sprache* umgehen, sich flexible Kognitionen und Formen des sozialen Umgangs besonders deutlich zeigen. Es muss aber angesichts des Zusammenlebens der Kulturen und Sprachgemeinschaften weltweit auf breiter Basis, nicht nur in privilegiertem Milieu, die Frage verfolgt werden, inwiefern und unter welchen Bedingungen die Erfahrung von Mehrsprachigkeit ein Faktor ist, der mit geistiger und sozialer Flexibilität einhergehen kann und wie sein Einfluss sich unterstützen ließe. Schließlich ist es plausibel, dass die häufig gemachte Erfahrung, eine Person anders ansprechen zu müssen, wenn man sie erreichen will, oder nachfragen zu müssen, was ein Wort, das ich nicht verstehe, in einer anderen Sprache heißt, fruchtbare Irritationen stiften kann und symbolische Kognitionen herausfordern muss. Das Programm kann in vorschulischer Zeit noch nicht heißen: Fremde Sprachen lernen, gar dabei Ziele ins Auge fassen, die etwas mit Normgerechtigkeit zu tun haben. Es geht vielmehr darum, möglichst früh, *quersprachige* Fähigkeiten anzubahnen, das heißt: die Aufgeschlossenheit fördern, symbolische Mittel miteinander zu vergleichen, ineinander zu übersetzen und gegenseitiges Verstehen auszuhandeln. Das ist schon vor dem Hintergrund unterschiedlicher Register *einer* Sprache möglich, aber näher liegend gewiss, wenn es sich um mehrere Sprachen handelt. Es will mir scheinen, dass es einen evidenten Zusammenhang gibt zwischen der basalen Bereitschaft, Perspektivenunterschiede zu berücksichtigen, der Fähigkeit, derartige quersprachige Strategien einzusetzen und schließlich der Anbahnung von *Literalität.*

In den Sprach- und Kulturwissenschaften existiert schon länger eine Tradition, Schriftlichkeit nicht mit dem Medium gleichzusetzen, sondern sowohl mündlich geäußerte wie schriftlich niedergelegte Sprache auf einer Bandbreite anzusiedeln, die von konzeptueller Mündlichkeit bis zu konzeptueller Schriftlichkeit reicht (vgl. die einschlägigen Beiträge in GÜNTHER/LUDWIG 1994/1996). Das räumt dem Erwerb der Kulturtechniken Lesen und Schreiben eine interessante Position für den Umgang mit Sprache insgesamt ein: Alphabetisierung wird zur Etappe, deren Weiterentwicklungen in der Schulzeit und darüber hinaus als ebenso inhalts- und facettenreich veranschlagt werden müssen wie ihre vorauslaufenden Entwicklungsvorgänge im Alter ab drei Jahren bis zum Schuleintritt. „Speech makes us human and literacy makes us civilized" (OLSON 1977, 257). Damit will der Autor den kulturgeschichtlich bedeutsamen und jeweils in der einzelnen Bildungsbiographie zu leistenden Übergang von „Äußerungen" zu „Texten" bezeichnen, der mit dem Schriftgebrauch ermöglicht wird. Schriftlich Niedergelegtes ist potenziell dauerhaft und korrigierbar. Es verzichtet auf einen gemeinsamen Kontext, auf Prosodie und außersprachliche Signale, die bei mündlichen Äußerungen das gegenseitige Verstehen zu sichern helfen. Also erfordert der

Umgang mit Texten kognitive Leistungen besonderer Art heraus, nämlich die gleichzeitige Vergegenwärtigung der eigenen Mitteilungsabsicht wie auch der mentalen Beschaffenheit der Adressaten. Daher muss schriftliche Mitteilung ausgefaltet und explizit sein, wo mündliche Mitteilung bruchstückhaft bleiben kann, und wo die Absicherung von Verständnis im Prinzip aktuell immer durch Rückfragen und Verhandlung möglich ist. Spätestens der Umgang mit Schrift eröffnet und schafft auf diese Weise metasprachliches Bewusstsein, und wer sie dort praktiziert, kann sie auch beim mündlichen Verkehr realisieren. Daher kann Schriftkundigkeit, sowohl beim Schreiben wie beim Reden, Sprachstile und Diskursformen befördern, die bei allein einsprachig mündlicher sozialer Praxis nicht unbedingt herausgefordert werden (LIST 1992). Das macht ganz deutlich, warum Alphabetisierung zum Wichtigsten gehört, das die Schule anfangs leisten muss, denn ihr ganzes weiteres Programm basiert hierauf. Aber diese psychologisch begründbaren Zusammenhänge lassen auch vermuten, dass die Präsenz anderer Sprachen in vorschulischen Kindergruppen ganz ähnliche Sensibilitäten und Praktiken begünstigen könnten.

Mehrsprachigkeit gehört damit in den Bedingungskontext der *vorauslaufenden* Kompetenzen von Schriftkundigkeit und reflektierter Symbolbehandlung, die ich gerne *mündliche Literalität* nennen möchte. Die Grundschuldidaktik geht inzwischen auch im deutschen Schulwesen mit solchen vorauslaufenden Fähigkeiten im einsprachigen Kontext kundig um; Stichworte wie ‚Spracherfahrungsansatz' ‚kreatives Schreiben' ‚Lesen als Problemlösen' oder ‚Schreiben vor Lesen' signalisieren das. Im englischsprachigen Diskurs ist dieses Feld durch das Konzept „emergent literacy" geprägt, und dort haben entsprechende Maßnahmen auch längst Einzug in *vor*schulische Bildungseinrichtungen gehalten (HALL/LARSON/MARSH 2003, NEUMANN/DICKINSON 2001). Zu den Fähigkeiten, die auf Schriftlichkeit vorbereiten, gehören die prominenten Entwicklungsaufgaben ab dem dritten, vierten Lebensjahr: Einsicht, dass die meisten Wörter nicht für einzelne Dinge, sondern für Kategorien stehen, und dass für einzelne Dinge oder Erlebnisse mehrere Bezeichnungen möglich sind. Sprechen über Geschehnisse, die zurückliegen oder kommen können. Ablösung aus der Eingeschränktheit der eigenen Sichtweise und damit vom konkreten Kontext, der sich der persönlichen Erfahrung bietet. Also insgesamt die Eroberung der Phantasie und der Welt, die sich künftig mehr und mehr als symbolisch vermittelt auftun wird. Wie sollte hierbei Sprachenvielfalt nicht eine produktive Rolle spielen – nicht künstlich aufgesetzt, sondern so, wie sie in der jeweilig vielsprachigen Umwelt konkret vertreten ist?

Literatur

BICKERTON, D. (1984): The language bioprogram hypothesis. In: The Behavioral and Brain Sciences 7, S. 173–221.

CARPENTER, M./NAGELL, K./TOMASELLO, M. (1998): Social interaction, joint attention, and communicative competence from 9 to 15 months of age. Monographs of the Society for Research in Child Development Serial No. 255, Vol. 63, No. 4.

CHOMSKY, N. (1959): A review of Skinner's 'Verbal Behavior'. In: Language 35, S. 26–58.

CRAIN, S. (1991): Language acquisition in the absence of experience. In: The Behavioral and Brain Sciences 14, S. 597–650.

DOMINEY, P.F. et al. (2003): Neurological basis of language and sequential cognition: Evidence from stimulation, aphasia, and ERP studies. In: Brain and Language 86, S. 207–225.

ELMAN, J. et al. (1996): Rethinking innateness. A connectionist perspective on development. – Cambridge/Mass.

FLEGE, J.E. (1991): Perception and production: the relevance of phonetic input to L2 phonological learning. In: Huebner, T./Ferguson, C. A. (Eds.): Crosscurrents in second language acquisition and linguistic theories. – Amsterdam, S. 249–289.

GOETZ, P.J. (2003): The effects of bilingualism on theory of mind development. In: Bilingualism: Language and Cognition 6, S. 1–15.

GÜNTHER, H./LUDWIG, O. (Hg.) (1994, 1996): Schrift und Schriftlichkeit. Writing and its use. Ein interdisziplinäres Handbuch internationaler Forschung. – Berlin, 2 Halbbände.

HAESLER, S. et al. (2004): FoxP2 expression in avian vocal learners and non-learners. In: The Journal of Neuroscience 24, S. 3164–3175.

HALL, N./LARSON, J./MARSH, J. (Eds.) (2003): Handbook of early childhood literacy. – London.

HENNON, E./HIRSH-PASEK, K./GOLNIKOFF, R. M. (2000): Die besondere Reise vom Fötus zum spracherwerbenden Kind. In: Grimm, H. (Hg.): Sprachentwicklung. Enzyklopädie der Psychologie C, III, Bd. 3. – Göttingen, S. 41–103.

HERMAN, J. (1997): Home language environment and school language use: The effects of language exposure on communicative skills. In: International Journal of Psycholinguistics 13, S. 41–53.

JOHNSON, M.H. (2000): Functional brain development in infants: Elements of an interactional specialization framework. In: Child Development 71, S. 75–81.

KARMILOFF-SMITH, A. (1991): Beyond modularity: Innate constraints and developmental change. In: Carey, S./Gelman, R. (Eds.): The epigenesis of mind: Essays on biology and cognition. – Hilldale, N.J., S. 171–197.

LENNEBERG, E.H. (1972): Biologische Grundlagen der Sprache. – Frankfurt/M. (Orig. 1967).

LIST, G. (1992): Zur Entwicklung metasprachlicher Fähigkeiten. Aus der Sicht der Sprachpsychologie. In: Der Deutschunterricht Heft 4: Sprachbewußtsein und Sprachreflexion, S. 15–23.

LIST, G. (2000): ‚Wissen' und ‚Können' beim Spracherwerb – dem ersten und den weiteren. In: Barkowski, H./Faistauer, R. (Hg.): ... in Sachen Deutsch als Fremdsprache. Festschrift für Hans-Jürgen Krumm zum 60. Geburtstag. – Hohengehren, S. 121–131.

LIST, G. (2001): Registrierte Lebensgeschichten gehörloser und hörender Mehrsprachiger. In: List, G./List, G. (Hg.): Quersprachigkeit. Zum transkulturellen Registergebrauch in Laut- und Gebärdensprachen. – Tübingen, S. 21–48.

LIST, G./LIST, G. (2004): Sprachliche Heterogenität, „Quersprachigkeit" und sprachliches Lernen. In: Quetz, J./Solmecke, G. (Hg): Brücken schlagen. Fächer–Sprachen–Institutionen. Dokumentation zum 20. Kongress für Fremdsprachendidaktik der Deutschen Gesellschaft für Fremdsprachenforschung. Frankfurt/M. Oktober 2003. – Berlin, S. 89–104.

MACNEILAGE, P.F. et al. (2000): The motor core of speech: A comparison of serial organization patterns in infants and languages. In: Child Development 71, S. 153–163.

NEUMAN, S.B./DICKINSON, D.K. (Eds.) (2001): Handbook of early literacy research. – New York.

OLLER, D.K. et al. (1997): Development of precursors to speech in infants exposed to two languages. In: Journal of Child Language 24, S. 407–425.

OLSON, D.R. (1977): From utterance to text: the bias of language in speech and writing. In: Harvard Educational Review 47, S. 257–281.

PENNER, Z. (2000): Phonologische Entwicklung: Eine Übersicht. In: Grimm, H. (Hg.): Sprachentwicklung. Enzyklopädie der Psychologie C, III, Bd. 3. – Göttingen, S. 105–139.

PETITTO, L.A. et al. (2001): Bilingual signed and spoken language acquisition from birth: implications for the mechanisms underlying early bilingual language acquisition. In: Journal of Child Language 28, S. 453–496.

PINKER, S. (1998): Der Sprachinstinkt. – München (Orig. 1994).

RIZZOLATI, G./ARBIB, M.A. (1998): Language within our grasp. In: Trends in Neuroscience 21, S. 188–194.

RASMUS, F./NESPOR, M./MEHLER, J. (1999): Correlates of linguistic rhythm in the speech signal. In: Cognition 73, S. 265–292.

SKINNER, B.F. (1957): Verbal behavior. – New York.

SWAIN, M. (2000): The output hypothesis and beyond: Mediating acquisition through collaborative dialogue. In: Lantolf, J. P. (Ed.): Sociocultural theory and second language learning. – Oxford, S. 97–114.

UMILTA, M.A et al. (2001): I know what you are doing: A neurophysiological study. In: Neuron 31, S. 155–165.

WEISSENBORN, J. (2000): Der Erwerb von Morphologie und Syntax. In: Grimm, H. (Hg.): Sprachentwicklung. Enzyklopädie der Psychologie C, III, Bd. 3. – Göttingen, S. 141–169.

WELLMAN, H.M. (1990): The child's theory of mind. – Cambridge, MA.
WERKER, J.F./TEES, R.C. (1999): Influences on infant speech processing: toward a new synthesis. In: Annual Review of Psychology 50, S. 509–535.
WYGOTSKI, L.S. (1974): Denken und Sprechen. – Frankfurt/M. (Orig.: 1934, erste deutsche Ausgabe 1964, Berlin).

Der schlaue Vogel

Es War ein Mal ein hüpscher
Vogel. Dan karm eine Katze an
geschlichen. „O Was Für ein
schönse Frühschtüg sgt die Katze
dar schprag die Katze auf
die mauhr „miau sarkte die
Katzi. „hilfe" sarkte den Vogel.
und schprung auf ein
Baum. Die Katze sarkte „ich
Wende dich Kriegen. Der Vogel
Vlog hier runter und lacht.
und die Katze niecht men
runter.

Name: Datum: 19.6.02

Ernst Apeltauer

Wortbedeutungsentwicklung bei zweisprachig aufwachsenden türkischen Vorschulkindern

Wissenschaftler gelten hier zu Lande oft als Sonderlinge: Verschroben und genial, kreativ und undurchsichtig. Dass wissenschaftliches Arbeiten auch viel mit handwerklicher Sorgfalt und Solidität zu tun hat, gerät darüber oft in Vergessenheit. Doch Wissenschaft war immer und ist auch heute noch ein Handwerk, ohne das viele Einsichten und Erfindungen kaum möglich gewesen wären. Ein Handwerk will gelernt sein.

Als ich vor vielen Jahren zu Hans H. Reich kam, um dort meine zweite Lehrzeit zu beginnen, habe ich einen sehr anregenden und motivierenden „Meister" erlebt. Seine gedankliche Vielschichtigkeit und seine Bereitschaft, gemeinsam mit Mitarbeiterinnen und Mitarbeitern Fragestellungen zu diskutieren und nach Lösungen oder gemeinsamen Positionen zu suchen, war für mich neu. Dieses Verfahren der indirekten Weiterbildung von Mitarbeitern (für die Sache und das Team) habe ich gerne übernommen.

Unsere Wege haben sich getrennt, bedingt durch meine Berufung nach Flensburg und durch die Verlagerung von Interessenschwerpunkten. Gleichwohl blieben wir einander verbunden. Darum freue ich mich, ihm anlässlich seines Jubiläums mit einem kleinen Beitrag Dank sagen zu dürfen für das, was ich bei ihm lernen konnte, im wissenschaftlichen und menschlichen Bereich.

Es war damals die Zeit der großen Modellversuche. Teamarbeit war gefragt, über Kultur- und Sprachgrenzen hinweg. Ein Team aus zwei Griechen, zwei Italienerinnen, zwei Türken (einer war eigentlich ein Deutscher, allerdings mit Eigenarten, die ich damals auf seine „Vertürkung" zurückgeführt habe, zu Unrecht, wie ich heute weiß) und zwei Deutschen stand Reich zur Verfügung. Er hatte sich diesen „wilden Haufen" ausgesucht und versucht, mit ihm zu arbeiten. Damals war der Begriff interkulturelle Kommunikation in Europa noch weitgehend unbekannt. Wir hatten Gelegenheit, in diesem grenzüberschreitenden Bereich Primärerfahrungen zu sammeln, gelenkt durch einen sensiblen und (rückblickend) unendlich geduldigen, zuweilen genervten, aber immer freundlich zurückhaltenden und Diskussionen dennoch zielstrebig an ihr Ende bringenden Hans H. Reich. Es war eine erlebnisintensive und erfahrungsreiche Zeit.

Mein Beitrag handelt von einer Gruppe zweisprachig aufwachsender (türkischer) Vorschulkinder, die seit Beginn des Jahres 2003 eine besondere Kindergartengruppe besuchen. Ihre Entwicklungs- und Lernprozesse werden seither in beiden Sprachen in regelmäßigen Intervallen aufgezeichnet und ausgewertet. Aus den vielen Daten, die inzwischen vorliegen, wurden einige ausgewählt, die nach ihrer Analyse im Hinblick auf Frühförderung bedeutsam zu sein scheinen und über die nun berichtet werden soll.

Modelle der Wortbedeutungsentwicklung

Es besteht Konsens darüber, dass beim Erwerb von Wortbedeutungen verschiedene Phasen durchlaufen werden. Begonnen wird mit Bezeichnungen für konkrete Gegenstände. Bei ihnen fällt die Zuordnung von Form und Bedeutung leicht. Man spricht in diesem Zusammenhang auch vom „fast mapping“, einer raschen Zuordnung von Form zu Bedeutung, die Kinder schon nach wenigen Beobachtungen eigenständig vorzunehmen vermögen. Eine explizite Benennung ist nicht erforderlich.

In der Wortschatzforschung hat man lange Zeit angenommen, dass nach einer Form-Bedeutungs-Zuordnung der Lernvorgang für ein Wort abgeschlossen ist. Auch Wortschatztests gehen in der Regel von dieser Annahme aus. Wortbedeutungen werden aber nicht schon bei ersten Begegnungen mit einem fremden Wort vollständig erfasst. Wenn ein neues Wort gelernt wird, so bedeutet das in den meisten Fällen, dass nur eine Grund- oder Teilbedeutung erworben wird (vgl. WYGOTSKI 1964, S. 167 f.). Erst ein weiterer Gebrauch ermöglicht es, unterschiedliche Bedeutungen zu erschließen.

AITCHISON (1994) unterscheidet bei der Wortschatz- und Bedeutungsentwicklung drei Phasen:

- Benennung *(labelling)*,
- Bedeutungsausbau *(packing)*
- Vernetzung *(network building)*

Die Benennungsphase *(labelling)* wird von ihr charakterisiert als eine Phase, in der Wörter in wiederkehrenden Situationen und im Rahmen von ritualisierten Handlungen gebraucht werden (vgl. AITCHISON 1994, S. 171). Später wird ein so erworbenes Wort auch in anderen Situationen gebraucht, zumeist verbunden mit der Entdeckung, dass man Dinge benennen kann. Nicht alle Kinder sind an Benennungen interessiert. Diese Phase wird darum von einzelnen Kindern mit unterschiedlicher Geschwindigkeit durchlaufen.

In der Phase des Bedeutungsausbaus *(packing)* versuchen Kinder die jeweilige Extension eines Wortes zu erfassen, d.h. die Kategorie von Objekten, auf die eine Bezeichnung anwendbar ist. Es kommt zu Unter- und Überdehnungen. Die Lerner erwerben nun Prototypen (z.B. für *Vogel)* und/oder ergänzen ihre Bedeutungen durch zusätzliche semantische Merkmale. Bereits WYGOTSKI hat darauf hingewiesen, dass Kinder dabei oft nur einen Aspekt in einer Situation fokussieren und dadurch zu Über- oder Untergeneralisierungen tendieren.

Wir wissen heute, dass sich Wortbedeutungen von Kindern von den Wortbedeutungen Erwachsener bis in die Grundschulzeit hinein unterscheiden. Wenn ein Kind einen Ausdruck verwendet, so bedeutet das noch nicht, dass es auch schon über die konventionellen Bedeutungen verfügt, wie folgendes Beispiel zeigt. Im ersten Schuljahr kommentiert ein Kind in seiner Zweitsprache Deutsch ein Bild, auf dem ein Mann, eine Frau und zwei Kinder abgebildet sind mit *Familie*. Darauf die Lehrkraft erfreut: *Ja, eine Familie*. Und das Kind weiter: *Vier Familie*. Offenbar wird der Ausdruck *Familie* im Sinne von <Menschengruppe, bestehend aus Kindern und Erwachsenen> gebraucht. Mit anderen Worten: Kinder benötigen Zeit, um konventionelle Bedeutungen zu erfassen und zu speichern.

In einer dritten Phase versuchen die Lerner, das semantische Netz dichter zu knüpfen *(network building)*. Aitchison spricht von einer Phase, in der die Kinder beständig ihre „geistigen (Bücher)Regale" neu ordnen müssen (vgl. Aitchison 1994, S. 180). Diese Um- und Neuordnungen benötigen Zeit, weshalb diese Entwicklungsphase nur sehr langsam durchlaufen wird und es manchmal (vorübergehend oder dauerhaft) zu einer Stagnation oder gar zu einem Zurückgleiten auf eine frühere Entwicklungsstufe kommen kann. Während dieser Phase werden u.a. Kollokationen erworben (z.B. Tisch > essen).

In der Zweitspracherwerbsforschung wurde von Henriksen 1999 ebenfalls ein dreiphasiges Modell vorgeschlagen, das sich von dem von Aitchison vorgeschlagenen allerdings etwas unterscheidet.

Phase 1: unklare Teilbedeutung wird ausgebaut und präzisiert
Phase 2: Vernetzung und Verarbeitungstiefe
Phase 3: Automatisierung

Die Phasen eins und zwei von Aitchison gleichen der Phase eins von Henriksen. In Phase drei (bei Aitchison) bzw. Phase zwei (bei Henriksen) wird die Vernetzung (bzw. die zunehmende Vernetzungsdichte) fokussiert, wobei Henriksen noch zusätzlich auf die Verarbeitungstiefe hinweist. Die letzte Phase von Henriksen (Automatisierung) kommt bei Aitchison nicht vor, weil sich Aitchsion nur mit der Entwicklung in der Erstsprache beschäftigt. In der Erstsprache wird in der Regel eine hohe Automatisierung erreicht. Hingegen ist ein hoher Automatisierungsgrad in der Zweitsprache nicht selbstverständlich. Zwischen den einzelnen Phasen gibt es fließende Übergänge und Überlappungen.

Aufgrund der vorliegenden Daten aus unserer Langzeituntersuchung erscheinen uns beide Modelle ergänzungsbedürftig. Wir schlagen folgendes Phasenmodell für die Wortbedeutungsentwicklung vor:

1. Diskriminierung (Wiedererkennen eines Lautmusters)
2. Form-Bedeutungs-Zuordnung (mapping)
3. Artikulation
4. Bedeutungsausbau (packing)
5. Vernetzung (network building)
   a) syntagmatisch
   b) paradigmatisch
6. Verdichtung und Automatisierung

Bevor einer Wortform eine erste Teilbedeutung zugeordnet werden kann, muss zunächst ein Höreindruck gespeichert werden, damit das Wort wiedererkannt werden kann. Während dieser Anfangs- oder Diskriminierungsphase können Lerner ein Wort häufig als bekannt einordnen. Eine Bedeutungszuordnung ist aber in vielen Fällen nicht oder nicht mehr möglich.

Auf die Diskriminierungsphase folgt die Form-Bedeutungs-Zuordnung, das so genannte „mapping“. Lerner verfügen während dieser zweiten Phase meist nur über eine eingeschränkte (bzw. ungenaue) Bedeutung. Neue Wörter sind anfänglich an Erwerbssituationen bzw. spezifische Lernkontexte gebunden, weshalb sie auch nicht flexibel abrufbar sind. Beide Phasen können sich überschneiden.

Beim Zweitspracherwerb folgt danach die Artikulationsphase (Phase drei). Diese Phase dauerte bei den meisten Lernern unserer Gruppe zwei bis drei Monate. Zwar lassen sich auch durch Beobachtung Bedeutungen erschließen. Doch erst der Gebrauch eines Wortes ermöglicht ein systematisches Erschließen weiterer Bedeutungen. Vorschulkinder haben dabei zuweilen das Problem, dass sie zuerst konstante Lautmuster produzieren müssen, so dass ein Hörer das geäußerte Wort auch wiedererkennen kann, ehe sie sich auf die Suche nach weiteren Bedeutungen begeben können. Konstante Lautmuster zu produzieren fällt Vorschulkindern aber nicht immer leicht, weil die Artikulationsorgane gerade für die Erstsprache automatisiert wurden (bzw. bei Vorschulkindern noch werden). Da der Erwerb des erstsprachlichen Lautsystems bei diesen Kindern noch nicht abgeschlossen ist, erfordert die Entwicklung des Lautsystems der Zweitsprache (Deutsch) viel Aufmerksamkeit. Wir haben feststellen können, dass Wörter, die während dieser Zeit erlernt wurden, rasch wieder in Vergessenheit gerieten.

In der vierten Phase geht es um den Informationsausbau *(packing)*. Es ist die Phase, in der Kinder die Extension zu erfassen versuchen, d.h. die Kategorie von Objekten, auf die eine Bezeichnung anwendbar ist. Es werden Merkmale gesucht und prototypische Vertreter für Objekte.

Parallel dazu (oder kurz darauf) beginnt die Suche nach Beziehungen zwischen Wörtern und Bedeutungen (fünfte Phase: *Vernetzung)*. Nun werden Beziehungen zu anderen Bedeutungen und Lexemen (bzw. Lexemgruppen) hergestellt und Bedeutungshierarchien erschlossen. Dazu wird zunächst nach syntagmatischen und später auch nach paradigmatischen Relationen gesucht. Es werden Teil-Ganzes-Beziehungen sowie Ober- und Unterbegriffe konstruiert und es werden weitere Bedeutungsmerkmale (z.B. Bedeutung im übertragenen Sinne vgl. etwa *ich hab so viel am Hals)* erschlossen und gespeichert.

Bei der Überprüfung von Wortbedeutungen in der Zweitsprache (von Kindern mit Migrationshintergrund) hat man in Holland festgestellt, dass diesen Kindern oft wichtige Bedeutungsmerkmale für einzelne Wörter fehlen und dass sie teilweise auch nur unklare Vorstellungen (bzw. Bedeutungen) kennen (vgl. VERHALLEN/SCHOONEN 1993). Nehmen wir z.B. ein Wort wie *Bruder*. Wenn ein Kind ein solches Wort in seiner Zweitsprache gebraucht, so bedeutet das nicht automatisch, dass das Kind auch schon über eine korrekte Bedeutung von *Bruder* verfügt. Eines der von uns beobachteten Kinder fragte z.B. ein anderes Kind nach einem Jahr im Kindergarten: *Ist dein Bruder ein Mädchen?*

Während zu Beginn des Erwerbs unsere Kinder oft nur über ungenaue Bedeutungen verfügen, lernen sie in der Phase fünf a) (Vernetzung), mit welchen anderen Wörtern ein Wort kombiniert werden kann, z.B. dass man *Buch* mit *schön* oder *schwer* kombinieren kann, nicht aber mit *hässlich.* SÖDERMAN spricht in diesem Zusammenhang auch von einer syntagmatischen Orientierung der Lerner. Indem die Kinder lernen, Wörter zu kombinieren, lernen sie auch etwas über deren Bedeutungen, z.B. darüber, dass die Bezeichnung *Bruder* im Deutschen nicht geschlechtsneutral ist und folglich nicht der türkischen Bezeichnung *kardeş,* sondern der Bezeichnung *erkek kardeş* (wörtlich: männliches Geschwisterkind) entspricht. Mit anderen Worten: Sie schärfen ihr Wissen über die Bedeutungskomponenten von Wörtern.

Nachdem solche Bezüge geklärt wurden, beginnt eine neue Phase (Phase fünf b). Nun wird gelernt, welche Wörter gegen welche anderen Wörter austauschbar sind im Sinne der Bedeutungsgleichheit (Synonymie), ob es Gegenwörter (Antonyme) zu einem Wort gibt oder welche Ober- oder Unterbegriffe existieren. SÖDERMAN spricht in diesem Zusammenhang von einer paradigmatischen Orientierung. Diese wird in einer fremden Sprache in der Regel erst auf einem sehr hohen Sprachniveau erreicht. Wenn man jemandem ein Wort in seiner Muttersprache präsentiert und fragt, was ihm dazu einfällt, wird als Reaktion meist ein Wort im Sinne der paradigmatischen Orientierung genannt, z.B. auf *Tür* als Reaktion *Tor* oder auf *Apfel Birne.* In einer Zweit- oder Drittsprache werden Lerner jedoch eher mit einem Wort antworten, das in einer syntagmatischen Beziehung zum genannten Wort steht. So würde z.B. auf *Bruder* mit *großer Bruder* oder *kleiner Bruder* geantwortet (vgl. dazu SÖDERMAN 1993).

Je höher der Grad an Automatisierung, desto schneller sind Wörter abrufbar (bzw. verstehbar) und kombinierbar (Produktion). Es gibt Menschen, die ihre Zweitsprache relativ gut beherrschen, dennoch aber nur über einen geringen Grad an Automatisierung verfügen. Sie sprechen in ihrer Zweitsprache deshalb erheblich langsamer als in ihrer Erstsprache. Natürlich gibt es auch Menschen, die ihre Zweitsprache genauso schnell sprechen wie ihre Erstsprache. Sprachliche Geläufigkeit setzt Bereitschaft zum Sprechen voraus, allerdings auch die entsprechenden Automatisierungen.

Exemplarische Untersuchung zur Wortbedeutungsentwicklung in zwei Sprachen

Bezogen auf die oben beschriebenen Phasen befinden sich die Lerner der Gruppe, über die hier berichtet wird, in der Phase vier, teilweise auch schon in Phase fünf a) bzw. b). Alle befragten Kinder sind fünf Jahre alt und wissen schon, was eine Nase oder eine Raupe ist. Und sie haben keine Probleme mehr mit der Aussprache.

Zwar verfügen wir über Spontandaten, die in regelmäßigen Abständen erhoben werden. Daten werden aber auch (in mehrmonatigen Abständen) elizitiert, um die

Spontandaten zu ergänzen. Wissen wollten wir, welche Bedeutungen sich in der Zweitsprache entwickelt haben und wie sich diese Bedeutungen von den in der Erstsprache gespeicherten Bedeutungen unterscheiden. Angenommen haben wir, dass die Erstsprache dichter vernetzt ist und daher dort auch über mehr Bedeutungen verfügt werden kann, da die Zweitsprache erst seit einem Jahr gelernt wird.

Befragt wurden neun Kinder im Rahmen spielerischer Tätigkeiten, zuerst auf Türkisch und ein bis zwei Wochen später auf Deutsch. Untersucht wurden Konkreta aus verschiedenen Begriffsfeldern (Körper, Tiere, materielle Objekte). Gefragt wurde dabei allerdings nicht nur nach einzelnen Wörtern (z.B. *Nase, Raupe, Buch*), sondern auch danach, was man mit X machen kann oder was mit X passiert oder welche Xe es im Kindergarten oder zu Hause gibt? Die Kinder sollten durch Nachfragen zum Erzählen über die Wörter angeregt werden. Im Folgenden wird über die Befragungsergebnisse für Nase und Raupe berichtet.

1. *Burun* (Nase)

Die Einleitungsfragen zu *burun* (Nase) lauteten: *O ne?* (Was ist das?) *O ne demek?* (Wie sagt man dazu?). Die zweite Frage lautete: *Ne yapılıyor burnunla?* (Was macht man mit deiner Nase?) bzw. *Burnunla ne yapılır?* (Was macht man mit deiner Nase?) oder *N'apıyoruz burnunla?* (Was machen wir mit deiner Nase?). Die nachfolgenden Fragen wurden – bezogen auf die vorausgehenden Antworten – variiert. So antworteten mehrere Kinder beispielsweise auf die zweite Frage *akar* (die läuft) oder *biraz pislik varmış* (etwas Schmutziges ist da) oder *sümükler akıyor* (Schleim fließt). Darauf wurde nachgefragt, was man da machen könne (*Peki sen akınca ne yaparsın burnunu?* [Wenn deine Nase läuft, was machst du da?]), worauf z.T. mit *sileriz* (wir putzen) geantwortet wurde und *mendille* (mit dem Taschentuch).

Tabelle 1:

Name	Bezeichnung	Antwort 1	Antwort 2	Antwort 3
	burun (Nase)			
K1	ja	*mendille* (mit dem Taschentuch)	---	---
K2	ja	*akar* (läuft) *sileriz* (wir putzen sie)	---	---
K3	ja	*sümükler akıyor* (Schleim fließt)	---	---
K4	ja	---	*koklamak* (riechen)	---
K5	ja	*pislik varmış* (Schmutz gibt es)	*yemek kokar* (Essen riecht)	---

K6	ja	*hapşırıyoruz* (wir niesen)	*akıyor, siliyoruz* (wir putzen sie)	---
K7	ja	*Nase koklanıyor* (es wird gerochen)	*akıyor* (sie läuft)	---
K8	ja	*koklayabilmek* (riechen können)	*sileriz* (wir putzen sie)	*sümük akar* (Schleim fließt)
K9	ja	*nefes alabiliyorlar* (sie können atmen)	*koklayabiliyorlar* (sie können riechen)	---

Die Antworten lassen nicht nur Rückschlüsse auf Bedeutungen zu, sondern auch auf (Grund-)Erfahrungen und Sozialisationsprozesse. In der türkischen Kultur und Gesellschaft gilt der Ausfluss der Nase als Ausscheidung, weshalb man nur leise und möglichst unauffällig (am besten: abgewandt vom Gesprächspartner oder in einem anderen Zimmer) schnäuzen sollte. Auffallend war, dass bei der Befragung auf Deutsch auf die zweite Frage *(Was kann man mit der Nase machen?)* nicht über Schmutz, Schleim oder das Reinigen der Nase gesprochen wurde. Offenbar sind basale Körperfunktionen mit der Erstsprache und -kultur enger verbunden als mit der Zweitsprache. Nur eines der neun befragten Kinder antwortete auf die deutsche Frage *(Was kann man mit der Nase machen?)* mit *putzen*, obwohl auch im Kindergarten „Nase putzen" in der Gruppe häufig gebraucht wird, wie die beiden teilnehmenden Beobachterinnen berichten.

Auf die zweite türkische Frage (was man mit der Nase machen kann), wurde von drei Kindern geantwortet, *dass eine Nase laufen kann* oder *dass sie etwas mit Schleim oder Schmutz zu tun hat* und *mit dem Taschentuch geputzt* wird. Zwei Kinder sagen, dass man mit ihr *riechen* kann, ein Kind nennt *niesen* und ein Kind spricht von *sie können atmen* (nefes alabiliyorlar). Auf die Nachfrage (und sonst?) antworten drei Kinder nicht, zwei Kinder (sie hatten zuvor mit *Schmutz* und *Schleim* geantwortet) mit *riechen* und zwei weitere Kinder mit *putzen* oder mit *läuft* und *putzen* (sie hatten zuvor mit *riechen* geantwortet). Nur das Kind, das mit *atmen können* geantwortet hatte, nennt nun *riechen.*

Zusammenfassung: Von den neun Kindern äußert sich ein Kind überhaupt nicht. Auf die erste Frage steckt es nur einen Finger in die Nase. Drei Kinder verbinden Nase mit *Schleim und Schmutz* und ein weiteres Kind mit *riechen.* Die übrigen Kinder nennen je zwei Bedeutungen, entweder zuerst *Schleim, Schmutz* und *laufen und putzen* und danach *riechen* (bzw. *atmen*) oder zuerst *riechen* und dann *Schleim, Schmutz* und *laufen und putzen*. Nur ein Kind nennt *niesen* und *laufen* und *putzen.*

Waren alle Kinder in gleicher Weise gesprächsbereit? Da die Interviewerin den Kindern regelmäßig vorliest und ihnen als teilnehmende Beobachterin auch seit längerer Zeit vertraut ist und auch der Raum, in dem die Aufnahmen gemacht wurden, den Kindern wohl bekannt ist, weil in ihm regelmäßig vorgelesen wird, können negative Einflüsse von diesen Faktoren mit hoher Wahrscheinlichkeit ausgeschlossen werden. Es bleibt dennoch eine auffällige Differenz zwischen den Antworten: Eine Gruppe, die nur eine Bedeutung mit *Nase* zu verbinden scheint und eine andere Gruppe, die schon zwei bzw. drei Bedeutungen zu benennen vermag.

Nase

Die Fragen zu *Nase* lauteten: *Wo ist deine Nase? Was kann man mit der Nase machen?* und als Nachfrage: *Was kann man noch damit machen?* Auf die erste Frage haben sechs Kinder auf ihre Nase gezeigt. Eines sagte dazu *da* und eines *hier*. Ein Kind wurde nicht nach der Bezeichnung gefragt. Auf die zweite Frage (Was kann man mit der Nase machen?) reagierten drei der befragten Kinder, indem sie schnüffelten und ein Kind, indem es beim Sprechen näselte. Diese Kinder hatten also schon eine Begrifflichkeit entwickelt, für die ihnen Bezeichnungen fehlen. Dass diese Bedeutungen bei der Befragung in der Muttersprache (Türkisch) keine Rolle spielten, könnte damit zusammenhängen, dass die hohe Automatisierung in der Erstsprache zu rascheren Antworten verleitet und damit Bedeutungen, die schon vorhanden sind, vernachlässigt werden. Vielleicht hängt es aber auch damit zusammen, dass beim Gebrauch der Zweitsprache eher Kompensationsstrategien verwendet werden und die Kinder zudem gelernt haben, alle Ressourcen (und all ihr Wissen) zu nutzen. Auf die anschließende Nachfrage antworteten vier Kinder mit *riechen* und eines mit *putzen*. In der Übersicht ergibt sich folgendes Bild (vgl. Tabelle 2):

Tabelle 2:

Kind	Bezeichnung	Reaktion/Antwort 1	Antwort 2	Antwort 3
Name	Nase (rezeptiv)	Praktisches Tun	riechen	putzen
K1	*wurde*	*leider nicht*	*befragt*	
K2	ja	---	riechen	---
K3	ja	schnüffelt, spricht näselnd	---	---
K4	ja	*hatschi*, schnüffelt	riechen	---
K5	ja	schnuppert	---	---
K6	ja	Interviewerin schnüffelt, K6 darauf: *das ist Schwein*	---	---
K7	ja	---	putzen	riechen
K8	ja	---	riechen	---
K9	ja	---	riechen	---

Es hat uns überrascht, dass es Bedeutungen gibt, die offenbar nur in der schwächeren (zweiten) Sprache (Deutsch) zum Vorschein kommen bzw. demonstriert werden. Außerdem werden in der Zweitsprache nur von einem Kind zwei Bedeutungen genannt (*riechen* und *putzen*). Ein weiteres Kind nennt *riechen* und demonstriert zwei weitere Bedeutungen (*hatschi* und *schnüffeln*). Die übrigen Kinder nennen oder demonstrieren nur jeweils eine Bedeutung: *riechen.* Genau wie in der Erstsprache sind syntagmatische Bezüge (Kollokationen) also schon vorhanden. Die Vernetzung scheint aber – wie erwartet – in der Zweitsprache weniger dicht geknüpft zu sein als in der Erstsprache.

Vergleicht man die Antworten in Erst- und Zweitsprache, so fällt auf, dass in der Erstsprache neben einer dichteren Vernetzung auch kulturspezifische Bedeutungen vorhanden sind. In der Erstsprache scheinen die Kinder zudem redefreudiger zu sein. In der Zweitsprache gewähren sie uns aber größere Einblicke in ihr kognitives Potential, vielleicht, weil ein geringerer Automatisierungsgrad vorhanden ist.

2. *Tırtıl* (Raupe)

Um das Gespräch auf das Thema Raupe zu bringen wurde ein kleiner Luftballon (in Form einer Raupe) unter einem Zaubertuch hervor geholt und gefragt: *Neye benziyor bu?* (Wem gleicht das?) oder *Nedir bu acaba?* (Was könnte das sein?) oder *Bu sence ne*? (Was ist das deiner Meinung nach?). Zusätzlich hatte die Interviewerin eine Handpuppe, die die Fragen stellte. Einige Kinder übernahmen die Rolle der Raupe, antworteten also als Raupe. Einen Überblick über die Antworten gibt Tabelle 3 auf Seite 72.

Auf die erste Frage wurde mit *tırtıl* oder mit *tırtıl böyle* (so eine Raupe) oder *tırtıl gibi* (ähnlich wie eine Raupe) geantwortet. Zwei Kinder antworteten mit Raupe, zwei mit Raupe Nimmersatt und ein Kind mit Schnecke. Man kann vermuten, dass die Geschichte nur drei Kindern zu Hause in der Erstsprache vorgelesen worden ist. Auf die zweite Frage wurde mit Krabbelbewegungen (mit der Hand) reagiert und gesagt *bak böyle böyle gidiyor* (sie geht so so so). Dann wird an das Buch von der Raupe Nimmersatt erinnert. Die meisten Kinder erinnern sich an das, was die Raupe gefressen hat. Die Aufzählungen fallen allerdings unterschiedlich aus: *onu yiyor bu* ... (die frisst das ...). Auf eine weitere Nachfrage antwortet ein Kind abwehrend: *kafasının mı doğru tutmuyorum* (wörtlich: halte ich ihren/seinen Kopf nicht richtig?, meint wahrscheinlich: ich hab's nicht im Kopf behalten). Bei den Gegenständen, die die Raupe frisst, zählen manche Kinder bis zu zehn Objekte auf, andere erinnern sich nur an zwei oder drei.

K2 reagiert auf die Eingangsfrage mit *eine Raupe* und auf die Frage, was die Raupe gegessen habe, antwortet K2: *elma* (Apfel), *armut* (Birne), *erik* (Pflaume), *çilek* (Erdbeere), *portakal* (Orange), *pasta* (Kuchen), *Eis*, *peynir* (Käse), *sucuk* (Knoblauchwurst), *Lolli – und ein Stück Melone.* Insgesamt werden von K2 zwölf Bezeichnungen reproduziert (drei davon sind deutsche: Eis, Lolli und Melone). Schließlich wird noch ein Blatt (*yaprak*) erwähnt, das die Raupe frisst. Auf die Frage: *sonra* (danach) antwortet K2: *o zaman hiç* (dann überhaupt nichts) *äh ganz dick zwei Wochen da und wunderschön Schmetterling.*

K3 erkennt sofort, dass der Ballon hier für die Raupe steht. Als die Interviewerin fragt, *tırtılın karnı acıkınca* (und wenn eine Raupe hungrig ist?), antwortet das Kind (nach ca. fünf Sekunden Denkpause) *karıynı doymak zorunda* (sie muss sich den Bauch füllen). Es kennt also schon die richtige Antwort auf eine solche Frage – im Alltag. Schließlich zählt K3 noch vier Obstsorten auf: *portakal, mardili* (eigentlich: mandalina > Mandarine), *armut* (Birne) und *muz* (Banane), wobei letztere in der Geschichte nicht vorkommt (vgl. Tabelle 3).

Tabelle 3:

Name	*Bu ne?* *tırtıl* was ist das? Raupe	*gidiyor* geht	*yiyor* frisst	*uyuyor* schläft	*kelebek* Schmetterling
K1	---	*böyle gidiyor* geht so	*yiyor bu* die frisst das	*kafasının mı doğru tutmuyorum* (sinngemäß) hab's nicht behalten	----
K2	Raupe	---	*10 Objekte: elma, armut, erik, çilek, portakal, peynir, sucuk, pasta + Eis+Lolli*	---- Apfel, Birne,Pflaume, Erdbeere, Orange, Käse, Knoblauchwurst, Kuchen	*o zaman hiç äh ganz dick zwei Wochen da und wunderschön Schmetterling*
K3	*tırtıl* Raupe	*geçer* geht vorbei	*karyni doymak* satt werden *portakal, mardili, armut, muz* Banane	[nicht gefragt]	[nicht gefragt]
K4	eine Raupe Nimmersatt	---	*elma, yaprak* Blatt	---	Schmetterling *olacak* wird

K5	Raupe N	---	*sarılı bir yaprak* gelbliches Blatt rosarot *elma armut*	*çok çok evinde uyacak* wird viel zu Hause schlafen	*kelebek olacak* wird Schmetterling
K6	*balon* Luftballon *tırtıl böyle* ist wie Raupe	---	*ekmek* Brot, *soğan* Zwiebel, *makarna* Nudeln	*uyuyor* schläft	---
K7	Schnecke	---	*Ei yer* frisst Eier, *bunlar yer* iss das da	---	*onun içinde* da drinnen *giriyor* (dann geht sie dort rein) *sonra* (und dann) *Schnecke*
K8	*Raupe gibi* wie	---	*meyva* Obst, *elma, portakal*	*uyuyacak* wird schlafen	---
K9	*tırtıl* Raupe	---	*yaprak çünkü tırtıllar yaprak yer* weil Raupen Blätter fressen *dicke olacak* (wird dick werden)	---	*Schmetterling*

K4 hat Schwierigkeiten, sich an *tırtıl* (Raupe) zu erinnern. *Raupe* und *Raupe Nimmersatt* scheinen für dieses Kind identisch zu sein. Es nennt den Titel auf Deutsch. Doch dann gerät es ins Stocken, kann sich nicht erinnern. Es bedarf zweier Nachfragen (z.T. mit Vorgaben) ehe es eigenständig *armut, elma* und *yaprak* nennt. Der Aufforderung, über den weiteren Ablauf der Geschichte zu erzählen und die Vorgabe von Kokon (*koza*) bringt es schließlich dazu, zu sagen, dass sich die Raupe danach in einen Schmetterling verwandelt (sonra da Schmetterling olacak).

K5 antwortet ebenfalls mit dem deutschen Titel *(Raupe Nimmersatt)*, erfindet dann aber eine eigene Geschichte, in der die Raupe ein *sarılı yaprak* (gelbliches Blatt) frisst und ein *rosarotes (Blatt)*. Und dann folgen noch *elma* und *armut*, ehe daraus ein *kelebek* (Schmetterling) wird. Gefragt, was die Raupe macht, nachdem sie satt geworden ist, antwortet K5: *çok çok evinde uyucak ondan sonra kelebek oluyor* (wird lange zu Hause schlafen und danach ein Schmetterling sein). Hier wird deutlich, wie durch unterstützende Nachfragen die Rekonstruktion der Geschichte gelingt und Bedeutungen dadurch wieder zugänglich werden, die spontan nicht abrufbar waren.

K6 stellt zunächst fest, dass da *ein Ballon* ist, ein *kleiner Ballon,* ehe *tırtıl* und die Fortbewegungsart (*böyle gidiyor*) thematisiert wird. Auf die Frage, was die Raupe frisst antwortet K6: *ekmek* (Brot), *soğan* (Zwiebel), *makarna* (Nudeln), was nichts mit der Geschichte der Raupe zu tun hat. Auf die erneute Nachfrage, was die Raupe zu Hause macht, antwortet K6: *ondan sonra evinde uyuyorsun böyle* (und danach schläfst du in deinem Haus dann so [zeigt es]). Die Verwandlung in den Schmetterling ist offenbar entfallen.

K7 spricht statt von *tırtıl* (Raupe) von *Schnecke.* Zwar beteuert K7, dass es sich an die Geschichte erinnert. Doch das Erzählen fällt schwer: Ei *yer* (iss ein Ei), *sonra bunları yer* (danach iss das da). Und auf die Frage, ob sich die Raupe danach ein Haus baut, antwortet K7: *hem de onun içine Schnecke giriyor sonra Schnecke oluyor* (sie geht auch als Schnecke rein und wird dann eine Schnecke). Die Erinnerungen scheinen hier also entweder nicht mehr sehr differenziert zu sein und/oder vielleicht die Konzentration nicht sehr hoch. Anders ist nicht erklärbar, dass K7 unmittelbar nachdem die Interviewerin *tırtıl* verwendet hat, zweimal den Ausdruck *Schnecke* gebraucht, was ein Hinweis auf „Autopilot" (d.h. automatisiertes Sprechen) sein dürfte.

K8 erkennt den Zusammenhang zwischen Ballon und Raupe ebenfalls sofort. Die Antwort lautet: *Raupe gibi* (wie eine Raupe). Und dann wird aufgezählt, was die Raupe alles isst: *meyva* (Obst). Darauf die Interviewerin: Was für Obst *(hangi meyveleri)*? K8: *elma* (Apfel), *portakal* (Orange), *yemek* (Essen) und dann, nachdem die Interviewerin Schnarchgeräusche von sich gegeben hat: *uyuyacak* (schlafen wird). Trotz eines Hinweises auf den Kokon *(koza)* erinnert sich das Kind nicht an die Verwandlung zum Schmetterling. Auffallend ist hier, dass schon Oberbegriffe (Obst, Essen) gebraucht werden.

K9 bezeichnet den Ballon als *tırtıl.* Und auf die Frage was eine Raupe frisst, antwortet K9 mit einer verallgemeinerten Begründung *yaprak* (Blatt) ... *çünkü tırtıllar yaprak yer* (weil Raupen Blätter fressen). Auf die Frage der Interviewerin: *Peki yaprak yedikten sonra ne yapmayı düşünüyorsun?* (und was denkst du, machst du, nachdem du das Blatt gefressen hast?), antwortet K9: *büyük şey dicke olacak* (große Sache dicke wird sie) und weiter: *sonra Schmetterling olacak* (danach wird sie ein Schmetterling).

Auffallend sind die Unterschiede zwischen den einzelnen Kindern. Während mehrere Kinder sich nur noch in groben Zügen an die Geschichte mit der Raupe erinnern und auf Nachfragen ihr Alltagswissen einfließen lassen, sind andere noch in der Lage, viele Details zu benennen. In einem Fall tauchen sogar schon Oberbegriffe auf (im Sinne einer paradigmatischen Vernetzung), in einem anderen Fall wird auf einer Metaebene eine Gesetzmäßigkeit formuliert (Raupen fressen Blätter), was zeigt, dass von diesem Kind bereits syntagmatische und paradigmatische Bezüge (bzw. Relationen) kombiniert werden können.

Raupe

Die hier gestellten Fragen lauteten: *Was ist eine Raupe?* Ergänzt wurde diese Frage durch die Frage nach einem Buch mit einer Raupe und danach, was mit der Raupe passiert. Dadurch sollten die Kinder zum Erzählen angeregt werden (vgl. Tabelle 4).

K1 stellt zunächst einen syntagmatischen Bezug her, der schon fast definitorischen Charakter hat: *Eine Raupe kann krabbeln, essen.* Das sind offenbar wichtige Merkmale, die direkt gespeichert wurden. Auf die Frage, was dann mit der Raupe passiert, antwortet K1: *Dann kann Schmetterling sein.* Der Namen des Buches (Raupe Nimmersatt) ist bekannt. Die Geschichte wird folgendermaßen erzählt:

> *Die möchte viel essen und die macht sich ein Kaokao* (gemeint: Kokon) *und dann wird sie ein wunderschöner bunter Schmetterling.*

Die Abwandlung von Kokon zeigt, dass das für das Kind ein schwieriges Wort ist, vermutlich, weil es für die Kinder nur als Abbildung (und nicht als Realobjekt) „greifbar" war. Einflüsse des Vorlesens zeigen sich in der verdichteten (attributiven) Konstruktion *wunderschöner bunter Schmetterling.* Eine vergleichbare Formulierung wurde in der Muttersprache nicht gebraucht. Während K1 in der Muttersprache (Türkisch) das deutsche Wort Raupe gebraucht und anschließend zehn Objekte aufzählt, die die Raupe frisst, dann allerdings die Ruhephase im Kokon und die Verwandlung auslässt, wird die Geschichte in der Zweitsprache (Deutsch) bis auf die Ruhephase vollständig erzählt.

K2 antwortet auf die erste Frage: Was ist eine Raupe? *Ist eine Raupe.* Und auf die Frage, was mit der Raupe passiert, antwortet K2: *Sie kann ein Schmetterling* (werden). Der Name des Buches ist bekannt. Die Abfolge in der Geschichte wird so beschrieben: *essen, Bauchschmerzen und dann Krokodil und dann Schitemetterling.* Offenbar ist dieses Kind in seiner Entwicklung noch nicht so weit, wie K1. Es werden noch keine Modalverben verwendet, der (abstrakte) Kokon wird in ein für das Kind sinnvolles Wort verwandelt: *Krokodil.* Für ein türkisches Kind ist dieses Wort schwierig zu artikulieren, weil es mit zwei Konsonanten beginnt. K2 meistert diese Hürde, vielleicht um den Preis der nachfolgenden (automatischen?) Aussprachеerleichterung durch den Einschub von Sprossvokalen.

Auch K3 beginnt mit einer Zirkeldefinition: *Was ist eine Raupe? Eine Raupe.* Dass beim Namen des Buches noch am 22.03.04 ein Anlaut ausgelassen wird (vgl. *Raupe Immersatt)* zeigt, dass bei diesem Kind die Artikulationsentwicklung noch andauert. Später gebraucht K3 auch das korrekte *Raupe Nimmersatt*, gibt sich als CD-Nutzer zu erkennen *(und CD)* und wiederholt den Ablauf fast in der gleichen Weise wie K3: *Raupe essen und dann Bauchschmerzen und dann Krokodil und dann Schitemetterling.*

K4 vergleicht die *Raupe* mit einer *Schlange* (paradigmatische Orientierung in der Zweitsprache!), bildet dann ein „Eigenwort" *(gruscht)* wobei parallel dazu die Krabbelbewegung nachgeahmt wird und fährt fort: *und will essen.* Auf die Frage, was dann

Tabelle 4:

Kind	Definition	Essen/fressen	Buch	Geschichte	Verwandlung
K1	kann krabbeln	[nicht gefragt]	Raupe N.	die möchte viel essen und die macht sich ein *Kaokao* und dann wird sie ein wunderschöner bunter Schmetterling	kann Schmetterling sein
K2	ist eine Raupe	[nicht gefragt]	Raupe N.	Raupe essen und dann Bauschmerzen und dann *Krokodil* und dann Schitemetterling	sie kann ein Schmetterling (vor der Geschichte)
K3 22.03.04	Buch	ist auf de bene (?Birne)	Raupe Immer satt	eine Bauchschmerz	[nicht gefragt]
K3 05.04.04	eine Raupe	---	Raupe Nimmersatt und CD	Raupe essen und dann Bauchschmerzen und dann Krokodil und dann Schitemetterling	---
K4	so eine *Schlange* und so gruscht	und will essen	ja Raupe N.	gro gro (?groß?)	ja und ein Schmetterling
K5 23.02.04	Schmetterling	---	Raupe N.	Schmetterling	Schmetterling
K5 05.04.04	kann so machen	---	---	Schmetterling	---
K6	Buch lisen	---	---	?nein ich nich Hause Buch?	das Raupe Buch das so machen
K7	geht so	---	---	das macht zu und dann geht morgen und dann is Schmetterling	---

K8	verwandelt sich ein Schmetterling	sie esst ganz viele Naschis	---	---	---
K9	ich weiß	Das hat eine Ei gesehn und Apfel gesehn und noch eine Berne gesehn äh essen und Erdbeer und was noch Blatte geessen	---	dicker und Kokon gemacht und wieder rausgekomm und dann das ist Schmetterling	---

passiert, antwortet K4: *gro gro* was die Interviewerin mit *genau, sie wird ganz dick* kommentiert, worauf K4 fortfährt: *ja und ein Schmetterling.* Der Name des Buches wird auch noch genannt. Interessant ist die paradigmatische Orientierung zu Beginn der Äußerungen. Man kann daraus schließen, dass K4 schon über einen umfangreicheren Wortschatz verfügt. Wir gehen davon aus, dass die korrekte Aussprache von Schmetterling zudem ein Hinweis darauf ist, dass die Aussprache schon weitgehend gemeistert wird und sich das Kind folglich auf das Wörterlernen konzentrieren kann.

K 5 antwortet auf die erste Frage (Was ist eine Raupe?) mit *Schmetterling.* Liegt hier eine ungenaue Bedeutung von Raupe vor oder nur eine verkürzte Ausdrucksweise? K5 kennt den Namen des Buches, antwortet jedoch sowohl auf die Frage *Und was passiert mit der Raupe?* als auch auf die Aufforderung *(Erzähl mal die Geschichte)* mit einem stereotypen *Schmetterling.* Bei einer zweiten Befragung[1] einige Wochen später betont K5 zusätzlich die Fortbewegungsart der Raupe *(kann so machen)* und antwortet auf die Frage, was mit der Raupe passiert: *Schmetterling.* Man könnte daraus schließen, dass K5 nur über einen geringen Wortschatz verfügt. Tatsächlich gehört dieses Kind zu den schnellen (und in der Gruppe besten) Lernern und der Eindruck, der durch die angeführten Antworten vermittelt wird, könnte zu falschen Schlussfolgerungen Anlass geben, wenn keine Langzeitdaten vorliegen würden.

Die Reaktion von K6 auf die Frage nach der Raupe war: *Buch lisen wir.* Die sich daran anschließende Standardfrage: *Kennst du ein Buch mit einer Raupe?* beantwortet K6 mit *nein ich nicht Hause Buch.* Offenbar hat K6 die Frage nicht richtig (bzw. nur rudimentär) verstanden. Und auf die Nachfrage (...) *wie heißt das noch?* antwortet es *nein isch weiß das da das Raupe Buch äh das so machen,* eine Äußerung, die für Außenstehende kaum verständlich sein dürfte, die aber die Interviewerin (teilnehmende Beobachterin) zu folgender Äußerung veranlasst: *Stimmt (...) mit so einem Stück Holz habt ihr eine Raupe gemacht an der Wand.* Danach bricht das Interview ab, weil K6

1 Die erste fand am 23.02.04 statt, die zweite am 05.04.04.

einen Themenwechsel initiiert. Das Beispiel zeigt, wie wichtig eine gemeinsame Interaktionsgeschichte (von Kind und Interviewerin) ist und wie selbst fragmentarische Äußerungen von Kindern in einen sinnvollen Zusammenhang gebracht werden können, wenn entsprechende Voraussetzungen vorhanden sind. Dieses Interview ist zugleich ein gutes Beispiel dafür, wie Kommunikation misslingen kann, wenn für ein Interview zu enge Vorgaben gemacht werden. Die Antworten von K6 passen nicht zu den Erwartungen der Interviewerin und ihre vorgegebenen Frageformulierungen sorgen dafür, dass kein wirkliches Gespräch, keine „gegenseitige Berührung durch Sprache" entsteht. Mit anderen Worten: Beide Seiten versuchen erfolglos, sich zu verständigen. Da Sprachtests noch rigider aufgebaut sind, kann man sich unschwer vorstellen, welche Art von Verständigung in einem solchen Rahmen möglich ist.

Anders ist dies bei K7. Auf die erste Frage (Was ist eine Raupe?) reagiert K7 mit der Nennung eines Bedeutungsmerkmals: *Raupe geht so* [zeigt es mit den Fingern]. Die nachfolgende Frage *(Und was passiert mit einer Raupe?)* regt zu folgender Kurzerzählung an: *Das macht zu und dann geht morgen und dann is Schmetterling.* Auf die Frage nach einem Buch mit einer Raupe schnalzt sie mit der Zunge zum Zeichen der Verneinung. Auch K7 kann als schneller (bzw. guter) Sprachlerner bezeichnet werden. Wiederum vermitteln die Antworten einen falschen Eindruck vom Entwicklungsstand.

Völlig anders verläuft das Interview mit K8. Schon auf die Einleitungsfrage wird eine Kurzgeschichte erzählt: *Raupe verwandelt sich ein Schmetterling.* Diesmal weicht die Interviewerin von ihren Vorgaben ab und fragt nach dem Anfang der Geschichte, mit Erfolg: *Sie esst ganz viel Naschis.* Dennoch sind auch diese Ergebnisse kaum geeignet, um uns Aufschluss über Bedeutungen von Raupe oder Raupe Nimmersatt zu geben.

Das Interview mit K9 ist in der Anfangsphase schwierig. In diesem Falle gelingt es der Interviewerin allerdings, gemeinsam mit dem Kind eine detailreichere Erzählung zu entwickeln, obwohl das Kind mehrfach dabei ist, seine Erzählung abzubrechen: *Raupe is Raup ich hab nich versteht* und nach einer Aufmunterung meint K3 abwehrend: *Ich vergesse.* Erst die Frage nach dem Buch mit der Raupe löst eine positive Reaktion aus: *Raupe Nimmersatt.* Und dann beginnt K9 tatsächlich eine Erzählung: *Das hat eine Ei gesehen und das hat Apfel gesehen und noch eine Berne gesehen äh essen und Erdbeer und was noch Blatte geessen.* Und nach Einhilfen der Interviewerin *(Aber du hast noch nicht gesagt, was ganz am Ende mit der Raupe passiert? Erzähle)* folgt *dicker* und schließlich *und Kokon gemacht und wieder rausgekomm und dann ist Schmetterling.* Zweifellos ist diese Erzählung die detailreichste, wenngleich hier auch die meisten Einhilfen gegeben wurden.

Ein Vergleich der Antworten zeigt, dass in der Erstsprache nur aufgezählt, aber nicht erzählt wird. Hat das mit Interaktionsgewohnheiten zu tun, die die Kinder von zu Hause kennen?

Die Geschichte von der Raupe wurde in der Erstsprache von den meisten Kindern offenbar mit der Bezeichnung *Raupe* gespeichert, mit unterschiedlichen Details und auf unterschiedlichen Abstraktionsebenen. K8 und K9 fallen diesbezüglich aus dem Rahmen, weil von K8 bereits ein Oberbegriff gebraucht bzw. von K9 eine Gesetzmäßigkeit (Verallgemeinerung) formuliert wird. Beide scheinen in der Muttersprache schon in den Bereich der paradigmatischen Orientierung vorgestoßen zu sein. Syntagmatische Orientierungen lassen sich bei K3 und K9 erkennen. K3 weiß (nach längerem Nachdenken), wie man auf die gestellte Frage (im Alltag) zu antworten hat, kennt also die „Diskursbedeutung".

Während wir oben bei burun/Nase gesehen haben, dass der Ausdruck offenbar stärker in der häuslichen Erfahrungswelt der Kinder verankert ist, scheint es hier umgekehrt zu sein. Die vielen Wörter, die aus dem Deutschen übernommen werden, zeigen, dass diese Geschichte für die meisten Kinder der Gruppe offenbar nur im Kontext des Kindergartens gehört bzw. erlebt worden ist. Bei sechs (von neun Kindern) sind deutsche Einsprengsel vorhanden. Man könnte daraus den (voreiligen) Schluss ziehen, dass das Anbahnen von Literalität eher im Deutschen gelingt als im Türkischen. Das dürfte – bezogen auf die *Raupe* bzw. die *Geschichte von der Raupe Nimmersatt* – durchaus zutreffen. Es gibt aber auch Hinweise darauf, dass das Anbahnen von Literalität in der Gruppe auch in der Erstsprache funktioniert.

In der Erstsprache fehlen Details der Geschichte. So wird die Verwandlung zum Schmetterling von drei Kindern in ihrer Erstsprache nicht erwähnt, während in der Zweitsprache alle Kinder von der Verwandlung erzählen. Kann man daraus schließen, dass den Kindern in ihrer Zweitsprache (im Falle der Raupe) mehr Bedeutungen und ein dichteres semantisches Netzwerk zur Verfügung stehen, so dass sie in der Lage sind, den Ablauf der Geschichte genauer zu rekonstruieren?

Zusammenfassung

Die mit den Interviews (bzw. Befragungsspielen) überprüften Wörter *Nase* und *Raupe* waren allen Kindern bekannt. Jedes der befragten Kinder kennt die Objekte und die dazugehörigen Bezeichnungen. Deutliche Unterschiede ergeben sich jedoch bei den angeführten Bedeutungen. Einerseits konnte festgestellt werden, dass die Differenzierung in der Erstsprache nicht immer größer war als in der Zweitsprache. Und es ergaben sich auch Unterschiede in der Art und in der Anzahl von Bedeutungen, die die Kinder auf die Fragen präsentierten.

Für *Nase* haben sich die Erwartungen (d.h. größere Differenzierungen in der Erstsprache) nur teilweise bestätigt. Dieses Objekt wird zwar stärker mit der Erstsprache verbunden. Dafür werden aber einige Bedeutungen, die schon vorhanden sind, vernachlässigt, möglicherweise eine Folge des „Autopilot", d.h. der automatisierten

Sprechweise. In der Zweitsprache werden einige Bedeutungen nur durch praktisches Tun demonstriert, weil die dazugehörigen Bezeichnungen noch fehlen.

Die Bedeutungen für *Raupe* scheinen demgegenüber stärker mit der Zweitsprache verbunden zu sein. Dies zeigt sich z.B. daran, dass es viele deutsche Einsprengsel bei den türkischen Äußerungen der Kinder gibt. Es zeigt sich aber auch daran, dass sich drei Kinder in der Erstsprache nicht mehr an die Verwandlung zum Schmetterling erinnern. Für *Raupe* scheint sich also das umgekehrte Bild zu ergeben: Differenziertere Bedeutungen und Speicherung des ganzen Ablaufs der Geschichte in der Zweitsprache. In der Erstsprache scheint das Erinnern schwerer zu fallen. Daran zeigt sich, wie wichtig die Förderung in beiden Sprachen ist. Denn wenn keine systematischen Bezüge zwischen beiden Sprachen hergestellt werden, können Kinder offenbar nicht von ihrer Zweisprachigkeit profitieren.

Es soll hier nicht verschwiegen werden, dass zwei der befragten Kinder, die nach unseren Beobachtungen zu den guten Sprachlernern gehören bei den Einzelinterviews erstaunlich wortkarg waren. Ein Kind wurde deshalb einige Wochen später ein zweites Mal interviewt. Und auch diesmal ignorierte es die Aufforderung zu erzählen. Auch die von den Kindern verwendeten Wörter vermitteln z.T. ein falsches Bild. So formuliert K1 z.B. bei Raupe *kann krabbeln* und K5 *kann so machen*. Ohne unsere Langzeitdaten würden wir das sprachliche Leistungsvermögen von K5 wahrscheinlich einer niedrigeren Entwicklungsstufe zuordnen als das von K1. Aufgrund unserer Langzeitdaten können wir aber sagen, dass das nicht der Fall ist. Offenbar spielt die Tagesform (d.h. emotionale Gestimmtheit, Gesprächsbereitschaft, Interesse am Gesprächspartner etc.) bei Vorschulkindern eine wichtige Rolle. Sie sollte bei Datenerhebungen und -auswertungen deshalb künftig besonders berücksichtig und reflektiert werden.

Literatur

AITCHISON, J. (1994²): Words in the mind, An introduction to the mental lexicon. – Oxford (Blackwell). [zitiert nach der 2nd edition].

HENRIKSEN, B. (1999): Three Dimensions of Vocabulary Development. In: Studies in Second Language Acquisition 21, S. 303–317.

SÖDERMAN, T. (1993): Word Associations of foreign language learners and native speakers. The phenomenon of a shift in response type and it's relevance for lexical development. In: Ringbom, H. ed.: Near-native proficiency in English. – Abo (Abo Akademi, English Department Publications).

VERHALLEN, M./ SCHOONEN, R. (1993): Lexical Knowledge of Monolingual and Bilingual Children. In: Applied Linguistics 14/4, S. 344–363.

WYGOTSKI, L.S. (1964): Denken und Sprechen. – Frankfurt/M (Fischer).

KATZE UND VOGEL

Hans-Joachim Roth

Warum weint die Katze? – Einige Überlegungen zur Systematik der gesprochenen Kindersprache im Kontext von Zweisprachigkeit

Hans H. REICH arbeitet seit Jahren in seinen Forschungen zur Zweisprachigkeit neben anderen Impulsen mit einer Bildergeschichte, in der ein kleiner Vogel eine ihn verfolgende Katze narrt (s. Abb.). Die Geschichte hat in deutschen Verfahren zur Sprachstandserhebung inzwischen einen gewissen Bekanntheitsgrad erreicht, ähnlich wie die in internationalen Untersuchungen eingesetzte frog-story (vgl. z.B. BERMAN/SLOBIN 1994). Sie wurde bzw. wird an verschiedenen Orten eingesetzt, so im von ihm geleiteten Projekt zur Zweisprachigkeitsentwicklung türkisch-deutscher Schulanfänger, der wissenschaftlichen Begleitungen bilingualer Schulen in Hamburg, Köln und Sachsen (vgl. GOGOLIN/NEUMANN/ROTH 2003; GREVÉ/NEUMANN/ROTH 2004; GOGOLIN/ROTH 2004, ROTH 2004; 2005) und dem Hamburger Verfahren zur Analyse des Sprachstandes Fünfjähriger (HAVAS 5; vgl. REICH/ROTH 2003). Mit dieser Geschichte von „Katze und Vogel" ist auch die Zusammenarbeit zwischen Hans Reich und mir eng verbunden, ein inzwischen langjähriger fruchtbarer Austausch, dessen vielleicht arbeitsreichstes Ergebnis mit dem HAVAS 5 nun endlich auch gedruckt vorliegt (vgl. REICH/ROTH 2004). Von Hans REICH habe ich gelernt, den sprachlichen Produktionen zweisprachiger Kinder mit der notwendigen Demut, dem Verzicht auf ein schnelles Urteil und einem gleichzeitig genauen analytischen Blick zu begegnen und darüber einen unschätzbaren Einblick nicht nur in die Sprache, sondern auch in das Denken von Kindern gewonnen.

Aus einer Reihe von Aufnahmen mit Kindern zwischen fünf und sieben Jahren, die sich im Jahr vor Eintritt in die Grundschule bzw. im ersten Schuljahr befinden, wurden die folgenden Textbeispiele ausgewählt, um Einblicke in das Denken und Sprechen von Kindern an dieser höchst bedeutsamen biographischen Schnittstelle zu geben. Angeregt werden soll damit auch die Ausarbeitung einer Systematik der Kindersprache, die nicht nur Stadien einer Erwerbsgrammatik beschreiben will, sondern im Sinne M.A.K. HALLIDAYS (1985; 1989) eine „lexicogrammar" rekonstruiert, d.h. eine Grammatik der Kindersprache, die von den kommunikativen Bedingungen und den Semantisierungsbewegungen der Kinder her konzipiert ist. Ich konzentriere mich daher auf die Äußerungen der Kinder zum Clou der Geschichte: *Warum weint die Katze?*

Die Untersuchungsgruppe setzt sich aus zwei Stichproben zusammen, die in den Jahren 2000–2002 erhoben wurden: Es handelt sich zum einen um 121 Vorschulkinder aus der Untersuchungsstichprobe des Hamburger Verfahrens zur Analyse des Sprachstands Fünfjähriger (HAVAS 5) sowie um 85 Kinder aus der Wissenschaftlichen Begleitung des „Schulversuchs bilinguale Grundschulklassen in Hamburg". Nicht bei allen Kindern wurde die o.g. Frage gestellt; daher liegen von den Vorschulkindern 100 Äußerungen vor, von den Grundschülern 74. Die Grundschüler wurden am Ende der ersten Klasse aufgenommen – im Folgenden wird aber weitgehend darauf verzichtet, Rückschlüsse auf Unterrichtseinflüsse zu ziehen, da es naturgemäß keine Vergleichsgruppe ohne Unterrichtserfahrungen gibt, so dass letztlich nicht entschieden werden kann, welche Veränderungen im sprachlichen Verhalten auf den schulischen und/oder den außerschulischen Spracherwerb zu beziehen sind.

Tab. 1 Untersuchungsgruppe	Vorschulkinder	Grundschulkinder	Summe
monolingual deutsche Kinder	38	41	79
zweisprachige Kinder	62	33	95
Summe	100	74	174

Für die Analyse wurden jeweils die Äußerungen der monolingual deutschen Kinder mit denen der zweisprachigen[1] verglichen. Insgesamt wurden 174 Äußerungen ausgewertet. Die Ergebnisse der Kinder wurden auf den rechnerischen Wert von 100 kalibriert, um auf diese Weise vergleichende Aussagen machen zu können; daher geben die Werte in den Tabellen auch gleich die Prozentzahlen wieder. Für Vergleiche zwischen den Äußerungen im Deutschen und in den Familiensprachen werden ausschließlich Beispiele aus dem Grundschulprojekt hinzugezogen, da hierzu Sprachproben in beiden Sprachen vorlagen; die Analysen hierzu werden sich aus Platzgründen auf ausgewählte sprachliche Teilbereiche und einzelne Beispiele beschränken.

1. Deutungen

Warum weint die Katze? – so lautet die Standardfrage am Ende der Geschichte von „Katze und Vogel". Die Kinder werden damit herausgefordert, nicht nur den Ablauf zu erzählen, sondern auch einen Zusammenhang zu formulieren. Sprachlich realisiert wird das häufig mit einem weil-Satz oder einer ähnlichen Formulierung. Bevor ich auf sprachstrukturelle Phänomene eingehe, soll aber erst einmal die Frage aus der Sicht der Kinder beantwortet werden. In der Geschichte besteht ja nun der Witz darin, dass die Katze ihr Ziel nicht erreicht und von dem kleinen Vogel genarrt wird, der am

1 In der Gruppe der zweisprachigen Vorschulkinder waren folgende Familiensprachen vertreten: Albanisch, Arabisch, Bengali, Dari, Englisch, Farsi, Italienisch, Kurdisch, Polnisch, Russisch, Serbisch/Kroatisch, Türkisch. Bei den Schulkindern sind es die Sprachen Italienisch, Kurdisch, Mallorquin, Polnisch, Romanes, Kroatisch, Spanisch, wobei Italienisch, Spanisch und Portugiesisch als Unterrichtssprachen des Modellversuchs dominieren. Von daher ist die Untersuchungsgruppe nicht repräsentativ (vgl. dazu FÜRSTENAU/GOGOLIN/YAĞMUR 2003).

Schluss wieder *„auf seiner Mauer"* singt (Miguel, 1. Schuljahr), während die Katze heulend oben im Baum sitzt. Aber sehen das die Kinder auch so? Wenn man sich die Äußerungen ansieht, findet man eine Reihe von möglichen Antworten, die z.T. kindliche Einstellungen erkennen lassen, die nicht als falsches Verstehen gedeutet werden können, sondern andere Zugangsweisen von Kindern erkennen lassen. Dazu einige Beispiele:

Lautes Singen kann stören! Viele Kinder thematisieren das *„Gesunge"*[2] des Vogels als Störung der Katze; sie sehen den Grund für deren Weinen nicht so sehr in dem Umstand, dass sie ihn nicht fangen – und dann eben fressen – konnte, sondern darin, dass er *„Lärm"* oder *„schreckliche Musik"* macht. Sie positionieren ihre Sympathie auf der Seite der Katze und finden, dass der Vogel einfach zu laut singt, und seine *„Musik"* für die Katze schwer erträglich ist.

a) *weil der so laut singt* (Fuat, farsi-deutsch, Vorschuleinrichtung)
b) *weil der Vogel solchen Lärm macht* (Gustaf, deutsch, Vorschuleinrichtung)
c) *il gatto sta piangere [...] perché la musica è forte* [die Katze weint [...] weil die Musik laut ist] (Carina, deutsch-italienisch, 1. Schuljahr)
d) *wegen der nicht das Gesingen haben möchte* (Annika, deutsch, Vorschuleinrichtung)
e) *gato chorou – o gato não gosta essa música* [die Katze hat geweint – die Katze mag diese Musik nicht] (Paula, deutsch-portugiesisch, 1. Schuljahr)

Kinder mögen in der Regel Katzen – lediglich ein Kind gab spontan an, es könne keine Katzen leiden. Somit erzeugt die Geschichte einen moralischen Konflikt: Der Vogel ist zwar der Gewinner, aber Vögel kann man nun mal kaum streicheln, Katzen hingegen schon. Für manche Kinder entsteht daher ein Problem damit, dass die Katze am Schluss weint. Sie haben Katzen gern und können mit dem Konflikt nicht gut leben. Das thematisiert Loretta am Ende des ersten Schuljahres:

f) *perche non ha ricevuto l'uccello [...] ma non sono neanche contento che dopo piange il gatto – può anche dopo andare via a prendersi altre cose* [weil sie den Vogel nicht bekommen hat [...] aber ich bin auch nicht froh darüber dass danach die Katze weint – sie kann auch danach weggehen um andere Sachen zu fangen]

Loretta bietet eine bereits komplexe Begründung an, die sich nicht mit einer Erklärung begnügt, sondern das Ende der Geschichte aus der Sicht beider Figuren betrachtet und dieses darüber hinaus in einen eigenen Wertekontext stellt. Die aus Erwachse-

2 Alle im Folgenden verwendeten Beispiele entsprechen den Transkriptionen; eine Korrektur wurde nicht vorgenommen. Alle Namen sind Codenamen. Kurze Pausen sind in den Beispielen mit einem Strich (–) gekennzeichnet. Von den Kindern Betontes ist in Kapitälchen gesetzt.

nensicht vielleicht eher ‚logische' Antwort – nämlich dass die Katze den Vogel nicht bekommen hat –, wird auch von vielen Kindern gegeben:

g) *weil sie den Vogel nicht gekriegt hat* (Pia, deutsch, Vorschuleinrichtung)

h) *weil er nicht / weil er da nicht den Vogel gekriegt hat – und weil das der (Gesunge) von ihm tut ihm so in den Ohren weh* (Cornelia, deutsch, 1. Schuljahr)

i) *wegen sie darf nicht den Vogel auffressen – der Vogel schreit* (Viola, russisch-deutsch, Vorschuleinrichtung)

j) *weil sie nicht gefangen hat – die Vogel [...] weil – wenn – die kann auch fliegen die* (Bilgin, türkisch-deutsch, Vorschuleinrichtung)

Eine sehr häufige Antwort formuliert die bedrängte Lage der Katze: Sie könne nun nicht mehr vom Baum hinunter:

k) *warum [?] darum weil sie nicht mehr runter kann* (Cem, kurdisch-deutsch, Vorschuleinrichtung)

l) *und da – weint sie weil sie nicht mehr runter kann und der Vogel singt wieder auf der Mauer* (Lina, einsprachig deutsch, Vorschuleinrichtung)

m) *e il gatto adesso è ancora sull'albero e non riesce più a scendere* [weil er es geschafft hat vom Baum wegzufliegen mit der Katze – und die Katze ist jetzt noch auf dem Baum und schafft es nicht mehr herunterzukommen] (Angela, 1. Schuljahr)

Nun ist den meisten Kindern wohl durchaus bekannt, dass Katzen springen können, eine Erklärung für das Verbleiben der Katze auf dem Baum wird allerdings nur von einigen Grundschülern thematisiert:

n) *und der Vogel fliegt wieder runter und die Katze weint – weil sie nicht wieder runter kann – warum kann sie nicht von hier so springen [?] – Katzen sind gute Springer* (Jason, einsprachig deutsch, 1. Schuljahr)

o) *und dann hat sie Angst vorm Runtergehen und die sagt ahahaha – [...] weil sie nicht mehr runter kann* (Araceli, portugiesisch-deutsch, 1. Schuljahr)

Neben den bislang vorgestellten Begründungen gibt es eine Reihe von Nuancierungen: so sei die Katze erschöpft, könne einfach nicht mehr oder habe keine Lust, sie fühle sich auf dem Baum allein, der Vogel sei schadenfroh oder habe die Katze reingelegt. Manche Kinder haben auch ganz eigenwillige Erklärungen:

p) *weil sie – weil nicht den Rabe fangen möchte – sie macht ein bisschen Mittagsschläfchen [...] und der Rabe macht noch Musik und die Katze – und die Katze sagt: „sei leise*" (Konstantin, russisch-deutsch, Vorschuleinrichtung)

Betrachtet man die Deutungen nach ihrer Häufigkeitsverteilung ergibt sich ein Bild, das von einer erwachsenen Sicht auf die Dinge wohl ein wenig abweicht; die folgende Abbildung bezieht sich nur auf die häufigen Deutungen:

Abb. 1: Deutungen

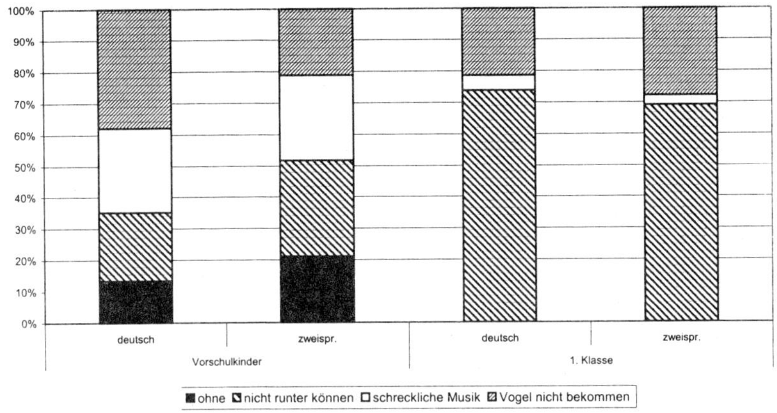

Zunächst ist festzustellen, dass alle Grundschulkinder eine Erklärung für das Weinen der Katze abgeben – häufig sind das bereits komplexe Äußerungen, die die Perspektiven beider Figuren berücksichtigen oder mehrere Deutungen umfassen. Das ist bei den Vorschulkindern nicht der Fall: Sie geben alle nur eine Begründung ab; 20 % der zweisprachigen und 12 % der einsprachig deutschen Kinder reagieren zwar auf die Nachfrage, gehen aber nicht erkennbar auf die Thematik ein. Das sprachliche Verhalten der beiden Gruppen ist – unabhängig von den sprachlichen Voraussetzungen – durch einen grundsätzlichen Unterschied zwischen Vorschulkindern und Grundschülern gekennzeichnet: Letztere tendieren eher dahin, den Clou der Geschichte von sich aus zu thematisieren; bei den Vorschulkindern erfolgte das immer erst auf Nachfrage.

Schaut man sich die Begründungen im Einzelnen an, so lassen sich deutliche Unterschiede in den Kausalitätszuschreibungen erkennen: Die einsprachig deutschen Vorschulkinder tendieren eher zu der Annahme (38 %), dass das Weinen der Katze daraus resultiere, dass sie den Vogel nicht bekommen hat. Bei den zweisprachigen Vorschulkindern ist hingegen das ‚Nicht-mehr-runter-Können' der Katze eine der häufigsten Antworten. Hierin vorschnell ggf. kulturelle Antwortmuster sehen zu wollen, verhindert das Ergebnis der Grundschulkinder: In beiden Gruppen geben die Kinder zu fast zwei Dritteln genau diese Möglichkeit als Antwort. Der Unterschied zwischen den ein- und zweisprachigen Kindern scheint bei den Grundschülern marginal. Auffälliger ist tatsächlich die altersspezifische Differenzierung der Deutungen: Die *„schreckliche Musik"* des Vogels spielt kaum noch eine Rolle – immerhin war das bei knapp 30 Prozent der Vorschulkinder eine häufige Begründung. Hierin kann man – je nach Geschmack – gestiegenen Realitätssinn oder auch einen Verlust an Phantasie annehmen; die Grundschulkinder sehen den Vorgang insgesamt sachlicher.

2. Zur Systematik der gesprochenen Kindersprache des Deutschen

Die obigen Texte haben schon gezeigt, dass man gesprochene Kindersprache nicht nach den Maßstäben einer normativen Grammatik messen kann. Viele Äußerungen erscheinen ungrammatisch – und sind es doch nicht. Vieles, was in der Schriftform ‚falsch' wirken würde, kann über die Betonung zu einer wohlgeformten Äußerung werden. Wichtiger als schriftförmige Grammatikalität erscheint die Beobachtung der Funktionalität solcher Äußerungen: Häufig resultieren sog. Abweichungen von der zielsprachlichen Norm aus dem Prozess der Produktion von Bedeutungen – und in diesem Prozess haben sie dann eine semantisierende Funktion. Auf dieses Phänomen des Primats der Bedeutungskonstitution vor der grammatischen Form bzw. der Abhängigkeit der Form vom Inhalt der Rede hat Michael HALLIDAY immer wieder aufmerksam gemacht (vgl. HALLIDAY 1985, 1989). Diese Funktionalität zu rekonstruieren, ist für die Analyse von gesprochener Sprache von unabdingbarer Wichtigkeit – gerade im Feld des Zweitspracherwerbs: Für die richtige Einschätzung von Sprachständen und Lernerstadien muss deutlich unterschieden werden zwischen freier und flexibler Verwendung grammatischer Strukturen zu Zwecken spezifischer Bedeutungsnuancierung und der noch nicht erlangten Fähigkeit, mit grammatischen Strukturen umzugehen. Manche Abweichungen von der schriftsprachlichen Normalform markieren geradezu Souveränität in der Verfügung über solche Strukturen und nicht Unvermögen. Ich möchte das kurz an einem Phänomen erläutern, das ausschließlich bei sprachlich weit entwickelten Grundschulkindern beobachtet werden konnte, der Verschiebung von Satzgliedern.

q) *aber dann der Kater – der weint warum*[3] *er kann nicht mehr runter von das Baum klettern – und der Vögel singt HAHAHA LALALALALALA HAHA – und ist auf dem Baum und der Kater bleibt da für ein Jahr* (Angela, italienisch-deutsch, 1. Schuljahr)

Angela verschiebt das Subjekt – den Kater – nach links vor den Satz und greift es mit dem demonstrativischen *„der"* noch einmal auf; sie erreicht auf diese Weise eine starke Fokussierung auf den mit *„aber"* markierten Perspektivenwechsel.

r) *weil er jetzt traurig ist, er wollte den Vogel schnappen und hat ihn nicht erwischt und der Vogel hat ge/ ein Trick gemacht und jetzt sit/ bleibt er da oben für immer* (Mercedes, spanisch-deutsch, 1. Schuljahr)

Mercedes verschiebt die Präpositionalphrase mit der Zeitangabe nach rechts ganz ans Ende ihrer Äußerung. Wenn man sich die zeitliche Gestaltung ihrer Äußerung ansieht, fällt auf, dass sie mit den beiden Präsensmarkierungen *(„ist"* und *„bleibt")* ihre Äußerung rahmt; dazwischen greift sie in die Vergangenheit der Geschichte zurück und fasst noch einmal zusammen: die Motivation, den Vogel zu fangen, erscheint vergangen, aber ohne zeitliche Begrenzung (imperfektiv); das Nicht-Erwischen durch die

---

3 statt ‚weil'

Katze und das Tricksen des Vogels werden mit dem Perfekt als abgeschlossene Vorgänge markiert, an die sich der Endzustand der Geschichte anschließt. Dieser wird wieder als nicht abgeschlossen, explizit als ‚ewig' definiert *(„für immer")*. Ein solcher sich ins Unendliche erstreckender Zustand kann sinnvoll nur am Ende stehen, nach ihm ist nichts mehr möglich; dieses wird durch die Endverschiebung dieser Zeitangabe fokussiert. Mercedes lässt dabei Spuren literarischer Erfahrung erkennen: Auch Märchen enden häufig mit einer Unendlichkeitsformel. In jedem Fall zeigt sie ein Gespür für den dramatischen Aufbau einer Erzählung, die sie gegen das Ende hin aufbaut. Die Endverschiebung der Zeitangabe fungiert als Stilmittel der dramatischen Steigerung. Ein nach den syntaktischen Restriktionen des Deutschen formulierter Satz (‚bleibt für immer da oben') erzielte nicht diese Stärke des Ausdrucks.

s) *weil sie nicht mehr runter kommt – SIE –/ guck mal sie ist hochgeflogen – gesprungen nämlich ganz lange – und DANN – muss sie doch auch wieder runterspringen können* (Ronaldo, portugiesisch-deutsch, 1. Schuljahr)

Ronaldo verschiebt ebenfalls eine Angabe ans Ende; er markiert eine Strecke: die Katze ist weit gesprungen *(„nämlich ganz lange")*. Nachdem er zunächst die übliche Antwort gegeben hat *(„weil sie nicht mehr runter kommt")*, schiebt er eine Überlegung nach, die die eigene Antwort problematisiert. Wie bereits zuvor beschrieben, sehen einige der Grundschulkinder durchaus den Widerspruch zwischen der Fähigkeit der Katze zu springen und ihrem Nicht-mehr-herunter-Können. Diese Überlegung wird bei ihm geradezu Schritt für Schritt generiert. Dazu fokussiert er zunächst die Aufmerksamkeit der Interviewerin durch die Betonung und Verdopplung des Subjekts als Thema *(„SIE [...] sie")* und einen Imperativ (*„guck mal"*), beschreibt dann als neue Information den rhematischen Vorgang, den er auf diese Weise *(„ist hochgeflogen")* und – nachdem er anscheinend die semantische Inadäquatheit des Fliegens als Aktivität der Katze und/oder deren Verwechslungsmöglichkeit mit dem Vogel erkannt hat – direkt anschließend präzisiert *(„gesprungen")*. Danach schließt er *„ganz lange"* an, allerdings verbunden durch ein *„nämlich"*, das zugleich anaphorisch und kataphorisch in beide Richtungen der Äußerung verweist und damit das folgende *„ganz lange"* als Dreh- und Angelpunkt seiner Argumentation hervorhebt. Dieses *„ganz lange"* ist sein zentrales Argument für die Problematisierung der ersten Antwort – es folgt nämlich als Conclusio der Hinweis auf die Fähigkeit der Katze zu springen, die wiederum zunächst mit einem betonten Element *(„und DANN")* fokussiert wird: *„muss sie doch auch wieder runterspringen können"*, und deren zwingender Charakter durch die Verwendung des Modalverbs ‚müssen' unterstrichen wird. Auffällig ist die elaborierte Formulierung dieses letzten Teils mit einem dreiteiligen Prädikat und einer doppelten Modalkonstruktion. Statt das Modalverb – wie bei den Grundschulkindern üblich – in ökonomischer Weise als Vollverb (‚runterkönnen') zu verwenden, wählt er eine kaum noch zu komplizierende Konstruktion seiner Verbalphrase, die noch einmal mittels dreier Adverbpartikel *(„doch auch wieder")* rückverweisend konzentriert wird: Mit dem *„doch"* greift er die Problematisierung der ersten

Aussage auf, das *„auch wieder“* verweist doppelt verstärkt auf das erste Argument des zurückgelegten weiten Sprungs der Katze zurück. Die Argumentation wird auf diese Weise abgerundet – eine Beweisführung im besten Sinne.

t) *die miaut ganz doll weil sie Angst hat da oben – und traut sich nicht mehr runter* (Julietta, spanisch-deutsch, 1. Schuljahr)

Julietta verschiebt eine Ortsangabe ans Ende eines Satzes. Auf den ersten Blick könnte man eine Verletzung der Verbendstellung im abhängigen Nebensatz unterstellen; bei genauerer Betrachtung des Satzes ist auch bei ihr wieder die semantisierende Funktion dieser Verschiebung erkennbar: Sie hebt auf diese Weise den Aspekt der Höhe des Baums hervor *(„da oben“)*, der die emotionale Lage der Katze begründet *(„weil sie Angst hat“)*. Sie hat nicht einfach Angst, sondern sie hat Angst, weil sie so weit oben ist, in der Spitze des Baumes nämlich *„und traut sich nicht mehr runter“*; darauf wird durch das Gradadverb *„ganz“* gezeigt. Der letzte Teil ihrer Äußerung erscheint somit als geradezu logische Konsequenz und bezieht sich fast symmetrisch auf den vorausgehenden Satz zurück: *„traut sich nicht“* verweist zurück auf *„Angst hat“*; *„runter“* referiert auf *„ganz oben“*. Betrachtet man die Äußerung von ihrer Satzmelodie her, ist der Kompositionscharakter gut erkennbar: Die Tonhöhe steigt bis zur zentralen Information *„ganz oben“* an und sinkt dann wieder *„runter“*. Die Verschiebung der Ortsangabe ist also mitnichten eine Unfähigkeit im Umgang mit der Endstellung des finiten Verbs im abhängigen Nebensatz, sondern ein Mittel der freien Komposition zur Fokussierung des zentralen Arguments im Prozess der Konstitution von Bedeutung.

Das bereits oben zitierte Beispiel Lorettas zeigt dasselbe Phänomen im Italienischen:

f) perche non ha ricevuto l'uccello [...] ma non sono neanche contento che dopo piange il gatto – può anche dopo andare via a prendersi altre cose [weil sie den Vogel nicht bekommen hat [...] aber ich bin auch nicht froh darüber dass danach die Katze weint – sie kann auch danach weggehen um andere Sachen zu fangen]

Sie verschiebt das Subjekt *„il gatto“* nach rechts ans Ende des Satzes in dieselbe Position wie zuvor das direkte Objekt *„l'uccello“* und bringt darüber nach der Markierung der Perspektivenumkehr (*„ma“*) eine gewisse Symmetrie in ihre Äußerungen zu beiden Figuren, ein Ausdruck der Einschätzung der Gleichwertigkeit ihrer Ansprüche auf Fressen und Nicht-gefressen-werden-Wollen. Weiterhin zentriert sie *„il gatto“* in der Mitte der beiden Satzgefüge, so dass er zugleich als Subjekt des Komplementsatzes *(„che dopo piange ...“)* und des folgenden Hauptsatzes *(„può anche ...“)* fungiert. Die Referenz des Nullsubjekts in *„può“* ist somit eindeutig und konzentriert die Aussagebedeutung eben auf die Katze. Die Verzahnung der beiden Gefüge wird außerdem über die Wiederaufnahme von *„neanche“* durch *„anche“* befestigt, die zunächst eine formale Symmetrie der Gestaltung produzieren, auf deren Hintergrund sich die semantische Differenz der negativen zu einer positiven rhematischen Bedeutungszuschreibung deutlich abheben kann.

Ich lasse es bei diesen Beispielen einiger zweisprachiger Schülerinnen und Schüler bewenden; bei den einsprachig deutschen Schülern gab es eine vergleichbare Anzahl von Verschiebungen.[4] Es ist noch einmal hervorzuheben, dass es sich allesamt um sprachlich weit entwickelte Kinder handelt; für die zweisprachigen Kinder, die dieses sprachliche Mittel verwenden, gilt das ebenso für ihre Familiensprache. Im Gegensatz dazu wirken die folgenden Äußerungen von Vorschulkindern in ihren Verstößen gegen die Restriktionen der Satzgliedstellung nicht souverän, sondern markieren Übergangsstadien im Erwerbsprozess der deutschen Sprache:

i) *wegen sie darf nicht den Vogel auffressen* (Viola, russisch-deutsch)

u) *wegen der Vogel singt ein Lied* (Önder, türkisch-deutsch)

v) *weil sie Baum ist* (Yasemin, türkisch-deutsch)

w) *die weil Katze weint* (Yaşar, kurdisch-deutsch)

j) *weil sie nicht gefangen hat – die Vogel – weil – wenn – die kann auch fliegen die* (Bilgin, türkisch-deutsch)

Es soll nur kurz das letzte Beispiel kommentiert werden, da es syntaktisch eine Rechtsverschiebung des direkten Objekts *„die Vogel"* erkennen lässt. Tatsächlich ist die Endverschiebung des Vogels ohne eindeutige Bedeutung, da die unklaren Bezüge des folgenden Teils nicht erkennen lassen, ob sich das auf die Katze bezieht – nicht wenige Kinder bezeichnen das Hochklettern der Katze als Fliegen! – oder ob damit eine Begründung für den ersten Teil der Äußerung gegeben werden soll – im Sinne von ‚weil der Vogel fliegen kann [und die Katze nicht], hat sie ihn nicht gefangen'. Dem Kind fehlen sichtlich die sprachlichen Mittel seine Äußerung so zu konzentrieren, dass deren Bedeutung eindeutig wird. Das hängt in diesem Fall eng mit dem Wechsel des Satzbauplans zusammen: Das Kind verfügt zwar über die Regel der Endstellung des finiten Verbs im abhängigen Nebensatz, auch wenn das Hilfsverb beim Perfekt nicht zielsprachlich verwendet wird *(„weil sie nicht gefangen hat")*, es gelingt aber nicht, die – anscheinend mental repräsentierte – multikausale Erklärung *(„weil ... weil")* zu einem Ende zu bringen; es wechselt daher in einen Hauptsatz. Die in dieser Äußerung zu erahnende komplexe Kognition kann angesichts der sprachlichen

---

4 Vgl.: *ich finde lustig – dass – die Katze da nicht mehr runter kommt – ich finde lustig das Bild wie sie da weint* (Silja, deutsch, 1. Schuljahr); *dann singt der Vogel fröhlich und die Katze schreit – und weint aufm Baum – bestimmt weil sie nicht wieder runter kommt* (Moritz, deutsch, 1. Schuljahr); *und da weint er jetzt weil er da nicht mehr runter kann* (Annette, deutsch, 1. Schuljahr); *und deshalb ist sie da oben – dann ruht sich erst mal da aus – weil sie die ganze Zeit dem Vogel hinterher laufen musste aufn Baum – und dann ist er / hat sie alles umsonst gemacht – weil der Vogel schon wieder wo anders ist* (Merle, deutsch, 1. Schuljahr); *weil der froh ist dass sein / dass er nicht jetzt im Bauch ist von der Katze* (Friederike, deutsch, 1. Schuljahr)

‚Kampfplätze' (Perfekt, pronominale Referenz, konjunktionale Satzverbindungen) nicht realisiert werden.

2.1 Komplexität der Äußerungen

Es können im Folgenden nicht alle Ergebnisse in gleicher Detailliertheit der Analyse vorgestellt werden. Ich fasse diese daher im – weitgehend zahlengestützten – Überblick zusammen und begnüge mich mit einigen abschließenden Überlegungen zu den noch zu leistenden Arbeiten, welche die Überschrift dieses Artikels überhaupt erst rechtfertigen können. Zunächst ein Blick auf die Komplexität der Äußerungen. Für die Analyse dessen werden zwei Maße angewendet: Zum einen wurden die einzelnen Satzglieder qualifiziert und nach morphosyntaktischen Kategorien getrennt addiert; zum zweiten wurden die durchschnittliche Äußerungslänge (MLU) und die einfache lexikalische Dichte nach der Unterscheidung zwischen lexikalischen und grammatischen Einheiten gemessen[5]. Ich beginne mit der Übersicht über die einzelnen Bestandteile der Äußerungen:

Satzinterne Komplexität[6]	**Vorschulkinder N = 100**		**1. Schuljahr N = 74**		**Summe**
	deutsch	zweisprachig	deutsch	zweisprachig	
Adverbien	32	60	156	161	409
Negationspartikel	74	45	102	94	315
Verbpartikel	47	47	83	118	295
Akkusativobjekt	47	34	29	76	186
Präpositionalphrase	21	8	22	48	99
Reflexivpronomen	3	2	5	12	22
Dativobjekt	3	0	2	3	8
Attribut	0	5	2	0	7
Summe	230	207	405	512	1.354

Die Übersicht weist die Vorherrschaft von Adverbien und Partikeln für die semantische Differenzierung von Satzbedeutungen aus, gefolgt von den Negationspartikeln,

5 Die Unterscheidung von „lexical items" oder Inhaltswörter und „gramatical items" oder Strukturwörtern wurde nach HALLIDAY (1985, 1989) durchgeführt.

6 Unter der Rubrik „Adverbien" werden sämtliche Partikeln mitgezählt; bei den Negationspartikeln wurde nicht zwischen ein- und zweiteiligen unterschieden; als Verbpartikel werden trennbare Präfixe und alle anderen Nachverben im Sinne WEINRICHS (1993) gezählt. In der Tabelle wurden vereinzelte Phänomene wie Präpositionalphrasen ohne Präpositionen (bei zweisprachigen Kindern), Lokalpronomina, Zeitangaben in einer Nominalphrase sowie attributiv gebrauchte Pronomina nicht berücksichtigt.

Akkusativobjekten, Präpositionalphrasen (überwiegend Ortsbestimmungen), einigen Reflexivpronomina sowie nur wenigen Dativobjekten und Attributen. Der hohe Anteil an Negationspartikeln wie auch der niedrige Anteil an Dativobjekten dürfte der Impulsfrage geschuldet sein; die Häufigkeitsverteilung entspricht ansonsten den auch z.B. für das Italienische im ersten Schuljahr festgestellten Verteilungen für die gesamten Texte der Kinder (vgl. ROTH 2002). Vergleicht man die Gruppen miteinander fällt zunächst wieder der große Unterschied zwischen den Vorschulkindern und den Grundschulkindern ins Auge: Die Verwendung von Adverbien vervielfältigt sich; auch die Unterschiede in der Verwendung von zusammengesetzten Verben (‚Verbpartikeln') und der Negation sind augenfällig. Von daher ist eine deutlich steigende Differenzierung der Aussagen für die Grundschulkinder zu konstatieren, die sich über die satzinterne Komplexierung insbesondere dieser sprachlichen Mittel realisiert. Ein anderes Bild bieten die Präpositionalphrasen und die Akkusativobjekte: Bei beiden ist eine Vervielfachung bei den zweisprachigen Kindern erkennbar – bei den einsprachig deutschen Kindern ist das nicht der Fall. Akkusativobjekte werden ausgerechnet von den einsprachig deutschen Grundschülern am seltensten verwendet. Bei den deutschen Kindern ist keine Bewegung zu erkennen, wohingegen der Zuwachs bei den zweisprachigen Kindern steil ansteigt. Das Bild kehrt sich geradezu um: Boten die einsprachig deutschen Vorschulkinder erwartungsgemäß einen höheren Grad dieser Elemente, so haben am Ende des ersten Schuljahres die zweisprachigen Kinder doppelt so hohe Zahlen. Dieses Ergebnis zu erklären, fällt schwer – die Interpretation der Satzkomplexität mittels der Verwendung von Satzgliedern scheint nicht ganz unproblematisch, da sich die Trennschärfe umkehrt. Eine genauere Analyse der Adverbien und Partikeln müsste noch geleistet werden.

Nach HALLIDAY ist hohe lexikalische Dichte ein Merkmal der Schriftsprache – hingegen überwiege in der gesprochenen Sprache die Grammatizität. Daher kann eine Zunahme lexikalischer Dichte nicht nur als Kennzeichen einer höheren Stufe des Spracherwerbs gelten, sondern auch als Vordringen in den Raum der Schriftlichkeit im Prozess der Literalisierung durch die Schule. Von dieser Position her könnte erwartet werden, dass sich die zuvor genannte höhere Komplexität in den Äußerungen der Grundschulkinder auch in einer höheren lexikalischen Dichte abbildet. Dem ist aber nicht so, wie die folgende Übersicht zeigt:

MLU und lexikalische Dichte	**Vorschulkinder**		**1. Schuljahr**	
	deutsch	zweisprachig	deutsch	zweisprachig
Wörter	671	718	1225	1551
lexical items	176	215	337	436
grammatical items	495	503	888	1115
MLU	6,71	7,3	12,2	15,5
lexikalische Dichte	0,24	0,28	0,25	0,28

Eine deutliche Altersdifferenzierung lässt die Berechnung der mittleren Äußerungslänge (MLU) erkennen: Sowohl bei den einsprachig deutschen wie bei den zweisprachigen Kindern verdoppeln sich die Werte. Hiermit ist ein großer Sprung in der Komplexität kindlicher sprachlicher Äußerungen zu konstatieren: Die um durchschnittlich zwei Jahre älteren Grundschulkinder produzieren wesentlich längere und komplexere Äußerungen als die Vorschulkinder. Die lexikalische Dichte hingegen differenziert deutlich *nicht* nach dem Alter, dafür aber zwischen den einsprachig deutschen und den zweisprachigen Kindern. Die zweisprachigen Kinder verwenden in ihren Äußerungen im Verhältnis mehr Inhaltswörter als grammatische Strukturwörter als die einsprachigen. Eine Altersdifferenzierung, die sich für die satzinterne Komplexität oben nachwiesen ließ, ist nicht festzustellen. Das Ergebnis lässt also zum einen für das erste Schuljahr noch keinen Einfluss der Schriftsprachlichkeit in der gesprochenen Sprache erkennen, und zum anderen unterscheiden sich einsprachig deutsche Kinder von zweisprachigen durch einen zahlenmäßig höheren Einsatz von grammatischen Strukturwörtern.

2.2 Morphosyntaktische Mittel

Die bislang verwendeten Maße sind zugegebenermaßen grob; daher scheint es notwendig, die sprachlichen Strukturen genauer zu betrachten. Dazu wurden sämtliche Äußerungen der Kinder auf die morphosyntaktische Gestaltung des Prädikats hin analysiert. Vorgefunden wurden die folgende Formen:

morphosyntaktische Strukturen	**Vorschulkinder**		**1. Schuljahr**		**Summe**
	deutsch	zweisprachig	deutsch	zweisprachig	
ohne Verb	0	5	0	0	5
Imperativ	0	2	0	3	5
Präsens	118	90	193	191	592
Zweitstellung	32	42	41	70	185
getrenntes Präfix	3	8	15	27	53
Modalkonstruktion	16	24	15	27	82
Übergang Perfekt	3	3	0	0	6
Perfekt	11	11	17	36	75
koord. Prädikate	5	5	10	27	47
Inversion	24	8	29	55	116
Präteritum	3	2	2	15	22
Endstellung	50	61	124	94	329
Summe	265	261	446	545	1.517
Kompetenzwert	3,77	3,54	4,09	3,83	

Äußerungen ohne Verb oder *unmarkierte Verben im Infinitiv* kommen ebenso wie *Übergangsformen* bei der Perfektbildung in nur wenigen Fällen bei den zweisprachigen Vorschulkindern vor. Die Normalform der *Zweitstellung des finiten Verbs im Hauptsatz* – wie auch im „weil-Satz" – kommen erwartungsgemäß häufig vor; allerdings sind sie gegenüber dem häufigeren Phänomen der *Endstellung des finiten Verbs im Nebensatz* unterrepräsentiert, da die Impulsfrage „Warum weint die Katze" genau auf dieses Phänomen zielt. In den hauptsatzförmigen Äußerungen überwiegt die Zweitstellung deutlich die *Inversions*stellung. Bei den Tempora bestätigt sich für das Deutsche die Rolle des *Präsens* als Leittempus der gesprochenen Kindersprache (vgl. ROTH 2003), mit großem Abstand gefolgt von *Perfekt* und *Präteritum*. Andere Tempora wurden von den Kindern nicht verwendet; statt des Futurs wurde einige wenige Male das Präsens gewählt. Neben dem Perfekt wurden auch die ebenfalls zweiteiligen Konstruktionen mit *Modalverben* und *getrenntem Präfix* beobachtet[7]. Weiterhin wurden koordinierte Prädikate berücksichtigt, die zwei Verben auf ein Subjekt hinordnen.

Für die Altersdifferenzierung aussagefähig sind die Phänomene, deren Vorkommen bei den Grundschulkindern überproportional ansteigt. So gesehen erweisen sich für die ein- und zweisprachigen die Aufspaltung des Verbs in Vor- und Nachverb als Präfix und die koordinierten Prädikate als besonders aussagefähig. Wenn man die sprachlichen Voraussetzungen berücksichtigt, ergeben sich folgende Schlussfolgerungen:

(i) Beim *Gebrauch der Tempora* ist bei den Vorschulkindern kein nennenswerter Unterschied festzustellen; hingegen werden Präteritum und Perfekt von den zweisprachigen Grundschulkindern häufiger verwendet als von einsprachig deutschen.

(ii) Die zweisprachigen Kinder verwenden tendenziell häufiger die *Zweitstellung des Verbs*; die Verwendung der *Endstellung im Nebensatz* erweist einen deutlichen Unterschied aber nur bei den Grundschulkindern. Der zahlenmäßige Unterschied markiert eine deutliche Differenz zwischen diesen beiden Gruppen: Immerhin wird der abhängige Nebensatz von den 33 Grundschulkindern 24 mal mit der Zweitstellung[8] gebildet; von den einsprachig deutschen nur ein einziges Mal. Bei den Vorschulkindern waren es zehn Vorkommen bei den zweisprachigen und sechs bei den einsprachigen. Das bedeutet, dass die – im deutschen ‚weil-Satz' nicht unübliche – Zweitstellung im abhängigen Nebensatz durchgehend häufiger von den zweisprachigen Kindern verwendet wird als von den einsprachig deutschen. Bei jenen nimmt der Gebrauch der Zweitstellung im Nebensatz mit zunehmendem Alter ab.

---

7 In dieser Kategorie wurden alle nachverbfähigen Elemente gezählt, also auch z.B. „Hunger haben".

8 Genaugenommen ist es nach der Konjunktion die Drittstellung; zur besseren Vergleichbarkeit wurde dieses Phänomen der Hauptsatznormalität als V-Zweit verbucht.

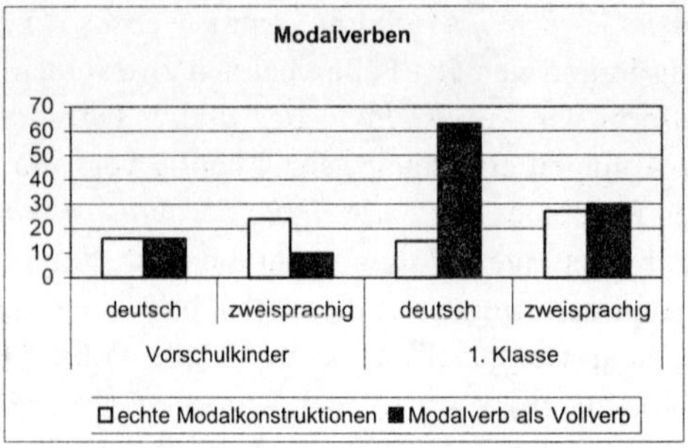

(iii) Vollständige *Modalkonstruktionen*[9] werden häufiger von zweisprachigen Kindern verwendet. Bei den einsprachig deutschen – insbesondere den Grundschulkindern – dominiert die Reduktion auf die Zweiteiligkeit durch die Verwendung des Modalverbs als Vollverb: statt *„die Katze kann nicht mehr runterkommen“* formulieren sie *„die Katze kann nicht mehr runter“* (vgl. nebenstehende Abbildung).

(iv) Eine deutliche Unterscheidung zwischen ein- und zweisprachigen Vorschulkindern liefert das *Inversionsphänomen* – hingegen gilt das für die Grundschulkinder nicht mehr. Hier hat sich das Verhältnis sogar umgekehrt, d.h. die Inversion wird von auffällig mehr zwei- als einsprachigen Kindern eingesetzt.

(v) Für die Zusammenfassung der Ergebnisse für den morphosyntaktischen Bereich wurden die Ergebnisse auf Kompetenzstufen umgerechnet, deren Berechnung sich an den seit CLAHSEN/MEISEL/PIENEMANN (1983) immer wieder bestätigten Erwerbsstufen für zweisprachige Lerner orientiert (vgl. REICH 2000, GOGOLIN/NEUMANN/ROTH 2001, ROTH 2003). Diese sind bereits in der letzten Spalte der obigen Tabelle enthalten: Danach erweist sich dieser Bereich als trennscharf sowohl hinsichtlich der Altersdifferenzierung als auch der sprachlichen Voraussetzungen: Beide Gruppen erreichen einen deutlichen Zuwachs; der Abstand zwischen den ein- und zweisprachigen bleibt aber eher gleich.

2.3 Satzverbindungen

Satzverbindungen	**Vorschulkinder**		**1. Schuljahr**		**Summe**
	deutsch	zweisprachig	deutsch	zweisprachig	
Antwort im HS[10]	11	6	2	0	19
Wechsel zum HS	0	7	0	0	7
nebenordnend	11	2	37	48	98
Protokollsatz	3	3	0	3	9
direkte Rede mit HS	0	2	0	9	11
subordinierend	88	88	128	173	477
- weil	61	69	107	155	392

9 Hiermit sind Kombinationen aus Modalverb plus Infinitiv gemeint. Von den Kindern werden Modalverben, insbesondere ‚wollen' auch als Vollverb verwendet, z.B.: *Die will den Vogel.*

10 HS = Hauptsatz, NS = Nebensatz

- warum statt weil	0	2	0	6	8
- dass	3	2	17	6	28
- wegen	21	8	0	3	32
- wenn	0	5	0	3	8
- was	0	0	2	0	2
- wie	0	0	2	0	2
- erw. Infinitiv	3	2	0	0	5
Hypotaxe	8	11	59	64	142
NS mit Matrixsatz	5	8	44	48	105
Summe	126	127	270	345	868

Auf die Frage „Warum weint die Katze?" antworten einige der Vorschulkinder in einem *einfachen Hauptsatz*[11]; von den Grundschülern sind es lediglich zwei Prozent der einsprachig deutschen Kinder; alle anderen versuchen einen in der Regel mit der Konjunktion „weil" eingeleiteten Satz. Bei einigen der zweisprachigen Grundschulkinder bleibt es bei dem Versuch; sie brechen ab und wechseln in einen einfachen Hauptsatz, z.B.

x) *weil – weil er – dann weint er hier – weint er* (Kemal, türkisch-deutsch). Weitere seltener vertretene Phänomene sind der erweiterte Infinitiv, Protokollsätze und die direkte Rede: Auffällig ist, dass ausschließlich zweisprachige Kinder direkte Rede, verbunden mit einem Einleitungssatz, verwenden.

Den größten Anteil stellen *subordinierende Nebensätze* dar, in der Regel mit „weil" eingeleitet. Die Ersetzung von „weil" durch das Fragewort „warum" wurde nur bei einigen zweisprachigen Kindern beobachtet; die Ergebnisse zu „was", „wenn" und „wie" lassen keine tiefergehenden Schlüsse zu – außer, dass sie insgesamt selten vorkommen. In anderen Teilen erweist die Analyse der Satzverbindungen durchaus klar differenzierende Erkenntnisse:

(i) Die subordinierenden Konjunktionalsätze steigen mit dem Alter stark an; auffälligerweise bei den zweisprachigen Kindern noch stärker als bei den einsprachig deutschen.

(ii) Die Ersetzung von „weil" durch „wegen" ist ein auffälliges Phänomen bei den Vorschulkindern, insbesondere bei den einsprachig deutschen und verliert sich bei den Grundschülern weitgehend.

(iii) Die einen Komplementsatz einleitende Konjunktion „dass" wird überwiegend von den älteren Grundschulkindern verwendet.

---

11 Z.B.: *die Vogel ist Musik* (M., albanisch-deutsch); *die will runter gehen und die essen* (Ö., türkisch-deutsch). Diese Äußerungen bringen in der Regel auch keine klaren Begründungen: Das Vorkommen des einen Grundschulkindes hingegen schon, indem es *„deswegen"* verwendet.

(iv) Auch nebenordnende Sätze unterscheiden stärker die Alter- als die Sprachgruppen: Sie sind bei den Grundschülern wesentlich häufiger vertreten als bei den Vorschulkindern. Das Verhältnis kehrt sich allerdings um: Verwenden bei den Vorschulkindern die einsprachig deutschen häufiger parataktische Satzverbindungen, so sind es bei den Grundschulkindern überwiegend die zweisprachigen.

(v) In anderer Weise unterscheiden hypotaktische Phänomene zwischen den Altersgruppen, hingegen kaum zwischen den Sprachgruppen. Die Grundschulkinder tendieren deutlich häufiger dahin, ihre Begründungen in einen komplexen Äußerungszusammenhang zu stellen, für den sie mehr als einen einfachen „weil-Satz" benötigen. Zwei Beispiele:

y) *l'uccellino dopo è salvo e canta felice – e il gattino piange – perché è ancora sopra l'albero* [danach ist das Vögelchen gerettet und es singt glücklich – und das Kätzchen weint – weil es noch auf dem Baum ist] (Angela, italienisch-deutsch)

z) *lobo tá a chorar – porque não tem nada para comer* [und der Wolf weint – weil er nichts zu Essen hat] (Nicole, portugiesisch-deutsch)

Hingegen steht der „weil"-Satz bei den Vorschulkindern bis auf wenige Ausnahmen allein:

g) *weil sie den Vogel nicht gekriegt hat* (Pia, deutsch)

aa) *weil – weil sie runter wollte* (Anna, deutsch)

ab) *weil sie nicht mehr runter kann* (Scharzad, farsi-deutsch)

ac) *weil die auf dem Baum alleine sitzt* (Petra, polnisch-deutsch)

ad) *weil ehmm – weil ehmm – weil die nicht mehr weiter machen will [...] den zu jagen* (Klaus, deutsch)

(vi) Wie zuvor wurde jedes einzelne Phänomen gewichtet und ein Gesamtwert berechnet: Danach unterscheiden sich die Vorschulkinder kaum: Für die einsprachig deutschen liegt der Wert bei 3,83 und für die zweisprachigen bei 3,87. Der Unterschied zu den Erstklässlern ist deutlicher zu erkennen, wobei ein kleiner Vorsprung der einsprachig deutschen Kinder mit einem Wert von 4,63 gegenüber dem Wert von 4,44 für die zweisprachigen Kinder sichtbar wird.

Wie komplex manche Grundschulkinder die Zusammenhänge sprachlich darstellen und wie sie solche Gelegenheiten zur Erzählung eigener Erfahrungen nutzen, sollen abschließend zwei Beispiele aus dem Italienischen und dem Portugiesischen zeigen:

ae) Nora: *e invece il gatto è su e piange – perché non sa più andare giù e poi l'uccello canta* [und dagegen ist die Katze oben und weint – weil sie nicht mehr heruntergehen kann und dann singt der Vogel]

Int.: *e perché l'uccello canta alla fine(?)* [und warum singt der Vogel am Ende(?)]

Nora: *perché prima il gatto lo voleva mangiare – e adesso il gatto non lo può più mangiare – perché lui è sull'albero e non può più scendere* [weil die Katze ihn zuerst fressen wollte – und jetzt kann die Katze ihn nicht mehr fressen – weil sie auf dem Baum ist und nicht mehr herunterkommen kann] (Nora, italienisch-deutsch)

af) *mas eu tenho um gato em Portugal e também gosto muito dele – só aquele algumas vezes sai para/ para caçar ratos ou assim ou para arrangar um namorado – que ela é uma gata* [aber ich habe in Portugal eine Katze und sie mag ich auch sehr gerne – nur dass die manchmal weggeht um Mäuse zu jagen oder so – oder um einen Liebhaber zu finden – denn sie ist ein Weibchen] (Miguel, portugiesisch-deutsch)

3. Zusammenfassende Überlegungen

Zu Beginn wurde – ausgehend von den Arbeiten Hans REICHS – als Ziel dieses Texts formuliert, einen Beitrag zur Entwicklung der Grammatik der gesprochenen Kindersprache des Deutschen, speziell des Deutschen als Zweitsprache unter Berücksichtigung der Semantisierungen zu leisten. Dazu wurden Äußerungen von Vorschulkindern und Grundschülern am Ende des ersten Schuljahres miteinander verglichen, die anhand einer auf eine Begründung zielende Frage erhoben wurden. Es wurde zunächst auf die Bedeutungen geschaut, die die Kinder in ihren Äußerungen anzielen. Dabei ließen sich keine als kulturell einzustufenden Unterschiede feststellen, wohl aber altersbezogene Unterschiede hinsichtlich der zunehmenden Komplexität der Begründungen. Um das genauer zu fassen, wurden alle Elemente der Äußerungen einzeln klassifiziert: Wieder ist die altersbezogene Entwicklung zu erkennen. Eine klare Differenzierung nach ein- und zweisprachigen Kindern ergab diese Analyse hingegen nicht. Von besonderer Bedeutung ist der Befund der Berechnung der lexikalischen Dichte der Äußerungen; dieser erwies sich in keiner Weise als trennscharf: weder hinsichtlich des Alters noch hinsichtlich der sprachlichen Voraussetzungen. Eine vergleichbare Schwäche dieses Maßes ergab sich im Übrigen in einer Analyse der mündlichen Produktionen von Siebtklässlern anhand der Verbalisierung mathematischer Zusammenhänge (vgl. GOGOLIN/ROTH/SCHWARZ 2004). Von daher ist der Schluss naheliegend, dass es sich dabei schlichtweg nicht um ein probates Mittel handelt, sprachliche Produktionen von Kindern zu analysieren.

Im Gegensatz dazu sind freie Verschiebungen von Satzgliedern von hoher Aussagekraft: Anhand der Beispiele von zweisprachigen Grundschülern wurde gezeigt, wie in der gesprochenen Sprache Restriktionen der syntaktischen Ordnung (‚word order') außer Kraft gesetzt werden und darüber spezifische Bedeutungen ‚zur Sprache gebracht werden'. Diese differenzierenden Bedeutungen erwachsen weniger aus der

Verwendung eines anderen Wortschatzes, sondern vielmehr aus der steigenden Referentialität von Äußerungen. Dieses Ergebnis bestätigt die zuvor festgestellte Bedeutungslosigkeit der lexikalischen Dichte. Die gestiegene Komplexität der sprachlichen Produktionen der Grundschüler liegt also zum einen in der höheren Verwendung referierender Elemente, zum anderen in der freien Verfügung über die syntaktische Ordnung und dem Zusammenspiel zwischen der Platzierung und dem Einsatz von referierenden Elementen. Die genauere Analyse der satzverbindenden Mittel erwies einen vergleichbaren Befund: Auch hierbei war eine deutliche Altersdifferenzierung zu erkennen, d.h., die Kohäsion der Äußerungen war bei den Grundschulkindern ausgeprägt höher als bei den Vorschulkindern, insbesondere aufgrund der häufigeren Verwendung von subordinierten Nebensätzen.

Von daher scheint die genauere Analyse dieser Elemente hinsichtlich der Einschätzung des Sprachstands wie auch der Erfassung einer Grammatik der gesprochenen Kindersprache von besonderer Bedeutung. Allein die Erfassung grammatischer Strukturen scheint nicht hinreichend, sondern muss wohl diejenigen sprachlichen Mittel, die Kohärenz und Kohäsion in Äußerungen erzeugen, stärker einbeziehen. Dazu wäre die genauere Untersuchung ana- und kataphorischer, aber auch anderer referierender Elemente auf Textebene, so beispielsweise die Verwendung von Thema-Rhema-Strukturen und Textklammern nötig (vgl. ROTH 2003). Die Grammatik der gesprochenen Kindersprache muss also, wenn sie Kindersprache adäquat in den Blick bekommen will, über die Ebene der einzelnen Äußerung hinaus gehen und die Textebene stärker in den Blick nehmen. Das schafft allerdings zunächst mehr Fragen als Antworten.

Wie die einzelnen Analysen dieses Beitrags gezeigt haben, ist die Sprache der Kinder zwischen fünf und sieben Jahren in einer starken Dynamik begriffen; in allen untersuchten Teilbereichen ist der Faktor Alter markant auffällig – hingegen sind die Differenzen hinsichtlich der sprachlichen Voraussetzungen – monolinguales oder zweisprachiges Aufwachsen – erkennbar geringer trennscharf. Dieses Ergebnis zeigt, dass die sprachliche Entwicklung ein- und zweisprachiger Kinder sich nicht so sehr qualitativ unterscheidet, sondern dass z.T. geringere Werte der zweisprachigen Kinder bei morphologischen Phänomenen auf einen altersmäßig versetzten Verlauf des Zweitspracherwerbs hinweisen. Das ist aber augenscheinlich nicht mit einer minder komplexen Rede verbunden; MLU und lexikalische Dichte liegen sowohl bei den Vorschulkindern wie bei den Grundschülern bei den Zweisprachigen etwas höher als bei den einsprachig deutschen Kindern. Es ist daher von arhythmischen Entwicklungsverläufen in einzelnen sprachlichen Teilbereichen auszugehen, d.h., dass ein Kind in der Verbmorphologie noch Schwierigkeiten haben kann und dennoch komplexe Sätze bildet.

An dieser Stelle müsste eine genauere Analyse des Verhältnisses der Zweisprachigkeit erfolgen (vgl. zu den Grundschülern REICH 2000; GOGOLIN/NEUMANN/ROTH 2001; ROTH 2002; GOGOLIN/NEUMANN/ROTH 2003, GREVÉ/NEU-

MANN/ROTH 2004, ROTH 2004). So ist z.B. das Phänomen des Transfers bei den zweisprachigen Kindern einzubeziehen. Das soll am Beispiel der Vergangenheitstempora angedeutet werden. Es war ein auffälliger Befund, dass die zweisprachigen Grundschüler die Vergangenheitstempora wesentlich häufiger nutzen als die einsprachig deutschen; bei den Vorschulkindern war dieser Effekt nicht zu beobachten. Eine naheliegende Erklärung dafür ist der sprachliche Hintergrund dieser Kinder: Ihre Familiensprachen sind Italienisch, Spanisch, Portugiesisch. Für das Spanische z.B. ist in der Literatur recht gut belegt, dass das einfache Perfekt und das Imperfekt die bevorzugten Tempora für das Erzählen solcher Geschichten in dieser Altersstufe sind (vgl. SÉBASTIÁN/SLOBIN 1994); für die portugiesischsprachigen Kinder in der vorliegenden Untersuchungsgruppe ließ sich Vergleichbares beobachten. Der Gebrauch der Vergangenheitstempora bietet somit einen probaten Indikator zur Diagnose, wie weit ein Kind in der Familiensprache entwickelt ist. Das heißt, Kinder, die die Geschichte von „Katze und Vogel" durchgehend im Präsens erzählen, sind im Deutschen dominant. Die Verwendung der Vergangenheitstempora hingegen verweist auf einen sicheren Erwerb der jeweiligen Familiensprache. Bei diesen Kindern fiel nun auf, dass sie eben auch im Deutschen häufiger Vergangenheitstempora verwenden als einsprachig deutsch eingeschulte Kinder. Von daher erscheint ein Transfer aus der Familiensprache naheliegend. Die Beschreibung allein des Deutschen reicht also bei zweisprachigen Kindern nicht hin; sie sind stets von der Gesamtheit ihres Sprachbesitzes her zu verstehen.

An dieser Stelle ist das hier angerissene Projekt einer Grammatik der gesprochenen Kindersprache des Deutschen genaugenommen in Frage gestellt. Die zu berücksichtigenden Parameter – Entwicklung/Alter, Einsprachigkeit/Zweisprachigkeit, Grammatik/Pragmatik – ergeben ein derart hochkomplexes Gefüge, das nur schwer zu bewältigen scheint. Hans REICH ist derjenige, der hierzu bislang die wesentlichen Anregungen gegeben hat. Er ist auch derjenige, der die sprachpsychologischen, sprachsoziologischen und sprachenpolitischen Implikationen dieses Themas in einer Perspektive interkultureller Sprachbildung verbindet. Wer wenn nicht er wird eine solche umfassende Grammatik schreiben können?

Literatur

BERMAN; Ruth A./SLOBIN, Dan I. (1994): Relating Events in Narrative. A crosslinguistic Developmental Study. – Hilldale, New Jersey: Erlbaum Ass.

CLAHSEN, Harald/MEISEL, Jürgen/PIENEMANN, Manfred (1983): Deutsch als Zweitsprache. Der Spracherwerb ausländerischer Arbeiter. (= Tübinger Beiträge zur Linguistik, Ser. A 3.) – Tübingen: Narr.

FÜRSTENAU, Sara/GOGOLIN, Ingrid/YAĞMUR, Kutlay (Hrsg.) (2003): Mehrsprachigkeit in Hamburg. Ergebnisse einer Sprachenerhebung an den Grundschulen in Hamburg. – Münster: Waxmann.

GOGOLIN, Ingrid/NEUMANN, Ursula/ROTH, Hans-Joachim (2001): Auswertung der ersten Sprachstandserhebung der portugiesisch-deutschen Klasse, Schuljahr 2000/01. – Hamburg: Universität Hamburg (masch.)

GOGOLIN, Ingrid/NEUMANN, Ursula/ROTH, Hans-Joachim (2003): Bericht 2003: Stand der wissenschaftlichen Begleitung, Elternbefragungen, Einbettung in die Schulen, Unterrichtsbeobachtungen, Sprachstandsanalysen, Alphabetisierung. – Hamburg: Arbeitsstelle Interkulturelle Bildung (masch.).

GOGOLIN, Ingrid/ROTH, Hans-Joachim (2004): Erster Zwischenbericht der wissenschaftlichen Begleitung zum Projekt „Die zweisprachige sorbisch-deutsche Schule“ im Freistaat Sachsen. – Hamburg: Arbeitsstelle Interkulturelle Bildung (masch.).

GOGOLIN, Ingrid/ROTH, Hans-Joachim/SCHWARZ, Inga (2004): Sprachstandsanalysen. In: Ingrid Gogolin, Gabriele Kaiser [u.a.]: Mathematiklernen im Kontext sprachlich-kultureller Diversität. Abschlussbericht an die DFG. – Hamburg (mimeo), S. 37–98.

GREVÉ, Annette/NEUMANN, Ursula/ROTH, Hans-Joachim (2004): Bericht 2004: Stand der Untersuchungen, schulorganisatorische und didaktische Perspektiven, Leistungsbeurteilung. (Schulversuch bilinguale Grundschulklassen in Hamburg – Wissenschaftliche Begleitung. Hrsg. v. Ingrid Gogolin, Ursula Neumann u. Hans-Joachim Roth.). – Hamburg: Arbeitsstelle Interkulturelle Bildung (masch.).

HALLIDAY, Michael Alexander K. (1985): An Introduction to Functional Grammar. – London: Edward Arnold.

HALLIDAY, Michael Alexander K. (1989): Spoken and written language. – Oxford: Oxford University Press.

REICH, Hans H. (2000): Hamburger Erhebung zum Sprachstand türkisch-deutscher Schulanfänger des Schuljahres 1999/2000. Bericht über die Erhebung mündlicher Sprachkenntnisse im Sommer 1999. – Landau: Institut für Interkulturelle Bildung (masch.).

REICH, Hans H./ROTH, Hans-Joachim in Zusammenarbeit mit Inci DIRIM, Jens Normann JØRGENSEN [u.a.] (2002): Spracherwerb zweisprachig aufwachsender Kinder und Jugendlicher. Ein Überblick über den Stand der nationalen und internationalen Forschung. – Hamburg: Behörde für Bildung u. Sport.

REICH, Hans H./ROTH, Hans-Joachim (2003): Hamburger Verfahren zur Analyse des Sprachstandes Fünfjähriger (HAVAS 5). Bericht über die Arbeiten der beiden Universitätsinstitute. – Landau u. Hamburg (masch.).

REICH, Hans H./ROTH, Hans-Joachim (2004): Hamburger Verfahren zur Analyse des Sprachstandes Fünfjähriger (HAVAS 5). Auswertungsbogen und Auswertungshinweise Deutsch. – Hamburg: Landesinstitut für Schulentwicklung und Lehrerfortbildung.

ROTH, Hans-Joachim (2002): Il gatto va sull'albero – va sull'albero il gatto. Satzmuster und Sprachstand italienisch-deutscher Schulanfänger (2002). – Hamburg: Universität Hamburg, Arbeitsstelle Interkulturelle Bildung (masch.).

ROTH, Hans-Joachim (2003): Bilinguale Alphabetisierung und die Entwicklung von Textkompetenz – am Beispiel einer portugiesisch-deutschen Klasse im zweiten Schuljahr. In: Zeitschrift für Erziehungswissenschaft, H. 3, S. 378–402.

ROTH, Hans-Joachim (2004): Seguimos con el otro. Bericht zu den spanisch-deutschen Klassen im ersten Schuljahr. Zur Entwicklung der gesprochenen und geschriebenen Sprachen. (Schulversuch bilinguale Grundschulklassen in Hamburg – Wissenschaftliche Begleitung. Hrsg. v. Ingrid Gogolin, Ursula Neumann u. Hans-Joachim Roth.). – Hamburg: Arbeitsstelle Interkulturelle Bildung.

ROTH, Hans-Joachim (2005): Wissenschaftliche Begleitung der italienisch-deutschen Schule Zugweg in Köln. Bericht zum ersten Schuljahr. – Hamburg: Universität Hamburg, Arbeitsstelle Interkulturelle Bildung, 2005.

SÉBASTIÁN, Eugenia/SLOBIN, Dan I. (1994): Development of Linguistic Forms: Spanish. In: Berman; Ruth A./Slobin, Dan I.: Relating Events in Narrative. A crosslinguistic Developmental Study. – Hilldale, New Jersey: Erlbaum Ass., S. 239–284.

WEINRICH, Harald (1993): Textgrammatik der deutschen Sprache. – Mannheim usw: Duden.

Quellennachweis:

Die Bildergeschichte „Katze und Vogel“ vor diesem Beitrag wurde herausgegeben vom Landesinstitut für Lehrerbildung und Schulentwicklung, Ref. Testentwicklung und Standardsicherung, Moorkamp 3, 20357 Hamburg

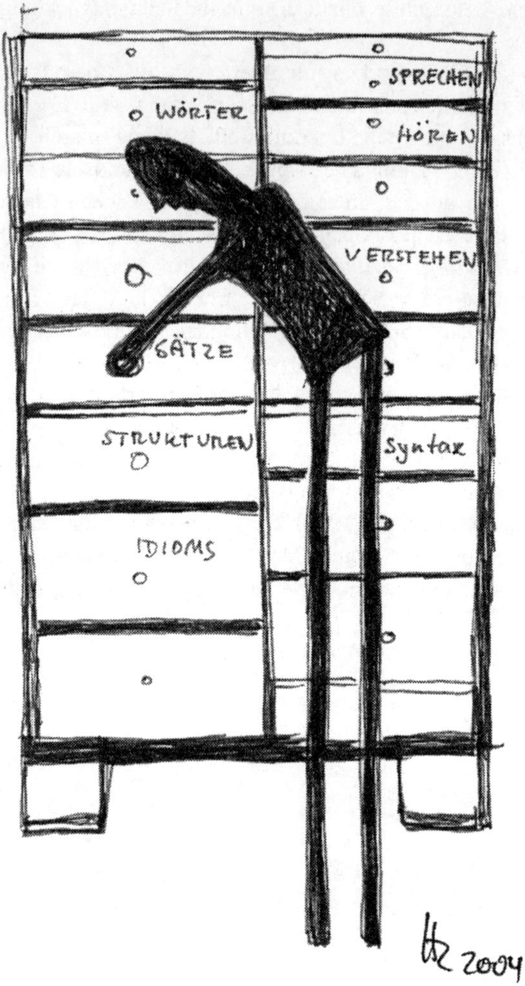
SPRECHEN
WÖRTER
HÖREN
VERSTEHEN
SÄTZE
STRUKTUREN
Syntax
IDIOMS
2004

Hildegard Dirim, İnci Dirim

„Türkmanca" oder: Das Deutsch der Ankaraner Deutschen

Erzählte und erlebte Geschichte

Hildegard Dirim ist Deutsche und lebt seit ca. 40 Jahren in einer binationalen Ehe in Ankara. Die ersten Jahre ihrer Zeit in der Türkei waren der Erziehung ihrer beiden Kinder gewidmet. Später arbeitete sie als Autorin und Übersetzerin beim Ministerium für Tourismus und danach als Leiterin des deutschsprachigen Katholischen Gemeindezentrums in Ankara. İnci Dirim, ihre Tochter, lebt seit ca. 20 Jahren wieder in Deutschland und ist Juniorprofessorin für Schulpädagogik an der Universität Hannover. Die Mitglieder der Familie Dirim haben große Freude an Sprache und an ihrer Zweisprachigkeit – das gegenseitige Schildern persönlicher Beobachtungen zum Gebrauch des Türkischen, des Deutschen oder des „Türkmanca" in der Türkei gehören zum Familienalltag.

İnci Dirim hatte in ihrem Berufsleben ein paar Mal das Glück, sich an Hans Reichs großem Schatz sprachlicher Anekdoten und Beobachtungen zu erfreuen und möchte ihm mit der Schilderung von Sprachlichem aus Ankara dafür danken. Hildegard Dirim trug der Verwirklichung dieses Wunsches in Form des folgenden Beitrags mit neuen Beobachtungen und ihrem Wissen zur Geschichte und Gegenwart der Ankaraner Deutschen bei.

Unser Beitrag beruht also auf persönlichen Beobachtungen zum Gebrauch des Deutschen unter deutschen Heiratsmigrantinnen in Ankara. Nach einer Einführung in die Geschichte und Gegenwart der Deutschen in der Türkei schildern wir Einzelbeobachtungen und typische Gebrauchsweisen der deutschen Sprache, die in Ankara unter dem Einfluss des Türkischen und im Kontakt mit dem Türkischen steht.

Türkisch und Deutsch sind zwei Sprachen, die schon vor vielen Jahrhunderten miteinander in Berührung gekommen sind. Frühe Ursachen dieses Sprachkontakts sind nicht nur der Austausch von Gütern und Waren und diplomatische Beziehungen; Migrationsbewegungen zwischen Angehörigen beider Sprachgemeinschaften fanden schon lange vor der Gastarbeiteranwerbung aus der Türkei nach Deutschland statt, wenn auch nicht derart intensiv wie heute. So lassen sich in der Türkei heute noch Nachfahren von Deutschen finden, die in den vergangenen Jahrhunderten zunächst nach Russland und Rumänien ausgewandert waren und von dort aus heutige türkische Gebiete besiedelt hatten, z.B. das Dorf Karacaören in der Osttürkei.

Zeugen dieser facettenreichen Tradition sind Wörter, die von der einen in die andere Sprache übernommen wurden. Deshalb werden in der Türkei mehrere deutschsprachige Wörter benutzt, deren Ursprung nicht zu verkennen ist, zum Beispiel „rostfrei", „haymatloz", „hinterlant", „apklaç" (Abklatsch), „şnitsel", „broçin" (Brötchen) oder „klaynbogen" (in der Philatelie). Über diese in ihren jeweiligen Gebrauchskontexten sehr verbreiteten Wörter hinaus gibt es auch solche, die von Intellektuellen vor allem in den literarischen Sprachgebrauch eingebracht wurden; so z.B. von dem Schriftsteller, Philosophen und Naturkundler Cevat Şakir Kabaağaçlı (alias *HALİKARNAS BALIKÇISI*, „der Fischer von Halikarnassos") in seinem autobiographischen Roman *Mavi Sürgün* („Das blaue Exil"). Er schreibt darin über Männer in einem Dorfcafé in Bodrum, die er beim stundenlangen Karten- und Tricktrack-Spiel beobachtet hatte: „Vakit öldürüyoruz, diyorlardı. [...] Sübjektif hayatları olmayanlar, gönülleri harekete kışkırtmak için, objektif, yani bir ‚dıştan dürtüye' ihtiyaçları vardır. Gönül davranışı için ortada bir neden yoksa, o zaman iskambil mi, tavla mı – her neyse – onu bir amaç sayar ve birkaç saat süresince bir nevi *ersatz* hayat sürer." (HALİKARNAS BALIKÇISI 1961, S. 195f.) („Sie sagten, wir schlagen die Zeit tot. [...] Menschen, die kein eigenes Leben haben, benötigen einen Anstoß von Außen, um ihre Seelen in Bewegung zu bringen. Wenn es keinen Grund gibt, die Seele zu bewegen, dann spielen sie Skat und Tricktrack und ähnliches – was auch immer – und nehmen dies als Zweck; sie leben ein paar Stunden lang eine Art *Ersatz*-Leben.")

Im Osmanischen Reich war das Deutsche in der wohlhabenden Oberschicht auch im Alltagsleben präsent – wohl die Quelle, aus der Schriftsteller wie HALİKARNAS BALIKÇISI, die in dieser Zeit aufgewachsen waren, schöpften: deutschsprachige Frauen arbeiteten als Erzieherinnen in den Haushalten reicher Istanbuler Familien. So hatte das Deutsche den Status einer Bildungssprache, wenn auch nicht derart hoch angesehen wie das Französische.

Später, nach der Gründung der Türkischen Republik im Jahr 1923 erlebte das Deutsche als Bildungssprache einen neuen Aufschwung, nun aber nicht mehr vordergründig in privaten Haushalten, sondern im Bereich der universitären Bildung: Deutsche jüdischen Glaubens, meist Akademiker, hatten während des Nazi-Regimes in der Türkei Zuflucht gefunden und beim Auf- bzw. Ausbau des türkischen Hochschulwesens mitgewirkt (vgl. VEREIN AKTIVES MUSEUM BERLIN, 2000; DIETRICH 1998). Zum Beispiel hatte Rudolf Belling 1937 die Abteilung für Bildhauerei an der Kunstakademie in Istanbul aufgebaut und sie eine Weile geleitet; Carl Ebert hatte in derselben Zeit die Stelle als Leiter der Staatsschule für Schauspiel und Oper in Ankara inne. Einige Mitglieder der „deutschen Kolonie" (eigene Gruppenbezeichnung) engagierten sich auch privat in Alphabetisierungs- und Bildungskampagnen für die arme Bevölkerung, insbesondere für die Bildung von Frauen – trotz teilweise enormer bürokratischer Hürden, die ihnen in der Endphase des Zweiten Weltkrieges von den türkischen Behörden in den Weg gestellt wurden. Bedia Bağda (vor der Eheschließung mit einem Türken: Veronika Gerngross) zum Beispiel wurde in Ankara zur „sozialen Institution" wie auch Frau Dr. Leyla Kudret Erkönen, (von den Kindern „Ku" und den Eltern „Frau Kudret" genannt, Mädchenname: Doris Zernot), die bereits in den 1920er Jahren in die Türkei gezogen war und später bei der Einführung des lateinischen Alphabets in der Türkei mitwirkte. Die Kinder der neuen Einwanderer erhielten bei Frau Erkönen in fast allen Schulfächern privaten Unterricht in Deutsch (vgl. VEREIN AKTIVES MUSEUM BERLIN, 2000: 118f)[1]. Bedia Bağda „gab bedürftigen Kindern unentgeltlich Türkisch-, Deutsch- und Englischkurse, errichtete eine private Kinderbibliothek, lehrte analphabetischen Frauen Lesen und Schreiben und half den Alten der deutschen Kolonie“ (VEREIN AKTIVES MUSEUM BERLIN, 2000: 215). Beide Frauen engagierten sich für Türken und Deutsche in der Türkei.

Nach dem Ende des Zweiten Weltkrieges löste sich die damalige „deutsche Kolonie“ allmählich auf; einige ihrer Mitglieder wanderten weiter nach Israel, einige kehrten nach Deutschland zurück – ein prominenter deutscher Rückkehrer aus der Türkei ist der ehemalige Berliner Bürgermeister Ernst Reuter – ; einige entschieden sich für den Verbleib in der Türkei.

Obwohl inzwischen das Wirken der Mitglieder der „deutschen Kolonie“ aus der Zeit des Nazi-Regimes immer weiter aus dem öffentlichen Bewusstsein verschwindet, ist das Deutsche auch in der Türkei nach wie vor als Bildungssprache präsent; sei es in Form von zweisprachigen Schulen, die vor allem von Rückkehrerkindern aus Deutschland besucht werden („Anadolu Liseleri“), sei es in Form von traditionsreichen Internaten in Istanbul (z.B. die Schule „Alman Lisesi“) oder in Form eines Fremdsprachenfachs an öffentlichen Schulen.

Deutsch ist in der Türkei aber auch Kommunikationssprache des Alltags, vor allem verwendet von Deutschen, die ihren Ruhestand dauerhaft in der Türkei verbringen, von Deutschen, die in der Türkei vorübergehend ihren Beruf ausüben (vor allem Ingenieure und Lehrer), und von Deutschen, die auf Grund von Eheschließungen in die Türkei gezogen sind.

Bei den Mitgliedern der letztgenannten Gruppe, nämlich der deutschsprachigen Ehepartnerinnen, handelt es sich vor allem um Frauen, die einen türkischen Mann geheiratet haben und mit ihrer Familie in der Türkei leben. Diese Gruppe und ihren deutschen Sprachgebrauch möchten wir mit einigen (anekdotischen) Alltagsbeobachtungen beschreiben, wobei wir uns als Angehörige der genannten Gruppe in Ankara und als Mitglied deren Nachfahren auf diese Stadt beschränken.[2]

Heiratsmigration von deutschen Frauen in die Türkei ist kein neues Phänomen. So war zum Beispiel die Mutter der berühmten türkischen Schriftstellerin Sevgi SOYSAL Deutsche und in den 1930er Jahren mit ihrer Familie in die Türkei eingewandert. Ihre Tochter verarbeitete den „deutschen Teil“ ihrer Geschichte in ihrem türkischsprachigen Roman „Tante Rosa“ (SOYSAL 1968), der mit großem Interesse gelesen wurde

1 Der Unterricht bei Frau Erkönen musste wegen des unbegründeten Verdachts der Spionage zeitweilig heimlich durchgeführt werden.

2 Wir verwenden im Folgenden auch nur die Bezeichnung „deutsche“ Frauen (und nicht „deutschsprachige“), weil nach unseren Erfahrungen die Kontakte zwischen den Frauen aus den verschiedenen deutschsprachigen Ländern nur zeitweilig in nennenswertem Umfang bestehen und unser Kontakt sich in erster Linie auf die Frauen aus Deutschland beschränkt.

und wird. Auffällig ist allerdings, dass in den 1960er Jahren eine relativ große Anzahl deutscher Frauen mit den türkischen Ehemännern, die in Deutschland (BRD) studiert hatten, in die Türkei eingewandert sind. Dass Deutschland damals für ein Auslandsstudium besonders attraktiv war, ist sicher auch auf die vorherige Präsenz der deutsch-jüdischen Wissenschaftler in der Türkei zurückzuführen. Von einigen Ausnahmen abgesehen, leben diese Frauen seit ihrer Ankunft in der Türkei in abgesicherten sozialen Verhältnissen und gehören der türkischen Bildungsschicht an.

Es gibt in Ankara einige Orte, an denen Neuankömmlinge andere deutsche Frauen kennen lernen können. Dazu zählen vor allem die deutsche Botschaft und das Goethe-Institut mit seiner großen Bibliothek und seinen öffentlichen Veranstaltungen. In den 1980er und 1990er Jahren spielte das Katholische Gemeindezentrum ebenfalls eine große Rolle bei der Stärkung des Zusammengehörigkeitsgefühls. Nach der Schließung des Zentrums im Jahr 2000 übernahm der Verein ASED (*Alman Sosyal Etkinlikler Derneği*, „Deutscher Verein für soziale Aktivitäten") dessen Funktion der Gemeinschaftspflege, wenn auch nicht in derselben Intensität. Ein weiterer Treffpunkt sind die private Deutsche Schule (gegründet von der deutschen Botschaft für Diplomatenkinder aus Deutschland; inzwischen auch geöffnet für Kinder aus türkischen Familien), von der gemeinsame Ausflüge und weitere Treffen organisiert werden. Darüber hinaus finden natürlich auch Treffen in privaten Räumlichkeiten statt. Die Zahl der deutschen Frauen und deren Angehörigen, die bei den Treffen verschiedener Art zusammenkommen, beträgt zuweilen weit über 100.

Insgesamt hat man unter den Frauen das Gefühl zu einer gemeinsamen Gruppe zu gehören und bezeichnet sich – anknüpfend an die Tradition der jüdischen Einwanderer aus Deutschland – als „deutsche Kolonie". Zwar fehlen einige Merkmale einer deutschen Gemeinschaft wie sie z.B. in einigen lateinamerikanischen Staaten oder in den USA existieren. Ethnische Homogenität zum Beispiel ist auf Grund der familiären Beziehungen zu Türken nicht gegeben; es existieren auch keine geschlossenen Wohngebiete, in denen nur Deutsche leben. Das Gemeinschaftsgefühl wird auf andere Weise hergestellt und gepflegt. Zu den gemeinsamen Aktivitäten gehören die Organisation von Festlichkeiten und anderen Zusammenkünften (Osterbasar und Osterfeiern, Weihnachtsbasar, gemeinsame Ausflüge), der Tausch von deutschen Medienprodukten, die Weitergabe von „deutschen" Sitten und Bräuchen an die eigenen Kinder und Enkelkinder, das Kochen und Backen von Spezialitäten aus Deutschland und der Gebrauch der deutschen Sprache. Das bei einigen Migrantengruppen in Europa – vor allem bei türkischen Migranten – beobachtete und als „Ghettobildung" kritisierte Verhalten des Zusammenhalts wird also auch unter deutschen Frauen in der Türkei – so weit wie möglich – praktiziert. In Deutschland wird häufig angenommen, dass ein niedriges Bildungsniveau und ein geringes Einkommensniveau Faktoren sind, die die Bildung von „Ghettos" fördern – das Beispiel der deutschen Frauen in Ankara zeigt, dass auch Mitglieder einer ökonomisch relativ gut gestellten Schicht, die zudem als

Bildungselite gilt, das Bedürfnis haben können, sich mit Menschen zusammenzuschließen, die derselben sprachlich-kulturellen Herkunft sind.

Der Gebrauch der deutschen Sprache ist eine der wichtigsten Gemeinsamkeiten unter den deutschen Frauen und deren Angehörigen in Ankara. Auch die Frauen, die in der Familie nicht deutsch sprechen, machen bei den Zusammenkünften von der Gelegenheit, ihre Herkunftssprache zu benutzen, gerne Gebrauch.

So wie das Türkische in Deutschland unter dem ständigen Einfluss des Deutschen steht, steht das Deutsche, das in Ankara benutzt wird, unter dem Einfluss des Türkischen. Dies hat zur Folge, dass die Sprachen häufig gemischt werden und dass Elemente des Türkischen in den deutschen Redefluss integriert werden, wodurch besondere Gebrauchsweisen des Deutschen entstanden sind. Dies möchten wir zunächst am Beispiel von Einzelbeobachtungen schildern:

„Das Wetter war so kaputt!"

Frau M. erklärt, warum sie seit einiger Zeit nicht zu den Treffen des Vereins kommen konnte: „Das Wetter war ja so kaputt!". Dies ist eine Übersetzung des türkischen Satzes *Hava çok bozuktu*. Mit dem Adjektiv *bozuk*, das „kaputt" bedeutet, kann auch das schlechte Wetter bezeichnet werden.

„Hühnerkanat"

Die Frauen planen ein gemeinsames Picknick; an alle werden Aufgaben dazu verteilt. Frau F. hat wohl nicht aufgepasst und bietet an: „Ich kann Hühnerkanat mitbringen, zum Grillen." Von fast allen anderen wird sie lautstark korrigiert: „Hühnerkanat bringt doch schon Tanja[3] mit!" Gemeint waren „Hühnerflügel" (*kanat* = Flügel).

„boş ver!"

Eine neu aus Deutschland zugezogene Frau bekommt zum Start in der Türkei von den Erfahrenen diesen guten Rat: „Zuerst musst du *boş ver* lernen. Das brauchst du am dringendsten." Tatsächlich wird dieser Ausdruck, der nur ungefähr mit „nimm's nicht so schwer / ernst / wichtig" übersetzt werden kann, von durchweg allen deutschen Frauen häufig und gern benutzt. Sicher hilft er über manche Schwierigkeit hinweg.

Boş ver wird im Türkischen zwar im Sinne von „Ach, lass es !" oder „Egal!" benutzt, hat aber die Konnotation von „es lohnt sich nicht, sich aufzuregen" – wohl ein Grund dafür, dass er für die deutschen Frauen derart attraktiv ist.

„Der Bus ist kaldırıldı!"

Frau S. erzählt im Verein entrüstet: „Stellt euch vor, der 140er Bus ist einfach *kaldırıldı!"* Darauf angesprochen, warum sie in dem sonst deutschen Satz das türkische Wort *kaldırıldı* (wörtl.: „aufgehoben") benutzt hat, ist sie ganz erstaunt über diese „naive" Frage und meint: „Das kann man auf Deutsch doch gar nicht sagen!" Dieses Beispiel macht deutlich, dass manche türkischen Ausdrücke für Situationen, die in der Türkei häufiger vorkommen, passender sind als deutsche. Um auf Deutsch zu beschreiben, dass ein sonst regelmäßiger Linienbus plötzlich nicht mehr im Einsatz ist,

3 Alle Personennamen wurden anonymisiert.

müsste man schon auf eine längere Erklärung oder auf einen anderen Satz zurückgreifen. Das Verb „aufgehoben“ passt nicht ganz, weil im Deutschen nicht ein Bus, sondern nur eine Linie aufgehoben werden kann. Dies ähnelt dem Sprachgebrauch von Türkinnen und Türken, die in Deutschland leben und in ihre türkischen Äußerungen bestimmte deutsche Wörter wie „Bahnhof“, „Arbeitsamt“, „Meldestelle“ integrieren – es handelt sich hierbei oft um Wörter, die es im Türkischen zwar auch gibt, die aber nicht genau dieselbe Bedeutung haben wie die deutschen Entsprechungen. Das Arbeitsamt in Deutschland funktioniert eben anders als die türkische Einrichtung *İş ve İşçi Bulma Kurumu*.

Auch die deutschen Frauen in Ankara haben ein bestimmtes Repertoire an türkischen Wörtern, die sie regelmäßig benutzen und die sie als nützlich empfinden:

hoşgeldin, *hoşbulduk* und *geçmiş olsun*: Ganz fest in den Sprachgebrauch der Deutschen sind die Begrüßungsformeln *hoşgeldin* und *hoşbulduk* eingegangen, ebenso die Formel *geçmiş olsun*, die keinesfalls nur „gute Besserung“ bedeutet, wie man auf den ersten Blick meinen könnte, sondern eher „möge es vorüber sein und das möglichst für immer“ und für jede unangenehme Lebenslage benutzt werden kann.

kapıcı: Berufsbezeichnung für „Hausmeister“, die in Großstädten fast in allen größeren privaten Mehrfamilienhäusern arbeiten und dort auch wohnen. Sie erledigen Reinigungsarbeiten, die Pflege der Gärten, kleine Besorgungen und schauen sonst nach dem Rechten im Haus. Einen vergleichbaren Beruf kennt man in Deutschland nicht – sodass hier ein neues deutsches Wort erfunden werden müsste, was aber ja gar nicht nötig ist.

yazlık: Sommerhaus. Dieses Wort wird vermutlich deshalb verwendet, weil es in der türkischen Schicht, zu der die Frauen gehören, sehr verbreitet ist, ein Sommerhaus zu haben. Da es in Deutschland nicht in demselben Maße üblich ist, ein solches Feriendomizil zu besitzen, enthält der türkische Begriff die Konnotation des Üblichen, des Gewöhnlichen.

aidat: Monatlich anfallende Beiträge für Mietnebenkosten wie Reinigung des Treppenhauses, Strom und Heizung. Die Beiträge werden in der Regel von dem *kapıcı* eingesammelt und dem Mieter bzw. Hauseigentümer übergeben, der sie an die verschiedenen zuständigen Firmen und Einrichtungen weiterleitet. Wir vermuten, dass die Frauen das Wort „Nebenkosten“ durch das türkische Wort „aidat“ ersetzt haben, da sich die Bezeichnungen auf Grund der genannten Unterschiede nicht decken.

Eine Reihe von weiteren Wörtern aus dem Bereich der Organisation und Verwaltung haben Eingang in das Deutsch der deutschen Frauen gefunden. So benutzen sie statt „Ausländerbehörde“ das Wort *emniyet* (Kurzform für *Emniyet Müdürlüğü*), statt „Aufenthalt“ das türkische Wort *ikamet* und bezeichnen den Beamten in der Meldestelle als *muhtar*.

Weitere Wörter, die in das Deutsche übernommen wurden, sind: *dolmuş*: Sammeltaxi (wörtlich: „voll geworden“); *bakkal*: kleines Lebensmittelgeschäft um die Ecke („Tante Emma Laden“); *bayram*: allgemeine Bezeichnung für religiöse und offizielle

Feiertage und Festlichkeiten. Dieses Wort wird von den deutschen Frauen nicht nur für die Benennung von türkischen Festen benutzt, sondern auch für Weihnachten, Ostern usw., wenn diese nicht direkt beim Namen genannt werden; *kombi*: Gastherme; *tamam*: in Ordnung, genug, o.k.!

Für Uneingeweihte ist es unmöglich, dieses „türkmanca" zu verstehen. Neuankömmlinge und Besucher aus Deutschland fühlen sich oft ausgeschlossen, weil sie durch die vielen eingestreuten türkischen Ausdrücke den Überblick verlieren. Es fehlt dann aber auch nicht an hilfreichen Dolmetscherinnen. So geschah es beim Besuch einer Reporterin aus Deutschland, die die Lebensumstände der deutschen Frauen in Ankara kennen lernen wollte. Sie entfachte eine Diskussion zum Thema „Aus Liebe in der Fremde". Da hierzu alle etwas beitragen konnten und wollten, war die Reporterin bald vergessen und die Frauen diskutierten untereinander voller Eifer und unter Verwendung vieler türkischer Wörter. Schon längst hatte der Gast aus Deutschland das Aufnahmegerät ausgeschaltet. Eine der Frauen sagte dann erschrocken: „Hay Allah, herifleri anlatacaktık." (Oh Gott, wir wollten doch was über die Typen erzählen!) – dies wurde dann der Reporterin diskret mit „Entschuldigen Sie bitte, wir wollten ja etwas über unsere Gatten erzählen!" übersetzt.

Die deutschen Frauen verwenden zwar oft ein Gemisch aus Deutsch und Türkisch, haben aber auch den Wunsch, ihre „Muttersprache" Deutsch „unverfälscht" zu erhalten. Deshalb machen sie sich gegenseitig darauf aufmerksam, es zu unterlassen, zu viel „türkmanca" zu sprechen.

So lässt sich beobachten, dass das Deutsche sich in bestimmten Kreisen in Ankara weiter etabliert, denn die Frauen, die in den 1960er und 1970er Jahren nach Ankara gekommen sind und die nun meist schon „Oma" geworden sind (wohlgemerkt: auch auf Türkisch weder *babaanne*, noch *anneanne*[4], sondern Oma), legen großen Wert darauf, dass ihre Enkelkinder Deutsch lernen. Sie und meistens auch die dazugehörigen türkischen Großväter sprechen mit ihnen deutsch, selbst wenn sie vor Jahren bei ihren eigenen Kindern Zweifel hatten, ob diese überhaupt Deutsch lernen sollten, wenn sie sich reibungslos in die türkische Gesellschaft eingliedern wollten. Wer es sich leisten kann, schickt sein Enkelkind in den Kindergarten der deutschen Botschaft.

Über diese Enkelkinder gelangt manches Wort an den nicht deutsch sprechenden Elternteil oder die monolingual türkischsprachigen Großeltern. Aus der eigenen Familie kann berichtet werden, dass die türkischen Großeltern zu dem zweijährigen Enkel immer wieder „Onlar nein oğlum!" (wörtl.: „Die sind nein, mein Sohn!") gesagt haben, wenn dieser einen kostbaren Gegenstand im Wohnzimmer anfassen wollte.

4 Babaanne: Großmutter väterlicherseits, anneanne: Großmutter mütterlicherseits.

Literatur

DIETRICH, A. (1998): Deutschsein in Istanbul: Nationalisierung und Orientierung in der deutschsprachigen Community von 1843 bis 1956. – Opladen.

HALİKARNAS BALIKÇISI (1961): Mavi Sürgün. – Ankara.

SOYSAL, S. (1968): Tante Rosa. – Ankara.

VEREIN AKTIVES MUSEUM IN BERLIN (Hrsg.) (2000): Haymatloz – Exil in der Türkei 1933–1945. (Ausstellungskatalog)

Ursula Boos-Nünning

Zuhause in zwei Sprachen. Sprachkompetenzen von Mädchen mit Migrationshintergrund

Seit Beginn der Diskussion um die pädagogischen Folgen der Zuwanderung wird den Sprachkenntnissen besondere Beachtung geschenkt. Dabei wird die sprachliche Entwicklung von in Deutschland aufgewachsenen Kindern und Jugendlichen mit Migrationshintergrund nicht selten als krisenhaft beschrieben. Einem Teil von ihnen wird zugeschrieben, dass sie die deutsche Sprache bei der Einschulung und im Verlauf der Pflichtschulzeit nicht hinreichend beherrschen und dass unzureichende schulische Leistungen und letztendlich fehlende oder niedrige schulische Abschlüsse (kein oder nur ein Hauptschulabschluss) auf sprachliche Defizite zurückzuführen seien. Es existiert – so HEINTZE (2003, 149) – ein Common sense, „der sich in unzähligen Zeitungsartikeln, parteiübergreifenden Stellungnahmen bis hin zu den Diskussionen in Lehrer- und Hinterzimmern ausdrückt: Migrantenkinder scheitern wegen ihrer schlechten Deutschkenntnisse“. Die Verantwortung für die unzureichenden deutschen Sprachkenntnisse wird häufig den Eltern angelastet. Zusätzlich werden eigenethnische Freundschaften und die Bevorzugung muttersprachlicher Medien als Ursache für mangelnde deutsche Sprachkenntnisse herausgestellt. Bei einem anderen Teil der Kinder und der Jugendlichen wird konstatiert, dass weder die Muttersprache noch die deutsche Sprache hinreichend beherrscht wird[1]. Diese Gruppe, die im Alltagsverständnis von Pädagogen und Pädagoginnen abwertend als „Analphabeten in zwei Sprachen“ bezeichnet wird, wird als besonders problematisch stigmatisiert. Seltener in den Mittelpunkt gestellt, werden die Kinder und Jugendlichen, die über ausgebaute bilinguale Kompetenzen verfügen.

Deutsche und Muttersprachliche Kompetenzen in der Diskussion

Es ist unstrittig, dass gute Kenntnisse in der Verkehrssprache Deutsch wichtig sind. Schon 1976 hat Hans H. REICH herausgestellt: „Eine weitreichende Beherrschung der deutschen Sprache ist für die Kinder ausländischer Arbeiter in der BRD eine Hauptvoraussetzung zur Wahrnehmung sozialer Chancen und zur Selbstbehauptung in einer überwiegend deutschsprachigen Umwelt. Ein breites und qualifiziertes Angebot schulischer und außerschulischer Möglichkeiten zum Erwerb der deutschen Sprache ist

1 „Hinreichend beherrscht“ kann m. E. nur am Sprachstand altersgleicher und schichtäquivalenter monolingual aufwachsender Kinder und Jugendlicher gemessen werden.

daher eine der ersten Pflichten des Aufnahmelandes, wenn man davon ausgeht, dass die Verantwortlichkeit gegenüber diesen Kindern nicht mehr strittig ist" (REICH 1976, 149). In der politischen und öffentlichen Diskussion wird allerdings von einer ,Bringschuld' der Zugewanderten ausgegangen. Zwar wird gesehen, dass die Aufnahmegesellschaft ein ausreichendes Lehrangebot zu schaffen habe, „andererseits müssen sich die Zuwanderer aktiv um den Erwerb der deutschen Sprache und um Integration bemühen" (BMI 2001, 11). REICH (2001, 41 f.) macht auf die Einseitigkeit der Diskussion aufmerksam: „Einseitig ist es [...], die Abhängigkeit der Integration von Deutschkenntnissen zu betonen, die Abhängigkeit des Deutscherwerbs von Integrationserfahrungen aber zu verschweigen". Hier wird auf das soziale Klima als Voraussetzung für die Motivation verwiesen eine Sprache zu lernen.

Durch die Schulleistungsstudie PISA hat die Diskussion über die Relevanz der deutschen Sprachkenntnisse für den schulischen Erfolg von Migrationskindern an Bedeutung gewonnen. Das im Vergleich zu den deutschen besonders schlechte Abschneiden der Schüler und Schülerinnen mit Migrationshintergrund im Leseverstehen des Deutschen war eines der prägnanten Ergebnisse. Dabei wurde von den Autoren hervorgehoben, dass weder die soziale Lage noch die kulturelle Distanz als solche in erster Linie für die Unterschiede in der Bildungsbeteiligung verantwortlich seien, sondern: „von entscheidender Bedeutung ist vielmehr die Beherrschung der deutschen Sprache auf einem dem jeweiligen Bildungsgang angemessenen Niveau" (DEUTSCHES PISA-KONSORTIUM 2001; 2002, 199).

In der breit angelegten Diskussion um die Sprachkompetenzen der Zugewanderten bleibt die öffentliche Thematisierung der Rolle der Herkunftssprachen bzw. der primären Sozialisationssprache im Falle der (Spät-)Aussiedler und Aussiedlerinnen seltsam blass. Auch PISA erhebt die Verkehrssprache in der Familie lediglich als Parameter zur Definition des Migrationsstatus der Jugendlichen. Eine Messung, die etwas über den Sprachstand der Jugendlichen in der Herkunftssprache aussagen könnte, erfolgt nicht. Die Diskussion um den Wert und die Notwendigkeit des Erhalts von (natürlicher) Mehrsprachigkeit bei Zugewanderten findet immer noch überwiegend in den inneren Zirkeln der Experten und Expertinnen statt, obwohl bereits seit langem auf den der aktuellen Situation nicht mehr angemessenen „monolingualen Habitus der multilingualen Schule" (GOGOLIN 1994) aufmerksam gemacht wurde. In der Fachöffentlichkeit wird die Bedeutung der Herkunfts- oder Familiensprache für die innerfamiliären und intergenerativen Beziehungen wie auch für die Persönlichkeitsentwicklung der Kinder und Jugendlichen mit Migrationshintergrund als Teil ihrer kulturellen Identität und nicht zuletzt für den erfolgreichen Erwerb des Deutschen als Zweitsprache betont (LUCHTENBERG 1999). Vor diesem Hintergrund werden Kenntnisse in einer anderen Sprache als Deutsch und Englisch als Ressource betrachtet, die „zum Ausbau des Sprachpotentials und der kulturellen Orientierungsmöglichkeit" beiträgt (REICH 2001, 43). Neuere empirische Daten zu den sozialen Bedingungen, die die

Ausbildung einer zweisprachigen Kompetenz von Kindern und Jugendlichen mit Migrationshintergrund stützen oder behindern, fehlen weitgehend.

Sprachkompetenzen in der Selbsteinschätzung von Mädchen mit Migrationshintergrund – Ergebnisse einer empirischen Untersuchung

Eine im Auftrag des Bundesministeriums für Familie, Senioren, Frauen und Jugend durchgeführte Mehrthemenuntersuchung über die Lebenssituation von Mädchen und jungen Frauen aus Zuwandererfamilien ermittelt herkunftsdifferenzierte Daten zu einem breiten Themenspektrum über Mädchen und junge Frauen mit unterschiedlichem Migrationshintergrund[2].

In dem Spannungsfeld von öffentlicher Betonung der Deutschkenntnisse und der Vernachlässigung der Kenntnisse in der (den) Familiensprache(n) bewegen sich die Auswertungen zum Themenfeld Sprachen. Dabei geht es in der Untersuchung insbesondere um die Erhebung der bilingualen Kompetenzen der Mädchen und jungen Frauen als deren Ressource zur Bewältigung ihres spezifischen Lebensalltags. Die Sprachfähigkeiten im Deutschen wie auch der/den Herkunftssprache(n) werden aus Gründen der Durchführbarkeit nicht mittels eines Tests gemessen, sondern – wie in anderen quantitativen Erhebungen bei Migrantinnen und Migranten auch (vgl. HECKMANN et al. 2000, WEIDACHER 2000, BMA 2002, MAMMEY 2001) – durch Selbsteinschätzung der Befragten[3]. Der Ermittlung von Sprachkenntnissen durch Selbsteinschätzung sind Grenzen gesetzt; insbesondere ist nicht prüfbar, ob bei der Einschätzung von Seiten der Befragten stets derselbe Maßstab zugrunde gelegt wird. Für die deutsche Sprache, nicht aber für die erste Herkunftssprache, wurde die Reliabilität

---

2 Von November 2001 bis März 2002 wurden insgesamt 950 Mädchen und unverheiratete junge Frauen im Alter von 15 bis 21 Jahren griechischer, italienischer, ehemals jugoslawischer (überwiegend serbischer und bosnischer) und türkischer Herkunft sowie Aussiedlerinnen aus Ländern der ehemaligen Sowjetunion befragt. Die Befragungsregionen waren Frankfurt, Mannheim, Berlin, Völklingen, Dresden, Chemnitz sowie der Ballungsraum Ruhrgebiet mit den Städten Duisburg, Essen und den Kreisen Unna und Recklinghausen. Die Stichprobe der vier Migrantinnengruppen nicht-deutscher Herkunft wurde zu 75 % mittels Zufallsauswahl aus Einwohnermeldeamtsregistern zu 25 % über das Schneeballsystem zusammengestellt. Mit dieser Kombination sollte gewährleistet werden, dass auch Personen deutscher Staatsangehörigkeit der genannten Herkünfte in der Stichprobe vertreten sind. Die Aussiedlerinnen wurden ausschließlich über das Schneeballverfahren ermittelt. Die Erhebung erfolgte durch persönliche Interviews mittels eines standardisierten Fragebogens und in Form einer freien Sprachwahl. Die Mädchen wurden nach Wunsch in den jeweiligen Herkunftssprachen von speziell geschulten, zweisprachigen Interviewerinnen befragt (s. BOOS-NÜNNING/KARAKAŞOĞLU 2005).

3 Erinnert sei an die Diskussion zur subjektiven Sprachkompetenzmessung auf einer Tagung in Arnoldshain auf der Grundlage eines Referates von Hartmut ESSER (1985).

geprüft[4]. Sprachbeherrschung wird als Einschätzung der Beherrschung der vier Fähigkeiten Verstehen, Sprechen, Lesen und Schreiben erfasst. Der weitaus überwiegende Teil der Befragten schreibt sich „sehr gute“ deutsche Sprachkenntnisse zu: 66 % beim Verstehen, 54 % beim Sprechen, 60 % beim Lesen und 46 % beim Schreiben. Ca. ein Drittel nennt gute, zwischen 6 (Verstehen) und 18 % (Schreiben) mittelmäßige, kaum jemand schlechte (1 bis 2 %) und so gut wie niemand sehr schlechte Kompetenzen.

Die Gegenüberstellung der Daten zu den vier Sprachfähigkeiten im Deutschen zeigt, dass im Gesamt sowie im herkunftsspezifischen Vergleich – wie zu erwarten – eine durchgehende Reihenfolge der besser bzw. schlechter eingeschätzten Fähigkeiten stattfindet. Demnach werden „Verstehen“ und „Lesen“ weitaus besser als „Sprechen“ und „Schreiben“ eingeschätzt. Um ein Gesamtbild der (selbst eingeschätzten) Fähigkeiten in der deutschen Sprache zu erhalten, wurde aus den vier Angaben ein Index gebildet. Demnach gaben 40 % der Befragten „sehr gute“ Deutschkompetenzen, 10 % Prozent „gute“, 17 % „mittelmäßige“, 21 % „schlechte“ und 12 % „sehr schlechte“ an.[5] Die Gesamtbewertung der Deutschkenntnisse fällt demnach sehr positiv aus, ein Ergebnis, das angesichts der Befunde aus anderen Untersuchungen nicht überrascht.

Es ist gesichert, dass ein erheblicher Teil der Migranten und Migrantinnen auch zwei und mehr Generationen nach ihrer Einwanderung Interesse hat, die Sprache der Eltern und Großeltern als Teil des kulturellen Kapitals an die nächste Generation weiterzugeben. Das Sprachinteresse, das von Sprachgruppe zu Sprachgruppe unterschiedlich ausgeprägt ist, ergibt sich aus verschiedenen Motiven: Rückkehrabsicht, politische und kulturelle Selbstbehauptung, Erhalt der Erinnerung an das Vergangene und nicht zuletzt die Wahrung der Bindung an die Herkunftsfamilie (vgl. REICH/PÖRNBACHER 1995, 136, s. auch REICH/HIENZ DE ALBENTIIS 1998). Gleichwohl wird in Untersuchungen ein schleichender Verlust der Herkunftssprache von einer Generation zur nächsten konstatiert (vgl. hierzu MAMMEY 2001, 15 ff., anders HECKMANN et al. 2000, 26; BMA 1996, 228).

---

4 Die Reliabilität wird durch den Zusammenhang der von uns ermittelten Sprachfähigkeiten im Deutschen mit der Interviewerinnenschätzung ($r = .39$; $p = .00$) und der Deutschnote im letzten Zeugnis ($r = .60$; $p = .00$) gemessen.

5 Der Index wird durch die ungewichtete Addition der vier erfragten Bereiche Verstehen, Lesen, Sprechen und Schreiben gebildet, die Werte werden aber anschließend disportional klassifiziert. Nur diejenigen, die ihre Fähigkeiten in allen vier Bereichen als „sehr gut“ bezeichnen, werden der Kategorie „sehr gute Sprachfähigkeiten“ zugeordnet, wenn nur „gut“ angegeben wird, wird zu der Kategorie „gute Sprachfähigkeiten“ (19 von 20 Punkten) zugeordnet. Mittelmäßige Sprachfähigkeiten bedeuten 17–18 Punktwerte, geringe 15–16 und sehr geringe 5–14, 5–10 Punktwerte erreichen nur 0,6 sowie 5–12 2,4 % der Befragten. Eine solche disportionale Klassifikation ist notwendig, um Unterschiede in den deutsch-sprachlichen Kompetenzen ermitteln zu können. Eine ähnliche Einteilung findet sich bei VON BELOW (2003, 62).

Auch im Hinblick auf die Herkunftssprache wurde in unserer Untersuchung die Selbsteinschätzung zugrunde gelegt und nach den vier Fähigkeiten getrennt gefragt. Auch hierbei werden die Sprachfähigkeiten, die aufgrund der mündlichen Kommunikation kultiviert werden, das Verstehen und das Sprechen am höchsten eingeschätzt: Mehr als die Hälfte der Mädchen und jungen Frauen mit Migrationshintergrund schätzt ihre Sprachkenntnisse in der Herkunftssprache beim Verstehen als „sehr gut" ein, 42 % beim Sprechen, 37 % beim Lesen und 27 % beim Schreiben, ca. ein Drittel nennt sie in den vier Bereichen gut, zwischen 11 % (Verstehen) und 26 % (Schreiben) mittelmäßig. Immerhin 11 % beschreiben ihre Fähigkeiten im Schreiben als schlecht und 6 % als sehr schlecht. Parallel zur Erfassung der Selbsteinschätzung in der deutschen Sprache wurde ein Index für die (erste) Herkunftssprache gebildet. Von den befragten Mädchen und jungen Frauen verfügen nach ihrer Selbsteinschätzung 22 % über sehr gute, 9 % über gute, 18 % über mittelmäßige, 22 % über schlechte und 29 % über sehr schlechte Kompetenzen in ihrer Herkunftssprache.[6]

Bilingual oder geringe Kompetenzen in beiden Sprachen?

Alle befragten Mädchen und jungen Frauen mit Migrationshintergrund sind mehrsprachig. Zwischen den Indices der wahrgenommenen Sprachkompetenzen in der deutschen auf der einen und in der Herkunftssprache auf der anderen Seite besteht ein negativer Zusammenhang ($r = -.12$). Der negative signifikante Korrelationskoeffizient verdeutlicht, dass gute deutsche Sprachfähigkeiten eher einhergehen mit geringeren Fähigkeiten in der Herkunftssprache, aber der Zusammenhang ist nicht ausgeprägt. Eine herkunftsspezifische Aufschlüsselung legt offen, dass der negative Korrelationskoeffizient auf zwei Gruppen zurückgeführt werden kann. Bei den Mädchen und jungen Frauen aus Aussiedlerfamilien besteht – wie aufgrund der kurzfristigen Zuwanderung plausibel ist – eine stärkere negative Beziehung ($r = -.34$, $p = .00$), bei den Mädchen und jungen Frauen mit griechischem Hintergrund eine geringere, aber ebenfalls bedeutsame Beziehung ($r = -.20$, $p = .01$). Bei den drei übrigen Herkunftsgruppen ist kein Zusammenhang gegeben, weder in der Hinsicht, dass hohe Kompetenzen in der einen Sprache die andere stützen noch dass sie sie behindern.

6 Die Klassifikation der Verteilung folgt den gleichen Regeln wie für die Messung der deutschen Sprachfähigkeiten.

Es gibt eine große Zahl von Mädchen und jungen Frauen mit bilingualen Sprachkompetenzen:

Tabelle 1: Kompetenzen im Deutschen und in der Herkunftssprache (Indices)

<table>
<tr><th></th><th colspan="6">Fähigkeiten in der deutschen Sprache</th></tr>
<tr><th>Fähigkeiten in der Herkunftssprache</th><th>sehr gute</th><th>gute</th><th>mittlere</th><th>schlechte</th><th>sehr schlechte</th><th>Gesamt</th></tr>
<tr><td>Gesamt</td><td>39
(377)</td><td>10
(97)</td><td>17
(159)</td><td>22
(205)</td><td>12
(112)</td><td>100
(950)</td></tr>
<tr><td>sehr gute</td><td colspan="3" rowspan="3">bilingual
31% (291)</td><td colspan="2" rowspan="3">dominant herkunftssprachig
18% (171)</td><td>22
(208)</td></tr>
<tr><td>gute</td><td>9
(85)</td></tr>
<tr><td>mittlere</td><td>18
(169)</td></tr>
<tr><td>schlechte</td><td colspan="3" rowspan="2">dominant deutsch
36% (342)</td><td colspan="2" rowspan="2">geringe Fähigkeiten in beiden Sprachen
15% (146)</td><td>22
(213)</td></tr>
<tr><td>sehr schlechte</td><td>29
(275)</td></tr>
</table>

r = –.12 p = .00

Ca. ein Drittel der Mädchen und jungen Frauen schreibt sich in beiden Sprachen (deutsch und erste Herkunftssprache) „sehr gute“, „gute“ oder „mittlere“ Fähigkeiten zu, nur wenig mehr haben „sehr gute“, „gute“ oder „mittlere“ Fähigkeiten im Deutschen, aber Sprachverluste in der Herkunftssprache. Deutlich geringer ist mit 18 % die Gruppe derer, die schwach im Deutschen aber stark in der Herkunftssprache sind; über die Hälfte dieser Gruppe (90 Personen) kommen aus Aussiedlerfamilien und haben überwiegend eine abweichende Migrationsbiographie als Seiteneinsteigerinnen. 15 % der Mädchen und jungen Frauen, das sind 146 Fälle, schreiben sich in beiden Sprachen geringe Fähigkeiten zu, davon haben etwas mehr als ein Drittel einen türkischen Migrationshintergrund, aber auch die übrigen Herkünfte sind in dieser Gruppe nicht nur in Einzelfällen vertreten:

Tabelle 2: Bilingualität (in Prozent)

	Migrationshintergrund					
	Aussiedl.	griech.	ital.	jugosl.	türk.	Gesamt
Gesamt	200	182	183	172	213	950
bilingual	23	28	27	50	28	31 (291)
dominant deutsch	17	42	50	38	36	36 (342)
dominant herkunfts-sprachig	45	19	7	5	12	18 (171)
geringe Fähigkeiten in beiden Sprachen	15	11	16	7	24	15 (146)

C = .41 p = .00

In der Gruppe der Mädchen und jungen Frauen mit bilingualer Kompetenz sind diejenigen mit jugoslawischem Hintergrund deutlich überrepräsentiert; diese Herkunftsgruppe hat gleichzeitig besonders selten in beiden Sprachen geringe Fähigkeiten. Mädchen und junge Frauen mit italienischem Hintergrund sind häufiger als die übrigen dominant deutsch, Mädchen und junge Frauen aus Aussiedlerfamilien dominant herkunftssprachig. Mädchen und junge Frauen mit türkischem Hintergrund sind unter den bilingualen Sprecherinnen genauso häufig zu finden wie Aussiedlerinnen sowie diejenigen mit italienischem und griechischem Hintergrund, aber häufiger als alle anderen unter denjenigen, die sich in beiden Sprachen geringe Fähigkeiten zusprechen. Das Aufwachsen in Deutschland kann demnach einerseits zur Bilingualität beitragen, andererseits aber auch zur Dominanz der deutschen Sprache führen. In selteneren Fällen bleibt die Herkunftssprache dominant oder beide Sprachen bleiben gering ausgebildet.

Ursachen für Entwicklung von Sprachkompetenzen

Die Untersuchung bietet die Möglichkeit, der Frage nach Ursachen für sprachliche Kompetenzen nachzugehen. Das Einwirken eines Pools von unabhängigen Variablen getrennt auf die drei abhängigen Variablen (Index Kompetenzen in der deutschen, Index Kompetenzen in der Muttersprache sowie Bilingualität) wird mittels multipler linearen Regressionsanalysen untersucht. Diese ermitteln Schätzwerte, die angeben, wie gut alle unabhängigen Variablen insgesamt die abhängige Variable im statistischen Sinne erklären und welche Variablen zur Erklärung überhaupt und zu welchem Anteil beitragen.

Auf Einfluss untersucht werden folgende Variablen:

Migrationsbiographie

- 1 Zeitpunkt der Einreise
  → 1 – seit der Geburt ununterbrochen in der BRD gelebt; 2 – spätestens seit Ende des 6. Lebensjahres in der BRD gelebt/gependelt; 3 – seit dem 7. Lebensjahr in der BRD gelebt; 4 – seit dem 13. Lebensjahr in der BRD gelebt

Zur sozialen Situation

- 2 Ethnisches Wohnmilieu (erhoben über Angaben zum Wohnhaus und zur Wohngegend)
  → 1 – deutsches Umfeld; 2 – gemischtes Umfeld; 3 – Zuwanderungsmilieu; 4 – ethnisches Milieu
- 3 Sozialer Status der Herkunftsfamilie (erhoben über die schulische Ausbildung und den beruflichen Status von Vater und Mutter) (von 1 – sehr niedrig bis 5 – sehr hoch)

Zur Bildungslaufbahn

- 4 Besuch eines Kindergartens in Deutschland (von 1 – kein Besuch bis 3 – drei Jahre)
- 5 Bildungsniveau (erhoben über den höchsten Bildungsabschluss und die derzeitige Tätigkeit) (von 1 – niedrig bis 3 – hoch)
- 6 Anteil der ausländischen Schüler in der 4. und 9. Klasse (von 1 – fast keine bis 4 – ausschließlich Migranten)
- 7 Besuch des muttersprachlichen Ergänzungsunterrichts (von 1 – keinen Besuch bis 5 – zehn Jahre und länger)
- 8 Erleben der Schule als kritisches Lebensereignis (von 1 – keine bis 3 – starke Belastung)

Zu familiären Bedingungen

- 9 Elterliches Anspruchsniveau (Index erhoben über zusammenhängende Variablen über Erwartungen der Eltern und familiärer Zusammenhalt) (von 1 – sehr hohes bis 5 – sehr niedriges Anspruchsniveau)
- 10 Individualistische Durchsetzungsmuster (Index erhoben über die Strategien zur Durchsetzung eigener Wünsche gegen den Willen der Eltern) (von 1 – sehr stark bis 5 – sehr gering)

Zur Freizeitgestaltung

- 11 Freizeit im ethnischen/deutschen Kontext
  → 1 – überwiegend deutscher Kontext; 2 – schwach multikultureller Kontext; 3 – stark multikultureller Kontext; 4 – überwiegend ethnischer Kontext
- 12 Zusammensetzung der drei engsten Freunde/Freundinnen (von 1 – ausschließlich bis 5 – ausschließlich deutsche Freunde

Zur Sprachumwelt

- 13 Erwerb der deutschen Sprache
  → 1 – in der Familie; 2 – im Kindergarten; 3 – in der Schule
- 14 Sprachmilieu (Index erhoben über Sprachgebrauch und emotionale Einstellung zu Sprachen) (von 1 – deutsches Sprachmilieu bis 5 – herkunftssprachiges Sprachmilieu

Zu den Orientierungen

- 15 Eigenethnische Identifikation (Index erhoben über Zugehörigkeit zu und Wohlfühlen in der Herkunftsgruppe) (von 1 – sehr geringe bis 5 – sehr starke Identifikation)
- 16 Zukünftige selbstständige Lebensführung (Index erhoben über Wunsch allein oder mit Ehemann zu leben) (von 1 – sehr stark bis 5 – gar nicht selbstständig)
- 17 Religiosität (Index erhoben über das Zugehörigkeitsgefühl zu einer Religionsgemeinschaft, der Selbsteinschätzung der eigenen Religiosität, die religiöse Erziehung, dem Verhältnis zur Religion und zu Gott und der religiösen Praxis) (von 1 – sehr stark bis 5 – gar nicht)

Außerdem wird der Migrationshintergrund über jeweils eine 0–1 codierte Dummy-Variable für Aussiedler-, italienischen, griechischen, (ehemals) jugoslawischen oder türkischen Hintergrund eingebracht. Die Regressionsanalysen mit den unabhängigen Variablen Kompetenzen in der deutschen und Kompetenzen in der Herkunftssprache bringen folgende Ergebnisse:

Tabelle 3: Multiple Regression: Kompetenzen in der deutschen Sprache

Mode	R	R-Quadrat	Korrigiertes R-Quadrat	Standardfehler des Schätzers	Änderungsstatistiken				
					Änderung in R-Quadrat	Änderung in R	df	df	Signifikanz von F
1	,39	,15	,15	1,3	,15	170,8	1	94	,00
2	,48	,23	,22	1,3	,07	95,10	1	94	,00
3	,53	,28	,28	1,2	,05	74,14	1	94	,00
4	,57	,32	,32	1,2	,04	59,59	1	94	,00
5	,58	,34	,33	1,2	,01	18,15	1	94	,00
6	,59	,35	,35	1,1	,01	20,13	1	94	,00
7	,60	,36	,36	1,1	,01	21,78	1	94	,00
8	,61h	,37	,37	1,1	,00	10,07	1	94	,00

h. Einflussvariablen: Migrationsbiographie der Mädchen; Index: Sprachmilieu; Jugoslawinnen; Türkinnen; Aussiedlerinnen, Bildungsniveau, Index: Elterliches Anspruchsniveau, Index: Anteil der ausländischen Schüler in der 4. und 9. Klasse

Tabelle 4: Multiple Regression: Kompetenzen in der Herkunftssprache

Mode	R	R-Quadrat	Korrigiertes R-Quadrat	Standardfehler des Schätzers	Änderungsstatistiken				
					Änderung in R-Quadrat	Änderung in R	df	df	Signifikanz von F
1	,46	,21	,21	1,34	,21	248,04	1	948	,000
2	,55	,30	,30	1,26	,10	129,32	1	947	,000
3	,56	,32	,31	1,25	,01	19,62	1	946	,000
4	,57	,33	,32	1,24	,01	13,90	1	945	,000
5	,58	,33	,33	1,23	,01	11,12	1	944	,001
6	,58	,34	,34	1,23	,01	10,73	1	943	,001
7	,59	,35	,34	1,22	,01	7,68	1	942	,006
8	,59	,35	,35	1,22	,00	6,28	1	941	,012
9	,60	,35	,35	1,22	,00	3,89	1	940	,049
10	,60	,36	,35	1,21	,00	4,81	1	939	,029
11	,60k	,36	,35	1,21	,00	4,35	1	938	,037

k. Einflussvariablen: Sprachmilieu; Migrationsbiographie der Mädchen; Index: Eigenethnische Identifikation; Index: Elterliches Anspruchsniveau, Jugoslawinnen; Index: Sozialer Status der Herkunftsfamilie; Erwerb deutscher Sprachkenntnisse; Religiosität; Elterliches Anspruchsniveau, Anteil ausländischer Schüler in der 4. und 9. Klasse: Griechinnen; Bildungsniveau

Für den Stand in der deutschen Sprache ist an erster Stelle die Migrationsbiographie, an zweiter Stelle das in Form eines Indexes gemessene Sprachmilieu verantwortlich. Beide Variablen zusammen erklären 23 % der Varianz. Die Zugehörigkeit zu den Gruppen mit jugoslawischem, türkischem und Aussiedlerhintergrund sowie das Bildungsniveau der Mädchen und jungen Frauen, deren elterliches Anspruchsniveau sowie der Anteil an ausländischen Schülern und Schülerinnen, erfragt in der 4. und 9. Klasse, haben ebenfalls, wenn auch einen deutlich geringeren, Einfluss. Die zwei gleichen Variablen in der veränderten Reihenfolge, zunächst Sprachmilieu und dann Migrationsbiographie, erklären im Hinblick auf die herkunftssprachlichen Kompetenzen 30 % der Varianz. Neun andere Variablen vermögen nur weitere 5 % zu erklären.

Herauszustellen ist, dass das Leben im ethnisch homogenen Wohnumfeld, der Besuch eines deutschen Kindergartens, der Zeitpunkt, ab dem die deutsche Sprache gelernt wird, wenn sie im Verhältnis zu den anderen Variablen untersucht werden, keine Bedeutung für Kompetenz in der deutschen Sprache wie auch der Besuch des Muttersprachlichen Unterrichts und wiederum das Leben im ethnisch bestimmten Wohnumfeld die Muttersprachkompetenz im Vergleich zu den anderen angeführten Variablen nicht fördert.

Diskussion der Ergebnisse der Regressionsanalysen: Einflussfaktoren auf sprachliche Kompetenzen

Migrationsbiographien und Zweisprachigkeit

Die in den 1980er Jahren offensiv geführte politische und wissenschaftliche Auseinandersetzung um die Bedeutung des Einreisealters von Kindern aus Zuwandererfamilien für deren Schulerfolg und soziale Integration enthielt stets implizite Annahmen über dessen Einfluss auf das Erlernen der deutschen Sprache. Kinder, die in Deutschland geboren oder im Vorschulalter eingewandert sind, sollten demnach über gute deutsche Sprachkenntnisse verfügen, während in einem späteren Alter eingewanderte Kinder aufgrund unzureichender deutscher Sprachkenntnisse Probleme hätten, dem Unterricht in den deutschen Schulen zu folgen. In früheren Untersuchungen (siehe ESSER 1990, 144 f.) wie auch in neueren (siehe BMA 1996, 281; FUCHS/SCHWIETRING/WEIß 1999, 215 ff.; WEIDACHER 2000, 88; DEUTSCHES PISA-KONSORTIUM 2001, 376) wird der Einfluss des Einreisealters auf die deutschen Sprachkenntnisse betont. Sehr gute oder gute Sprachkompetenzen stehen somit im Zusammenhang mit der Geburt in Deutschland bzw. mit einem frühen Zeitpunkt der Zuwanderung. Dieser Zusammenhang wird anhand der Ergebnisse unserer Untersuchung bestätigt. Die Migrationsbiographie hat einen deutlichen Einfluss auf die Kompetenzen in der deutschen Sprache (Indexmessung): 49 % derjenigen, die seit der Geburt und 47 % derjenigen, die spätestens seit dem Ende des sechsten Lebensjahres ununterbrochen in Deutschland gelebt und somit die gesamte schulische Sozialisation in Deutschland durchlaufen haben, geben sehr gute Deutschkenntnisse an. Diese Gruppe der Mädchen und jungen Frauen schätzt ihre Deutschkenntnisse eindeutig besser ein als die Gruppe der Seiteneinsteigerinnen. Von denjenigen, die erst seit dem 13. Lebensjahr in Deutschland leben, nennen nur acht Prozent sehr gute und sieben Prozent gute, hingegen 31 % schlechte und 44 % sehr schlechte deutsche Sprachfähigkeiten.

Genau umgekehrt ist es im Hinblick auf die Fähigkeiten in der Herkunftssprache. Eine frühe Auswanderung aus dem Herkunftsland, insbesondere das Aufwachsen seit der Geburt in Deutschland, führt bei einem erheblichen Teil zu einem Verlust an Sprachkompetenz. Von denjenigen, die in Deutschland geboren sind oder vor dem 6. Lebensjahr eingereist sind, verfügen unter 20 % über sehr gute (8 %) oder gute Sprachfähigkeiten; aber ungefähr 40 % schreiben sich sehr schlechte und 27 % schlechte Sprachfähigkeiten zu. Aber auch von denjenigen, die seit dem 13. Lebensjahr in Deutschland leben, halten sich nur 69 % für sehr gut und zusätzliche 13 % für gut.

Trotz des starken Zusammenhangs zwischen Migrationsbiographie und Sprachkompetenzen (r = .39 für deutsche; r = .43 für herkunftssprachliche Kompetenzen) verfügen 22 % der Mädchen, die seit ihrer Geburt in Deutschland leben, über schlechte und sehr schlechte und 11 % die nach dem 13. Lebensjahr eingewandert sind, über sehr gute und gute Kompetenzen in der deutschen Sprache wie auch 19 % der in Deutschland geborenen Mädchen über sehr gute und gute und 11 % der spät eingewanderten über schlechte und sehr schlechte Herkunftssprachkompetenzen.

Bezüglich der Bilingualität erklären sechs der Variablen[7] nur 13 % der Varianz, damit konnte kein ausreichendes Erklärungsmodell gefunden werden. In der Gruppe der Bilingualen, das sind diejenigen, die sich höchste sprachliche Kompetenzen im Deutschen und in der Herkunftssprache zuschreiben, sind besonders viele Mädchen und junge Frauen mit hohem, wenige mit niedrigem Bildungsniveau zu finden, es sind besonders häufig Mädchen mit jugoslawischem Hintergrund, seit der Geburt in Deutschland lebende mit eher starker eigenethnischer Identifikation und aufgewachsen mit hohem elterlichen Anspruchsniveau und einer eher hohen sozialen Schicht zugehörend.

Sprachmilieu und Sprachfähigkeiten

Aus den Fragen, in welchen Sprachen mit dem Vater und der Mutter sowie den Freunden oder Freundinnen kommuniziert wird und in welchen Medien wie Fernsehen und Zeitschriften konsumiert werden sowie der emotionalen Bindung an die Sprache oder die Sprachen wurde der Index „Sprachmilieu“ gebildet. Das Sprachmi-

7 Einflussvariablen sind Bildungsniveau; Jugoslawinnen; Migrationsbiographie der Mädchen; Index: Eigenethnische Identifikation; Index: Elterliches Anspruchsniveau; Index: Sozialer Status der Herkunftsfamilie.

lieu variiert von einem deutschen über ein bilinguales bis zum herkunftssprachigen Milieu. Die Alltagswelt der meisten Mädchen und jungen Frauen ist zweisprachig geprägt. Im ausschließlichen deutsch geprägten Sprachmilieu wachsen nur 11 %, in ausschließlichem herkunftssprachig geprägtem Milieu nur 17 % auf. Die Unterschiede nach nationaler Herkunft sind bedeutsam, aber nicht so prägnant wie sie in der Öffentlichkeit wahrgenommen werden. Es sind nicht die Mädchen und jungen Frauen mit türkischem, sondern die mit griechischem Hintergrund, die sich am häufigsten im herkunftssprachigen Milieu bewegen. Am häufigsten im deutschen Sprachmilieu wachsen Mädchen und junge Frauen mit italienischem Hintergrund, gefolgt von Mädchen mit jugoslawischem, auf:

Tabelle 5: Sprachmilieu (Index) (in Prozent)

	Migrationshintergrund					
	Aussiedl.	griech.	ital.	jugosl.	türk.	Gesamt
Gesamt	200	182	183	172	213	950
deutsches Sprachmilieu	8	9	18	12	9	11 (104)
deutsch mit bilingualer Tendenz	14	21	28	31	19	22 (211)
bilinguales Milieu	30	24	21	31	27	27 (254)
herkunftssprachiges Milieu mit bilingualer Tendenz	28	22	17	18	29	23 (219)
herkunftssprachiges Milieu	20	24	16	8	16	17 (162)

C = .24 p = .00

Das Sprachmilieu und die (wahrgenommenen) Sprachfähigkeiten hängen eng zusammen (deutsch r = .38; herkunftssprachig r = .46). Mädchen, die in einem deutschen Sprachmilieu aufwachsen, schätzen zu einem hohen Prozentsatz ihre deutschen Sprachkompetenzen auch sehr gut bis gut (76 %) ein, Mädchen, die in einem herkunftssprachigen Milieu aufwachsen, schreiben sich häufiger schlechte bis sehr schlechte (63 %) deutsche Sprachkenntnisse zu. Die Tendenzen wirken sich aber nicht in der Stärke aus, dass das Sprachmilieu zur Erklärung der Sprachfähigkeiten ausreichen würde. Während sich auch ein Teil (14 %) der Mädchen und jungen Frauen, die sich in einem durch das Deutsche geprägten Sprachmilieu bewegen, schlechte oder sehr schlechte Fähigkeiten in der deutschen Sprache zuschreiben, reklamiert eine nicht unerhebliche Zahl von Mädchen und jungen Frauen, die sich im herkunftssprachig geprägten Milieu aufhält, für sich gute oder sehr gute Fähigkeiten in der deutschen Sprache (21 %). Ebenso sichert ein herkunftssprachig geprägtes Milieu nicht notwendigerweise die Kompetenzen in der Herkunftssprache. Von in einem solchen Milieu aufwachsenden Mädchen und jungen Frauen nennen 45 % ihre Sprachfähigkeiten in der Herkunftssprache sehr gut, 16 % gut, aber immerhin 15 % mittelmäßig, 16 % schlecht und 8 % sehr schlecht (Index-Werte). Ein deutschsprachiges Milieu allerdings trägt entscheidend dazu bei, dass herkunftssprachliche Kenntnisse weitgehend verloren gehen. Unter einem solchen Sozialisationskontext schreiben sich nur 8 % sehr gute und gute, 9 % mittelmäßige, aber 15 % schlechte und 68 % sehr schlechte Sprachkompetenzen in der Herkunftssprache zu.

Nationaler Migrationshintergrund und Sprachfähigkeiten

Erst an dritter oder späterer Stelle mit deutlich geringeren Anteilen an erklärter Varianz wird der nationale Hintergrund bedeutsam. Der ehemals jugoslawische Hintergrund wirkt sich (unabhängig von den anderen in die Regressionsanalyse einbezogenen Variablen) positiv auf die Fähigkeiten in beiden Sprachen, der türkische und Aussiedlerhintergrund negativ auf die deutsche, der griechische positiv auf die Herkunftssprachfähigkeiten aus. In der deutschen Sprache (Indexwerte) sprechen sich 78% der Mädchen und jungen Frauen mit (ehemals) jugoslawischem, 59 % mit italienischem, 55 % mit griechischem, 42 % mit türkischem und 22 % mit Aussiedlerhintergrund sehr gute oder gute Fähigkeiten zu; hingegen nur 12 % derjenigen mit jugoslawischem, 24 % mit italienischem, 31 % mit türkischem aber 60 % mit Aussiedlerhintergrund schlechte oder sehr schlechte.

Die besten Sprachkenntnisse in der Herkunftssprache geben im kombinierten Maß junge Aussiedlerinnen an (38 % sehr gute und 12 % gute Fähigkeiten), was in Anbetracht der relativ kurzen Aufenthaltsdauer in der Bundesrepublik Deutschland (Mittelwert 6 Jahre) und der sprachlichen Sozialisation im Russischen nicht überrascht. Erstaunlich ist eher der hohe Anteil in dieser Gruppe mit wahrgenommenen Mängeln in der Herkunftssprache (13 % schlechte und 19 % sehr schlechte Fähigkeiten)[8]. In der Regressionsanalyse wirkt sich die Aussiedlereigenschaft unter Berücksichtigung der anderen Variablen nicht positiv auf die Kompetenzen in der Herkunftssprache aus.

8 MENG konstatiert (2001, 443), dass ein Verlust der Minderheitensprache Deutsch nur bedingt durch den Erwerb der Mehrheitssprache Russisch kompensiert wurde: „Wegen der forcierten Entwertung der Minderheitensprache Deutsch und der unzureichend unterstützten, begrenzten Aneignung der Mehrheitssprache Russisch kam es meist weder auf Deutsch noch auf Russisch zum Erwerb differenzierter standard- und schriftsprachlicher Fähigkeiten, zur Aneignung komplexer Diskurs- und Textformen, zur Ausbildung von Techniken und Kriterien eines selbstgesteuerten Spracherwerbs und zur Entwicklung anspruchsvollerer Methoden geistigen Arbeitens“.

Positive, wenn auch nicht starke Effekte haben der (ehemals) jugoslawische und der griechische Migrationshintergrund. Von diesen haben 31 bzw. 29 % sehr gute oder gute Sprachfähigkeiten.

Sonstige Erklärungsfaktoren

Die anderen Variablen haben im Kontext der übrigen einen deutlich geringeren Einfluss. Auf die Kompetenzen in der deutschen Sprache wirken sich ein hohes Bildungsniveau der Mädchen, ein hohes Anspruchsniveau der Eltern und ein Schulbesuch in einer Klasse mit wenigen Migranten positiv aus, auf die Kompetenzen in der Herkunftssprache ein hoher sozialer Status, der Besuch von Klassen mit ausschließlich oder sehr vielen Migranten, der Erwerb deutscher Sprachkenntnisse erst in der Schule und eine starke Identifikation mit der eigenen Ethnie, deutlich weniger ein hohes elterliches Anspruchsniveau.

Als Einzelvariable, nicht aber unter der Berücksichtigung der übrigen ist für die Sprachkompetenz im Deutschen von Bedeutung, ob die deutsche Sprache in der Familie oder im Kindergarten und nicht erst in der Schule erworben wurde ($r = .20$), ob und wie lange ein Kindergarten in Deutschland besucht wurde ($r = .17$), ob die Freizeit im deutschen Kontext verbracht wird ($r = .30$) und ob die engsten Freundinnen oder Freunde dem eigenen ethnischen oder deutschem Kontext entstammen ($r = .30$). Als Einzelvariablen sind das Verbringen der Freizeit im ethnischen Kontext ($r = .17$) und die Wahl von Freundinnen und Freunden mit gleichem ethnischem Hintergrund ($r = .22$) für sehr gute oder gute herkunftssprachliche Kompetenzen bedeutsam. Anders als es der öffentlich-politischen Diskussion entspricht, spielt das ethnische Wohnmilieu keine Rolle. Weder fördert das Leben im ethnischen Wohnumfeld die Herkunftssprache noch verhindert es den Erwerb von Kompetenzen in der deutschen Sprache. Erst durch Kindergartenbesuch und seine Dauer und durch den Migrantenanteil in den Schulklassen werden Weichen gestellt.

Dieses verweist darauf, in die Diskussion um die Sprachkompetenzen der Kinder- und Jugendlichen mit Migrationshintergrund, die Bildungsinstitutionen stärker als es bisher geschieht einzubeziehen und vor allem eine frühere vorschulische zweisprachige Erziehung im Rahmen des Sprachmilieus zu sichern.

Die 16- bis 21-jährigen Mädchen und jungen Frauen mit Migrationshintergrund, die von uns befragt wurden, werden die Mütter von Kindern sein, die in Zukunft die deutsche Schule besuchen. Sie sind zu einem erheblichen Teil auf eine Zukunft in Deutschland ausgerichtet und sie wünschen (81 %) sich eine zwei- oder mehrsprachige Erziehung ihrer Kinder. Nur 12 % stellen sich eine ausschließliche oder überwiegende Erziehung in der Herkunftssprache, noch weniger (7 %) überwiegend oder ausschließlich in der deutschen Sprache vor. Das Ziel einer zweisprachigen Erziehung wird von jungen Frauen genannt, die sich als selbstständig und individualistisch und von denen, die sich traditionell gebunden darstellen, es gilt für die religiös gebundenen wie auch für die ohne religiöse Bindung. In dieser Einstellung liegen die Optionen, die eine Bildungspolitik in der Zuwanderungsgesellschaft aufgreifen sollte.

Literatur

BELOW, Susanne von (2003): Schulische Bildung, berufliche Ausbildung und Erwerbstätigkeit junger Migranten. In: BIB – Materialien zur Bevölkerungswissenschaft: Ergebnisse des Integrationssurveys des BIB. 105b.

BOOS-NÜNNING, Ursula/KARAKAŞOĞLU, Yasemin (2005): Viele Welten leben. Lebenslagen von Mädchen und jungen Frauen mit Migrationshintergrund. – Münster u. a.

BUNDESMINISTERIUM DES INNEREN (BMI) (Hg.) (2001): Zuwanderung gestalten – Integration fördern. Zusammenfassung. Bericht der Unabhängigen Kommission „Zuwanderung". – Berlin.

BUNDESMINISTERIUM FÜR ARBEIT UND SOZIALORDNUNG (BMA) (1996): Situation der ausländischen Arbeitnehmer und ihrer Familienangehörigen in der Bundesrepublik Deutschland. – Berlin/Bonn/Mannheim.

BUNDESMINISTERIUM FÜR ARBEIT UND SOZIALORDNUNG (BMA) (2002): Situation der ausländischen Arbeitnehmer und ihrer Familienangehörigen in der Bundesrepublik Deutschland: Repräsentativuntersuchung 2001. – Offenbach u. a.

DEUTSCHES PISA-KONSORTIUM (Hg.) (2001): Pisa 2000. Basiskompetenzen von Schülerinnen und Schülern im internationalen Vergleich. – Opladen.

DEUTSCHES PISA-KONSORTIUM (Hg.) (2002): Pisa 2000. Die Länder der Bundesrepublik Deutschland im Vergleich. – Opladen.

ESSER, Hartmut (1985): Zur Validität subjektiver Sprachkompetenzmessungen bei Arbeitsmigranten. In: Sievering, Ulrich O. (Hrsg.): Arbeitsmigrantenforschung in der Bundesrepublik Deutschland. Methodenprobleme der Datenerhebung. – Frankfurt am Main, S. 192–226.

ESSER, Hartmut (1990): Familienmigration und Schulkarriere ausländischer Kinder und Jugendlicher. In: Esser, Hartmut/Friedrichs, Jürgen (Hg.) Generation und Identität: Theoretische und empirische Beiträge zur Migrationssoziologie. – Opladen, S. 127–146.

FUCHS, Marek/SCHWIETRING, Thomas/WEIß, Johannes (1999): Kulturelle Identität. In: Silbereisen, Rainer K./Lamtermann, Ernst-Dieter/Schmitt-Rodermund, Eva (Hg.) Aussiedler in Deutschland. Akkulturation von Persönlichkeit und Verhalten. – Opladen, S. 203–232.

GOGOLIN, Ingrid (1994): Der monolinguale Habitus der multilingualen Schule. – Münster u. a.

HECKMANN, Friedrich/WUNDERLICH, Tanja/WORBS, Susanne/LEDERER, Harald W. (2000): Integrationspolitische Aspekte einer gesteuerten Zuwanderung. Gutachten für die interministerielle Arbeitsgruppe der Bayerischen Staatsregierung zu Fragen der Zuwanderungssteuerung und Zuwanderungsbegrenzung. – Bamberg. (Manuskript).

HEINTZE, Andreas (2003): Hauptsache Deutsch? – Von der Macht eines Commonsense und notwendigen Ansätzen, ihn aufzubrechen. In: Kloeters, Ulrike/Lüddecke, Julian/Quehl, Thomas (Hg.) Schulwege in die Vielfalt. Handreichungen zur Interkulturellen und antirassistischen Pädagogik in der Schule. – Frankfurt/Main u.a., S. 149–160.

LUCHTENBERG, Sigrid (1999): Interkulturelle kommunikative Kompetenz: Kommunikationsfelder in Schule und Gesellschaft. – Opladen/Wiesbaden.

MAMMEY, Ulrich (2001): Die zweite Einwanderergeneration verliert ihre muttersprachliche Kompetenz. In: BIB-Mitteilungen. Informationen aus dem Bundesinstitut für Bevölkerungsforschung beim Statistischen Bundesamt 22.

MENG, Katharina (2001): Russlanddeutsche Sprachbiografien: Untersuchung zur sprachlichen Integration von Aussiedlerfamilien. – Tübingen.

REICH, Hans H. (1976): Zum Unterricht in Deutsch als Fremdsprache. In: Hohmann, Manfred (Hg.) Unterricht mit ausländischen Kindern. – Düsseldorf, S. 149–184.

REICH, Hans H. (2001): Sprache und Integration. In: Bade, Klaus J. (Hg.) Integration und Illegalität in Deutschland. – Osnabrück, S. 41–49.

REICH, Hans H./ROTH, Hans-Joachim (2002): Spracherwerb zweisprachig aufgewachsener Kinder und Jugendlicher: Ein Überblick über den Stand der nationalen und internationalen Forschung. – Hamburg/Münster.

REICH, Hans H. (2004): Sprachstand und Sprachförderung bei zweisprachigen Kindern. In: Karakaşoğlu, Yasemin/Lüddecke, Julian (Hg.) Migrationsforschung und Interkulturelle Pädagogik: Aktuelle Entwicklungen in Theorie, Empirie und Praxis. – Münster u.a., S. 131–143.

REICH, Hans H./HIENZ DE ALBENTIIS, Milena (1998): Der Herkunftssprachenunterricht. Erlasslage und statistische Entwicklung in den alten Bundesländern. In: Deutsch lernen, Heft 1, S. 3–45.

REICH, Hans H./PÖRNBACHER, Ulrike (1995): Zur quantitativen Entwicklung des Muttersprachlichen Ergänzungsunterrichts in der Bundesrepublik Deutschland. In: Deutsch lernen, Heft 2, S. 136–159.

WEIDACHER, Alois (Hg.) (2000): In Deutschland zu Hause: Politische Orientierungen griechischer, italienischer, türkischer und deutscher junger Erwachsener im Vergleich. – Opladen.

l'uccello e il gatto

cera una vollta un gatto cè
aveva fame. Ungjorno cera un
uccellino ce cantava. Il gatto saltò
(dessert)
sull muro" cè Bon deser diceva
il gatto. l uccellino si spavento
e vollava su un alBero
e il gatto facceva un salto
lungo salto sal alBero e il
uccellino vollo dal alBero.
E il ucelino visse fellice e
contento e il gatto pianngeva
e pianngeva.

Name:

Datum: 27.06.02

Enes 8J.

Nina 8J.

Jugoslawisch

Deutsch

Hans-Jürgen Krumm

Ungarisch sitzt bei mir in den Ohren, weil ich oft was höre[1] – Mehrsprachigkeit und Sprachbewusstsein von Kindern und Jugendlichen

„Die Grund- und Hauptschulen in Ballungsgebieten der Bundesrepublik werden zu einem großen Teil praktisch mehrsprachige Schulen ..." (REICH 1976, 11).

So weit ich mich erinnere, war dies der erste Aufsatz, den ich von Hans REICH gelesen habe. Er steckte für viele eigene Projekte einen ersten Rahmen ab: Mehrsprachigkeit als Grundbedingung des Lehrens und Lernens, das bedeutet ein Ernstnehmen der mitgebrachten Sprachen der Lernenden, das erfordert die Schaffung schulrechtlicher wie didaktischer Grundlagen, und es macht insbesondere neue Formen der Lehreraus- und Lehrerfortbildung nötig.

Zum Glück führte die Überschaubarkeit des neuen Faches Deutsch als Fremd-/-Zweitsprache dazu, dass sich die FachvertreterInnen rasch begegneten und Allianzen zum Beispiel gegenüber philologischen Beharrungstendenzen entwickelten. 1981, mit einem Diskussionsforum ‚Konzepte der DaF-Lehrerausbildung'[2], begann für mich die Zeit des persönlichen Lernens von und Zusammenarbeitens mit Hans REICH, die sich in vielfältigen Formen bis heute fortsetzt und deren roten Faden die Gedanken der Sprachenvielfalt und der Sprachenrechte von Kindern mit Migrationshintergrund bilden.

1. Ausgrenzung durch Sprachen – eine lange, traurige Geschichte

Darauf, dass die Andersprachigkeit von Kindern mit Migrationshintergrund vielfach ein Integrationshemmnis, einen Anlass für Ausgrenzung darstellt, hat auch Hans Reich immer wieder hingewiesen: „Sprachgrenzen sind immer noch viel zu hohe Barrieren, wenn man in Rechnung setzt, dass wir in einem vielsprachigen Land, im Prozeß europäischer Einigung, im Zeitalter weltweiten Austauschs leben. Meist müssen die Unterprivilegierten die Kosten für die Überwindung dieser Barrieren durch einseitige Lernanstrengungen bezahlen." (REICH 1987, 32). Schon die biblische Darstellung der Entstehung von Sprachenvielfalt, den Turmbau zu Babel, kann man wohl, ohne sich auf theologisches Glatteis zu begeben, als frühes Indiz dafür nehmen, wie schwer sich die Menschheit mit der Mehrsprachigkeit getan hat, so dass sie sie als Strafe Gottes interpretierte. Sprachen trennen, grenzen ab, behindern Kooperation, so dass zent-

1 Zitate aus Sprachenporträts und Sprachbiographien ohne Quellenangabe stammen aus der unveröffentlichten Sammlung des Verfassers.

2 Vgl. die Statements von KRUMM, REICH und WEINRICH in Info DaF (1981) 4, 29–35

ralistische Regierungen und Diktaturen gern eine einheitliche Sprache durchgesetzt und dafür die Schule instrumentalisiert haben. Eder hat gerade in einer Studie der Sprachenpolitik Maria Theresias nachgewiesen, wie die ursprüngliche Förderung der Sprachenvielfalt im Habsburgerreich dem Durchsetzen des Deutschen als Staatssprache weichen musste und dabei vor allem Festlegungen zur Unterrichtssprache und sprachliche Anforderungen an die Lehrkräfte eingesetzt wurden (EDER 2004).

Aber auch die bürgerlichen Freiheitsbewegungen haben sich immer wieder der Sprache als einigendem nationalen Band und Motor bedient, so z.B. jetzt in einigen Staaten Mittel- und Ost- und Südosteuropas: vom ehemaligen Jugoslawien bis zur Ukraine und den baltischen Staaten – vielfach wird versucht, sprachliche Unterschiede zur Segregation zu nutzen, eine andere Sprache als Indiz für mangelnde Loyalität, für Unzuverlässigkeit zu interpretieren. Sprachliche Minderheiten, ob die Russen in Estland oder Lettland oder die Ungarn und Kärntner Slowenen in Österreich, erfahren allen Deklarationen zum Trotz bis heute:

Sprachen trennen, grenzen ab. Pflichtsprachkurse für Zuwanderer senden eine klare Botschaft aus, dass nur, wer gut Deutsch spricht, in Deutschland und Österreich zu Hause sein kann. Natürlich ist es richtig, dass zugewanderten Minderheiten Möglichkeiten und Anreize gegeben werden, die Landessprache zu lernen. Was stört, ist die implizierte Behauptung eines Defizits *„die können ja kein Deutsch“*, statt zugleich auch etwas über den Wert der mitgebrachten Sprachen zu sagen und mit dem Angebot an Deutschunterricht auch Angebote zur Förderung der Herkunftssprachen zu machen. Wer das nicht tut, trägt dazu bei, gegenüber den Minderheiten wie auch für die deutschsprachige Bevölkerung den Eindruck vom minderen Wert anderer Sprachen zu verstärken und damit den Boden für Ausgrenzung und Rassismus zu bereiten.

2. Europäisch ist nicht eine Sprache, sondern viele

Seit der Gründung gehört das Bekenntnis zur Mehrsprachigkeit zu den Grundlagen der Europäischen Union. Allerdings wurde dieses Bekenntnis erst in den letzten Jahren auch in konkrete Programme und Maßnahmen umgesetzt. Erstmals 1995 hat die EU als Ziel formuliert, dass in Zukunft jeder europäische Bürger außer der Muttersprache *zwei* Fremdsprachen lernen und beherrschen soll. Im März 2002 hat der Europäische Rat ein Arbeitsprogramm für die Periode bis 2020 verabschiedet, darin heißt es:

> Europas Vielfalt manifestiert sich besonders deutlich in seinen Sprachen. Wenn die Bürger jedoch von dieser Vielfalt profitieren wollen, müssen sie in der Lage sein, miteinander zu kommunizieren. Sprachkenntnisse gehören zu den Grundfertigkeiten, die das Europa der Wissensgesellschaft erfordert; im Allgemeinen sollte jeder zwei Fremdsprachen sprechen können. Der Fremdsprachenerwerb, gegebenenfalls von früher Kindheit an, muss gefördert werden, d.h. die Metho-

den des Fremdsprachenunterrichts müssen verbessert und der Kontakt zwischen Lehrern und Schülern sowie den betreffenden Fremdsprachen verstärkt werden. Daher steht die Ausbildung von Fremdsprachenlehrern im Mittelpunkt dieses Ziels.

(Arbeitsprogramm Ziel 3.3)

Konkretisiert wird dieses Programm durch den von der Europäischen Kommission 2003 verabschiedeten „Aktionsplan 2004 – 2006 Förderung des Sprachenlernens und der Sprachenvielfalt".

Die Globalisierung der Wirtschaft benötigt Menschen, die beruflich und geographisch mobil sind – Englisch allein, so die Erkenntnis, reicht nicht aus, um in internationalen Teams zusammenzuarbeiten. Aber es geht nicht nur um die wirtschaftliche Dimension:

In unserer Muttersprache lernen wir nicht nur *Ich*, sondern auch *Wir* zu sagen, durch sie wachsen wir in die Familie wie in das Gemeinwesen und seine Wertesysteme hinein. Die europäischen Bürger, so die Konsequenz aus diesen Überlegungen, werden den Prozess der europäischen Integration nur dann akzeptieren, wenn ihre Muttersprachen legitimiert und anerkannt, gefördert und verwendet werden – und zwar nicht nur in einem nationalen Ghetto, sondern als Bestandteil der supranationalen europäischen Entwicklung. Deshalb legen die meisten Regierungen europäischer Länder Wert darauf, dass die jeweilige Landessprache in den anderen EU-Ländern als Fremdsprache angeboten und gefördert wird. Nicht nur Österreich, Deutschland, Frankreich und England, auch Dänemark und Slowenien entsenden Lektoren ins Ausland, damit die Menschen in anderen Ländern einen Zugang zu ihrer Sprache finden können.

Mobilität und Globalisierung führen nicht, wie manche fürchten oder erwarten, zur Nivellierung sprachlicher und kultureller Unterschiede – ganz im Gegenteil, sie führen dazu, dass immer mehr Menschen vielsprachige Biographien und mehrsprachige Identitäten entwickeln.

Die Europäische Union hat gute Gründe, trotz aller Globalisierung und Anglisierung die Mehrsprachigkeit in Europa weiterzuentwickeln:

Soll Demokratie funktionieren, so bedarf es dazu einer entwickelten Sprachfähigkeit der Bürger. Wer die Nachrichten in Funk und Fernsehen nicht verfolgen, wer an öffentlichen Debatten nicht teilnehmen und keinen Gebrauch von den neuen Informationstechnologien machen kann, ist vom politischen Diskurs ausgeschlossen – das gilt für die nationale ebenso wie für die supranationale europäische Ebene. Hier kommt allerdings hinzu, dass die eigene Muttersprache nur funktioniert, wenn andere sie als Fremdsprache gelernt haben und verstehen, so wie man selbst Menschen, die eine andere Sprache sprechen, verstehen können muss. Man stelle sich vor, jeder Kandidat und jede Kandidatin für das Europäische Parlament müsste eine Sprachprüfung in Englisch oder Französisch ablegen, ehe er oder sie überhaupt wählbar wird. Eine solche Situation würde unseren Vorstellungen von demokratischer politischer Teilhabe widersprechen. Da Europa als politisches Gebilde insgesamt wie auch in den einzelnen Ländern verschiedene Sprachen umfasst, hängt das Bewusstsein dazuzugehören und an der Entwicklung teilhaben zu können, ganz entscheidend von der Fähigkeit ab, in mehreren Sprachen kommunizieren und am politischen Diskurs teilnehmen zu können. Dazu bedarf es einer Kommunikationsfähigkeit in mehreren Sprachen – die Beschränkung auf eine, z.B. das Englische, würde den *Native Speakers* eine Überlegenheit geben, die sehr rasch als Versuch einer Hegemonisierung wahrgenommen wird. Demokratische Rechte dürfen nicht an Sprachkenntnisse in einer bestimmten Sprache gebunden werden:

„Die Bedeutung einer mehrsprachigen Kompetenz", so hat das der Europarat 2002 in einer Entschließung formuliert, „ist eine zweifache:

zum einen erlaubt sie die Teilhabe an demokratischen Prozessen nicht nur im eigenen Land und der eigenen Sprachregion, sondern auch zusammen mit anderen Europäern in anderen Sprachen und Sprachregionen,

zum zweiten führt der Erwerb einer mehrsprachigen Kompetenz zu einem besseren Verstehen der mehrsprachigen Kompetenz anderer Menschen und zu einem Respekt vor dem Recht auf Sprachen, nicht zuletzt den Sprachenrechten von Minderheiten und Sprechern weniger gesprochener und gelehrter Sprachen" (Council of Europe 2002, Übers. d. Verf.).

3. Sprachen spiegeln Lebensgeschichten

Die eigene Identität ist für zunehmend mehr Menschen keineswegs eine einsprachige. Die großen Migrationsbewegungen der letzten 100 Jahre, die Flüchtlings-, die Armuts- und die Wirtschaftsmigration ebenso wie die Freizeitmigration haben längst dazu geführt, dass Schülerinnen und Schüler in mehr Sprachen zuhause sind, als wir in Schule und Öffentlichkeit zur Kenntnis nehmen (vgl. GOGOLIN 1994). Fragt man Lehrende, ob sie wissen, wie viele und welche Sprachen ihre Schülerinnen und Schüler oder Studenten sprechen, so erntet man immer wieder fragende Blicke, präzise Auskünfte gibt es kaum. Ich habe, einer Anregung von Ursula Neumann folgend, in den letzten zehn Jahren von Schülerinnen und Schülern Sprachenporträts und Sprachbiographien gesammelt, d.h. farbige Sprachenporträts, mit denen die jeweiligen Sprachen in eine Silhouette eingezeichnet wurden, sowie Kommentare zu den Sprachen, die im eigenen Leben eine Rolle spielen (KRUMM 2001). Sie zeigen eindrucksvoll jene lebensweltliche Mehrsprachigkeit, die ein zentrales Thema der Arbeiten von Hans REICH ist.[3]

3 Vgl. REICH 1987 u.ö.; vgl. auch GOGOLIN 1988 u.ö.

Die Sprachen der Länder, durch die die Migration führte, aber auch solcher Länder, in die man gerne einmal reisen möchte, finden sich in den ausgemalten Silhouetten oft in den Beinen bzw. Füßen[4]:

> Marina, 12 Jahre, aus Italien
> *In den Füßen sitzt auch Deutsch, weil ich gerne auf österreichischen boden gehe Englisch sitzt in den Händen weil ich viel Englisch schreibe.*
>
> Joyce, 11 Jahre
> *Französisch ist bei mir in den Beinen weil es für mich sehr fern liegt es richtig zu lernen obwohl dass mein Wunsch ist. Und um in die Ferne zu gehen muss man Beine haben.*

Auch wenn die Kinder die Lebens- und Sprachstationen nicht in exakten Zeiträumen messen und angeben, haben sie doch in der Regel ein deutliches Bewusstsein von der biographischen Bedeutung der jeweiligen Sprachen.

> Pegoáh, 13 Jahre[5]
> *Ich bin in Österreich geboren.*
> *Meine Muttersprache ist Persisch.*
> *Meine Mutter brachte mir Persisch bei.*
> *Als ich neun war ging ich in eine Persische Schule um Persisch schreiben zu lehrnen.*
> *Englisch, Deutsch und Französisch lehrnte ich durch die EMS*[6]

Auch die Sprachverwandtschaft wird erkannt und stellt eine Brücke zu anderen Sprachen dar:

> Pavel, 15 Jahre
> *Ich spreche Tschechisch, weil das meine Muttersprache ist.*
> *Slowakisch ist meine Zweitsprache.*
> *Ich spreche Englisch, weil ich das schon 7 Jahre lerne.*
> *Ich spreche Deutsch, weil meine Schule in Österreich ist.*
> *Ich spreche Jugoslavisch-Srbisch, weil das gleich wie meine Muttersprache ist.*
>
> Alena, 13 Jahre[7]
> *Tschechisch ist meine Muttersprache.*
> *Mein Vater kommt aus Russland, deswegen spreche ich ein bisschen Russisch.*
> *Ich wohne in Wien und ich spreche Deutsch mit meine Freunde.*
> *In der Schule lernen wir Englisch.*

---

4 Beispiele ohne Quellenangabe stammen aus meiner unpublizierten Sammlung.
5 KRUMM 2001, 58 f.
6 EMS = Europäische Mittelschule in Wien
7 KRUMM 2001, 70

Ich wohne mit einem Mädchen aus Ungarn und sie hat mich ungarisch beigebracht.
Slowakisch ist sehr ähnlich mit Tschechisch.
Ich verbringe die Sommerferien in Kroatien und ich habe dort Freunde.

Die Konstanten in mehrsprachigen Biographien zeichnen sich deutlich ab:

- verschiedensprachige Eltern/Großeltern
- ein vielsprachiges Lebensumfeld, insbesondere Freunde und Freundinnen
- eine bedeutende Rolle spielt der schulische Unterricht, sowohl der Fremdsprachenunterricht als auch der Unterricht in den Herkunftssprachen und der dominierenden Landessprache.

Das Leben in einem vielsprachigen Umfeld führt bei vielen Kindern und Jugendlichen bereits früh zu dem Bewusstsein, dass all diese Sprachen einen Platz in ihrem Leben haben. Auch wenn sie meist eine bestimmte Sprache als ‚Muttersprache' bezeichnen und mit besonderer emotionaler Wertung hervorheben (als Herz und in roter Farbe malen), so haben diese Kinder doch bereits mehrsprachige Identitäten entwickelt; auch die anderen Sprachen gehören dazu, ohne sie wäre das Selbstporträt unvollständig.

Marianne, 13 Jahre[8]
Ich habe beim Philipinische Sprache mehr gemalt weil mein Muttersprache ist.
Ich habe auch beim Englisch Sprache ein bißchen mehr gemalt weil auch manchmal meine Muttersprache und ich habe schon früher Englisch gelernt als ich noch Kind war.
Ich habe beim Deutsch Sprache auch nicht mehr gemalt weil ich noch nicht so gut Deutsch sprechen kann.
Beim Spanisch habe ich wenig gemalt weil ich kann auch nicht gut Spanisch und weil auch in unsere Sprache gemischt ist.
Meine Lieblings Sprache auf der Welt ist Philipinisch und Englisch.
Ein bißchen mag ich Deutsch.

Ricardo, 28 Jahre
(Im Sprachenporträt ist Spanisch in den Kopf, die amerikanische Flagge in die Brust, Deutsch und Japanisch in die beiden Füße gemalt)
Kopf Mexikanisch weil egal wo ich bin, oder was für eine Staatsbürgerschaft ich habe, ich weiß woher ich komme.
Amerika ist eine mischung von vielen Kulturen, auch die mexikanische. Ich glaube das mit meine sprache (Englisch) persönlichkeit und erscheinungsbild, das ist der land ich representiere das beste.
Ich wohne jetzt in Österreich und ich war schon 3mal in japan: Ich habe viel gelearn in beide länder und ich glaube ich habe ein bischen von jede in mir.

---

8 KRUMM 2001, 70 f.

Aber auch Jüngere sehen ihre verschiedenen Sprachen als integrierte Bestandteile ihrer Persönlichkeit:

> Lucy, 14 Jahre
> *Blue French (from colour of school book). Not next to my heart but somewhere inside me.*
> *Italian is beginning to creek through my body into my head. I love it, so it's close to my heart.*
> *English eyes. It's hard to loose an English outlook.*
> *English at heart. English is my mother tongue and my mother's favourite colour is yellow.*
> *Thinking German now (in the head).*
> *Multi-coloured Mouth – any language could come out!*
> *Italian stomach – great food – much better than English.*
> *English legs. I love walking and this seems to be a particularly English trait.*

REICH (2002) hat darauf aufmerksam gemacht, dass Schüler sich hinsichtlich ihrer sprachlichen Kompetenzen stark am Verwendungszweck orientieren – die zitierten Lerneräußerungen zeigen, dass dabei die Kommunikationsräume und die Kommunikationspartner, d.h. das soziale Netzwerk, den Stellenwert der verschiedenen Sprachen bestimmen.

Wenn der elfjährige Benjamin darauf hinweist, dass er Ungarisch in den Ohren hat, weil er es oft hört, so zeigt das, was Kinder und Jugendliche mit einem mehrsprachigen Lebensumfeld und einer mehrsprachigen Biographie dem additiven schulischen Sprachenlernen voraushaben: ihre Mehrsprachigkeit verdankt sich nicht dem willkürlichen Erwerb verschiedener Sprachen. Ihre verschiedenen Sprachen verbinden sich für sie vielmehr sinnvoll zu einer neuen mehrsprachigen Identität, in der sie einen festen, im Sprachenporträt auch lokalisierten Platz einnehmen – zwar wissen alle um die Bedeutung der Muttersprache, doch gehören zu ihrem Leben, zu ihrer Orientierung in der Welt ganz selbstverständlich mehrere Sprachen. Im Gemeinsamen europäischen Referenzrahmen für Sprachen wird das folgendermaßen ausgedrückt:

> „Mehrsprachigkeit ... betont die Tatsache, dass sich die Spracherfahrung eines Menschen in seinen kulturellen Kontexten erweitert, von der Sprache im Elternhaus über die Sprache der ganzen Gesellschaft bis zu den Sprachen anderer Völker (...). Diese Sprachen werden aber nicht in strikt voneinander getrennten mentalen Bereichen gespeichert, sondern bilden vielmehr gemeinsam eine kommunikative Kompetenz, zu der alle Sprachkenntnisse und Spracherfahrungen beitragen und in der die Sprachen miteinander in Beziehung stehen und interagieren." (EUROPARAT 2001, 17).

4. Aufgaben von Sprachunterricht in einer mehrsprachigen, durch Verschiedenheit charakterisierten Welt[9]

Wenn Sprachunterricht einen Beitrag dazu leisten soll, dass Schülerinnen und Schüler sich in einer vielsprachigen Welt zurechtzufinden, Verschiedenheit nicht als Kriterium der Ausgrenzung sehen, sondern es lernen, Sprach- und Kulturgrenzen zu überwinden, dann geht das nur, wenn sich der Sprachunterricht der spezifischen mehrsprachigen Prägung vieler Lernender bewusst ist und diese zum Thema macht.

Bereits mit dem Erlernen einer zweiten Sprache kann man Distanz zur einsprachig geprägten Weltsicht gewinnen, erst die Begegnung mit weiteren Sprachen können dazu führen, sich die Verschiedenheit der sprachlichen Blicke auf die Welt wie auch der individuellen Möglichkeiten sich zu verständigen, bewusst zu machen. Das Miteinander von verschiedenen Sprachen – und damit kommen ja immer auch verschiedene Lebenswelten, Kulturen ins Spiel – dieses Miteinander schafft neue Formen des Wahrnehmens und Denkens, die Voraussetzung dafür sind, dass sich die Fähigkeit zu interkultureller Kommunikation entwickelt. Ein Sprachunterricht, der dazu befähigen soll, Verschiedenheit zu akzeptieren, setzt voraus, dass die Sprachen und die Sichtweisen, die im Sprachunterricht durch Texte, durch Kontakte begegnen, auch zu einem neuen Blick auf Vertrautes verhelfen: Sprachunterricht als Chance zu Sprach- und Kulturkontakt.

Damit gewinnt der Sprachunterricht eine pädagogische Verantwortung zurück und überwindet zugleich die künstlichen Grenzen, die zwischen Muttersprachen-, Zweit- und Fremdsprachenunterricht entstanden sind.

Jeder Sprachunterricht leistet einen Beitrag zur Entwicklung individueller wie gesellschaftlicher Mehrsprachigkeit. Jeder Sprachunterricht findet Lernende vor, die bereits Sprachen mitbringen und die beim Erlernen weiterer Sprachen eine wichtige Grundlage bilden.

> „Sprachenvielfalt als Unterrichtsthema ist politisch und pädagogisch gerechtfertigt. Die Schüler können sich an einem konkreten Sachverhalt mit den Forderungen und den Missachtungen des Gleichheitsgrundsatzes unserer Gesellschaft auseinandersetzen, ... Einsprachige Schüler bemühen sich um Kommunikationszusammenhänge, die ihnen sonst fremd oder unbekannt bleiben; zwei- oder mehrsprachige Schüler lernen, als Experten ihrer eigenen Kommunikationssituation zu sprechen. Sprachaufmerksamkeit und Sprachbewusstheit greifen ineinander, lassen die je eigene(n) Sprache(n) wahrnehmen und bahnen Wege zu den anderen Sprachen ..."
> (REICH 1987, 32)

9 Vgl. OOMEN-WELKE/KRUMM (Hg) 2004

Literatur

EDER, U. (2004): Deutsch als Fremd- und Zweitsprache in Österreich 1740–1790. Diss. – Wien.

EUROPARAT (2001): Gemeinsamer europäischer Referenzrahmen für Sprachen: lernen, lehren, beurteilen. – Berlin/ München.

GOGOLIN, I. (1988): Erziehungsziel Zweisprachigkeit. – Hamburg.

GOGOLIN, I. (1994): Der monolinguale Habitus der multilingualen Schule. – Münster.

KRUMM, H.-J. (1981): Konzepte der Deutsch als Fremdsprache-Lehrerausbildung in der Bundesrepublik. In: Info DaF Nr. 4/1981, S. 29–32.

KRUMM, H.-J. (2001): Kinder und ihre Sprachen – lebendige Mehrsprachigkeit. – Wien.

OOMEN-WELKE, I./KRUMM, H.-J. (Hg.) (2004): Sprachenvielfalt im Klassenzimmer (= Fremdsprache Deutsch, Heft 31).

REICH, H.H. (1976): „Deutsch ist doch keine Fremdsprache!“ Ausbildungsgänge für Lehrer ausländischer Kinder an deutschen Schulen. In: Neusprachliche Mitteilungen 29, Heft 1, S. 10–16.

REICH, H.H. (1981): Sechs Thesen zum Diskussionsforum „Konzepte der DaF-Lehrerausbildung“. In: Info DaF Nr. 4/1981, S. 33.

REICH, H.H. (1987): Sprachenvielfalt im Unterricht. In: Pädagogische Beiträge 38, Heft 12, S. 31–35.

REICH, H.H. (2002): Sprachen am Zollstock – Zur Vergleichbarkeit von Erst- und Zweitsprache bei zweisprachigen Kindern. In: Barkowski, H./Faistauer, R. (Hg): ... in Sachen Deutsch als Fremdsprache. – Baltmannsweiler, S. 45–52.

WEINRICH, H. (1981): Einige Überlegungen und Vorschläge zur weiteren Entwicklung des Faches Deutsch als Fremdsprache an deutschen Hochschulen. In: Info DaF Nr. 4/1981, S. 34–35.

Erläuterungen der Kinder und Quellenangabe zu den Bildern vor diesem Beitrag:

„Ich spreche mit meine Familje Jugoslawisch
und Ich kann Deuteusch
und spreche mit meine Freunde sprechich
Deutsch und Jugoslawisch und au H mit m-
einen Familje Deusch.“
Nina, 8 J., Wien 2004 (vgl. Krumm 2001)

„Ich spreche mit meinen Türkischen Freundin.
Ich spreche mit meinem Deutschen Freundin.
Ich kann bis Englisch bis 10 zälen.
Ich kann Fransösisches Lied singen.“
Enes, 8 J., Wien 2004 (vgl. Krumm 2001)

2 c 4.6.82

die Katze ünt Was der Vogel senge ...
ürt der Vogel und dann had der Vogel
sich achrecht und dann ist der
Vogel geflossen, und die Katze ist hinter
den Vogel gefolgt und dann schprin...
auf den Baum und die Vogel ist fill
uch in den Baum und die Katze
ist gleich da uben in die Baum
und dann fligte der Vogel weg und.
englich bin ich in buden sagte der
Vogel. die Katze Weint Warum der
Vogel chon in buden ist und
die Katze noch in die Baum ist
und dann lacht der Vogel und
die Katze schreit da in die Baum.

Normann Jørgensen

Linguistic Minority Students as Languagers Languaging in Grade 4 of the Køge Project

In 1968 Nils Erik HANSEGÅRD wrote about the Swedish school system, establishing the term "double semi-lingualism":

"The Swedish school aims to give 'cultural bilingualism' to all its students if possible, but at the same time it results in the more valuable 'natural bilingualism' changing into monolingualism or something even worse: 'double semi-lingualism' (Ringbom), half a command of Swedish and half a command of the mother tongue." (HANSEGÅRD 1968, 128, my translation)

The children of the Finnish-speaking minority in Tornedalen in Northern Sweden were victims of a school-policy which undermined their mother tongue, and thus their emotional and cognitive development, while at the same time not providing the students with a sufficient command of Swedish, the majority language and sole medium of education:

"furthermore their ability to deal with linguistic symbols, to express their thoughts etc., was only trained in Swedish. With a slight exaggeration one can say that the mother tongue of the Finnish-speaker stays at the level of a seven-year-old." (HANSEGÅRD 1968, 108, my translation)

The fact that the Finnish-speaking minority students in the majority-language schools in Sweden were not encouraged, or indeed allowed, to develop their Finnish language with respect to vocabulary, syntax, etc. led to an impoverished Finnish language with these students – but not at the same time to a particularly rich Swedish. HANSEGÅRD considered them as possessing two half languages, two insufficient means for dealing with their lives. Their Swedish was insufficient to handle their needs for expressing emotional and personal matters, and their Finnish was insufficient to deal with societal and professional matters. Thus both their languages were incomplete and indeed deficient.

This deficit view of bilingualism is by no means unique to HANSEGÅRD. Otto JESPERSEN infamously wrote about bilingualism that

"It is of course an advantage to be familiar with two languages from childhood, but it seems evident to me that this advantage can be bought, and in most cases is bought, at too high a price." (JESPERSEN 1941, 132, my translation).

The deficit view of bilingualism is typical of pre-socio-linguistic scholars, but the double-semilingualism view lasted a long time, particularly in discussions about schooling of linguistic minority students. As late as in 1981 (English version 1984), Tove SKUTNABB-KANGAS described the language skills of linguistic minority students in terms of the so-called threshold hypothesis which claims that the confrontation with two different languages may harm the cognitive and linguistic development of children. She concludes:

"Summing up one can thus say that the bilingualism can have positive or negative consequences for cognitive development, or no consequences at all. Which possibilities materialize depends on the conditions under which children become bilingual." (SKUTNABB-KANGAS 1981, 239, my translation)

The threshold hypothesis and the concept of semi-lingualism had a deep impact on the thinking of many educationalists and policy planners in Scandinavia in the 1970's and 1980's. It was criticized in the 1980's, e.g. by RIVERA (1984), EDELSKY (1986), most heavily so by MARTIN-JONES/ROMAINE (1986), and since then it has not played any role in (socio-)linguistics. This did not mean the end of its influence on educational thinking. Particularly strong in Scandinavia was the idea that linguistic minority children would benefit from being taught (only) in their mother tongue, and together with students from the same minority, until they reached the so-called "lower threshold". This idea again created a strong, politically motivated, backlash which also hurt the idea of teaching the minority languages at all. A certain tendency to move towards bilingual or bicultural education in the 1980's met with strong resistance, and most of the relevant projects were abandoned. For instance, Denmark abolished all state-financed mother tongue education of minority languages in 2002 (see JØRGENSEN 2003a).

During these upheavals a number of school development projects were carried out which aimed at improving the educational lot of linguistic minority children. In a landmark paper, REICH/REID (1992) summed up the insights gathered from a wide range of European Community projects aimed at improving the schooling of linguistic minority children. They loyally refer to the threshold hypothesis (p. 138), but nevertheless conclude:

"... it means opening up classrooms to more than a single language, accepting more than one function for minority languages, confronting all children and their teachers with the real multilingualism of their environment. Education for bilingualism is about much more than mother tongue teaching, since it encompasses everything that contributes in a positive way to bilingual development, and is closely related to the notion of developing the language repertoires of all children in school." (REICH/REID 1992, 175–6)

On this basis, REICH/REID advocate the use in school of the languages which children meet in their everyday lives, at a certain point also a "language of wider communication". The education, and the language practice of school, should reflect "the real multilingualism of their environment". However, in spite of its foresight and clear concept of the development of practices in the societies which now form the European Union, this clear statement has won little support among educational decision-makers. Ten years later, Hans REICH led a group of educationalists and linguists of which I enjoyed being a member, in the publication of a report to the Landesregierung in Hamburg, emphasizing precisely the multi-lingual skills of grade school students with access to more than one language:

„Als spezifisch zweisprachige Kompetenz ist das kommunikativ sinnvolle Wechseln zwischen den Sprachen zu nennen, das sich offenbar bereits im Kindesalter entwickelt und im Jugendlichenalter zu einer gewissen Virtuosität gebracht werden kann." (REICH et al. 2002, 36)

The establishment of sociolinguistics had already demolished the deficit notion of bilingualism. The discussion between those who saw language variation, and the use of several different languages, as an interesting phenomenon which characterized the modern world, and those who saw the same differences as effects of power imbalances lasted for a number of years (see RAMPTON 2001). Both groups of sociolinguists tended to observe linguistic differences as reflections of societal structures. To mention just one example, LABOVS famous 1966 study of language variation in New York City based its description of variation patterns on status differences between groups of speakers. Likewise, PHILLIPSONS 1992 outline of linguistic hegemony sees linguistic phenomena as results of macro-political structures.

Over the past few decades we have seen a change in the perspective of sociolinguistics which runs parallel to the change in educational thinking suggested already in 1992 by REICH/REID. Whereas classical sociolinguistics view language variation as a reflection of social variation, a post-modern tendency has set in which observes how language users employ linguistic variation in an attempt to create, establish, negotiate, and maintain social relations. RAMPTON'S 1995 analysis of the use of a range of languages and varieties by the teenagers attending a day care centre in London is a famous example. RAMPTON introduces the notion of "crossing" which

"refers to the use of a language which isn't generally thought to 'belong' to the speaker. Language crossing involves a sense of movement across quite sharply felt social or ethnic boundaries, and it raises issues of legitimacy that participants need to reckon with in the course of their encounter." (RAMPTON 1998, 291)

Crossing into other languages allows speakers to manipulate and negotiate their social relations in ways that traditional sociolinguistics did not describe, because their focus was on code-switching among the languages "belonging" to the speaker(s).

"In a great deal of code-switching research (as indeed in a lot of research on intercultural communication), participants are seen as having a rather limited choice: (a) they can maintain and/or embrace and cultivate the ethnicity they have inherited, or (b) they can de-emphasize or abandon it, so that ethnicity drops from the repertoire of identities which are available and meaningful to them. However, the study of language crossing throws light on a further option: exploring other people's ethnicities, embracing them and/or creating new ones" (RAMPTON 1998, 300)

In the Køge Project (see JØRGENSEN 2003b), we have similarly found that the Turkish-Danish Grade school students employ a range of languages in their mutual conversations, for a range of purposes such as verbal fights, jockeying for position, getting their way in disagreements, i.e. in their negotiations of social relations. During the first few years the children are mostly Turkish-dominant, and quantitatively Danish plays a minor role. There are indeed occurrences of code-switching, particularly loans of school-related Danish words in group conversations involving Turkish-Danish students. In particular, derogatory Danish words are sometimes integrated with some effect into the Turkish.

By grade 4, Danish plays a more central role, and in some instances English is introduced into the conversations. There are still ad hoc loans (also called nonce loans) from Danish into the primarily Turkish-medium conversations, but there are more intersentential code-switches into utterances which are Danish-based.

The Danish loans are sometimes integrated into Turkish morphology and syntax, as we can observe in the following examples. The word møbler*lar* in example 1 has both a Danish (-er) and a Turkish *(-lar)* plural ending. The form of the Turkish ending reflects the Danish pronunciation with a low back tongue vowel of the ending, as the plural form *"-lar"* is attached to syllables with back tongue vowels. In cases where the plural ending was attached to the written form of the Danish word, i.e. with the ending "e", we would have had the Turkish form *"-ler"*. This means that the word is integrated through oral use and not in the written version. In example 2, the word lærerværelse appears in the nominative, but with a Turkish accusative ending (in the transcripts italic denotes Turkish while recte denotes Danish, other languages marked by underlining).

Example 1:

ESEN: møbler*lar ve koltuklar masa* xxx.

Eng: the furniture *and so the sofas the table* (xxx incomprehensible)

Example 2:

ESEN: oh *bir* lærerværelse nej det er klasseværelse lærerværelse*yi zar zor bulduk değil mi*.

Eng: oh, *a* teachers' room no it is a classroom *we found the* teachers' room *with great difficulty, did we not*

In the following example Ahmet uses a Danish adjective with Turkish endings. Turkish is a pro-drop language, and in constructions like the one in the example there are no copula. Therefore the ending *"-iz"* represents the meaning "we are", and "heldig" is integrated as a loanword, perhaps ad-hoc. There are many words like this which are morphologically integrated but which appear only once in 25 hours of conversation. The students seem to have developed an integration mechanism which allows them to integrate any Danish word in any Turkish-based utterance. This permanently blurs the distinction between ad hoc or nonce loans on the one hand, and long-term loans. All

Danish words and all Turkish words are available to the students in their mutual conversations, and the production integrates them with great ease.

Example 3:
AHMET: xxx heldig*iz* musik*ten kurtulduk*.
Eng: (xxx incomprehensible) *we are* lucky, *we escaped* music *class*

In the fourth example Murat forms another integrated form, "sø*ler*" (English: "lakes"), with a Danish stem and a Turkish plural ending. The Turkish word for lake is used in the next sentence. He says he does not want to write "søler", i.e. the Danish names of the lakes which appear in their assignment. Murat's second sentence is an explanation in Turkish of this assignment and explains that it involves writing place names on a cardboard sheet. Here he distinguishes between on the one hand "sø*leri*" which means Danish names of lakes or lakes as they are referred to in Danish, and on the other hand *"göller"*, lakes as they are in real life.

Example 4:
MURAT: *bak* sø*leri yazmayacağız biz şey göl yazacağız* land*leri* sø*leri değil.*
Eng: *look, we are not going to write the lakes, we are going to write those lakes there, the* region*s, not the lakes*

From this, we can draw several conclusions. Firstly, Murat uses his access to two sets of words to distinguish between two aspects of language use: talking about things, and talking about the words for things. Secondly he shows that he realizes that things are not what they are called. They are called what they are called, and that is different in different languages. Thirdly he shows a linguistic awareness which allows him to make these distinctions instantly and with ease. The gradual development of morphological integration is accompanied by a development of linguistic awareness. This does not mean that earlier stages are left behind, on the contrary. What has once been acquired as a linguistic means, will remain. Danish remains a language which can be used in a derogatory way. In example 5, Erol uses the Danish word "skrid" which is quite strong, in an otherwise Turkish utterance.

Example 5:
EROL: *o zaman* skrid *yapmıyorsan* skrid.
Eng: *then* fuck off *if you are doing nothing* fuck off

Aylın's utterance in example 6 is interesting because it is actually Turkish-based, with a Danish quote, and a Danish tag. There are seven Danish and only one Turkish words. The construction shows a certain syntactical virtuosity, in that it demands a certain level of skills to maintain word order rules in spite of the vocabulary used in the utterance.

Example 6:

AYLIN: fjerde b er dum *yaz* for helvede mand.
Eng: *write* fourth B is stupid, to hell, man

Both boys and girls use derogatory words and phrases from Danish with great ease and great pleasure. They are certainly aware of the value attached to these words by speakers of Danish, as example 7 shows. Esen describes a place on the map they are working with, using the term "skråt op". Literally it means "diagonally upwards", but it is also used to mean "up yours". Esen is or becomes aware of the double meaning of the phrase, and she comments on it in her next turns. Her comment is that she did not intend to say "fuck" – i.e. she explains the meaning with a similarly loaded English word.

Example 7

ESEN: *dur ha doğru Maraş* skråt op.
Eng: *wait oh yeah that is right Maraş* skråt op
SELMA: *Antalya Antalya burda o kaç numara çek elini kaç numara.*
Eng: *Antalya is here, which number is it, move your hand, which number*
ESEN: skråt op *dediğim yer* fuck xxx *demek istemiyorum bak şöyle yani yukardan deneyelim.*
Eng: *I said* skråt op *I did not want to say* fuck (xxx incomprehensible) *look there we try from up and down*

The boys in Grade 4 use more Danish than the girls. This does not mean that the boys use more advanced forms of code-switching than the girls. Example 8 shows how easily the speakers move in and out of the languages. The first two lines are Esen's attempts to attract the attention of the project worker (who is not present, because the students are left alone in the room during these conversations). But most likely her attempt is mocked and in reality addressed to the others – this sometimes happens in power struggles among the students. From Selma's reaction we can see that she is opposed to calling the project worker, and that she considers this an issue to be negotiated. Esen argues in Turkish, moving the discussion away from the fictitious exchange between herself and Selma. She probably even gets up to go to the door behind which the project worker can be found, and Selma's attempt to keep the discussion in Danish fails. The matter is settled by the project worker's arrival in the same moment.

Example 8:

ESEN:	Normann vi er altså færdige kan du ikke snart komme
Eng:	Normann we are finished can you not come soon
SELMA:	nej vi er ikke færdige
Eng:	no we are not finished
ESEN:	*valla*
Eng:	*by God*
SELMA:	se nu har jeg findet Tyrkiet og og billig xxx
Eng:	look now I have found Turkey and and cheap (xxx incomprehensible)
ESEN:	*sen burda dur ben bir öğretmenin yanına gidiyim*
Eng:	*you stay here then I will go out to the teacher*
SELMA:	må ikke
Eng:	must not
ASIYE:	*aha geliyor*
Eng:	*there he comes*

Play with language develops further during Grade 4 to involve more varieties than "Turkish" and "Danish". In example 9 there is at least one more variety at play, namely stylized immigrant Danish, a version of how the majority of speakers of Danish mock the way immigrants speak Danish. Thus, this is not a copy of immigrant accent, but a mock version of the majority-Danish (mis)representation of immigrant accent.

Example 9:

BEKIR:	hvad er den største by i Tyrkiet
Eng:	which is the biggest city in Turkey
HÜSEYIN:	*İstanbul.*
MURAT:	*Ankara.*
BEKIR:	ja det er rigtigt det er *İstanbul* sig et tal
Eng:	yes that is correct that is *Istanbul* say a number
MURAT:	otte
Eng:	eight (pronounced ute)
BEKIR:	nej han sagde otte (pronounced ute) men det er ikke rigtigt
Eng:	no he said eight (pronounced ute) but that is not correct
MURAT	laughs
BEKIR:	kom så nu griner han helt vildt mand.
Eng:	come now he laughs wildly man
ALL	laugh
BEKIR:	Hüseyin der griner xxx de ser hit med videoen mand videre.
Eng:	Hüseyin there laughs (xxx incomprehensible) they watch give me the video man go on

HÜSEYIN laughs
MURAT: fuit.
BEKIR: han sagde fuit vi vil have et tal vi vil have her et bogstav kom så bogstav ja et bogstav det var a nej det var e videre nu skal jeg spørge hvad er den største by i Danmark.
Eng: he said fuit we want a number we want a letter here come on letter yes a letter it was an a no it was an e go on now I am going to ask which is the biggest city in Denmark
HÜSEYIN: København
MURAT: *Kopenhag*
BEKIR: ja det er rigtigt stop uret din fulde perker.
Eng: yes that is correct stop the clock you drunken nigger
ALL laugh

The boys are involved in a playful exchange organized by Bekir. He acts as a quiz host and asks the others questions. Throughout the excerpt he refers to the genre of televisions quiz shows ("stop the clock, give me a number"), but at the same time he exaggerates it in ways that would be absurd in a television show ("you drunken nigger"). The exaggerations are not random, however, but triggered by Murat's way of playing. Murat plays the dumb immigrant by speaking stylized immigrant Danish, and he and Bekir join in a variation of the word for "eight" which lasts longer than the excerpt shown here. The hearty and repeated laughter shows that the boys appreciate the ironic caricature aimed at the trivial and cliché-ridden language use of television quiz shows.

More English is added in example 10, where Hüseyin uses English, and he is clearly understood at least by Bekir who comments in a way which is relevant to the content of Hüseyin's English utterance.

Example 10:
HÜSEYIN: <u>Heman you got the power</u>.
BEKIR: nej han er en stor perker han er en sej mand
Eng: no he is a great nigger he is cool man

Let us finally look at the use of language choice as a means in power struggles among the students. The event is led by Esen.

Example 11:
ESEN: helt ærligt kom nu så kom så i gang *biz mi yapacağız* og lad være med at snakke
Eng: honestly get going get started *shall it be us who make it* and do not talk
AYLIN: oh *çanta olur*

Eng:	oh *it can become a purse*
CANAN:	*biliyorsun biz böyle yaptık maalesef.*
Eng:	*unfortunately we already have made such one as you know*
ESEN:	det har vi også gjort
Eng:	so have we
EROL:	det har vi også gjort
Eng:	so have we
CANAN:	*yapmayın verin siz de siz yapacak mısınız.*
Eng:	*then don't make it are you going to make that*
ESEN:	så skrid hvis du ikke vil lave vi gider sgu ikke at have dig hvis du snakker
Eng:	then fuck off if you don't want to work we bloody don't want you here if you talk
CANAN:	bæbæbæ
EROL:	det er rigtigt nok
Eng:	it is true
AYLIN:	skal vi snakke altid dansk hvad
Eng:	must we always speak Danish
EROL:	nej
Eng:	no
ESEN:	nej men vi skal heller ikke snakke vi skal bare lave
Eng:	no we must not talk we must work
AYLIN:	jeg snakker altid tyrkisk så
Eng:	I will speak Turkish then
EROL:	kırt kırt kırt cart curt curt cart (imitating the sound of cutting scissors)
AYLIN:	*seni dinledim Esen ben kitap şeyde bantta*
Eng:	*I listened to you, Esen, book, eh on the tape*

In this example we see Esen in the role of the leader who puts the others to work. She does so by two Danish imperatives and a Turkish interrogative. It is probably no coincidence that the Danish has the form of the powerful adult-style, and the Turkish is formed as a proposal on behalf of everybody. The reaction to Esen's command and Aylın's assenting proposal consists of a critical remark from Canan. This is countered by Esen, and Canan's reaction to this seems to indicate that she understands Esen's remark as criticism. Esen on the other hand seems also to interpret Canan's subsequent remark *("then don't...")* as criticism and reacts with a blast. Canan gives up with a meaningless bæbæbæ.

Until now the main feature of the conversation is that Esen has been speaking Danish and been seconded by Erol. On the other hand, Canan's criticism has been made in Turkish. Esen's first appeal is both in Danish and Turkish, but the development makes her choose Danish – in opposition to Canan. This leads to an interesting reaction from Aylın who asks whether they must speak Danish or what, thus showing that she knows that they can choose to speak Danish or not, and they decide explicitly on her recommendation to switch to Turkish. It is Esen and Aylın who discuss, and Erol again seconds the former honored speaker.

It is part of the students' relation to language that they can choose between a range of varieties according to their own needs to express themselves. The patterns of their choices involve a number of issues such as competence, preference, power, values attached to the languages in society at large, and precision of terms. This leads to discussions in which opposing interests get into conflict. Social relations are openly negotiated, and the available languages are used without inhibition or narrow-minded norms.

The students simply use whatever linguistic means are available to them without regard to other people's grouping of the different means into separate groups. The students are not "mono"lingual or "bi"lingual or "tri"lingual. It makes no sense to try to count the number of separate groups of linguistic features (so-called languages) which are available to them. Some people may think that words like "fuck", "arastırmalar", "hestevogn", and "Gemütlichkeit" do not belong in the same language production. Such people tend to think that language features can be neatly grouped into separate languages, allowing some loan here and there. But these students do certainly not think so – in their practice they show how meaningless it is to demand linguistic purity. These students are neither mono-, bi-, tri- nor quadrilingual. They are "languagers". We should rather accept and respect "the real multilingualism of their environment", as REICH/REID foresaw many years ago.

This does not mean that anything goes. But we can teach the students to make conscious decisions about when to use which linguistic features, i.e. when they can code-switch – if they have not already acquired this knowledge by experience. Somehow children learn to curse and swear without being taught in school. Somehow they also learn when to swear and when not to swear. Similarly children somehow learn to code-switch without being taught in school – and they learn from hard experience when they can not code-switch. By taking their virtuosity in language choice, their qualities as "languagers", on board in the school curriculum, we could approach the goals of Hans REICH and other like-minded scholars in linguistics and education.

References

EDELSKY, C. (1986): Educational Linguistics, review of Rivera (1984). Language in Society , Vol. 15:1, p. 123–8.

HANSEGÅRD, N.E. (1968): Tvåspråkighet eller halvspråkighet. – Stockholm.

JESPERSEN, O. (1941): Sproget. Barnet – Kvinden – Slægten. – København.

JØRGENSEN, J.N. (2003a): Bilingualism and minority languages. International Journal of the Sociology of Language 159, p. 73–92.

JØRGENSEN, J.N. (2003b): Bilingualism in the Køge Project. International Journal of Bilingualism Vol. 7:4, p. 333–352

LABOV, W. (1966): The Social Stratification of English in New York City. – Washington, DC.

MARTIN-JONES, M./ROMAINE, S. (1986): Semilingualism: A Half-Baked Theory of Communicative Competence. Applied Linguistics, vol. 7:1, p. 26–38.

PHILLIPSON, R. (1992): Linguistic Imperialism. – Oxford.

RAMPTON, B. (1995): Crossing: Language and Ethnicity among Adolescent. – London.

RAMPTON, B. (1998): Language crossing and the redefinition of reality. In: Auer. P. (ed): Code-Switching in Conversation: Language, interaction and identity. – London, p. 290–320.

RAMPTON, B. (2001): Language Crossing, Crosstalk, and Cross-disciplinarity in Sociolinguistics. In: Coupland, N./Candlin, C./Savangi, S. (eds): Sociolinguistics and Social Theory. – London.

REICH, H.H./REID, E. (1992): Education for Bilingualism. In: Reid, E./Reich, H.H. (eds): Breaking the Boundaries. Migrant Workers' Children in the EC. – Clevedon, Avon, p. 134–178.

REICH, H.H./ROTH, H-J. in Zusammenarbeit mit Dirim, I./Jørgensen, J.N./List, G./Neumann, U./Siebert-Ott, G./Steinmüller, U./Teunissen, F./Vallen, T./Wurnig, V. (2002): Spracherwerb zweisprachig aufwachsender Kinder und Jugendlicher. Ein Überblick über den Stand der nationalen und internationalen Forschung. – Hamburg.

RIVERA, Ch. (1984): Language proficiency and academic achievement. – Clevedon, Avon.

SKUTNABB-KANGAS, T. (1981): Tvåspråkighet. – Lund.

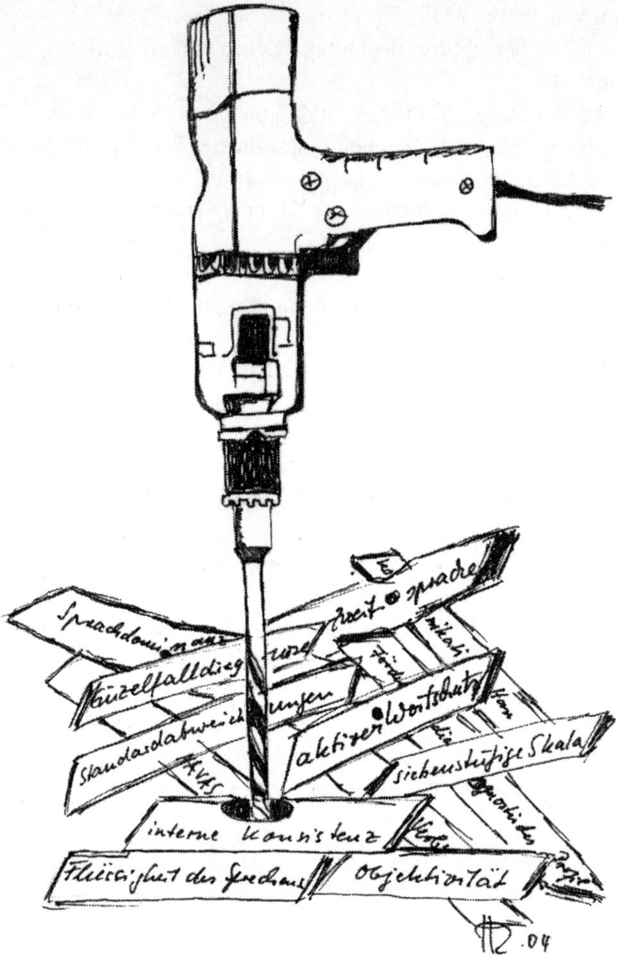

–SPRACHSTANDSANALYSE–

Hanns Petillon

Interkulturelles meets soziales Lernen

Die Schülergruppe als zentraler Ort nachhaltiger interkultureller und sozialer Bildung in der Grundschule

> Es ist kein Zufall, dass die Schwerpunkte interkultureller Arbeit im Vorschul- und Kindesalter liegen: Anknüpfen an die Lebenswelt der Kinder, die Augen öffnen für das Leben der Anderen, Lernen in Projekten, das sind ohne Zweifel Grundsätze interkultureller Pädagogik (REICH 1994, S. 22).

Begegnungsmöglichkeiten

Wenn sich interkulturelles und soziales Lernen treffen ist dies keine zufällige Begegnung; eher ein Treffen von Nachbarn, die in einer gemeinsamen Region leben, kompatible Interessen besitzen und – ohne Sorge um eine einseitige oder gegenseitige „Vereinnahmung“ – zu einem konstruktiven Austausch fachlicher Perspektiven zusammenkommen können. Bisher nimmt man sich allerdings nur begrenzt zur Kenntnis und bleibt im Hinblick auf die pädagogische Praxis eher skeptisch: „Nicht zu verkennen ist die Gefahr eines moralisierenden Unterrichts, mit dem nur ein äußerlich aufgesetztes Verhalten erreicht wird. Die Frage ist auch, ob interkulturelles Lernen als Sonderfall sozialen Lernens zureichend bestimmt ist, so gewiss soziale Kompetenzen die Basis für interkulturelles Lernen sind und so gewiss das soziale Klima einer pädagogischen Institution über die Chancen interkulturellen Lernens entscheidet“ (AUERNHEIMER 2003, S. 132).

Die folgenden Ausführungen dienen einer vermittelnden Zusammenführung von interkulturellem und sozialem Lernen. Dabei wird zunächst auf Gemeinsamkeiten und gegenseitige Ergänzung eingegangen. Die Interkulturelle Pädagogik versteht „die beteiligten Menschen – ungeachtet ihrer ethischen Zugehörigkeit – zuallererst als handlungs- und entscheidungsmächtige, autonome und soziale Subjekte“ (ROTH 1994, S. 90) und stellt – wie das soziale Lernen – das „Dialogprinzip“ und das „Menschenbild des autonomen Subjekts“ (S. 93) in den Mittelpunkt. Dabei wurzelt interkulturelle Kompetenz, als „Fähigkeit unterschiedliche Werte, Normen oder Lebensperspektiven zu erkennen, zu respektieren und mit deren Repräsentanten innerhalb akzeptierter Regeln interagieren zu können“ (HANSEN 1996, S. 7), in den Konzepten der sozialen Kompetenz und kann diese als eine spezielle Fähigkeit substantiell ergänzen (BERTELS u.a. 2004, S. 23).

Es erscheint wünschenswert, alle Möglichkeiten, welche die Konzepte und die Praxis sozialen Lernens bieten, zur Vermittlung grundlegender, interkulturell bedeutsamer Haltungen und Kompetenzen auszuschöpfen. Als basale Zielbereiche sozialen Lernens sind zu nennen die Fähigkeit und Bereitschaft, sich verständlich zu machen und andere zu verstehen, vielfältige Beziehungen aufzunehmen und aufrecht zu erhalten, zu kooperieren, Konflikte argumentativ und in fairem Austausch auszutragen, mit eigenen und Gefühlen Anderer sensibel umzugehen, in der Gruppe selbstbewusst und selbstbestimmt zu handeln sowie Regeln des Zusammenlebens zu erarbeiten und anzuerkennen. Soziales Lernen schafft damit unerlässliche Grundlagen für interkulturelles Lernen.

Gleichzeitig gilt es zu erkennen, in welcher Weise interkulturelles Lernen darüber hinausreicht und eine Herausforderung für traditionelle, monokulturelle Sichtweisen darstellt. Interkulturelles Lernen ist weit mehr als ein „Sonderfall sozialen Lernens“. Die Vermittlung kulturspezifischen und kulturübergreifenden Wissens (KNAPP-POTTHOFF/LIEDKE 1997), der Umgang mit Mehrsprachigkeit (GOGOLIN 1988) und der Erwerb antirassistischer Haltungen (QUEHL 2000) mögen im Rahmen dieses Beitrags als einige wenige Stichwörter genügen. Nachhaltiges Lernen ist auch dabei auf ein partnerschaftliches, offenes und demokratischen Spielregeln verpflichtetes Sozialleben angewiesen.

Insbesondere die subtile Betrachtung des Themas *Differenz* und die Sensibilität für den Umgang mit dem Fremden, für die Entstehung von Vorurteilen sowie die differenzierte Betrachtung des engen Bezuges von Selbst- und Fremdwahrnehmung erweitern den Horizont pädagogischen Denkens und Gestaltens. Dabei macht die Interkulturelle Pädagogik auf das große Lern- und Entwicklungspotential, das in der *Begegnung Verschiedenartiger* steckt, aufmerksam: auf die Entdeckung der Vielfalt, die Sensibilität für unterschiedliche Ausdrucks- und Eindrucksqualitäten, die Notwendigkeit der Perspektivenübernahme; die Erfahrung mit aktiven und passiven Formen der Kategorisierung und die Chancen einer auf Individualität rekurrierenden „Rekategorisierung“; die Erfahrung, dass das Unverständliche nicht Nachvollziehbare wie selbstverständlich zu unserem Leben gehört; die Akzeptanz für Ungewissheiten und die Annäherung an das Komplizierte; die eigene kulturelle Befangenheit, die Vorsicht im endgültigen Behaupten, die Vermeidung von Einseitigkeiten; die Bearbeitung von Gefühlen im Umgang mit „Befremdung“, die Entdeckung der eigenen Person als Ursache für Animositäten und Ablehnung ... (ALLPORT 1973; AUERNHEIMER 2003; REICH 1993). Angesichts der Pluralität von Werten und Normen und der Disparität der Lebensverhältnisse gilt es, die Verschiedenartigkeit im Sinne einer Pädagogik der Vielfalt aufzunehmen und in der Schülergruppe (als „Polis im Kleinen“) nach dem Prinzip „der intersubjektiven Anerkennung zwischen gleichberechtigten Verschiedenen“ (PRENGEL 1993, S. 62) lebbar zu machen und Heterogenität zunehmend als „Quelle der Inspiration und des Reichtums“ (POMMERIN 2001, S. 80) wahrnehmbar zu machen. Im folgenden Kapitel wird an einigen ausgewählten Befunden der Frage nachgegangen, inwieweit das Sozialleben in vielfältig zusammengesetzten Schülergruppen diesem Anspruch gerecht wird.

Schülergruppe als zentraler Ort nachhaltigen interkulturellen-sozialen Lernens

Die Gruppe der Gleichaltrigen ist sowohl alltäglicher sozialer Erfahrungsraum mit hoher Eigendynamik als auch Lernort und Ausgangspunkt für *erfahrungs*haltige unterrichtliche Prozesse. Die dort gegebenen Möglichkeiten eines *erfahrungs*offenen verantwortlichen Handelns, das aus der Logik des sozialen Geschehens unmittelbar erwachsen kann sowie *erfahrungs*orientiertes Evaluieren von eigenen Gestaltungsversuchen der Kinder verweisen auf ein breites Spektrum an Lernmöglichkeiten: Interessen aufeinander abstimmen, Argumente entwickeln, Beziehungen „lesen", Einfühlungsvermögen entfalten, den metakommunikativen Austausch gestalten, mit Differenz selbstbestimmt und verständigungsbereit umgehen u. a. Für die Schülerinnen und Schüler, die miteinander leben und lernen, „wird damit auch ‚Integration' jeden Tag aufs Neue zur Aufgabe" (CZUBA-KONRAD 2000, S. 9). Die Bereitschaft zu integrierendem Denken beginnt „in den überschaubaren Zusammenhängen der Lebenswelt im Nahbereich. Dazu gehören die Erfahrungen in der Gruppe der Gleichaltrigen" (BERTELS u.a. 2004, S. 14).

Für die Bearbeitung dieses komplexen, facettenreichen Themas erscheint eine mehrperspektivische Analyse besonders angemessen. Dabei lässt sich nach den Analyseebenen *Kind – Interaktion – Gruppe* unterscheiden, von denen aus der Gegenstand bestimmt, in der Forschung analysiert und in curriculare Überlegungen eingebracht werden kann:

- Auf der *Ebene des Kindes* bezieht sich die Analyse u. a. auf die soziale Entwicklung, den Erwerb sozialer Kompetenzen und Orientierungen, den Status und die Selbstbehauptung in der Gruppe sowie situative Handlungsweisen in Gruppensituationen und einzelnen Beziehungen.
- Die *Ebene der Interaktion* beinhaltet u.a. Prozesse des dyadischen sozialen Wechselspiels in unterschiedlichen sozialen Situationen (Konflikt, Kooperation, Spiel) und die Betrachtung einzelner Beziehungen, die nach der Qualität des Austauschs, nach dem Ausmaß an Intimität und nach der Begegnungshäufigkeit variieren.
- Auf der *Ebene der Gruppe,* als Ort des Vergleichens mit anderen, der Selbsteinschätzung und der Vergabe von Einfluss stehen u. a. soziale Strukturen (soziales Beziehungsgefüge, Teilgruppen, Rangordnung), das Sozialklima sowie Normen des Zusammenlebens (u.a. auch Vorstellungen von Gerechtigkeit, Fürsorglichkeit und Verantwortung) im Mittelpunkt der Betrachtung.

Perspektive: Kind

Das Wissen über die *soziale Entwicklung* bietet eine wichtige Grundlage für die Gestaltung eines Unterrichts, der an den sozialen Möglichkeiten der einzelnen Kinder anknüpft und sie verständnisvoll unterstützend beim Erwerb interkultureller und sozialer Kompetenzen begleitet. Im Verlauf der Kindheit, in der sich sowohl Qualität als auch Häufigkeit der sozialen Beziehungen zwischen Kindern verändern, vollzieht sich eine soziale Entwicklung, die bei entsprechenden förderlichen ökologischen Bedingungen die Möglichkeiten des Kindes erweitert, zielgerichtet und kompetent an seinem sozialen Umfeld zu partizipieren. Im Verlauf der Grundschulzeit kommt es dabei zu einer Ausweitung sozialer Beziehungen auf mehrere Interaktionspartner (LEWIS/ROSENBLUM 1975), die Dauer einzelner Interaktionen nimmt zu (EMMERICH 1971). Mit erweiterten kommunikativen Fähigkeiten vergrößern sich auch die Sprachanteile in Interaktionsprozessen; verbale Strategien und die Fähigkeit, die Sprache des anderen zu entschlüsseln, verfeinern sich (LA GRECA/STARK 1986). Darüber hinaus wächst die Fähigkeit zu angemessenen Prognosen über das Verhalten anderer und über die Folgen eigenen Handelns (SCARLETT u.a. 1971). Strategien im Umgang mit Konflikten zwischen Gleichaltrigen und der normative Grundrahmen für soziale Interaktionen werden differenzierter (PETILLON 1993; HALISCH 1988). Im Bemühen um stabile, vorhersagbare Beziehungsverhältnisse entwickeln die Kinder Moralauffassungen u. a. darüber, „was fair, gerecht und solidarisch ist" (KRAPPMANN 2002, S. 98).

Eine Synopse vorliegender Befunde macht deutlich, dass die Grundschulzeit als „sensible Phase" für die soziale Entwicklung, insbesondere des sozialen Verstehens und sozialer Sensibilität, betrachtet werden kann. Angesichts hoher „Plastizität" sozialer Verhaltens- und Beziehungsmuster erscheint die Förderung elementarer *sozialer und interkultureller Kompetenzen* im Sinne einer ersten Anbahnung und kontinuierlichen Förderung im Primarbereich besonders erfolgversprechend.

Perspektive: Interaktion

Interaktionen können als wechselseitige Einwirkung, als komplexes Gewebe von Handlungen und Gegenhandlungen beschrieben werden. In ereignisbezogenen Verständigungs- und Abstimmungsprozessen versuchen die Interaktionspartner, Situationsdeutungen zu koordinieren, eigene Handlungsziele durchzusetzen oder auf den anderen abzustimmen. Intensität, Dauer sowie das Ausmaß an gegenseitiger Vertrautheit und Wertschätzung der jeweiligen Beziehung sind für die Qualität dieser Austauschprozesse von zentraler Bedeutung.

Zunächst ist davon auszugehen, dass die Schulklasse nicht das einzige Reservoir von Beziehungsangeboten ist. Etwa zwei Drittel der Kinder finden in Grundschulklassen einen Spielpartner, mit dem sie auch außerhalb der Schule häufig zusammen sind. Die anderen suchen Kontakte zu Geschwistern und Kindern in der häuslichen Umgebung oder spielen auch allein (STÖCKLI 1997). Die sozial vertrauensvollen, weniger gehemmten Kinder nutzen primär das Beziehungsangebot der Klasse. Demgegenüber sind es eher die schüchternen, wenig vertrauensvollen Kinder, die auf Alternativen außerhalb der Klasse ausweichen. Die Meidung einer so vielfältigen sozialen Ressource, wie sie die Schulklasse darstellt, weist in vielen Fällen auf Beziehungsprobleme hin, während die Integration in der Klasse zum Gradmesser individueller Kontaktfähigkeit wird (STÖCKLI 1997).

Gegenseitiges *Vertrauen* trägt in besonderer Weise zur Festigung einer Beziehung bei. Auf die Frage, in welchem Ausmaß man den Gleichaltrigen vertrauen kann, reagieren viele Kinder eher skeptisch oder unsicher. So ist z.B. die Zahl der Gruppenmitglieder, denen man ein Geheimnis anvertrauen kann, deutlich begrenzt. Zweifel anderer Mitschüler an der eigenen Vertrauenswürdigkeit führen zu starken persönlichen und sozialen Beeinträchtigungen bei den betroffenen Kindern. Die einem Kind zugeschriebene Vertrauenswürdigkeit korreliert hoch mit seinem Beliebtheitsstatus (WENTZEL 1991); abgelehnte Kinder gelten unter Gleichaltrigen als ausgesprochen wenig vertrauenswürdig. Misstrauen gegenüber einzelnen Gruppenmitgliedern begünstigt das Festhalten an negativen Interpretationsmustern und verhindert alternative Erfahrungen der wenig beliebten Kinder. (STÖCKLI 1997).

Obwohl Prinzipien der Gleichberechtigung, Nichtübervorteilung und Nichtbevormundung in Beziehungen zwischen Kindern eine große Rolle spielen und auch zu heftigen Auseinandersetzungen führen, können sich bei der Suche nach gerechten Lösungen und dem Ausgleich von Interessen in vielen Situationen entsprechende Normen nicht durchsetzen. In weniger als der Hälfte der Fälle wird in der Grundschule in Konflikten zwischen Kindern eine von allen Beteiligten akzeptierte Lösung erreicht. Viele Kinder versuchen sehr heftig und rücksichtslos ihr Anliegen durchzusetzen. Erfahrungen der eigenen Durchsetzungsfähigkeit oder des Unterliegens dominieren. Vielfach berichten Kinder von körperlichen Aggressionen, die deutlich über die spielerischen Rauf- und Tobespiele, „rough and tumble play“ (OSWALD 1997) hinausgehen und die Grenze zur Gewalt überschreiten. OSWALD/KRAPPMANN (2000) entdeckten bei ihren Beobachtungen, dass der Einsatz der Gewalt ein Handlungsschritt ist, der einer Logik des Interaktionsgefüges und der Interaktionsbedingungen unter Kindern entspricht: „Gewalt eröffnet Erfahrungen mit sich und anderen, die Kinder intensiv suchen; Gewalt ist der Versuch, Grenzen zu errichten, die Teures und Liebes gegen respektlosen Zugriff abschirmen; Gewalt verlockt, weil sie das Verhältnis zu anderen eindeutig klärt; Gewalt bietet sich als Abkürzung zu einem Ziel an, wenn andere Vorgehensweisen versagen; Gewalt ist ein Mittel, um das Wichtigste, das eigene Selbst zu behaupten“ (S. 14).

Die Bearbeitung des Themas „Konflikt und Lösungen“, wie es in vielen Lehrplänen genannt wird, stellt für die Gestaltung des Schulalltags eine große Herausforderung dar. Vorliegende Schulprogramme zur Gewaltprävention (BALSEN/SCHREWE/SHOOF 1997), Methoden des „Streit-Trainings“ und klasseninterne Mediations-

Programme zur Streitschlichtung (KAHLERT 2002) enthalten praxisnahe Hinweise zu einer systematischen und kindgemäßen pädagogischen Intervention.

In vorliegenden Untersuchungen findet sich übereinstimmend der Hinweis, dass sich Mädchen und Jungen in der Grundschulzeit voneinander abgrenzen, eine Entwicklung, die sich bereits zum Ende der Kindergartenzeit abzeichnet (SCHMIDT-DENTER 1988). Geschlechterpräferenzen sind bereits zu Beginn der Schulzeit angelegt. Längsschnittuntersuchungen verweisen auf eine zunehmende Separierung im Verlauf der ersten vier Grundschuljahre. Mädchen und Jungen entwickeln unterschiedliche „Spielkulturen" (PETILLON 1993; THORNE 1996): *Jungen* bevorzugen Spiele mit Wettbewerbscharakter, bei denen es häufig auch um die Klärung von Rangordnungen geht und Durchsetzungsfähigkeit erprobt wird. *Mädchen* dagegen versuchen im Spiel ihr Bedürfnis nach Intimität und Nähe zu realisieren (SWANN 1992); sie bevorzugen kommunikativ geprägte Rollen- und Regelspiele und bringen dort eine intensive empathische Ausrichtung ein (V. SALISCH 1991). In vielen Fällen verhindert die aus den „eigenen Reihen" hervorgehende soziale Kontrolle eine zwanglose Annäherung. Vieles deutet darauf hin, dass diese Separierung eine Situation der Ungleichheit schafft, die stereotype Voreinstellungen verstärkt und den Rückzug in die geschlechtshomogene Gruppe begünstigt. Wie Interventionsstudien zeigen, lassen sich Erfolge durch die Förderung eines offeneren, kooperativeren Verhältnisses zwischen Mädchen und Jungen erzielen (BIGLER/LIBEN 1992).

Von besonderer Bedeutung für die soziale Entwicklung sind intensive *Freundschaftsbeziehungen*. Die Analysen von KRAPPMANN/OSWALD (1989) zeigen, dass mehr als unter Nichtfreunden, bei denen das überdauernde Interesse aneinander fehlt, in gemeinsamen Anstrengungen Gesichtspunkte der anderen Seite berücksichtigt, fehlgegangene Lösungen rekonstruiert und zusätzliche Argumente aufgenommen werden; es wird intensiver „ko-konstruiert" (YOUNISS 1980). Im Vertrauen auf die Loyalität des Freundes können neue Kenntnisse gemeinsam ausprobiert und erlernte Fähigkeiten kooperativ geübt werden. Die gegenseitige Aufmerksamkeit ist größer; in Konflikten finden Freunde öfter zu beiderseits akzeptierten „beziehungsschonenden" Lösungen (PETILLON 1993): Man nimmt sich mehr Zeit füreinander und kommuniziert effektiver, da man sich besser kennt und vieles „eingespielt" ist (NELSON/ABOUD 1985). Im Verlauf der Kindheit verändern sich die Vorstellungen davon, was Freundschaft bedeutet, wofür man einen Freund braucht und was man selbst in die Beziehung einbringen muss (PETILLON 1993).

Perspektive Gruppe

Der Eintritt bestimmter Sozialereignisse, deren Verlauf und Prozesse der Bewältigung werden von *Normen, Strukturen und dem Sozialklima* der Gruppe mitbestimmt, die als Rahmen für das Sozialleben der Kinder hemmende und förderliche Möglichkeiten bereitstellen.

Als Ergebnis von Interaktionen entwickeln sich unter den Kindern gruppenspezifisch geprägte *Normen*, als gemeinsame „Spielregeln“ des Zusammenlebens, durch die verlässliche Regelmäßigkeiten in Interaktionsabläufen entstehen können. Dabei erwerben Grundschulkinder ein Wissen über soziale Regulierungen, das von dem frühesten Niveau rein situational verstandener Regulierungen über die Kalkulation von Sanktionen bis zur Einsicht in den Eigenwert von Regeln für die Aufrechterhaltung sozialer Ordnungen reicht (DAMON 1982). Es wird angenommen, dass sich unter Kindern eine Vorstellung von Gleichheit ausbildet, die im Umgang miteinander angestrebt wird. Dabei steht das Prinzip der Gegenseitigkeit, d.h. ein gerechter Austausch von Geben und Nehmen, als Ideal ausgewogener Beziehungen im Hintergrund des interaktionalen Geschehens. Auch wenn die Inhalte dieses Austausches von begünstigten Handlungen (zusammen spielen) über gegenseitiges Vertrauen bis zum Anvertrauen und Bewahren von geheimen Gedanken variieren, bleibt die Funktion von Gegenseitigkeit gleich: „wenn eine Partei ihren Beitrag zurückhält, wird die Interaktion unbalanciert und damit die Beziehung gefährdet“ (SCHMIDT-DENTER 1988, S. 287).

Soziale Strukturen kennzeichnen mehr oder weniger stabile Muster unterschiedlichen Einflusses, gegenseitiger Anerkennung und Sympathie, Kommunikationsnetze, Erwartungsmuster und Hierarchien. Vieles deutet darauf hin, dass *Rangordnungen* in sich neu bildenden Kindergruppen schnell geklärt werden. Wie eine Längsschnittuntersuchung zeigt, gelang es 80 % der Kinder, die zu Beginn des ersten Grundschuljahres in einflussreichen Positionen waren, auf der Grundlage ihrer „Monopolstellung“ über zwei Jahre ihren Einfluss zu behaupten (PETILLON 1993). Nach einem ersten Stadium der Kontaktsuche und der Klärung von Rangordnungen scheint sich in vielen Grundschulklassen sehr bald nach Schulbeginn ein Stadium „erster Institutionalisierung“ zu entwickeln, das den sozialen Handlungsspielraum für die einzelnen Kinder im Hinblick auf Einfluss und Anerkennung vorstrukturiert.

Unser besonderes Augenmerk sollte den Kindern in Außenseiterpositionen gelten. Diese Positionen besitzen eine ausgesprochen hohe Stabilität. Bereits in den ersten beiden Schuljahren scheinen sich die Kinder einer Schulklasse auf einzelne Mitschüler festzulegen, die immer wieder Opfer von aggressiven Handlungen, von Ausschluss und Hänseleien sind (STÖCKLI 1997; PETILLON 1993). Ein Schwerpunkt der Forschung bildet in diesem Zusammenhang das Phänomen „Bullying“, als Hinweis auf das regelmäßige Schikanieren (Mobbing) einzelner Kinder, die sich auf Grund klarer Unterlegenheit kaum zur Wehr setzen können. (BUSCH/TODT 1998). In multikulturellen Klassen ist auf Grund vorliegender Untersuchungen nicht festzustellen, dass Schüler(innen) mit „anderen Erstsprachen“ mehr von Bullying und Viktimisierung (verbale Beleidigungen, Ausgrenzung, körperliche Attacken) betroffen sind als Schüler(innen) mit deutscher Muttersprache (STROHMEIER/ATRIA/SPIEL 2004). In einer differenzierten Untersuchung konnten KRONIG/HAEBERLIN/ECKHART (2000) allerdings feststellen, dass in der Grundschule Immigrantenkinder mit Schulleistungsschwäche einen noch tieferen soziometrischen Status besitzen, als ihn schon die anderen schulleistungsschwachen Kinder aufweisen.

Auf der Basis bestimmter Gemeinsamkeiten finden sich Kinder zu *Teilgruppen (Cliquen)* zusammen, in denen sich gemeinsame Normen und spezifische Formen und Themen des Kommunizierens entwickeln, die den Umgang der Mitglieder untereinander erleichtern, dagegen den Zugang für Außenstehende erschweren. Intensivere Kontakte fördern einen offenen Austausch von „persönlichen Themen“ und schaffen damit ein gewisses Maß an Sicherheit, das man nur innerhalb der eigenen „Clique“ findet. In vielen Fällen bevorzugen deutsche Kinder die eigene ethnische Gruppe (WAGNER u.a. 2001).

Viele der vorgelegten Befunde verdeutlichen, wie notwendig und sinnvoll es wäre, durch gezielte schulische Maßnahmen zur Verbesserung der Gleichaltrigenbeziehungen beizutragen. Allerdings wissen wir aus den wenigen Untersuchungen zur sozialerzieherischen Praxis, dass geplantes Lernen im Sozialbereich nur eine sehr untergeordnete Rolle spielt und Lehrer wenig über das Sozialleben der Schüler wissen. Auf der anderen Seite bestätigen einzelne Studien, dass mit Interventionsprogrammen nachweislich positive Effekte erzielt werden können (STÖCKLI 1997, BEELMANN/PFINGSTEN/LOESEL 1994, PETILLON/FLOR 1997). Besonders wenig wissen wir über die Effizienz von Konzepten interkulturellen Lernens: “There are few, if any, studies that describe the extent to which the multicultural education concept has been internalized by teachers, how they mediate and interpret it in the classroom, and the way it influences students’ perceptions and behaviours” (Banks 1992, zit. nach AUERNHEIMER 2003).

Wie bestimmt interkulturelle Differenz den sozialen Alltag der Kinder? Empirische Befunde zum Sozialleben in multikulturellen Schulklassen liegen nur sehr begrenzt vor. Im deutschen Sprachraum ist nur wenig über die Qualität interkultureller Beziehungen bekannt. Soziale Beziehungen zwischen Schülern verschiedener ethnischer Gruppen werden vor allem in „Nebenfragestellungen“ von Studien zu Aggression und Gewalt behandelt (STROHMEIER/ATRIA/SPIEL 2004, S. 6). Es bleibt weitgehend offen, ob sich spezifische Situationen im Hinblick auf Freundschaften, Außenseitertum und Führung, den Umgang mit Konflikten und Gewalt, Beziehungen zwischen Jungen und Mädchen, Kommunikation und Cliquenbildung, Austausch von Spielkulturen, Gestaltung von Normen, Möglichkeiten der Selbstbehauptung und Identitätsfindung ergeben. Es fehlt an systematischer Forschung zu der Frage, wie Schüler in ihrem täglichen Miteinander ethnische Differenzen relevant werden lassen.

Cordula WEIßKÖPPEL (2001) beschreibt in einer bemerkenswert differenzierten Beobachtungsstudie eine Realschulklasse als eine „Schnittstelle von Diskursen, die aus diversen Lebenswelten, Herkunftskulturen und Milieus stammen, dort zusammenlaufen, aufeinanderprallen, sich vermischen oder verknoten und sich wieder verstreuen“ (S. 238); sie versucht, in die Mikroprozesse alltäglichen sozialen Umgangs „hineinzuschauen“ und findet erste Antworten auf bedeutsame Fragen: Wie entstehen

Bündnisse, Sprachspiele, Provokationen; wie entstehen Identitäten aus dem sozialen Umgang gleichaltriger Kinder mit unterschiedlichen kulturellen Kontexten? Es wird deutlich, dass ethnische Zugehörigkeit nur einen, wenn auch wichtigen Bestandteil, von Identitätsperformanz ausmacht.

Aufgaben und Ziele interkulturellen-sozialen Lernens

Was du nicht willst, das man dir tu'...
Bei der Frage nach wünschenswerten Formen des sozialen Umgangs zwischen Kindern trifft man auf einen Themenbereich, der durch besondere Unschärfe, Vielfalt und Uneinheitlichkeit der Begrifflichkeit gekennzeichnet ist. Das Kriterium der *Gegenseitigkeit* (Reziprozität) erscheint in vielen Zielkatalogen explizit oder implizit als „Grundmuster" sozialen Umgangs und erweist sich als besonders geeignet, wünschenswerte Formen sozialen Handelns in ihrer Einbindung in ein mehrperspektivisches Konzept, zu beschreiben. Auch in dem „Manifest für den Dialog der Kulturen", das auf Initiative des UN-Generalsekretärs verfasst wurde, wird auf die „Goldene Regel" des Zusammenlebens verwiesen, „die buchstäblich von allen großen ethischen und religiösen Traditionen anerkannt" werde, nämlich die *Regel der Gegenseitigkeit*: „Was du nicht willst, das man dir tu', das füg' auch keinem anderen zu!" (MANIFEST 2001, S. 45).

Gegenseitigkeit als Grundmuster äußert sich auf *individueller* Ebene als Balance zwischen den Erwartungen anderer und eigenen Bedürfnissen; in *Interaktionsprozessen* als „gerechter Austausch" im Sinne von Geben und Nehmen: z.B. sprechen und zuhören; helfen und sich helfen lassen; sich für den anderen zuständig fühlen und Fürsorglichkeit des Anderen annehmen; Offenheit erfahren und Offenheit zeigen; Begriffe wie Kooperation, Konflikt, Teilen, Akzeptanz und Respekt schließen diese wechselseitig aufeinander bezogenen Komponenten bereits implizit in sich ein.

Auf der Grundlage einer Synopse der vorliegenden Fachdiskussion wurde ein Katalog von Zieldimensionen entwickelt, der das Prinzip der Gegenseitigkeit konkretisiert und durch eine Expertenbefragung „validiert" werden konnte (PETILLON 1993). Die einzelnen Zieldimensionen sind sehr allgemein formuliert und dementsprechend offen für eine situations-, institutions- und altersspezifische Ausgestaltung. Im Folgenden werden einige Zieldimensionen herausgegriffen und im Hinblick auf ihren interkulturellen und sozialen Bildungsgehalt an einigen stichwortartigen Hinweisen beschrieben.

Kommunikation, interkultureller Dialog
Grundsätzlich geht es um die Fähigkeit und Bereitschaft, sich verständlich zu machen und andere zu verstehen, sich im Wechselspiel von Verstehen und Verständigung auf einen kooperativen Deutungsvorgang mit dem Ziel einer gemeinsamen Situationsde-

finition einzulassen. Grundlage hierfür ist die Entwicklung von Sprachsensibilität und Sprachbewusstheit und damit auch der Erwerb „allgemeiner linguistischer, sozialer und psychischer Fähigkeiten, um mit Individuen und Gruppen, die einer anderen Kultur angehören, erfolgreich zu kommunizieren" (MOOSMÜLLER 2000, S. 272). Sprachenvielfalt kann als Auslöser für die Erweiterung der Sprachbildung fungieren; von „Zweisprachigen" können andere lernen: Prozesse des Unterscheidens, Wählens, Übertragens und Spielens mit Sprache können für die Bildungsarbeit nutzbar gemacht werden (GOGOLIN 1988). Die Fähigkeit und Bereitschaft zum interkulturellen Dialog, d.h. sich über unterschiedliche Weltsichten und normative Differenzen auseinander zu setzen (AUERNHEIMER u.a. 1996, S. 80) kann in der Grundschule in ersten Ansätzen vermittelt werden. Das „Manifest für den Dialog der Kulturen" nennt hierzu die „Bereitschaft, Urteile zurückzustellen, unsere eigenen Grundannahmen kritisch zu überprüfen, das Gesagte zu würdigen, ohne voreilige Schlüsse zu ziehen, an den wichtigen Punkten weiter nachzufragen und über die Bedeutung des Gesprächs nachzudenken" (MANIFEST 2001, S.95): „Erwarte, dass kulturbedingte Andersartigkeit die Interaktion beeinflussen kann, und lege dich so spät wie möglich auf eine Interpretation der Äußerungen – auch der nonverbalen – deines Kommunikationspartners fest ... Erwarte, dass deine Kommunikationspartner deine Äußerungen missverstehen können ... Setze metakommunikative Verfahren zur Prophylaxe und Reparatur von Missverständnissen ein, allerdings nur insoweit, als sie das Gesicht des Interaktionspartners nicht bedrohen" (S. 96).

In Schülergruppen wäre ein Raum zu eröffnen, der mehr Pluralität von kulturellen Identitäten, die sich nicht einfach an sogenannten Nationalkulturen orientieren ermöglicht, und „den Respekt vor der Individualität und differenten Selbstdefinitionen kultiviert" (HAMBURGER 1994, S. 70). Dem Spiel als Form interkulturellen Lernens kommt dabei in der Grundschule eine besondere Bedeutung zu: „Denn Menschen, die gerne miteinander spielen und Spaß am gemeinsamen Spiel haben, verlieren Berührungsängste und bauen Barrieren und Ambivalenzen gegenüber Fremden und Fremdem ab" (GLUMPLER 1999, S. 193).

Ich-Identität, kulturelle Identität

Ich-Identität meint zunächst die Fähigkeit und Bereitschaft, Fremderwartungen und eigene Bedürfnisse so zu verarbeiten, dass ein eigenes selbstbestimmtes Rollenverhalten entwickelt und praktiziert werden kann. Identität als Ergebnis von Aushandlungsprozessen in sozialen Beziehungen erfordert im Wechselspiel von Selbstbehauptung und eigenverantwortlicher Anpassung „Integrationsleistungen" und ist ein offenes, unabschließbares Projekt, das von kritischen Lebensereignissen stets neu angestoßen wird, ein Komplex von (Re-)Konstruktionen und etwas, das immer neu ausgehandelt werden muss. Metaphern wie „Patchwork" oder „Bricolage" (Bastelei) kennzeichnen gut die Eigenart von Identitätsarbeit (AUERNHEIMER 2003, S. 69).

Der Begriff der kulturellen Identität rückt die kulturellen Ressourcen und sozialen Bezüge in den Mittelpunkt der Betrachtung. Problematisch erscheint die weitverbreitete Sichtweise, die die Kinder auf die in der Primärsozialisation erworbenen ethnischen Identitätsressourcen reduziert und zu Repräsentanten einer ethnischen Gruppe stilisiert, die mit einem Fundus an Sprachfähigkeiten und Handlungsweisen ausgestattet sind, die einmal erlernt, fortwährend dominant seien: in der hiesigen Kultur geboren, aber von den Eltern mit anderer Kultur erzogen, wird ein Bild einer problematischen Existenz zwischen den Kulturen gezeichnet (WEIßKÖPPEL 2001, S. 234) als handle es sich um „eine verwirrte diasporische Herde, die sich zwischen zwei unbeweglichen Objekten, Kulturen genannt, gefangen sieht“ (BAUMANN 1998, S. 294).

Demgegenüber sprechen Beobachtungen dafür, dass in Kindergruppen unterschiedliche Bedeutungssysteme gelernt und kontextbezogen angewendet werden können; es entstehen dabei Synthesen von verschiedenen Bedeutungssystemen, etablierte Handlungsorientierungen können durch andere erweitert werden: statt sich auf die ethnische Herkunft zu fixieren wird das „Dazwischen“ als „third place“ bedeutsam (BHAPPA 1994). In interaktiven Prozessen bilden ethnische Aspekte von Identität *eine* Ressource neben anderen (wie z.B. Geschlecht, Alterszugehörigkeit, Milieu). Es kommt zu einem Zusammenspiel dieser Ressourcen, die sich in Prozessen der Imagepflege, des Bedeutungsmanagements und kreativer Bedeutungsproduktion äußern. In einem dynamischen Beziehungsmanagement und in situativen Bündnissen werden unterschiedliche Zugehörigkeiten demonstriert und Gemeinsamkeit stiftende Erfahrungen gesammelt. (WEIßKÖPPEL 2001, S. 235).

Soziale, interkulturelle Sensibilität

Die Fähigkeit und Bereitschaft, sich in die Rolle eines anderen zu versetzen, sich in seine Lage einzufühlen und das Ergebnis dieser Bemühungen in das eigene Verhalten einzubeziehen zeigt sich in den verschiedenen Phasen des sozialen Geschehens: als vorausschauende soziale Phantasie, als Einfühlungsvermögen innerhalb der Interaktion und als nachfolgende Reflexion des Interaktionsverlaufes.

Der Perspektivenwechsel nimmt als Schlüsselqualifikation sowohl für die soziale als auch für die interkulturelle Kompetenz einen zentralen Stellenwert ein. Er ist notwendige Voraussetzung für Verstehen und gelingende Kommunikation. Die Übernahme der Sicht des Anderen ist eine Denkfigur in der auch interkulturelle Themen „möglichst sachgerecht aus verschiedenen Winkeln betrachtet und die pluralistische Natur der Realität ausgeleuchtet wird“ (RHODE-JÜCHTERN 1996, S. 5). Es geht dabei um das Hineindenken und Einfühlen in Gedanken und Emotionen, die nicht unbedingt den eigenen entsprechen, die verstehende Wahrnehmung und Empathie „als Einfühlung in eine andere Welt, ein Sich-Vorantasten“ (REICH 1993, S. 196). Beim Abbau von Vorurteilen sowie dem Infragestellen von Selbst- und Fremdbildern kommt der sozialen Perspektivenübernahme große Bedeutung zu. Sich der Existenz unterschiedlicher Perspektiven bewusst zu werden und „die Äußerungen der Mitglieder einer anderen Kultur möglichst so zu begreifen, wie diese selbst es tun" (BERTELS u.a. 2004, S. 27) sind als anspruchsvollste Ziele interkulturellen Lernens zu verstehen. Dabei ist vollständiges Verstehen nicht möglich, es bleibt das Unverständliche, das Akzeptieren von Fremdheit, die Einsicht in unsere Verstehensgrenzen, die dem Bedürfnis nach Vertrautheit, Durchschaubarkeit und Sicherheit entgegensteht (AUERNHEIMER 2003, S. 103).

Toleranz, Umgang mit Ambiguität, Ungewissheitsorientierung
Als Fähigkeit und Bereitschaft, die Verschiedenartigkeit Anderer zu erkennen und zu respektieren, Vorurteile zu hinterfragen, wird Toleranz als aktives Handeln („doing tolerance") gesehen und geht weit über das Zugeständnis anderer Meinungen und die Duldung von Andersartigkeit hinaus. In Gruppenprozessen zu fördern wäre die Fähigkeit, Zweideutigkeit und Unentschiedenheit zunächst zuzulassen und angemessen damit umzugehen, unvoreingenommen sein zu können, Annahmen über Andere zu überprüfen und zu hinterfragen sowie die Bereitschaft, Anderen ihre eigene kulturelle Identität zuzugestehen. (BERTELS u.a. 2004, S. 60). Darüber hinaus bietet das Sozialleben der Kinder gute Möglichkeiten, die Bereitschaft anzubahnen, Andere am eigenen Leben teilhaben zu lassen, Respekt als wertschätzende Haltung gegenüber anderen Kulturen zu erfahren. Dabei zeigen Beobachtungen, dass der bloße soziale Kontakt nicht ausreicht, Vorurteile gegenüber einer anderen Gruppe zu reduzieren; vielmehr gelten die Bewältigung gemeinsamer Aufgabenstellungen und die Erbringung kollektiver Leistungen als erfolgversprechender Weg (ALLPORT 1973). In einem für die Kinder befriedigenden Sozialklima können sich Ängste reduzieren, die häufig Ursache für die Abwehr von Vieldeutigkeit und Ambivalenz, soziale Kategorisierung und Eigengruppenpräferenzen sind (BOOS-NÜNNING u.a. 1986).

Personen mit hoher *Ungewissheitsorientierung* (vgl. HUBER/ROTH 1999) unterscheiden sich von „Gewissheitsorientierten" dadurch, dass sie Neuartiges, Unbekanntes und zunächst Widersprüchliches weniger als belastend und bedrohlich, sondern vielmehr als herausfordernd und als Möglichkeit zur persönlichen Weiterentwicklung erleben. Sie werden durch offene Situationen besonders angesprochen und können darin erfolgreich lernen. Widersprüche und Mehrdeutigkeiten können entwicklungsfördernde Umstrukturierungen des individuellen Wissens in Gang setzen. Gewissheitsorientierte beharren dagegen eher auf verfügbaren „Gewissheiten" und entwickeln auch das Bedürfnis nach kultureller Homogenität und neigen zu reduktionistischen Verarbeitungen. Es erscheint sinnvoll und notwendig, alle Kinder bereits in der frühen Kindheit, im Rahmen interkulturellen sozialen Lernens an die Herausforderung der Ungewissheit heranzuführen und sie darin einen persönlichen Zugewinn erleben zu lassen.

Das interkulturelle Sozialleben der Kinder fördern

Die Zukunft beginnt in der Grundschule

Einige wenige Stichwörter, entliehen aus der Praxis sozialen und interkulturellen Lernens im Primarbereich, mögen im Rahmen dieser kurzen Ausführungen genügen, um einzelne handleitende Prinzipien zu skizzieren.

Interkulturelles und soziales Lernen findet seinen Ort nicht nur in zusätzlichen „Unterrichtsthemen", sondern sollte als übergreifendes Prinzip grundlegender Bildung gelten, in einer Grundschule, die zum „Dreh- und Angelpunkt sozialer Interaktionen und der Aushandlung sozialer Regeln" (PREUSS-LAUSITZ 1999, S.166) geworden ist.

Im Mittelpunkt steht *erfahrungsbezogenes Lernen.* Belehrungen kommen gegen Erfahrungen nicht an! Es geht nicht um ein distanziertes Lernen über Kulturen, sondern um die Infragestellung des Eigenen durch die Präsenz des Fremden in unmittelbarem, alltäglichen Kontakt, im wechselseitigen Austausch ... es geht um die Suspendierung der scheinbaren Selbstverständlichkeit der eigenen Orientierungen, Wissensnormen und Handlungsweisen um des Lernens willen, mit dem Ziel „vorzudringen zur Fähigkeit der interkulturellen Kommunikation, zur Achtung kultureller Vielfalt und Einsicht in die eigene kulturelle Befangenheit" (Hohmann 1989, zit. nach REICH 1994, S. 108). Verständigungsbereitschaft und Empathie können nicht hervorgebracht werden, wie man Qualifikationen erwirbt, sondern sie entstehen und entwickeln sich im Alltag sozialer Beziehungen in der Schülergruppe (AUERNHEIMER 2003, S. 126). Dabei wäre auch die „lernende Schule" als Ganzes in den Blick zu nehmen, die im Rahmen erweiterter Selbstgestaltungsmöglichkeiten Aspekte von Interkulturalität in ihr spezifisches Schulprogramm aufnimmt und somit auch auf eine Kongruenz zwischen den Inhalten und den erfahrungsprägenden institutionellen Strukturen hinarbeiten kann.

Aus der Sicht des „sozialen Konstruktivismus" (vgl. GERSTENMAIER/MANDL 1995) können sich Kinder auf der Ebene prinzipiell gleichberechtigter Partner in Prozessen der *Ko-Konstruktion* (vgl. YOUNISS 1980) mit unterschiedlichen Perspektiven auseinandersetzen. Sie können individuelle Konstruktionen in Beziehung setzen, Lösungswege aushandeln, im Prozess der gemeinsamen Vergewisserung „angereicherte" Zugänge zu Sachverhalten gewinnen, gemeinsam Vorhaben entwerfen, zu einem kritischen Bewusstwerden von Denkmöglichkeiten gelangen. Viele „fruchtbare Momente" für die kognitive Entwicklung entstehen aus Widersprüchen zwischen der eigenen und einer fremden Perspektive, wobei im Sinne einer „Dezentrierung" aus dem Bewusstsein der Nichtübereinstimmung und der Suche nach Gemeinsamkeit interne Prozesse der Umstrukturierung in Gang gesetzt werden können. Es wird angenommen, dass Konflikte eher die kognitive Problemlösung fördern, während Prozesse des sozialen Ausgleichs die Entwicklung sozialer Kompetenz unterstützen (DAMON 1982)

Interkulturelles und soziales Lernen beinhaltet neben dem Nachdenken über soziale Zusammenhänge vor allem auch den *Umgang mit und Austausch von Gefühlen* in sozialen Situationen. Sich einfühlen in die andere Kultur, die im Verhalten des Anderen erfahrbar wird und die Auseinandersetzung mit Ängsten und Befangenheiten im Umgang mit dem Fremden sind Grundlagen für nachhaltiges Lernen. Eine ausschließlich kognitive Orientierung würde im Hinblick auf die soziale Entwicklung der Kinder weitgehend folgenlos bleiben.

Um zu vermeiden, dass es zu einer Trennung zwischen schulischem und außerschulischem Lernen kommt, muss die Lebenswelt des Kindes als zentrales Element schulischer Arbeit einbezogen werden (vgl. FAUST-SIEHL u.a. 1996). Im Sinne einer „*Öffnung von Schule und Unterricht*" sollten sich die in der Klasse vertretenen ethnischen, kulturellen und religiösen Gruppierungen auch in den Unterrichtsinhalten wiederfinden können. Themen, die Kinder aus ihrem gegenwärtigen Erfahrungsfeld und ihrer Biografie mitbringen, sollten Gegenstand schulischer Bildung werden. Offener Unterricht beinhaltet auch eine Öffnung im Hinblick auf das Sozialleben der Schülergruppe: Selbstorganisation der Gruppe, vielfältige Kooperationsformen, Rücksichtnahme, Helfen, offene Konfliktaustragung mögen hier als einige Stichworte genügen. Morgenkreis, Spielen, Stilleerfahrungen und viele andere Bereiche enthalten soziale Lernmöglichkeiten, die über das Entwickeln theoretischer Lösungswege und das Verbalisieren sozialer Einsichten deutlich hinausgehen.

Im Bereich der interkulturellen und sozialen Bildung kommt dem Verhalten von Lehrerinnen und Lehrern insbesondere im Hinblick auf ihre Vorbildfunktion, die Auswahl von Unterrichtsinhalten und die Gestaltung des Schulalltags große Bedeutung zu. Durch eine gezielte Ausbildung ist darauf hinzuarbeiten, dass Lehrer(innen) ihr eigenes Verhältnis zur kulturellen Differenz klären (AUERNHEIMER 2003, S. 132). Angemessene ethnologische Kenntnisse über die Perspektive der Mitglieder anderer Kulturen bilden die Grundlage für eine Änderung im Denken und in den Einstellungen: sie lassen ethnozentrische Stereotypen sichtbar werden und vermindern die Gefahr von Missverständnissen. Im Wissen um die Kulturabhängigkeit des eigenen Denkens, Deutens und Handelns können suggestives Verhalten und die „Harmonisierung" von Konflikten eingeschränkt werden. Anstelle oberflächlicher Informationen könnte so kulturspezifisches Wissen interessant, bewusstseinserweiternd und verständigungsfördernd präsentiert werden.

Es erscheint dabei besonders sinnvoll, sich das eigene Befremden einzugestehen, Differenzen zu akzeptieren, anstatt sich des Anderen verstehend zu bemächtigen (AUERNHEIMER 2003, S. 107). THIERSCH (1984) macht auf die Macht der Deutung aufmerksam: „Verstehen ist immer auch Versuchung zur Macht, zur Macht dessen der versteht, über den, der verstanden wird ... Erleben und Ausdruck des anderen erschließen sich nur dann, wenn der, der versteht, sich als Subjekt in den Verstehensprozess mit einbringt, sich selbst gleichsam als Instrument zur Erschließung fremder Wirklichkeiten nutzt (S. 23). Wie in vielen anderen Fällen schärft die Interkulturelle

Pädagogik den Blick für Voreingenommenheit, Einseitigkeit und Kategorisierung – Aspekte, die pädagogisches Denken und Handeln auch grundsätzlich betreffen.

Literatur

ALLPORT, G.W. (1973): Die Natur des Vorurteils. – Köln.

AUERNHEIMER, G. (2003): Einführung in die interkulturelle Erziehung. – Darmstadt.

AUERNHEIMER, G. u.a. (1996): Interkulturelle Erziehung im Schulalltag. In: Jahrbuch für Pädagogik: Pädagogik in multikulturellen Gesellschaften. – Frankfurt, S. 79–97.

BALSEN, H./SCHREWE, H./SCHOOF, N. (1997): Schulprogramm: Gewaltprävention: Ergebnisse aktueller Modellversuche. – Neuwied.

BAUMANN, G. (1998): Ethnische Identität als duale diskursive Konstruktion. In: Assmann, A./Friese, H. (Hg.): Identitäten. Erinnerung, Geschichte, Identität. – Frankfurt, S. 288–313.

BEELMAN, A./PFINGSTEN, U./LÖSEL, F. (1994): Effects of training social competence in children. In: Journal of Clinical Child Psychology, 63, S. 260–271.

BERTELS, U./EYLERT, S./LÜTKES, C./DE VRIES, S. (2004): Ethnologie in der Schule. – Münster.

BHAPPA, H.K. (1994): The Location of Culture. – London.

BIGLER, R.S./LIBEN, L.S. (1992): Cognitive mechanisms in Children's gender stereotyping. In: Child Development, 63, S. 1351–1363.

BOOS-NÜNNING, U./HOHMANN, M./REICH, H. H./WITTEK, F. (1986): Towards Intercultural Education. – London.

BUSCH, L./TODT, E. (1998): Gewalt in der Schule. In: Rost, D.H. (Hg.): Handwörterbuch Pädagogische Psychologie. – Weinheim, S. 168–172.

CZUBA-KONRAD, S. (2000): Integration: eine Handreichung für die pädagogische Praxis. – Frankfurt.

DAMON, W. (1982): Zur Entwicklung der sozialen Kognition des Kindes. In: Edelstein, W./Keller, M. (Hg.): Perspektivität und Interpretation. – Frankfurt, S. 110–145.

EMMERICH, W. (1971): Differentiation and the development of social norms. In: Journal of Personality and Social Psychology, 18, S. 128–134.

FAUST-SIEHL, G./ GARLICHS, A./RAMSEGER, J./SCHWARZ, H./WARM, U. (1996): Die Zukunft beginnt in der Grundschule. – Reinbek.

GERSTENMAIER, J./MANDL, H. (1995): Wissenserwerb unter konstruktivistischer Perspektive. In: Zeitschrift für Pädagogik, 41, S. 867–888.

GLUMPLER, E. (1999): Spiel als Form interkulturellen Lernens in der Grundschule. In: Petillon, H./Valtin, R. (Hg.): Spielen in der Grundschule. – Frankfurt, S. 181–193. (=Arbeitskreis Grundschule, Band 106).

GOGOLIN, I. (1988): Erziehungsziel Zweisprachigkeit. Konturen eines sprachpädagogischen Konzepts für die multikulturelle Schule. – Hamburg.

HALISCH, F. (1988): Empathie, Attribution und die Entwicklung des Hilfehandelns. In: Bierhoff, H.W./Montada, L. (Hg.): Altruismus. – Göttingen, S. 79–103.

HAMBURGER, F. (1994): Pädagogik der Einwanderungsgesellschaft. – Frankfurt.

HANSEN, G. (1996): Perspektivenwechsel: Eine Einführung. – Münster.

HUBER, G.L./ROTH, J.H.W. (1999): Finden oder suchen? Lehren und Lernen in Zeiten der Ungewissheit. – Schwangau.

KAHLERT, J. (2002): Achtsamkeit und Anerkennung. Materialien zur Förderung des Sozialverhaltens in der Grundschule. – Köln.

KNAPP-POTTHOFF, A. (1997): Interkulturelle Kommunikationsfähigkeit als Lernziel. In: Knapp-Potthoff, A./Liedke, M. (Hg.): Aspekte interkultureller Kommunikationsfähigkeit. – München, S. 181–205.

KRAPPMANN, L./OSWALD, H. (1989): Freunde, Gleichaltrigengruppen, Geflechte. In: Fölling-Albers, M. (Hg.): Veränderte Kindheit – veränderte Grundschule. – Frankfurt, S. 94–102.

KRAPPMANN, L./OSWALD, H. (1995): Alltag der Schulkinder. – Weinheim.

KRAPPMANN, L. (2002): Untersuchungen zum sozialen Lernen. In: Petillon, H. (Hg.): Individuelles und soziales Lernen in der Grundschule – Kindperspektive und pädagogische Konzepte. – Opladen, S. 89–102.

KRONIG, W./HAEBERLIN U./ECKHART, M. (2000): Immigrantenkinder und schulische Selektion. – Bern.

LA GRECA, A.M./STARK, P. (1986): Naturalistic Observation of Children's Social Behavior. In: Strain, M./Guralnick, M./Walker, H.M. (Eds.): Children's Social Behavior. – London, S. 181–213.

LEWIS, M./ROSENBLUM, L.A. (1975): Friendship and peer relation. – New York.

MANIFEST (2001). Brücken in die Zukunft. Ein Manifest für den Dialog der Kulturen. Eine Initiative von Kofi Annan. – Frankfurt.

MOOSMÜLLER, A. (2000): Interkulturelle Kompetenz und interkulturelle Kenntnisse. In: Roth, K. (Hg.): Mit der Differenz leben. – München, S. 271–290.

NELSON, J./ABOUD, F.E. (1985): The resolution of social conflicts between friends. In: Child Development, 56, S. 1009–1017.

OSWALD, H./KRAPPMANN, L. (2000): Phänomenologische und funktionale Vielfalt von Gewalt unter Kindern. In: Praxis der Kinderpsychologie und Kinderpsychiatrie, 49, S. 3–15.

OSWALD, H. (1997): Zur sozialisatorischen Bedeutung von Kampf- und Tobespielen. In: Renner, E. (Hg.): Spiele der Kinder – Interdisziplinäre Annäherung. – Weinheim, S. 154–167.

PETILLON, H./FLOR, D. (1997): Wissenschaftliche Evaluation des Modellversuchs „Lern- und Spielschule“. In: Fatke, R./Valtin, R. (Hg.): Sozialpädagogik in der Grundschule. – Frankfurt, S. 157–174.

PETILLON, H. (1987): Schulanfang mit ausländischen und deutschen Kindern. – Mainz.

PETILLON, H. (1993): Das Sozialleben des Schulanfängers. – Weinheim.

POMMERIN, G. (2001): Interkulturelle Erziehung – quo vadis? In: Blumenstock, L./Klein, H./Petillon, H. (Hg.): Lernziel: Grundschule weiterentwickeln. – Weinheim, S. 77–86.

PRENGEL, A. (1993): Pädagogik der Vielfalt. – Opladen.

PREUSS-LAUSITZ, U. (1999): Schule als Schnittstelle moderner Kinderfreundschaften – Jungen und Mädchen im Austausch von Distanz und Nähe. In: ZSE, 19, S. 163–187.

QUEHL, T. (Hg.) (2000): Schule ist keine Insel. Britische Perspektiven antirassistischer Pädagogik. – Münster.

REICH, H.H. (1993): Die Entwicklung interkultureller Curricula. In: Reich, H. H./Pörnbacher, U. (Hg.): Interkulturelle Didaktiken. – Münster, S. 106–117.

REICH, H.H. (1994): Interkulturelle Pädagogik – eine Zwischenbilanz. In: Zeitschrift für Pädagogik, 40, S. 9–27.

RHODE-JÜCHTERN, T. (1996): Welt-Erkennen durch Perspektivenwechsel. In: Praxis Geographie, Heft 4, S. 4–9.

ROTH, H.-J. (1994): „Pädagogik zu Pferde" und „Pädagogik zu Fuß" zum Verhältnis von Theorie und Praxis in der Interkulturellen Bildung. In: Roth, H.-J. (Hg.): Integration als Dialog: interkulturelle Pädagogik im Spannungsfeld von Wissenschaft und Praxis. – Hohengehren, S. 84–107.

SALISCH, M. v. (1991): Kinderfreundschaften. Emotionale Kommunikation in Konflikten. – Göttingen.

SCARLETT, H.H./PRESS, A.N./CROCKETT, W.H. (1971): Children's descriptions of peers. In: Child development, 42, S. 439–453.

SCHMIDT-DENTER, U. (1988): Soziale Entwicklung. – München.

STÖCKLI, G. (1997): Eltern, Kinder und das andere Geschlecht. Selbstwerdung in sozialen Beziehungen. – Weinheim.

STROHMEIER, D./ATRIA, M./SPIEL, C. (2004): Bullying und Viktimisierung in multikulturellen Schulklassen. – Wien. (Unveröffentlichtes Manuskript).

SWAN, J. (1992): Girls, boys and language. – Oxford.

THIERSCH, H. (1984): Verstehen oder Kolonialisieren? Verstehen als Widerstand. In: Müller, S./Otto, H.-K. (Hg.): Verstehen oder Kolonialisieren. – Bielefeld, S. 15–24.

THORNE, B. (1996): Gender Play. Girls and boys in school. – New Brunswick, N.J.

WAGNER, U./VON DICK, R./PETZEL, Th./AUERNHEIMER, G. (2001): Der Umgang von Lehrerinnen und Lehrern mit interkulturellen Konflikten. In: Auernheimer, G. (Hg.): Interkulturalität im Arbeitsfeld Schule. – Opladen, S. 17–40.

WEIẞKÖPPEL, C. (2001): Ausländer und Kartoffeldeutsche. – Hamburg.

WENTZEL, K.R. (1991): Relations between social competence and academic achievement in early adolescence. In: Child Development, 62, S. 1066–1078.
YOUNISS, J. (1980): Parents and peers in social development. – Chicago.

Ton Vallen

Sprache und Testfairness: Potenzielle linguistische Quellen von Item Bias für Schüler aus ethnischen Minderheitsgruppen in den CITO-Abschlusstests der niederländischen Basisschule

Einleitung und Problemskizze

Wie in den anderen westeuropäischen Staaten erzielen auch in den Niederlanden die Schüler aus ethnischen Minderheitsgruppen in der Basisschule[1] (Klasse 1–8) durchschnittlich schlechtere Schulergebnisse als ihre einheimischen Mitschüler. Aus dem neuesten Minderheitenbericht der niederländischen Sozialkulturellen Planungsbehörde (DAGEVOS/GIJSBERTS/VAN PRAAG 2003) geht zwar hervor, dass in der Basisschule die Leistungsunterschiede zwischen zum Beispiel türkischen und marokkanischen Schülern einerseits und ihren einheimischen Mitschülern aus den höheren Sozialschichten andererseits in den Schulfächern Sprache (Niederländisch) und Rechnen zwischen 1988 und 2000 um 20–30 % bzw. 40–50 % abgenommen haben, aber gleichfalls wird daraus klar, dass die übrig bleibenden Unterschiede noch immer sehr groß sind. Solche auf einen längeren Zeitraum bezogenen Schlussfolgerungen sind in den Niederlanden möglich, weil alljährlich auf nationaler Ebene standardisierte Tests durchgeführt werden, so dass entsprechende Daten vorliegen. Grob gesagt, beträgt die Differenz zwischen den erwähnten allochthonen Schülergruppen und den autochthonen ‚Mehrheitsschülern' im Bereich der niederländischen Sprache in allen Schuljahren fast zwei Jahre; im Rechnen beträgt sie ungefähr ein dreiviertel Jahr. Ein vergleichbares Bild zeigen die Ergebnisse der alljährlich vom nationalen Institut für Testentwicklung (CITO) neu entwickelten und durchgeführten Abschlusstests der Basisschule. Gegenüber dem Gesamtergebnis der Tests im Jahr 1994 haben die türkischen und marokkanischen Schüler ihren Leistungsrückstand im Vergleich zu ihren einheimischen Altersgenossen im Jahr 2000 um 30 % bzw. 20 % verringert (DAGEVOS/GIJSBERTS/VAN PRAAG 2003, S. 85), aber dennoch bleiben auch hier die Unterschiede groß und statistisch signifikant.

Die Tests zeigen deutlich, dass in der niederländischen Basisschule noch immer keine Rede von Chancengleichheit zwischen Schülern aus ethnischen Minderheitsgruppen und den autochthonen Mehrheitsschülern sein kann. Gleichzeitig stellt sich

1 Die niederländische Basisschule besteht seit 1985. Damals wurden die „kleuterschool", eine zweijährige Vorschule für die Vier- bis Sechsjährigen, und die „lagere school", eine sechsjährige Grundschule, zur „basisschool" zusammengefasst. Sie umfasst also acht Schuljahre.

die Frage, ob die im Unterschied zu den Nachbarstaaten (Deutschland und Belgien) in den Niederlanden üblichen alljährlichen, nationalen standardisierten Tests angesichts der unterschiedlichen Schülergruppen die abgefragten Fähigkeiten immer auf eine gerechte Art und Weise festgestellt werden. Angesichts der methodologischen Forderung der Konstruktvalidität soll ein Test ja bei allen Schülergruppen prinzipiell nur das messen, was mit dem benutzten Instrument auch wirklich beabsichtigt ist. Es darf nicht so sein, dass beim Lösen von Testaufgaben in einem bestimmten Bereich unbeabsichtigt zusätzliche Kenntnisse und Fähigkeiten eine Rolle mit hineinspielen, so dass für bestimmte Teilnehmergruppen die Ergebnisse in dem beabsichtigten Bereich in negativem oder positivem Sinne beeinflusst werden. Diese komplexe und nur selten erforschte Frage steht in diesem Beitrag im Mittelpunkt. Grundlage sind die theoretischen Ausgangspunkte und die Ergebnisse aus der ersten Phase eines periodisch durchgeführten Forschungsprojekts zu den CITO-Abschlusstests der Basisschule unter der Frage der Chancengleichheit von Minderheiten. Ziel dieses Projekts ist es, soviel wie möglich solche Elemente in diesen Tests aufzuspüren, die für allochthone Schüler unbeabsichtigt zusätzliche Schwierigkeiten bedeuten, um sie bei zukünftigen Tests vermeiden zu können und die Tests so möglichst wenig Aufgaben mit einem Bias enthalten.

Die CITO-Abschlusstests sind in den Niederlanden von besonderer Bedeutung, weil ihre Ergebnisse, meistens in Kombination mit dem Urteil der Schulleitung, eine wichtige Rolle bei der Entscheidung darüber spielen, welche der Schulformen des Sekundarbereichs für einen Schüler geeignet ist. Obwohl es nicht verpflichtend ist, nehmen jedes Jahr die Schulabgänger der meisten niederländischen Basisschulen (mittlerweile mehr als 80 %) an diesen mehrtägigen Abschlusstests im Februar teil. In den Jahren, auf die sich die erste Phase unseres Forschungsprojekts bezieht (1987 bis 1995), umfasste der Test 180 Multiple-Choice-Aufgaben mit je vier Antwortmöglichkeiten. Der Gesamttest bestand aus drei größeren Teilen von je 60 Aufgaben: (niederländische) Sprache (u.a. Rechtschreibung, Sprachreflexion, korrekter Sprachgebrauch, Interpretation), Rechnen (u.a. Messen, Kopfrechnen, Prozente, Verhältnisse) und Informationsverarbeitung (u.a. Verwendung von Informationsquellen, Karten lesen, Interpretation von Graphiken und Tabellen, Textinterpretation). Seit 1995 gibt es auch einen fakultativen, ebenfalls aus 60 Aufgaben bestehenden Teil Welt- und Umweltkunde (u.a. Geschichte, Erdkunde, Biologie, Kulturunterschiede). Dieser Teil wird erst in der noch bis 2006 gehenden zweiten Phase unseres Projekts, in der wir die Abschlusstests von 1997 bis 2004 analysieren werden, einbezogen (vgl. VAN SCHILT-MOL/VALLEN/UITERWIJK 2003).

Differential Item Functioning und Item Bias

Was die in unserem Forschungsprojekt beteiligten autochthonen und allochthonen Sprachgruppen betrifft, so zeigen die Ergebnisse der CITO-Abschlusstests seit vielen Jahren folgendes Bild: Die besten Ergebnisse werden alljährlich von den Schulabgängern erzielt, deren Eltern zuhause miteinander die niederländische Standardsprache sprechen. Etwas niedriger sind die Ergebnisse der Kinder mit (niederländischem) Dialekt sprechenden Eltern. Doch die Differenz zur standardsprachigen Gruppe ist klein und nicht signifikant. Der Unterschied zwischen den Ergebnissen, die von diesen beiden autochthonen Schülergruppen erzielt werden, und denen der Kinder mit Eltern, die zuhause miteinander Türkisch/Kurdisch (Türken) oder Arabisch/Berberisch (Marokkaner) sprechen, ist hingegen groß und stark signifikant. Dabei schneidet die letztgenannte Schülergruppe noch etwas schlechter ab als die erstgenannte.

Für die niedrigeren Ergebnisse der von Hause aus nicht-niederländischsprachigen Schülergruppen sind viele Erklärungen möglich die hauptsächlich auf Faktoren hinweisen, die in der unterschiedlichen historischen, sprachlichen, kulturellen und sozialökonomischen Gruppensituation liegen. Was die für das Absolvieren der Abschlusstests benötigte Zweitsprachenbeherrschung betrifft, kommen im Prinzip zwei Erklärungen in Frage. Zum einen könnte es sein, dass die Schülerinnen und Schüler aus türkischen und marokkanischen Familien trotz der Tatsache, dass die meisten von ihnen in den Niederlanden als Vierjährige mit der ersten Klasse der Basisschule ihre Schullaufbahn begonnen haben, in der achten Klasse als Zwölfjährige die niederländische Sprache immer noch weniger gut beherrschen als ihre einheimischen Mitschülerinnen und Mitschüler. In diesem Falle wären die Abschlusstests für die Immigrantenkinder schwieriger und demzufolge ihre Resultate niedriger. Der Abschlusstest würde dann seine beabsichtigte Funktion erfüllen: zu differenzieren zwischen ‚guten' und ‚schlechten' Schülern. Eine zweite Erklärung könnte sein, dass der Test unbeabsichtigte, und damit unerwünschte, Schwierigkeiten für Immigrantenkinder enthält. In diesen Fällen würde es sich um Differential Item Functioning (im Folgenden: DIF) handeln. Von DIF im allgemeinen Sinne ist die Rede, wenn Testaufgaben für Schüler mit gleichen Kenntnissen und Fähigkeiten, die aber zu unterschiedlichen Teilnehmergruppen gehören, ungewollt zu Benachteiligungen führen, so dass die Chancen, diese Aufgaben korrekt zu lösen, ungleich verteilt sind. Wenn die DIF-Quelle nicht zu dem Bereich gehört, der mit einem Test oder dem Teil eines Tests explizit gemessen werden soll, mit anderen Worten, wenn zusätzliche Kenntnisse und Fähigkeiten bei der korrekten Lösung einer Aufgabe eine Rolle spielen, so ist von Item Bias (im Folgenden: IB) die Rede (KLATTER-FOLMER/VALLEN 1995).

Bei IB-Forschung wird zumeist mit speziellen statistischen Prozeduren gearbeitet, um vor allem solche Aufgaben herauszufiltern, die das für die Messung vorgesehene Konstrukt auf unterschiedliche Weise für die verschiedenen Teilnehmergruppen messen. Doch bei der IB-Forschung geht es um mehr als nur das Herausfinden dieser

DIF-Aufgaben. Nach den statistischen Analysen muss man sich auf die Suche nach den inhaltlichen Gründen für das DIF machen. Wenn es gelingt, deutlich zu machen, dass ein gemessenes Konstrukt für eine oder mehrere der Teilnehmergruppen multidimensional ist, und wenn man zusätzlich verdeutlichen kann, dass die DIF-Quelle für dieses Konstrukt inhaltlich irrelevant ist, so kann man daraus den Schluss ziehen, dass es sich um einen Fall von differenzierter Aufgabenvalidität oder IB handelt. Insgesamt sind also bei der IB-Forschung immer die folgenden drei Schritte erforderlich:

(1) Durchführung der statistischen DIF-Analysen;

(2) Beantwortung der Frage, welche Elemente für das DIF in einer Aufgabe inhaltlich verantwortlich sind. Dabei ist es kaum möglich, mit hundertprozentiger Sicherheit die DIF-Quellen in den jeweiligen Aufgaben festzustellen. Deshalb sollten zusätzlich zu den inhaltlichen Interpretationen der Forscher auch Urteile von unterschiedlichen Informantengruppen über potenzielle DIF-Gründe in den Aufgaben eingeholt werden;

(3) Die Entscheidung, ob die potenziellen DIF-Ursachen für die Messung des von einem Test oder Testteil beabsichtigten Konstrukts relevant sind. Wenn die Antwort auf diese letzte Frage ‚nein' lautet, handelt es sich um einen Fall von IB. Eine solche Aufgabe sollte in dem Test nicht vorkommen bzw. daraus entfernt werden. In den Standards for Educational and Psychological Testing (APA/AERA/NCME 1999) wird darauf hingewiesen, dass Testkonstrukteure darauf achten sollen, dass ein Test frei von IB ist, weil dieser die Validität eines Tests negativ beeinflusst und dessen praktischen Wert als Messinstrument wesentlich verringern kann.

Die Tatsache, dass die Ergebnisse von statistischen DIF-Aufspürungsprozeduren keinen inhaltlichen Hinweis darauf enthalten, welches Element in einer Aufgabe die DIF-Ursache bildet, stellt ein ernsthaftes Problem in der IB-Forschung dar. Deshalb sind die zusätzlichen Beurteilungsprozeduren mit Hilfe von Experten und anderen Informanten notwendig und wichtig. Im folgenden Teil dieses Beitrags wird auf die Ergebnisse einer solchen dreischrittigen IB-Forschung im Hinblick auf den CITO-Abschlusstest eingegangen. Der Hauptakzent liegt dabei auf der Identifikation von (potenziellen) linguistischen Quellen von IB für Basisschulabgänger aus türkischen und marokkanischen Familien.

Design

In der ersten Projektphase ging es – wie schon erwähnt – um die Überprüfung der Abschlusstests aus den Jahren 1987 bis 1995. Dabei haben wir uns insbesondere auf die 540 Aufgaben der Tests aus den Jahren 1987, 1989 und 1993 konzentriert, also auf 180 Sprachaufgaben, 180 Rechenaufgaben und 180 Fragen im Bereich der Informationsverarbeitung. Die Testergebnisse einer repräsentativen Zufallsstichprobe von autochthonen Testteilnehmern (n = 8526) und von allochthonen Teilnehmern, deren Väter und Mütter in der Türkei oder in Marokko geboren waren und deren Zweitsprachenbeherrschung nach dem Urteil ihrer Lehrer auf einem bestimmten Minimumniveau vergleichbar war (n = 2398), wurden auf DIF und IB hin analysiert. Im Folgenden wird bei der Besprechung der Forschungsergebnisse nur dann zwischen den beiden allochthonen Schülergruppen unterschieden, wenn es relevant ist.

Da es empirisch evident ist, dass die statistischen Prozeduren zum Aufspüren von DIF nicht immer die gleichen Resultate ergeben, ist die Anwendung von mindestens zwei Instrumenten notwendig. Die am häufigsten in diesem Bereich eingesetzten Techniken basieren auf den Maentel-Haenszel Test oder auf ein Item Response Theorie Modell.[2] In unserem Projekt haben wir für das statistische Aufspüren der DIF-Aufgaben für die beiden nicht-einheimischen Teilnehmergruppen zuerst das One Parameter Logistic Model Computerprogramm (OPLM; VERHELST/GLAS/VERSTRALEN 1995), eine auf Item Response Theorie (IRT) beruhende Prozedur, verwendet. Danach wurde ein Maentel-Haenszel (MH) Programm (VERHELST 1988) durchgeführt. In beiden Prozeduren wurden die Ergebnisse der türkischen und marokkanischen Schüler mit denen der autochthon-niederländischen Schüler verglichen.

Das statistische Aufspüren von DIF-Aufgaben enthält noch keine Information darüber, welches Element in einer Aufgabe das DIF verursacht. Handelt es sich zum Beispiel um Kontextmerkmale, z.B. um einen Text oder einen Textteil, oder um eine Graphik, eine Landkarte oder eine Abbildung? Oder handelt es sich um die Formulierung der konkreten Frage, die die Aufgabe darstellt, oder um die Formulierung der vier Antwortmöglichkeiten oder um die Interaktion zwischen mehreren Elementen innerhalb der Aufgabe? Um den DIF-Quellen auf die Spur kommen zu können, wurde von uns eine Kombination von mehreren Vorgehensweisen verwendet.

Zuerst wurde auf der Basis eines ausführlichen Literaturstudiums eine Übersicht über solche sprachlichen Elemente zusammengestellt, die im Niederländischen für nicht-niederländischsprachige Basisschulabgänger auf Wort-, Satz- und Textniveau sowie im metalinguistischen Bereich schwieriger als für Schüler mit Niederländisch als Muttersprache sind. Größere Schwierigkeiten mit dem Niederländischen können natürlich nicht von vornherein als DIF-Gründe betrachtet werden, sie können aber wohl in hypothetischem Sinne als mögliche DIF-Ursachen in Frage kommen. Danach wurden die Aufgaben mit DIF zum Vorteil oder zum Nachteil von den Immigrantenkindern inhaltlich mit den Aufgaben ohne DIF verglichen. Das wurde in erster Instanz von drei Mitgliedern des Projektteams unabhängig voneinander gemacht. Für jede Aufgabe wurden die Charakteristiken des Konstrukts festgestellt, auf das die Messung mittels dieser Aufgabe zielte. Dabei wurde den Elementen in den DIF-Aufgaben, die sich für Immigrantenschüler als nachteilig bzw. bevorteilend erwiesen hatten (und vice versa) besondere Aufmerksamkeit gewidmet. Um mehr Meinungen über potenziel-

---

2 Zu den Charakteristika sowie Vor- und Nachteilen dieser unterschiedichen Typen von statistischen Techniken vgl. CAMILLI/SHEPARD 1994, UITERWIJK 1994 und KIM 2001.

le DIF-Ursachen zu erhalten, wurden anschließend 16 Experten (Linguisten, Unterrichtswissenschaftler, Lehrer und Testkonstrukteure) befragt, elf niederländischer und fünf nicht-niederländischer Herkunft. Sie beurteilten 84 Aufgaben, die aufgrund der Ergebnisse der statistischen Analysen ausgewählt waren. Die eine Hälfte der vorgelegten Aufgaben bestand aus Aufgaben mit starkem DIF, die andere bestand aus neutralen Aufgaben. Die Experten wurden gebeten darzulegen, welche Aufgaben sie als leichter bzw. schwieriger für Immigrantenkinder im Vergleich zu einheimischen Kindern betrachteten und dies auch zu begründen.

Zuletzt wurde ein kleines Experiment mit 22 einheimischen und 22 nicht-einheimischen Basisschulabgängern durchgeführt, wobei die Teilnehmer bei der Lösung jeder einzelnen Aufgabe laut erläutern mussten, wie sie zu der Antwort kamen. Das Ziel war es festzustellen, wie oft die unterschiedlichen Teilnehmergruppen aufgrund eines Elements in einer Aufgabe, das von uns vorläufig als potenzielle DIF-Quelle identifiziert worden war, falsch antworteten. Diese Identifikation beruhte auf unseren eigenen inhaltlichen Analysen und den Ergebnissen der Expertenbefragung. In dem Experiment wurden siebzehn ursprüngliche und siebzehn von uns manipulierte Aufgaben benutzt. In den manipulierten Aufgaben wurde das in unseren Augen biasverdächtige Element durch ein vergleichbares Element ersetzt, von dem wir erwarteten, dass es kein DIF verursachen würde. Diese Manipulation durfte jedoch nicht den Schwierigkeitsgrad der Aufgabe beeinflussen. Bei den mündlichen Erläuterungen für die Schüler wurde sorgfältig darauf geachtet, dass darin keine Andeutungen hinsichtlich inhaltlicher DIF-Ursachen waren.

Ergebnisse

In diesem Abschnitt wird eine Auswahl aus den wichtigsten Ergebnissen der ersten Projektphase präsentiert. Der Akzent liegt dabei auf der inhaltlichen Analyse der DIF-Aufgaben; über die Resultate der statistischen Analysen wird nur kurz berichtet. Im Anschluss werden am Beispiel von zwei Aufgaben einige der Schwierigkeiten und Dilemmata vorgestellt, mit denen man bei der Suche nach inhaltlichen DIF-Quellen konfrontiert ist. Ferner werden anhand der Ergebnisse aus der Expertenbefragung und dem Experiment mit den Schülerinnen und Schülern, bei dem Letztere veränderte wie auch nicht-veränderte Aufgaben laut erläutern mussten, einige der daraus hervorgehenden Einsichten hinsichtlich potenzieller DIF-Gründe kurz besprochen. Abschließend werden die Schlussfolgerungen präsentiert, die aus den Forschungsergebnissen in Bezug auf DIF-Quellen in den Aufgaben der Abschlusstests der Basisschule im allgemeinen Sinne gezogen werden können. Am Ende des Abschnitts wird noch auf das wichtige Thema der Differenz zwischen DIF und IB eingegangen.

Zahl und Anteil der DIF-Aufgaben

Tabelle 1 zeigt die Ergebnisse der statistischen DIF-Analysen mit MH und OPLM in Bezug auf die 540 Aufgaben der Abschlusstests von 1987, 1989 und 1993. Eine Aufgabe kann bei nur einer dieser Prozeduren DIF aufweisen oder bei beiden. Jede DIF-Aufgabe ist nur einmal in Tabelle 1 aufgenommen. Es gab Fälle, in denen Aufgaben nur für eine der beiden Migrantengruppen (Türken oder Marokkaner) DIF auswiesen. In den Fällen, in denen eine Aufgabe mit nur einer Prozedur für die eine Immigrantengruppe und mit den beiden Prozeduren für die andere Gruppe DIF erbrachte, wurde diese Aufgabe in die letzte Spalte der Tabelle gesetzt. Es gab jedoch keine Aufgaben, die mit DIF zum Vorteil der einen und zum Nachteil der anderen ethnischen Gruppe funktionierten.

Tabelle 1: Zahlen der Aufgaben in den drei analysierten CITO-Abschlusstests der Basisschule mit DIF zum Vorteil und DIF zum Nachteil für türkische und/oder marokkanische Schüler

Testteil	Zahl der mit MH aufgespürten Aufgaben		Zahl der mit OPLM aufgespürten Aufgaben		Zahl der mit OPLM und MH aufgespürten Aufgaben	
	Vorteil	Nachteil	Vorteil	Nachteil	Vorteil	Nachteil
Sprache (k=180)	12	12	6	1	5	14
Rechnen (k=180)	2	4	1	3	1	1
Informations-verarbeitung (k=180)	8	11	3	2	2	6
Insgesamt (k=540)	22	27	10	6	8	21

Insgesamt zeigten 94 Aufgaben (17,4 %) DIF bei zumindest einer der statistischen Prozeduren. Mit der Maentel-Haenszel Technik wurden die meisten Aufgaben ermittelt: 22 mit DIF zum Vorteil und 27 mit DIF zum Nachteil der Immigrantenschüler. Die OPLM-Analyse ergab mehr Aufgaben mit DIF zum Vorteil als mit DIF zum Nachteil dieser Schüler. Die 29 DIF-Aufgaben, die mit Hilfe beider Prozeduren entdeckt wurden, waren mehr als zweimal so oft zum Nachteil als zum Vorteil der Immigrantenkinder (21 bzw. 8 Aufgaben). Mehr als die Hälfte der DIF-Aufgaben wurden im Testteil Sprache gefunden, etwa ein Drittel im Teil Informationsverarbeitung und nur relativ wenige im Teil Rechnen. Zumindest eine der durchgeführten statistischen Analysen ergab, dass insgesamt 54 Aufgaben (10 % aller Aufgaben) DIF zum

Nachteil und 40 Aufgaben (7,4 %) DIF zum Vorteil für die türkische und/oder marokkanische Teilnehmergruppe aufwiesen.

Auf der Suche nach potenziellen DIF-Gründen

Bei der von den drei Projektmitgliedern durchgeführten inhaltlichen Analyse der mit Hilfe der Statistik ermittelten DIF-Aufgaben war es am Anfang besonders schwierig, das Element in einer Aufgabe zu identifizieren, das als DIF-Ursache betrachtet werden konnte. Anhand von zwei Originalaufgaben aus den niederländischen Abschlusstests soll dieses Problem verdeutlicht werden. Aufgabe 1 zeigte bei der MH-Analyse DIF zum Nachteil der türkischen Teilnehmer, während Aufgabe 2 sich bei der gleichen Analyse als eine Aufgabe mit DIF zum Vorteil dieser Teilnehmergruppe herausstellte. Die wortwörtliche Übersetzung ins Deutsche der beiden Aufgaben ist in den Fußnoten 3 und 4 wiedergegeben.

Item 1

3/5 deel van de weg van Strandoord naar Bosdorp is geasfalteerd. De rest (30 km) moet nog gedaan worden.
Hoelang is de weg van Strandoord naar Bosdorp?[3]

A 12 km **C** 50 km
B 45 km **D** 75 km

Item 2

Dolf heeft f. 3,– meer dan Michel. Michel heeft f. 5,–.
Hoe verhoudt zich Dolfs geld tot dat van Michel?[4]

A 2:5 **C** 5:3
B 3:5 **D** 8:5

Wo steckt die DIF-Quelle in diesen Aufgaben? Sie könnte zum Beispiel in den linguistischen Elementen, die diese Rechenaufgaben konstituieren, versteckt sein. In der ersten Aufgabe brauchen die Schüler Wortschatzkenntnisse, um zu begreifen, dass 3/5

3 Item 1: 3/5 des Wegs von Strandoord nach Bosdorp ist asphaltiert. Der Rest (30 km) muss noch gemacht werden. Wie lang ist der Weg von Strandoord nach Bosdorp?

4 Item 2: Dolf hat f. 3,– mehr als Michel. Michel hat f. 5,–. Wie verhält sich Dolfs Geld zu dem von Michel?

von etwas fertig ist. Es muss für sie ebenfalls deutlich sein, dass De rest (30 km) auf die restlichen 2/5 desselben verweist, das noch nicht fertig ist und dass dieser Teil 30 Kilometer beträgt. Danach muss aus der Frage ‚Hoelang is de weg van Strandoord naar Bosdorp?' abgeleitet werden, dass die ganze Länge des Abstands (5/5) berechnet werden muss. Eine anderer DIF-Grund könnte sein, dass die Begriffe ‚geasfalteerd' und ‚gedaan' ganz real gemeint sind, d.h. im Sinne einer Beschreibung der Arbeit, die noch gemacht werden muss. Zum Schluss müssen die Schüler diese Informationen dann noch in ein Rechenproblem umsetzen.

Die DIF-Ursache kann auch im Wort ‚Hoelang' liegen. Eine erste Frage ist hier, ob alle Immigrantenschüler dieses Fragewort erworben haben, weil aus der niederländischen Zweitsprachenerwerbsforschung bekannt ist, dass H-Fragen später erworben werden als W-Fragen[5]. ‚Hoelang' kann außerdem Anlass zur Verwirrung sein, weil es sowohl auf einen zeitlichen wie auf einen örtlichen Abstand verweisen kann. Eine extra Komplikation könnte sein, dass ‚Hoelang' von den Testentwicklern falsch geschrieben wurde. ‚Hoelang' (ein Wort) verweist im Niederländischen immer auf Zeit und ‚Hoe lang' (zwei Wörter) immer auf Raum oder Abstand. Es könnte sein, dass die allochthonen Schüler durch diesen Rechtschreibfehler stärker verwirrt worden sind als die einheimischen Testteilnehmer.

Für eine korrekte Antwort auf Aufgabe 2 brauchen die Schüler ebenfalls bestimmte Sprachfähigkeiten, aber hierbei war das DIF zum Vorteil der türkischen Schüler. Der Text gibt diesen Schülern offensichtlich genügend Hinweise, um die richtige Antwort zu finden, obwohl der Gebrauch des Verbs zich verhouden tot und des Genitivs Dolfs es zu keiner leichten Aufgabe macht. Vielleicht sind idiomatische Ausdrücke, wie sich verhalten zu, den Schülern aus dem Rechenunterricht bekannt oder sie haben im Türkischunterricht solche Redewendungen und/oder Aufgaben zusätzlich geübt.

Es ist natürlich auch möglich, dass der DIF-Grund in Rechenaufgaben unterschiedlichen Rechenfähigkeiten geschuldet ist. Diese Ursache scheint hier aber nicht gegeben, weil in den statistischen Analysen die Schüler der autochthonen und allochthonen Teilnehmergruppen gematched sind in Bezug auf ihre Fähigkeiten des gemessenen Konstrukts. Aus der Besprechung der Aufgaben 1 und 2 geht hervor, dass es manchmal sehr schwierig ist, mit ausreichender Sicherheit zu sagen, warum eine Aufgabe DIF aufweist und eine andere Aufgabe nicht. Deshalb bevorzugen wir es in diesem Bereich, Andeutungen wie ‚potenziell' oder ‚wahrscheinlich' zu benutzen. Eine andere mehr allgemeine Erkenntnis unserer Forschung ist, dass eine beträchtliche Zahl der DIF-Aufgaben große Ähnlichkeiten aufweisen. Trotz der oben erwähnten Interpretationsprobleme geben solche Aufgaben deutliche Hinweise auf potenzielle inhaltsbezogene DIF-Quellen.

---

5 Im Deutschen handelt es sich in beiden Fällen um „W-Fragen"; niederländische „H-Fragen" sind etwas schwieriger und manche werden bei niedrigerer Gebrauchsfrequenz später erworben.

Erste Ergebnisse in Bezug auf DIF-Quellen

Weil die Ergebnisse der Expertenbefragung und des Schülerexperiments im Rahmen dieses Beitrags nur eine Rolle spielen, insofern sie erste Einsichten in die möglichen Gründe für DIF erbrachten, wird auf sie nur kurz eingegangen.

Die übergroße Mehrzahl der befragten 16 Experten war der Meinung, dass es extrem kompliziert sei, genau zu bestimmen, welches Element in einer Testaufgabe Schwierigkeiten für nicht-einheimische Schüler erbringen könnte. Sie waren sich darüber einig, dass Aufgaben, die Kenntnisse über die Bedeutung von Wörtern mit einer niedrigen Gebrauchsfrequenz oder über die Form von idiomatischen Wortkombinationen erfordern, leicht zu Problemen führen können. Aufgaben mit Kontextmerkmalen, die spezifische Kenntnisse der niederländischen Kultur voraussetzen, wurden ebenfalls als eine Schwierigkeitsquelle für Immigrantenschüler betrachtet. Diese Kenntnisse können zum Beispiel wichtig sein, wenn Aufgaben in einem Test für Leseverstehen auf einen langen Text mit vielen typisch niederländischen kulturellen Elementen bezogen sind. Einige Experten bemerkten, dass Bezugswörter eine Quelle von Schwierigkeiten sein können, besonders wenn das Verhältnis zwischen Bezugswort und Referent implizit ist. Die meisten Experten waren sich darüber einig, dass Rechenaufgaben mit soviel sprachlichem Kontext, dass die Schüler viele Zwischenschritte machen müssen, um zu der richtigen Antwort zu gelangen, ebenfalls problematisch sind.

Das Experiment, bei dem die Schüler ihre Antwort auf manipulierte und nicht-manipulierte Aufgaben laut erläutern mussten, zeigte, dass Aufgaben dann DIF verursachen, wenn nach der spezifischen Bedeutung eines einzelnen Wortes oder einer Wortkombination gefragt wird. Das trifft besonders auf Wörter zu, die in übertragenem Sinne verwendet werden. Aufgaben zeigten ebenfalls DIF, wenn sie Wörter mit einer niedrigen Gebrauchsfrequenz enthielten, besonders wenn der sprachliche Kontext unzureichende Unterstützung für eine Bedeutungsableitung bietet. Auch Aufgaben, die Kenntnisse über Satzformkonventionen voraussetzen, können eine DIF-Ursache sein. Außerdem konnte festgestellt werden, dass die sprachliche Komplexität einer Aufgabe DIF verursachen kann – z. B. bei Rechenaufgaben – weil komplexe Aufgaben mehr Kontext besitzen und zu ihrer Lösung mehrere Schritte gemacht werden müssen, die aus dem Kontext selbst abzuleiten sind. Das Experiment zeigte, dass das zur Lösung solcher Aufgaben relevante Kontextmaterial für Immigrantenschüler schwieriger zu erkennen ist als für einheimische Schüler.

Schlussfolgerungen der ersten Projektphase

Unsere Analysen in Bezug auf die Abschlusstests von 1987 und 1989 haben eine Reihe von potenziellen DIF-Ursachen für türkische und marokkanische Grundschüler ergeben, die in späteren Analysen mit den Abschlusstests von 1993 (und 1997) geprüft und bestätigt wurden. Weil die Analysen periodisch wiederholt wurden, gibt es mehr Gewissheit über die potenziellen DIF-Ursachen für diese Schülergruppen. Sie werden in den folgenden Abschnitten kurz besprochen.

Potenzielle DIF-Ursachen zum Nachteil von Immigrantenschülern

Zunächst ist festzustellen, dass es in den Abschlusstests sowohl DIF zum Nachteil von türkischen und marokkanischen Schülern als auch zu ihrem Vorteil gibt. Die Ursachen, die zu negativen DIF führen überwiegen jedoch. Aufgaben mit solchen Merkmalen werden im Folgenden aufgelistet und die Schwierigkeiten und Gründe für DIF erläutert.

1 Aufgaben, bei denen nach der Bedeutung eines Wortes, einer Wortkombination oder einem Satz gefragt wird und wobei es sich um eine mehr oder weniger wortwörtliche Wiederholung von explizit im Text gegebener Information handelt.

2 Aufgaben, die Kenntnisse über die Form von idiomatischen Wortkombinationen, übertragene und wörtliche Wortbedeutungsunterschiede und/oder Satzbildungskonventionen voraussetzen.

3 Aufgaben, bei denen nach der Bedeutung von schwierigen Wörtern oder Wörtern mit einer niedrigen Gebrauchsfrequenz, nach Wortkombinationen und nach Funktions- und Bezugswörtern gefragt wird, wenn die Bedeutung dieser Wörter nur schwer oder gar nicht aus dem begleitenden Text abzuleiten ist. Insbesondere bilden ambigue und schwierige Bezugswörter eine Ursache von potenziellem DIF und wahrscheinlich meistens auch von IB. Dabei können nach DE JONG/VALLEN (1989) drei problematische Bereiche unterschieden werden: (1) Verweisungen, wobei das Bezugswort und der Referent zahlenmäßig nicht miteinander übereinstimmen (zum Beispiel im Niederländischen: ‚Een gezin (Einzahl) gaf jaarlijks f. 1500,– uit aan aardappels en groenten. Ze (Mehrzahl) wilden bezuinigen' (auf Deutsch: Eine Familie bezahlte alljährlich f. 1500,– für Kartoffeln und Gemüse. Sie wollten ihre Ausgaben einschränken); (2) Verweisungen über längere Textteile (mehrere Sätze/Absätze) hinweg; (3) Verweisungen, wobei neue, den Schülern nicht unbedingt bekannte, Informationen vorangegangen sind.

4 Aufgaben mit viel Kontextmaterial. Für das Lösen von komplexen Aufgaben ist es oft notwendig, dass die Schüler eine Reihe von Zwischenschritten machen, die durch Information im Kontext spezifiziert werden. Dieser Vorgang ist offensichtlich für

Immigrantenschüler schwieriger, wenn diese Aufgaben viele Bezugswörter und implizite Verbindungen zwischen Sätzen und Textteilen enthalten.

5 Aufgaben mit Kontextmaterial (zum Beispiel einem Text), die spezifische Kenntnisse der niederländischen Kultur voraussetzen. Hierbei können nicht-einheimischen Schülern u.U. Inhalte des Texts unbekannt sein. Besonders wenn das Kontextmaterial für die Lösung einer Aufgabe von wesentlicher Bedeutung ist, bildet dies einen potenziellen DIF-Grund.

Potenzielle DIF-Ursachen zum Vorteil von Immigrantenschülern

Bisher haben sich bei allen von uns durchgeführten Analysen immer zwei Ursachen als DIF-Gründe in positivem Sinne für Immigrantenschüler erwiesen, die in folgenden Aufgaben liegen:

1 Aufgaben, die auf das Globalverständnis oder die allgemeine Bedeutung eines Texts oder Textabschnitts zielen, zum Beispiel in Aufgaben wie „Worum geht es in diesem Abschnitt hauptsächlich?" oder „Was will der Autor mit diesem Text erreichen?".

Dieser Befund stimmt mit den Ergebnissen von HACQUEBORD (1989) überein. Aus ihrer Untersuchung ging hervor, dass Probleme beim Leseverstehen für Immigrantenschüler im Sekundarunterricht vor allem auf das Mikroniveau des Textes (Wort- und Satzniveau) bezogen sind, während es in dieser Hinsicht für sie kaum Schwierigkeiten auf dem Meso- (Absatz oder Paragraph) und Makroniveau (Gesamttext) gibt.

2 Aufgaben, bei denen es um die Identifikation von Rechtschreibfehlern in Verben und in Wörtern mit einem unveränderlichen Wortbild geht.

In ihrer Besprechung der schwachen Korrelationen zwischen Rechtschreibung und anderen Sprachfertigkeitskomponenten bemerkt KERKHOFF (1988), dass korrekte Rechtschreibung einer Zweitsprache offensichtlich eine Fertigkeit ist, die in hohem Maße unabhängig von anderen Sprachfähigkeiten erworben wird. In Sprachen mit einer alphabetischen Schrift können Rechtschreibregeln im allgemeinen mehr oder weniger separat von Kenntnissen der Sprache selbst gelernt werden. Die Rechtschreibung von Verben besteht aus einer Reihe von transparenten und zahlenmäßig begrenzten Vorschriften, die Schüler einfach lernen und anwenden müssen.

Item Bias

Auf die wichtige Frage, ob die festgestellten DIF-Aufgaben die Konstruktvalidität der Abschlusstests reduzieren, in welchen Aufgaben also von IB die Rede sein kann, ist bis jetzt noch nicht eingegangen worden. Wenn eine Aufgabe IB aufweist, soll sie ja aus dem Test entfernt werden oder durch eine andere Aufgabe ohne IB ersetzt werden. Es ist an dieser Stelle wichtig noch einmal zu bemerken, dass die Aufgabe (zusammen mit den anderen, biasfreien Aufgaben) leistet, was beabsichtigt ist, wenn das inhaltliche Element, das bei einer Aufgabe als potenzielle DIF-Ursache betrachtet werden kann, zum gemessenen Fertigkeitsbereich gehört. Das bedeutet, dass Forscher und andere relevante Beurteiler darüber entscheiden müssen, ob die DIF-Ursache zum Konstrukt gehört, dessen Messung beabsichtigt wird. Eine wichtige Basis für diese Beurteilung ist die inhaltliche Beschreibung der Messbereiche, auf die die Aufgaben der Abschlusstests zielen. Deshalb wurden die Testkonstrukteure darüber befragt, ob bei allen statistisch festgestellten DIF-Aufgaben die potenziellen DIF-Ursachen zu den gemessenen Konstrukten gehören. Folgende Beispiele illustrieren in etwa die Diskussion, die zur Entscheidung, ob eine DIF-Aufgabe als IB etikettiert werden muss, notwendig ist.

In Bezug auf eine Rechenaufgabe, worin nach dem Durchschnitt der Zahlen 1, 2, 3, 97, 98 und 99 gefragt wurde, konnte zwar festgestellt werden, dass das Wort Durchschnitt zu DIF für die allochthonen Teilnehmergruppen führte, aber sollte diese Aufgabe deshalb aus dem Test entfernt werden? Dies ist nicht notwendig, denn das Konzept Durchschnitt ist zwar sprachlich formuliert, gehört aber zu den zentralen Begriffen, die in den Rechenstunden jeder Basisschule behandelt werden. Der Begriff gehört daher zum Konstrukt, das im Rechenteil des Tests gemessen wird und reduziert darum nicht die Konstruktvalidität des Gesamttests.

Ganz anders ist dies bei einer Rechenaufgabe, worin von einem Vater für f. 800,– eine Nähmaschine ohne die MwSt. von 20 % gekauft wird. Es wird die Frage gestellt, wieviel der Vater inklusive MwSt. bezahlen muss. Diese Aufgabe zeigte bei beiden statistischen Analysen DIF für türkische und marokkanische Schüler. Aus dem Schülerexperiment ging hervor, dass diese Aufgabe wahrscheinlich kein DIF erbracht hätte, wenn die Frage „Was muss der Vater mit MwSt. bezahlen?“ gewesen wäre. Außerdem gehört die Phrase inklusive MwSt. (wenigstens in den Niederlanden) nicht zu den Zielen des Rechenunterrichts in der Basisschule. Deshalb hat diese Aufgabe IB und sollte angepasst oder entfernt werden.

Aus unseren Erfahrungen geht hervor, dass es in den Bereichen Rechnen und Informationsverarbeitung weniger schwierig ist mit linguistischen Argumenten klar zu machen, ob eine DIF-Aufgabe IB besitzt oder nicht, als beim Testteil Sprache. Der Grund dafür ist, dass im Letzteren Sprache selbst zum gemessenen Konstrukt gehört. Aus Tabelle 1 geht hervor, dass die meisten DIF-Aufgaben im Testteil Sprache vorkommen. Daraus ergibt sich die Frage, inwiefern die DIF-Aufgaben in diesem Teil aus sprachlichen Gründen zu IB führen können und wann sie aus diesem Grund angepasst oder entfernt werden sollen? In den Fällen, in denen das DIF-Element von linguistischer Art ist und zu den Zielen des Sprachunterrichts in der Basisschule gehört, erfüllt eine Aufgabe im Test ihre Funktion und es kann demzufolge nicht von IB die Rede sein. Zum Beispiel soll am Ende der Basisschule den Schülern die Bedeutung von ‚uiterlijk' (spätestens) bekannt sein. Wenn also danach gefragt wird, müssen sie aus dem begleitenden Text die richtige Antwort ‚niet later dan' (nicht später als) ableiten können; diese Aufgabe, die für beide Immigrantengruppen DIF auswies, sollte deshalb nicht angepasst oder entfernt werden.

Es ist jedoch nicht so, dass Sprachaufgaben mit DIF niemals angepasst oder aus dem Testteil Sprache entfernt werden sollten. Manchmal waren die befragten Experten sich bei ihrer Beurteilung darüber einig, dass ein sprachebezogenes DIF-Element in einer Sprachaufgabe eher zu den Zielen des Sekundarunterrichts als zu den Zielen der Basisschule gehörte. In solchen Fällen würde mit einer solchen Aufgabe von den Schülern mehr verlangt als vorgesehen ist bzw. im Unterricht vermittelt wird.

Es war nicht leicht zu einer endgültigen Entscheidung über die Frage zu gelangen, bei welchen DIF-Aufgaben in den Abschlusstests von IB die Rede sein kann und bei welchen nicht. Die Beschreibungen der Fertigkeitsbereiche, auf die bei der Messung mit den Aufgaben der Tests gezielt wird, waren in dieser Hinsicht sehr aufschlussreich. In Kombination mit den Ergebnissen der Experimente führten sie letzten Endes zu dem Schluss, dass nur 4 % der Aufgaben IB für die türkischen und marokkanischen Teilnehmergruppen aufweisen: 2,5 % zu ihrem Nachteil und 1,5 % zu ihrem Vorteil. Diese Prozentsätze sind zwar bedeutend niedriger als der Prozentsatz der DIF-Aufgaben (17,4 %; vgl. Tabelle 1), aber immerhin handelt es sich dabei alljährlich um etwa sieben Aufgaben, die unbeabsichtigt und unberechtigt das Gesamttestergebnis dieser Schüler beeinflussen. Sie können eine unbeabsichtigte Rolle bei der Entscheidung über die Frage spielen, welche die geeignete Schulform der Sekundarstufe für sie ist.

Zum Schluss

Aus den Ausführungen sollte klar geworden sein, dass DIF- und IB-Forschung nicht nur interessant und zur Validierung von Tests für unterschiedliche Teilnehmergruppen notwendig ist, sondern auch ein sehr kompliziertes Thema voller Fußangeln und mit vielen Unsicherheiten. Verantwortlich dafür ist, dass die entwickelten statistischen Techniken zur DIF-Aufspürung nur zum Teil bei den gleichen Aufgaben zur DIF-Feststellung führen und die stark auf subjektive Einschätzungen und Interpretationen beruhende Entscheidung zur Frage, bei welchen DIF-Aufgaben es sich – vor dem Hintergrund des gemessenen Konstrukts – um IB handelt. Weil es nicht ohne weiteres deutlich ist, welche inhaltlichen Elemente in Aufgaben DIF verursachen, ist es in diesem relativ neuen Forschungsbereich notwendig, mehrere Methoden dafür einzusetzen, zu einer adäquaten Beurteilung der Ursachen zu kommen. In unserem Projekt bildeten sich deshalb nicht nur die Projektmitarbeiter ein Urteil, sondern es wurden auch externe Experten und Schüler konsultiert. Bis heute konnte mit dieser komplexen Vorgehensweise eine vorläufige Reihe von potenziellen linguistischen DIF-Quellen identifiziert werden. Um mehr Sicherheit in dieser Hinsicht zu gewinnen und die bisher noch undifferenzierten potenziellen DIF-Gründe zu verfeinern, wird zur Zeit mit vergleichbaren und neuen Experimenten weitergearbeitet.

In unserem Projekt haben wir uns bisher nur auf sprachliche DIF-Ursachen konzentriert. Es ist aber nicht undenkbar, dass es besonders für nicht-einheimische Teilnehmergruppen auch DIF-Ursachen nicht-linguistischer Art gibt. Sozialkulturelle Unterschiede zwischen einheimischen und nicht-einheimischen Gruppen könnten auch einen DIF-Effekt haben. Die erwähnten Schwierigkeiten der beiden Immigrantengruppen mit dem Unterschied zwischen übertragenen und wörtlichen Bedeutungen von Begriffen (zum Beispiel Silberhochzeit gegenüber Silberlöffel) und die Bemerkung der externen Experten, dass Aufgaben, die bestimmte kulturelle Vorkenntnisse voraussetzen, die nicht-einheimische Schüler nicht besitzen oder unzulänglich internalisiert haben, für diese Schüler besonders schwierig sind, weisen in diese Richtung. Die (teilweise) Abwesenheit solcher Kenntnisse könnte zum Beispiel eine Rolle spielen bei Aufgaben, bei denen ein umfangreicher kulturspezifischer Text als Kontextmaterial benutzt wird. In unserer zweiten Projektphase werden deshalb nicht nur potenzielle sprachliche, sondern auch sozialkulturelle DIF-Ursachen untersucht, wobei auch der neue Testteil Welt- und Umweltkunde mit einbezogen wird.

Literatur

APA/AERA/NCME (1999): Standards for educational and psychological testing. – Washington, DC: American Psychological Association.

CAMILLI, G./SHEPARD, L. (1994): Methods for identifying biased test items. – Thousand Oaks, CA: Sage Publications.

DAGEVOS, J./GIJSBERTS, M./VAN PRAAG, C. (2003): Rapportage Minderheden 2003. Onderwijs, arbeid en sociaal-culturele integratie. – Den Haag: Sociaal en Cultureel Planbureau.

DE JONG, M. /VALLEN, T. (1989) : Linguïstische en culturele bronnen van itembias in de Eindtoets basisonderwijs voor leerlingen uit etnische minderheidsgroepen. In: Pedagogische Studiën, 66, S. 390–420.

HACQUEBORD, H. (1989): Tekstbegrip van Turkse en Nederlandse leerlingen in het voortgezet onderwijs. – Dordrecht: Foris Publications.

KERKHOFF, A. (1988): Taalvaardigheid en schoolsucces. – Lisse: Swets & Zeitlinger.

KIM, M. (2001): Detecting DIF across the different language groups in a speaking test. In: Language Testing, 18, S. 89–144.

KLATTER-FOLMER, J./VALLEN, T. (1995): Een toets mag moeilijk zijn, maar niet partijdig: over talige en culturele bias voor allochtone leerlingen in Nederlandse toetsen. In: Huls, E./Folmer, J. (Hrsg.) (1995): Artikelen van de tweede sociolinguïstische conferentie. – Delft: Uitgeverij Eburon, S. 357–371.

UITERWIJK, J.H. (1994): De bruikbaarheid van de Eindtoets basisonderwijs voor allochtone leerlingen. – Arnhem: Cito, Instituut voor Toetsontwikkeling.

VAN SCHILT-MOL, T./VALLEN, T./UITERWIJK, J.H. (2003): De Plus-en-minmethode als onderzoeksinstrument bij het opsporen van itembias in de Eindtoets basisonderwijs. In: Koole, T./Nortier, J./Tahitu, B. (Hrsg.) (2003): Artikelen van de vierde sociolinguïstische conferentie. – Delft: Uitgeverij Eburon, S. 363–374.

VERHELST, N. (1988): De Mantel-Haenszel-toetsen. – Arnhem: Instituut voor Toetsonwikkeling.

VERHELST, N./GLAS, C./VERSTRALEN, H. (1995): One-parameter logistic model: OPLM. – Arnhem, Instituut voor Toetsonwikkeling.

Tülin Polat, Nilüfer Tapan

Die Implementation des Deutsch-als-Fremdsprache-Curriculums in der Lehramtsausbildung in der Türkei – Ein Weg zur Mehrsprachigkeit –

In den kontroversen Diskussionen über die Konstituierung des Faches Deutsch als Fremdsprache als ein wissenschaftliches Fach im universitären Bereich vertritt Hans REICH schon in den 1970er Jahren die These, dass die Curricula der Lehramtsausbildung anders gestaltet werden müssen als die für das Germanistikstudium. In seinen Ausführungen zur Beschreibung der herrschenden Bedingungen und der zukünftigen Strukturen des Faches Deutsch plädierte er dafür, Deutsch als Fremdsprache sei eine empirische Wissenschaft mit eigenständigen Fragestellungen und nicht einfach ein nebensächlicher Anwendungsbereich der germanistischen Wissenschaft (vgl. REICH 1994, S. 90–104).

Heutzutage besteht ein Konsens darüber, dass die Ausbildung der Deutschlehrer[1] anders aussehen muss als das Germanistikstudium. Maßgebend für den Ausbildungsprozess der Deutschlehrer sind auf der Makroebene die sozioökonomischen Entwicklungen und auf der Ebene der Unterrichtspraxis die Bedürfnisse der Lehrenden/Lernenden und die Rahmenbedingungen des gesamten Lehr-/Lernumfelds.

Betrachtet man die Entwicklungslinie der Deutschlehrerausbildung an der Universität Istanbul, so könnte behauptet werden, dass jede Neustrukturierung des Curriculums zur Ausbildung der Deutschlehrer der von Hans Reich thematisierte Anschauung entsprechende Leitlinie verfolgt hat (vgl. POLAT 2004, S. 317–334). Denn schon in den 1970er Jahren wurde an der Universität Istanbul neben der germanistischen Abteilung die Abteilung für Fremdsprachendidaktik/Fremdsprachenlehrerausbildung gegründet und die Entfaltung der wissenschaftlichen Identität des Faches in Forschung und Lehre hat sich bis heute fortführen können. Mit anderen Worten, bei jeder Entwicklungsphase der Deutschlehrerausbildungsprogramme an der Istanbuler Universität geht es darum, die Wissenschaftlichkeit mit dem Prinzip der Berufsorientiertheit zu kombinieren (vgl. POLAT/TAPAN 2001, S. 175–191). An anderen Deutschdidaktikabteilungen der türkischen Universitäten war in den 1980er und 1990er Jahren das germanistisch orientierte Konzept in größerem Ausmaß tonangebend, was bei den curricularen Planungen in Bezug auf den didaktisch-methodischen Bereich Mängel aufwies. Dieser Trend wurde aber mit der Bildungsreform der gesamten Lehrerausbil-

1 Der Begriff ‚Deutschlehrer' wird hier als unmarkierte generische Form gebraucht. Es wird damit auf Deutschlehrerinnen und Deutschlehrer verwiesen. Dasselbe gilt auch für die Begriffe ‚Fremdsprachenlehrer', ‚Schüler' und ‚Student'.

dung von 1997 auf eine radikale Weise aufgehoben, weil um diese Zeit vom Hochschulrat verbindlich für alle Abteilungen der Erziehungswissenschaftlichen Fakultäten der Türkei neue Curricula erstellt und eingeführt wurden (vgl. TAPAN 2003, S. 194–205). Das neue Curriculum, das eine wissenschaftlich fundierte berufsbezogene Ausbildung der Lehrer anstrebt, wurde im Studienjahr 1998/99 an allen Abteilungen der türkischen Universitäten, wo Lehrer ausgebildet werden, eingeführt. Auch die Deutschlehrerausbildung ist von dieser Neustrukturierung betroffen. Bei der neuen curricularen Planung der Deutschlehrerausbildung stehen das fachliche Wissen und das berufliche Können im Hinblick auf die Lehrtätigkeit nicht isoliert nebeneinander, sondern sind integrativ verbunden. Unter dem Aspekt der wissenschaftlichen Ausbildung der Deutschlehrer ist die Neustrukturierung positiv zu bewerten. Denn dadurch wurde der Weg zu einer effektiven Deutschlehrerausbildung geebnet. Die grundlegenden Innovationen können folgendermaßen zusammengefasst werden: (POLAT/TAPAN 2003, S. 56)

- Klarheit in der Zielsetzung: Berufsorientierte Ausbildung von Deutschlehrern für Vorschule, Primarstufe (d.h. Grundschule + Sekundarstufe 1) und Sekundarstufe 2
- Verzahnung von Theorie und Praxis
- Hervorhebung und Einführung neuer Lehrveranstaltungen der Fachdidaktik
- Enge Zusammenarbeit mit Schulen
- Revision und Ausbau der pädagogischen Lehrveranstaltungen zur Entwicklung und Verstärkung der Lehrkompetenz
- Einführung von Pflichtwahlfächern aus anderen Studiengängen
- Möglichkeit zum Zweifachstudium

Resümierend kann auf der Grundlage dieser Innovationen festgehalten werden, dass das neue Programm für die Deutschlehrerausbildung in der Türkei eine Basis darstellt, die es ermöglicht, bezüglich des Wissens und Könnens entscheidungsfähige Deutschlehrer auszubilden. Dieses Potential kann aber nur durch beständige Änderungen bewahrt werden. Die wichtigsten Faktoren, die die Erstellung und Praktizierung der Curricula beeinflussen, ändern sich mit der Zeit. Deshalb ist es wichtig, das begrüßenswerte neue Programm nicht als ein statisches Produkt aufzufassen, um die nötigen Erweiterungen und Ergänzungen realisieren zu können.

Die Diskussion um die Entfaltung der Mehrsprachigkeitsdidaktik als eine Folgerung der Europäischen Fremdsprachenpolitik bietet in diesem Zusammenhang einen Ausgangspunkt, in welche Richtung das neue Programm Änderungen erfahren könnte. Das neuartige Konzept, wie es sich gegenwärtig um die Diskussion für den Fremdsprachenunterricht zu entwickeln beginnt, beruht auf dem Grundsatz, „dass man, wenn man mehrere Sprachen lernt, nicht jedes Mal sozusagen ‚bei Null' anfängt, sondern, dass der vorhandene Sprachbesitz durch jede neue Sprache immer mehr erweitert wird". (NEUNER 2003, S. 16)

Das Lehren und Lernen von Deutsch als Fremdsprache im Rahmen der Mehrsprachigkeit macht jedoch neue Kooperationsformen zwischen Lehrkräften und Forschern der verschiedenen Sprachen notwendig. Bei einer solchen Zusammenarbeit muss man in der Lage sein, über Sprachgrenzen hinweg arbeiten, Sprachgrenzen erweitern und sogar überschreiten zu können. Erst durch kooperative und integrierte Arbeitsweisen können Synergien beim Lehren und Lernen mehrerer Sprachen geschaffen werden. Konkreter ausgedrückt: Durch kooperative und integrierte Didaktiken können Synergien beim Lernen des Deutschen genutzt werden, wenn es um die Konstellation Deutsch nach Englisch, wie es in der Türkei der Fall ist, handelt. Der Einbezug des Deutschen ins Sprachangebot des allgemeinen Bildungswesens in der Türkei eröffnet den Weg zur Mehrsprachigkeit. Die Hürden auf diesem Weg müssen durch ein Mehrsprachigkeitskonzept, das spezifische Lehrpläne, Materialien und Kooperationsformen erfordert, überwunden werden. Diese Ausführung beinhaltet aber eine Forderung, die Lehrer voraussetzt, die ihrerseits nach einem Mehrsprachigkeitskonzept ausgebildet werden. Wenn die Fremdsprachenlehrerausbildung in diesem Sinne unzureichend ist, so ist und bleibt die Mehrsprachigkeit als Lehr- und Lernziel unerreichbar. So kommt uns die Aufgabe zu, nach Wegen und Möglichkeiten zu suchen, curriculare Mehrsprachigkeit im Prozess der Fremdsprachen-/Deutschlehrerausbildung zu realisieren. Bei den Debatten um die Verwirklichung der Mehrsprachigkeit schlägt KRUMM (2003, S. 46) folgendes vor: „Mehrsprachigkeit verwirklichen bedeutet an Stelle isolierter Lehrangebote in verschiedenen Sprachen eine curriculare Mehrsprachigkeit zu entwickeln, die den Lernenden unterschiedliche Optionen für die Entfaltung individueller Mehrsprachigkeitsprofile bietet". Diese Aussage muss aber im Prozess der Fremdsprachenlehrerausbildung Geltung haben. Kurzum, die Fremdsprachenlehrer müssen in einem Prozess ausgebildet werden, bei dem sie als Lernende für die Entfaltung ihrer Mehrsprachigkeit unterschiedliche Möglichkeiten finden können.

Uns allen bekannt ist die Tatsache, dass die Bildungsinstitutionen von der schulischen bis zur universitären Ebene die Fremdsprachen additiv und unkoordiniert anbieten. Das Problem liegt also darin, eine Vielfalt im Fremdsprachenangebot darzulegen, indem die Sprachen aufeinander aufbauen und sich gegenseitig ergänzen. Das Lernen der fremden Sprachen sollte also aufeinander bezogen sein.

Aus sprachpolitischer Perspektive sind auch für die Türkei die neuen europäischen sprachpolitischen Entwicklungen ein unverzichtbarer Bestandteil der Zielsetzungen des Fremdsprachenunterrichts (vgl. POLAT 2003, S. 169–175). Die Beschäftigung mit der Frage, wie man Synergien im Fremdsprachenunterricht schaffen und nutzen kann, bedeutet für das neue Programm von 1998 eine Erweiterung um eine neue Dimension. Auf der anderen Seite ist diese Erweiterung eine Herausforderung für die Konstellation der Sprachenfolge *Englisch als die erste Fremdsprache und Deutsch als die zweite Fremdsprache,* die das schulische Fremdsprachenangebot in der Türkei kennzeichnet (vgl. TAPAN 2004, S. 303–316).

Infolge der internationalen Stellung hat das Englische den Vorrang in der Türkei, sodass die deutsche Sprache landesweit nur im Bereich der zweiten Fremdsprache Chancen hat. Die Entscheidung für das Lernen einer Sprache darf aber, wenn man die Gleichwertigkeit der Sprachen Ernst nimmt, das Lernen einer anderen Sprache nicht einschränken. Es ist offensichtlich, dass die Probleme, die mit der Hegemonie des Englischen verbunden sind, mit der Realisierung einer Mehrsprachigkeitsdidaktik überwunden werden können. So brauchen wir ein Konzept, welches auf das Lernen des Englischen als eine Herausforderung der Zeit nicht verzichtet und zugleich die anderen Sprachen unter dieser Bedingung nicht benachteiligt.

Die Dringlichkeit der Entwicklung einer Mehrsprachigkeitsdidaktik führt uns an der Fremdsprachendidaktikabteilung der Universität Istanbul dazu, auf der Ebene des Magisterstudiengangs ein Konzept zu entwickeln, bei dem die Sprachlernerfahrungen der Studierenden in mehreren Sprachen auf der Lernprozessebene genutzt werden können. Die Fremdsprachendidaktikabteilung der Universität Istanbul eröffnet Magister- und Doktorantenprogramme seit 1996 regulär. Die Abteilung setzt sich aus drei Programmen zusammen: Deutschlehrerausbildung, Französischlehrerausbildung, Englischlehrerausbildung. Gemäß dieser Struktur hatte jedes Programm einen eigenen Magisterstudiengang. Die Magisterstudiengänge hatten jedoch keine ernsthafte Kooperation untereinander. Obwohl die Zielsetzung und die Themenschwerpunkte Ähnlichkeiten aufwiesen, konnte das nicht ersichtlich werden, weil die Lehrkräfte und die Studierenden aus Gründen der Eigenständigkeit durch ihre Erfahrungen und Kenntnisse einander nicht bereichern konnten. Die selben Probleme wurden mit unterschiedlichen, den einzelnen Sprachen spezifischen Begriffen benannt und diskutiert und man verbrauchte viel Zeit, um einzusehen, dass man über die selben Probleme aber mit deutschen, französischen und englischen Begriffen arbeitete. Die Vielfalt der Sprachen ist jedoch ein Reichtum. So ist es z.B. ein Gewinn, wenn man lernt, dass der Begriff *Methode* im Französischen auch im Sinne von *Lehrwerk* verwendet wird. Wie kann aber dieser Gewinn zustande kommen, wenn an den Deutsch-, Französisch- und Englischdidaktikabteilungen die Lehrkräfte und die Studierenden isoliert voneinander arbeiten? Wie können die Lehrenden und Lernenden in einer solchen Arbeitsumgebung für Mehrsprachigkeit sensibilisiert werden? Wie kann in einer solchen Lehr- und Lernumgebung Mehrsprachigkeit zu einem glaubwürdigen Konzept werden, wenn man auch auf der theoretischen Ebene die Gleichwertigkeit der Sprachen akzeptiert? Diese konzeptuellen Überlegungen benötigen geeignete Umsetzungen in die Praxis. Das sind sicherlich Fragen, mit denen wir uns beschäftigen müssen, wenn wir in der Türkei darauf zielen, die Deutsch-, Französisch- und Englischlehrerausbildungsprogramme um die Aspekte der neueren Ansätze erweitern zu wollen.

Ausgehend von diesen Überlegungen werden wir an der Fremdsprachendidaktikabteilung der Erziehungswissenschaftlichen Fakultät der Universität Istanbul, wo Deutsch-, Französisch- und Englischlehrer ausgebildet werden, ab dem Studienjahr 2004–2005 den Versuch unternehmen, die Absolventen der Fachbereiche Deutsch-,

Französisch- und Englischlehrerausbildung im Rahmen des Magisterstudiums in den Lehrveranstaltungen zusammenzubringen, um ihnen unterschiedliche Möglichkeiten für die Entfaltung ihrer individuellen Mehrsprachigkeitsprofile bieten zu können.

Das Magisterprogramm von 2004–2005 ist als ein Gesamtprogramm entworfen, bei dem Seminare angeboten werden, die zur Erweiterung und Vertiefung der während der Studienzeit erworbenen Kenntnisse beitragen. Neu ist an diesem Programm, dass etliche Seminare für Deutsch-, Französisch- oder Englischlehrer nicht getrennt, sondern für alle Teilnehmer gemeinsam angeboten werden. In den Seminaren, die aufeinander abgestimmt sind, werden die verschiedenen Dimensionen des Fremdsprachenunterrichts und die aktuellen Probleme dieses Bereichs behandelt. Die Teilnehmer werden als Deutsch-, Französisch- oder Englischlehrer die behandelten Probleme aus der Perspektive ihres eigenen Bereiches diskutieren und miteinander und voneinander lernen. Erreicht wird durch dieses Programm:

- Die Magisterstudierenden aus den Fachbereichen Deutsch-, Französisch- und Englischlehrerausbildung werden in enger Kooperation studieren können, was zum Erfahrungsaustausch beitragen wird.
- Die Lehrkräfte der erwähnten Fachbereiche werden in enger Kooperation arbeiten können, was zum Erfahrungsaustausch beitragen wird.
- Die Magisterstudierenden werden lernen, das Deutsche aus der Perspektive des Englischen und Französischen, das Englische aus der Perspektive des Deutschen und Französischen und das Französische aus der Perspektive des Englischen und Deutschen zu betrachten und zu analysieren.
- Die Lehrkräfte und die Magisterstudierenden der erwähnten Abteilungen werden für Mehrsprachigkeit sensibilisiert.
- Beim Lernen/Erforschen der Fremdsprachen werden Synergien geschaffen und genutzt.

Das Konzept zum Magisterstudium für das Studiumsjahr 2004/2005 an der Abteilung für Fremdsprachenlehrerausbildung der Universität Istanbul lässt sich folgendermaßen darstellen:

Mehrsprachigkeitskonzept zum Magisterstudium

- Universität Istanbul
- Abteilung für Fremdsprachenlehrerausbildung
- Adressatengruppe: Die Absolventen der Fachbereiche für Deutsch-, Französisch- und Englischlehrerausbildung
- Studiumsjahr: 2004–2005
- Dauer des Studiums: 4 (+ 2) Semester
- Kreditpunktzahl: 21 Kreditpunkte (Pflicht)
- Themenschwerpunkt: Didaktik/Methodik des fremdsprachlichen Unterrichts

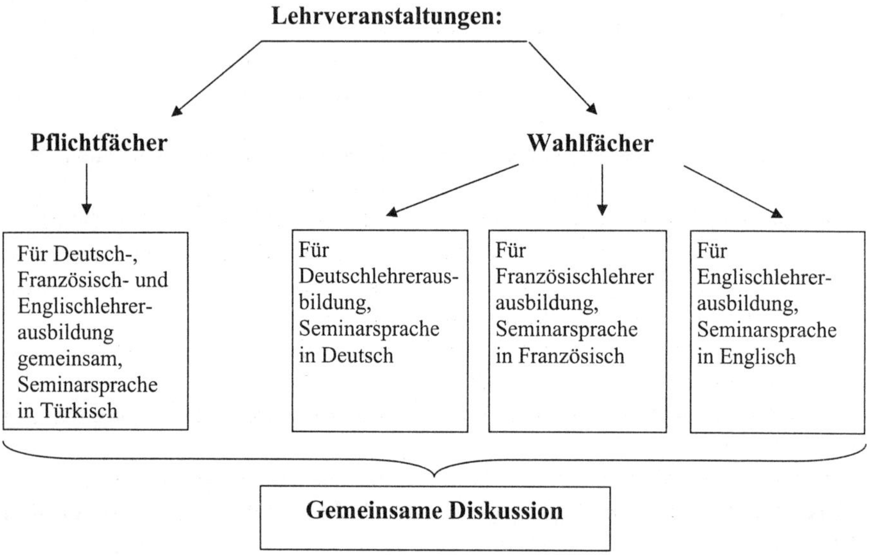

Wie aus der Übersicht zu erkennen ist, sind die Teilnehmer des neu erstellten Magisterprogramms die Absolventen der Fachbereiche für Deutsch-, Französisch- und Englischlehrerausbildung. Sie haben das vierjährige Lehramtsstudium beendet und haben das Recht bekommen, mit einem Magisterprogramm anzufangen, wenn sie die als Bedingung gestellte Aufnahmeprüfung ablegen. Der Magisterstudiengang dauert insgesamt sechs Semester und setzt sich aus zwei Phasen zusammen. In der ersten Phase von zwei Semestern werden den Studierenden Lehrveranstaltungen mit dem Themenschwerpunkt ‚Didaktik/Methodik des fremdsprachlichen Unterrichts' angeboten. Die Studierenden müssen in den beiden ersten Semestern mindestens 21 Kreditpunkte erreichen. In der zweiten Phase des Magisterstudiengangs müssen die Studierenden unter der Betreuung einer Lehrkraft eine schriftliche wissenschaftliche Arbeit erstellen, in der sie sich mit den unterschiedlichen Dimensionen des Fremdsprachenunterrichts befassen. Die zweite Phase dauert zwei oder, wenn nötig mit einer Verlängerung, vier Semester. Die Lehrveranstaltungen bestehen aus Pflicht- und Wahlfächern. Die Absolventen der drei Fachbereiche Deutsch-, Französisch- und Englischlehrerausbildung nehmen an den Pflichtfächern/-seminaren *gemeinsam* teil. In den Pflichtfächern ist die Seminarsprache Türkisch. Wichtig ist dabei, dass die Ziele, Inhalte und Lehrmethoden des fremdsprachlichen Unterrichts je nach Fach (Deutsch, Französisch, Englisch) nicht separat behandelt werden. Das Innovative des Programms liegt vor allem darin, dass über Ziele, Inhalte und Lehrmethoden des Fremdsprachenunterrichts von einem, die drei Sprachen übergreifenden, didaktisch-methodischen Konzept ausgehend reflektiert wird. Der Versuch, sich mit den Problemen des Lehr- und Lernprozesses unterschiedlicher Sprachen auseinanderzusetzen, wird sicherlich sowohl bei den Studierenden als auch bei den Lehrkräften zu einem Perspektivenwechsel und damit auch zur Sensibilisierung für Mehrsprachigkeit verhelfen. Der gemeinsame fremdsprachliche Diskurs bildet somit den Kern der Pflichtfächer. Bei den Wahlfächern, die von den jeweiligen Fachbereichen angeboten werden, setzen sich die Studierenden je nach eigener Wahl mit Themen auseinander, die die Lehr- und Lerntätigkeiten und die Verfahrensweisen der drei Fächer Deutsch, Französisch und Englisch separat behandeln. Die Seminarsprache ist hier je nach Fachbereich Deutsch, Französisch oder Englisch. Durch die Wahlfächer werden die Kenntnisse und Erfahrungen der Studierenden bezüglich eines Fachs erweitert. Hier soll noch hervorgehoben werden, dass das neue Konzept erst dann zu effektiven gemeinsamen Diskussionen über die verschiedenen Dimensionen des Fremdsprachenunterrichts in unterschiedlichen Sprachen führen wird, wenn sowohl die Pflichtfächer als auch die Wahlfächer aufeinander abgestimmt und miteinander koordiniert werden. Für die Tragfähigkeit des Konzepts ist auch eine enge Kooperation der Lehrkräfte untereinander unverzichtbar.

Das hier dargestellte mehrsprachig orientierte Konzept für den Magisterstudiengang an der Fremdsprachendidaktikabteilung der Universität Istanbul versteht sich als ein Produkt der Bemühungen um die Realisierung der Mehrsprachigkeit im Prozess der Fremdsprachen-/Deutschlehrerausbildung in der Türkei. Es ist ein Pilotprojekt, das als ein erster Schritt in Richtung der Mehrsprachigkeit gedacht ist, aber sicherlich noch in vielfacher Hinsicht diskutiert und ergänzt werden muss. Wenn sich jedoch auf der Magisterstufe diese Arbeitsweise als ein erfolgversprechender Weg durchsetzt, so wird das uns dazu ermutigen, auch im Prozess der Ausbildung der Deutsch-, Französisch- und Englischlehrer die Lehrveranstaltungen aufeinander zu beziehen. Wenn es uns gelingt, Fremdsprachenlehrer auszubilden, die die Sprachen nicht als isolierte Inseln ansehen, sondern jede Sprache als einen Teil eines Ganzen aufnehmen und jede Sprache als eine ergiebige Quelle für eine andere Sprache erarbeiten, erst dann können wir behaupten, dass auf Mehrsprachigkeit basierende Konzepte keine Illusionen der Zeit sind. Eine glaubwürdige Mehrsprachigkeitsdidaktik braucht glaubwürdige Praxis.

Gerade in diesem Punkt liegt für uns eine Besonderheit von Hans REICH als Wissenschaftler des Bereichs Deutsch als Fremdsprache. Das können wir aus Erfahrung behaupten. Hans REICH lernten wir Anfang der 1980er Jahre in Istanbul persönlich kennen. An der Istanbul Universität hat er damals an einem Türkischkurs teilgenommen, um die türkische Sprache zu lernen. Er wollte die türkische Kultur näher kennen lernen und wohnte deshalb für eine Zeit bei einer türkischen Familie. Ist das nicht eine glaubwürdige Praxis für einen deutschen Wissenschaftler, dessen Arbeitsbereich Schüler anderer Sprachen und Kulturen betrifft? Hans REICH wollte schon damals den konzeptuellen Ansatz, den er für wichtig hält, in der eigenen Berufs- und Lebenspraxis erproben und konkret ausüben. Dieser Beitrag versteht sich als ein Zeichen dafür, dass wir in der Türkei danach streben, die konzeptuellen Entwicklungen im Rahmen der Fremdsprachendidaktik in die Praxis umzusetzen und neue Modelle zu erproben und konkret auszuüben.

Literatur

KRUMM, H.J. (2003): Sprachenpolitik und Mehrsprachigkeit. In: Hufeisen, B./Neuner, G. (Hrsg.): Mehrsprachigkeitskonzept-Tertiärsprachenlernen-Deutsch nach Englisch. – Brüssel, S. 35–49. Hier S. 46.

NEUNER, G. (2003): Mehrsprachigkeitskonzept und Tertiärsprachendidaktik. In: Hufeisen, B./Neuner, G. (Hrsg.): Mehrsprachigkeitskonzept-Tertiärsprachenlernen-Deutsch nach Englisch. – Brüssel, S. 13–34. Hier: S. 16.

POLAT, T./Tapan, N. (2001): Zur Entwicklungslinie von DaF in der Türkei. In: Funk, H./König, M. (Hrsg.): Kommunikative Fremdsprachendidaktik – Theorie und Praxis in Deutsch als Fremdsprache. Festschrift für Gerhard Neuner zum 60. Geburtstag. – München, S. 175–191.

POLAT, T./Tapan, N. (2003): Neustrukturierungen im Prozess der Deutschlehrerausbildung in der Türkei. In: Neuner, G. unter Mitarbeit von Koithan, U. (Hrsg.): Internationale Oualitätsnetz Deutsch als Fremdsprache. Tagungsdokumentation. – Kassel, S. 53–66. Hier: S. 56.

POLAT, T. (2003): Globalisierung und Mehrsprachigkeit: Zwei Seiten einer Medaille. In: Gündoğdu, M./Ülkü, C. (Hrsg.) : Germanistische Untersuchungen aus türkischer Perspektive. Festschrift für Prof. Dr. Vural Ülkü zum 65. Geburtstag. – Aachen, S. 169–175).

POLAT, T. (2004): Die wissenschaftliche Deutschlehrerausbildung in der Türkei: ein Garant für das Deutsche? In: Durzak, M./Kuruyazıcı, N. (Hrsg.): Interkulturelle Begegnungen. Festschrift für Şara Sayın. – Würzburg, S. 317–334.

REICH, H.H. (1994): Deutschlehrer für Gastarbeiterkinder. Eine Übersicht über Ausbildungsmöglichkeiten in der Bundesrepublik. In: Henrici, G./Koreik, U.

(Hrsg.): Deutsch als Fremdsprache, Wo warst Du, wo bist Du, wohin gehst Du? – Hohengehren, S. 90–102.

TAPAN, N. (2003): Neue Dimensionen der Deutschlehrerausbildung in der Türkei – Erweiterung der Curricula im Rahmen eines Mehrsprachigkeitskonzepts –. In: Gündoğdu, M. und Ülkü, C. (Hrsg.): Germanistische Untersuchungen aus türkischer Perspektive. Festschrift für Prof. Dr. Vural Ülkü zum 65. Geburtstag. – Aachen, S. 193–205.

TAPAN, N. (2004): Überlegungen zur Realisierung eines mehrsprachigen Ausbildungskonzepts im türkischen Schulwesen. In: Durzak, M./Kuruyazıcı, N. (Hrsg.): Interkulturelle Begegnungen. Festschrift für Şara Sayın. – Würzburg, S. 303–316.

DATA: 13/6/2002 | NOME:

O pássaro está a cantar no muro. e o gato está a ouvir o que o pássaro está a cantar. e depois o gato axtou o pássaro e o passaro voou para a árvore. e o gato salta para a árvore para apanhar o pássaro. e depois o gato viu o pássaro e o gato vai mas para fima e o pássaro voa para o chão. e o gato vê o pássaro. e o pássaro está a rir e o gato está a berrar. e eu já sei o que eles estavão a fazer. eles estávão a brincar.

Milena Hienz de Albentiis

Die Mutter aller zweisprachigen Schulen: Die Deutsch-Italienische Gesamtschule in Wolfsburg (DIGS)[1]

Am 25.10. 1975 begann mein Unterricht in der Bundesrepublik als Lehrerin für italienische Kinder aus Einwandererfamilien. Es war die Begegnung mit einem Italien, das ich nur theoretisch aus Vorlesungen und Berichten über die italienische Südfrage – die „Questione meridionale“ – kannte. Es war die Konfrontation mit einer Herausforderung, die unter dem Motto „Integration“ stand und bei der sich der Reichtum an soziokulturellen Erfahrungen einerseits, die Misere der realen Möglichkeiten, die Aufgabe zu bewältigen, andererseits gegenüberstanden. Die Begegnung mit Hans Reich im Jahre 1980 und die gemeinsame Arbeit am Projekt der Ausbildung von Lehrern für Kinder mit anderer Muttersprache als Deutsch war die erste Möglichkeit für mich, einen Lösungsweg aus diesem Dilemma zu finden. Es entstanden ein gemeinsamer Bildungsauftrag und eine Freundschaft, die von Respekt und Ausdauer gekennzeichnet ist. Sie hat mein ganzes Berufsleben geprägt.

Wenn ich meinen jetzigen Grund- und Leistungskurs Italienisch im Jahrgang zwölf betrachte, habe ich keine Zweifel, dass der Weg dieser 13 Schülerinnen und Schüler durch unsere Wolfsburger zweisprachige Schule richtig war im Sinne des Ausbaus ihrer bilingualen und bikulturellen Kompetenz. Ich denke z.B. an Marcel, dessen Mutter als Italienerin der zweiten Generation nur durch die Deutsch-Italienische Gesamtschule (DIGS) eine Brücke zur Sprache ihrer Eltern gefunden hat. Ich denke auch an Sarah, einsprachig deutsch eingeschult und nicht sehr sprachbegabt, die nach einem Schüleraustausch mit Italien einen Briefwechsel mit einer italienischen Partnerschülerin begann und diese in den Ferien besuchte. Heute ist sie in der Lage, ein Essay von zehn Seiten über die italienische Literatur in der Widerstandsbewegung auf Italienisch zu schreiben. Ich denke aber auch an schwache Schüler, die ohne konkrete Arbeitsperspektive unsere Schule im 9. oder 10. Schuljahr verlassen. Ich würde mir sehr wünschen, dass wir künftig auch für sie Wege aufzeigen können, ihre bilingualen und bikulturellen Fähigkeiten beruflich zu nutzen.

---

1 Die Autorin ist Fachberaterin für Interkulturelle Erziehung an der DIGS und erteilt Unterricht in den Fächern Italienisch und Gesellschaftslehre.

Die Entstehungsgeschichte der DIGS[2]

Die DIGS ist eine Angebotsschule des Landes Niedersachsen und wird als eine zweizügige bilinguale integrierte Gesamtschule geführt. Sie wurde 1992 im Rahmen mehrerer Vereinbarungen („Protokolle“) zur deutsch-italienischen Zusammenarbeit zwischen dem Land Niedersachsen und der Republik Italien gegründet und aufgebaut. Nach Einrichtung der Grundschule folgte 1997 die Ausweitung auf die Gesamtschule (bis Klasse 10) sowie die Vereinigung der Grundschule mit der Gesamtschule. Die Grundschule ist als Volle Halbtagsschule, die Sekundarstufe I als Ganztagsschule eingerichtet. Seit Beginn des Schuljahres 2003/04 wird ein bilingualer gymnasialer Zweig mit einem deutsch-italienischen Profil als Außenstelle eines Wolfsburger Gymnasiums aufgebaut. Die Gründung eines mit der Schule eng verbundenen deutsch-italienischen Kindergartens ist geplant.

Das Schulprofil

Das pädagogische Leitbild der DIGS und das Schulprogramm für die Jahre 2003 bis 2007 wurden im Rahmen des Projekts „Qualitätsentwicklung in Netzwerken“[3] von einer schulinternen Steuerungsgruppe entwickelt. Die in diesem Rahmen aufgestellten sieben Leitprinzipien und Ziele sind ehrgeizig und viel versprechend:

- Aufbau einer Schule in und für Europa,
- Ausbau der bilingualen und bikulturellen Schule,
- Förderung unterschiedlicher Begabungen,
- Ausbau des bilingualen bikulturellen professionellen Selbstverständnisses der Lehrkräfte,
- Entwicklung der Lernfreude bei der Schülerschaft,
- Konzeption eines gemeinsamen Bildungswegs für alle Schülerinnen und Schüler,
- Verständigung auf einen innovativen didaktischen und methodischen Ansatz.

Die Umsetzung dieser Prinzipien durch die DIGS kann jedoch nur gelingen, wenn die Schule einen eigenen konsequenten Weg zu ihrer Verwirklichung findet und wenn sie in ihren Umsetzungsbemühungen von der Landespolitik unterstützt wird.

---

2 Zur Entstehungsgeschichte vgl. auch SANDFUCHS 1992.

3 Im Rahmen des QuiSS-Programms der Bund-Länder-Kommission für Bildungsplanung und Forschungsförderung BLK (Qualitätsentwicklung in Schulen und Schulsystem – 2001) startete im Februar 2002 ein weitreichendes Projekt zur Qualitätsentwicklung in niedersächsischen Schulen: 64 Schulen aller Schulformen – darunter auch die DIGS – organisierten sich in acht regionalen Netzwerken. Das Projekt endet im Jahre 2005. Ziel ist die Steigerung von Unterrichtsqualität durch die Übernahme von Steuerungsverantwortung für die Unterrichtsentwicklung; vgl. auch NIEDERSÄCHSISCHES KULTUSMINISTER 2002.

Die Schülerinnen und Schüler

Im Schuljahr 2004/05 besuchten insgesamt 480 Schülerinnen und Schüler die DIGS, davon 220 die Grundschule. Sie waren ungefähr zu gleichen Anteilen deutscher und italienischer Abstammung (Klassen 1–10). Die Aufnahme der Schüler wurde bis zum Schuljahr 2003/04 anhand von festgelegten Quoten geregelt:

- Schüler italienischer Abstammung: 40 %
- Schüler deutscher Abstammung: 40 %
- Schüler aus Mischehen: 20 %.

Im Jahr 2004 wurde die Quote für die Gruppe der Schüler aus Mischehen auf 40 % erhöht. Diese Verschiebung der Anteile ist aktuell einer der kritischsten Diskussionspunkte an der Schule.

„Erweiterter Realschulabschluss"

	Gesamt	Italienische Schülerinnen und Schüler	Deutsche Schülerinnen und Schüler	Ital.-deutsche Schülerinnen und Schüler
Schuljahr 2002/03	22 (von 42)	10	9	3
Schuljahr 2003/04	13 (von 38)	3	10	–

Die Klassen der gymnasialen Oberstufe setzen sich aus ehemaligen DIGS-Schülerinnen und -Schülern zusammen, welche das 10. Schuljahr mit dem Erwerb eines „Erweiterten Realschulabschlusses" abgeschlossen haben und an einer Fortsetzung des bilingualen Unterrichts bis zum Abitur interessiert sind. Im Rahmen der Kooperation beider Schulen unterrichten einige Lehrerinnen und Lehrer der DIGS die Klassen 11 und 12 in italienischer Sprache in den Fächern Italienisch, Geschichte, Kunst und Politik.

Besuch des bilingualen gymnasialen Zweigs (11. Klasse)

	Schülerinnen und Schüler gesamt	Klassenziel erreicht	Klassenziel nicht erreicht
Schuljahr 2003/04	21	15	6 (5 ital. / 1 dt.)

Zusammensetzung der Lehrerschaft
48 Lehrkräfte unterrichten im Schuljahr 2004/05 an der DIGS, davon zwölf italienische Lehrerinnen und Lehrer und eine Erzieherin. 20 Lehrpersonen (davon fünf italienische) sind in der Primarstufe, 28 (davon sechs italienische) in der Sekundarstufe I und II eingesetzt. Von den vier Funktionsstellen an der Schule ist eine Stelle mit einer italienischen Lehrkraft besetzt (Fachbereichsleitung Interkulturelle Erziehung). Die italienischen Lehrkräfte sind zum Teil vom italienischen Staat als Auslandsschullehrerinnen und -lehrer beschäftigt.

Der Status der italienischen Lehrkräfte
Im Gründungsprotokoll für die DIGS ist niedergelegt, dass ein Teil der italienischen Lehrkräfte zunächst (d.h. mindestens bis 2007) vom Mutterland entsandt und besoldet wird; der andere Teil ist im Angestelltenverhältnis beim Land Niedersachsen beschäftigt. Mittelfristig ist die vollständige Übernahme der Stellen der italienischen Lehrkräfte durch das Land zwar protokollarisch vorgesehen, tatsächlich jedoch bestehen Zweifel an der Einhaltung der Vereinbarungen; es wird eher mit Stellenstreichungen gerechnet. Die von Italien entsandten Lehrerinnen und Lehrer erhalten als Auslandsschullehrer bei gleicher Tätigkeit höhere Bezüge als Lehrerinnen und Lehrer in Italien und deutsche Lehrkräfte in Deutschland, sofern sie eine Planstelle in Italien inne haben. Dies führt manchmal zu Spannungen, obwohl der rege Erfahrungsaustausch mit gegenseitiger Bereicherung der Lehrergruppen dies in der Regel überwiegt.

Bilinguale und bikulturelle Aspekte des Schulkonzepts

Der Italienischunterricht
In der Grundschule werden die Schülerinnen und Schüler täglich 30 Minuten lang in Halbklassenstärken von italienischen Lehrkräften in Italienisch unterrichtet. Die Zusammensetzung der Schülergruppen ist heterogen, was die Kompetenzen in Italienisch betrifft.

In der Sekundarstufe I hat Italienisch mit drei bis vier Wochenstunden den Status einer Ersten Fremdsprache. Hier wird in voller Klassenstärke unterrichtet, wobei eine dritte Lehrkraft pro Jahrgang eingesetzt wird, um dem komplexen Modell der flexiblen Kurs-Differenzierung Rechnung zu tragen. Ab Klasse neun setzt im Fach Italienisch eine äußere Differenzierung ein.

Der Italienischunterricht der DIGS kann durch folgende besonderen Merkmale charakterisiert werden:

Es wird in beiden Sprachen alphabetisiert[4] und nach einem Curriculum[5] unterrichtet, das thematisch sowohl muttersprachenspezifische als auch fremdsprachenspezifi-

4 Vgl. hierzu die Dokumentation im Handbuch (ARBEITSGRUPPE ABC 2003).

sche Aspekte enthält und Möglichkeiten bietet, auf die aktuelle Sprachlernsituation der jeweiligen Schülergruppe einzugehen.

Es wird ein Differenzierungskonzept verfolgt, nach dem Schülerinnen und Schüler phasenweise getrennt unterrichtet werden, um gezielt an ihren Sprachlernbedürfnissen ansetzen zu können.

Es besteht ein Angebot an vielfältigen Methoden und geeigneten Unterrichtsmaterialien sowie eine schriftliche Dokumentation des bisherigen Italienischunterrichts, um Transparenz und Verfügbarkeit für alle Kolleginnen und Kollegen herzustellen.

Bilingualer Unterricht in Sachkunde und Gesellschaftslehre

Die beiden Fächer werden bis einschließlich Klasse 8 in Doppelbesetzung teils auf Italienisch, teils auf Deutsch unterrichtet. Dabei wird im Team gearbeitet, so dass die beiden Lehrerinnen bzw. Lehrer jeweils eine Sprache verwenden. Die italienische Lehrkraft spricht dabei auch deutsch mit ihrer Kollegin, gegenüber der Kindern verwendet sie die Sprache aber nur selten. Der umgekehrte Fall, dass von der deutschen Lehrkraft italienisch gesprochen wird, kommt meist nicht vor. Für die Klassenstufen 9 und 10 soll dieses Konzept nach den neuen landespolitischen Vorstellungen nicht mehr beibehalten werden, sondern in der Weise reduziert werden, dass deutsche und italienische Lehrkräfte für einzelne Unterrichtseinheiten abwechselnd in je einer der beiden Klassen des jeweiligen Jahrgangs unterrichten.

In der Konzeption der DIGS hat das Fach Gesellschaftslehre den Status eines Leitfaches, dem der übrige Fachunterricht nach Möglichkeit zuarbeiten soll. Eine deutsch-italienisch zusammengesetzte Planungskommission erarbeitet hierzu curriculare Grundlagen, legt Unterrichtseinheiten thematisch fest und erstellt geeignete Unterrichtsmaterialien. Auf diese Weise wird gewährleistet, dass einerseits interkulturelle Inhalte in das Unterrichtsfach Eingang finden, dass aber andererseits auch die inhaltlichen Richtlinien für Fächer an Gesamtschulen berücksichtigt werden.

Die Unterrichtsdurchführung wird auch in den beiden Fächern Sachkunde und Gesellschaftslehre kontinuierlich auf die unterschiedlichen sprachlichen Voraussetzungen der Schüler (Italienisch als Mutter- oder Fremdsprache) ausgerichtet. Hierzu werden Schülergruppen auch phasenweise getrennt unterrichtet, z.B. für die Vermittlung komplizierter Grundbegriffe und Zusammenhänge.

Balance zwischen Italienisch und Deutsch

Für die Schülerinnen und Schüler der DIGS ergeben sich folgende Möglichkeiten des Kontakts mit der italienischen Sprache:

---

5 Die Materialien für die Grundschule sind unter der Bezeichnung des Projekts „IL GABBIANO TRICOLORE“ vom Verlag Giambusso komplett veröffentlicht worden www.giambusso.de. Die weiteren Materialien für die Sekundarstufe I sind noch in Bearbeitung. Der erste Entwurf ist jedoch schon vollständig.

- durch italienischsprachigen Unterricht in den Fächern Italienisch, Sachkunde und Gesellschaftslehre, der von italienischen Muttersprachlern erteilt wird;
- durch Rundbriefe und andere Schulinformationen in Italienisch und Deutsch;
- durch Schulveranstaltungen in deutscher und in italienischer Sprache (z.B. Autorenlesungen, Vorlesewettbewerb, Ausstellungen);
- durch Zeugnisse in italienischer und deutscher Sprache;
- durch die Möglichkeit zum Schüleraustausch mit Italien in den Klassen 9 bzw. 10.

Trotz dieser Möglichkeiten erweist sich Deutsch als die deutlich dominante Sprache in der Schule. Sogar der für bilinguale Schulen gesetzte Maßstab von 40 % Zielsprache und 60 % Landessprache bei der Verwendung im Unterricht erscheint für die DIGS als nicht realisierbar.[6] Für die schwache Stellung des Italienischen können Gründe genannt werden. Zunächst könnte die geringere Anzahl der italienischen Lehrerinnen und Lehrer zu ihrer marginalen Stellung beitragen. Auch der Umstand, dass ein Teil der italienischen Schüler (quantifizierbar mit etwa 2–5 Kindern pro Jahrgang) aus sozial schwächeren Familien als die Gesamtschülerschaft kommt, trägt vermutlich dazu bei, dass das Italienische weniger Ansehen als das Deutsche besitzt. Hinzu kommt ein Mangel an bilingualer Kompetenz der deutschen Lehrerschaft und ein geringes Interesse bei manchen deutschen Lehrerinnen und Lehrern an einer ausgeglichenen Zweisprachigkeit aller Schüler.

Vor allem der zuletzt genannte Grund trägt mit dazu bei, dass das hoch gesteckte Ziel von Bilingualität bei den deutschen und italienischen Schülerinnen und Schülern eher als nebensächlich angesehen wird. Im Abschlussbericht der wissenschaftlichen Begleitung der DIGS (SANDFUCHS u.a. 2004) wird ausdrücklich empfohlen, den Anteil der italienischen Sprache zu erhöhen, ihre Akzeptanz im Schulleben zu forcieren und die zweisprachigen Kompetenzen der deutschen Lehrkräfte auszubauen. Auf diese Weise könnte erreicht werden, dass sich der Blick mancher Lehrer eher auf die erreichte bilinguale Kompetenz der Schüler als auf ihre Lücken und Defizite nur im Bereich des Deutschen richten würde. Die o.g. Empfehlung zur Erhöhung der Italienischstunden scheitert jedoch aktuell an administrativen Bestimmungen und an der Schwierigkeit, entsprechend qualifizierte Lehrer einzustellen.

Förderung in Deutsch

Nicht alle italienischen Schülerinnen und Schüler sind ausgeglichen zweisprachig italienisch-deutsch. Für einige ist Deutsch die schwächere Sprache; ihr Deutsch müsste gezielt gefördert werden. Insbesondere für Jugendliche, die als Seiteneinsteiger erst im Sekundarstufenalter nach Deutschland kommen, erweisen sich die schulischen Anforderungen in den höheren Klassen unter sprachlichen Gesichtspunkten als große

6 Dieser Prozentsatz wurde im Februar 2003 in einer schulinternen Fortbildung zum Thema „Evaluationskriterien für bilinguale Schulen" von Eike Thürmann, Referatsleiter am Landesinstitut für Schule und Weiterbildung NRW in Soest, erwähnt.

Herausforderung. Wie die überhöhte Quote der Klassenwiederholer in der Sekundarstufe II zeigt, sind es vor allem italophone Schüler, die die harte Prüfung des Schulwechsels von der DIGS zur gymnasialen Oberstufe nicht bestehen.

Der zur Unterstützung sehr notwendige Förderunterricht Deutsch kann jedoch in Konzeption und Durchführung die Sprachlernbedürfnisse der italienischen Schüler nicht zufriedenstellend berücksichtigen. Ein Hauptgrund hierfür liegt in fehlenden Möglichkeiten einer flexiblen Stundenplangestaltung. Für einen Teil der Schüler kann so die als wichtigste Zielsetzung der DIGS angestrebte ausgeglichene Bilingualität nicht erreicht werden.

Die Schulpolitik des Landes Niedersachsen

Neue Erlassregelungen durch das Land Niedersachsen bringen über die Reduzierung der Lehrkräfte für den Muttersprachlichen Unterricht hinaus für die Gesamtschulen eine Verschlechterung der Rahmenbedingungen mit sich (z.B. größere Klassen, Stellenreduktion, Streichung von Entlastungsstunden für Funktionsstellen).[7] Besonders einschneidend wirkt sich aus, dass Gesamtschüler erst nach 13 Schuljahren, Gymnasiasten jedoch bereits nach 12 Schuljahren das Abitur machen. Bis zum Schuljahr 2003/04 setzten fast alle Grundschülerinnen und -schüler der DIGS ihre Schullaufbahn in der Sekundarstufe unserer Schule fort. Dies ermöglichte eine kontinuierliche Fortführung der Primarstufenarbeit in der Sekundarstufe I. So ist das gesamte Schulleben an der DIGS von Zweisprachigkeit und Ausdrucksformen deutscher und italienischer Kultur geprägt. Die Ergebnisse dieser bilingualen und bikulturellen Praxis haben einen besonders innovativen Charakter. Durch die neuen Rahmenbedingungen wird die Kontinuität im Bildungsgang nunmehr beeinträchtigt, weil eine deutliche Abwanderung von Schülerinnen und Schülern am Ende der Grundschulzeit festzustellen ist. Verließen in den letzten Jahren Schüler erst ab Klasse sieben die Schule, so ist dies neuerdings schon nach Klasse vier festzustellen (13 Abmeldungen von leistungsstarken Kindern – bei einer Gesamtzahl von 54 – im Schuljahr 2003/04).

Offene Probleme

Die Nachfrage für die DIGS gestaltete sich in den letzten beiden Schuljahren widersprüchlich: Während im Schuljahr 2003/04 deutlich mehr Kinder aus italienisch-deutschen Familien angemeldet wurden als der Quote nach aufzunehmen gewesen wären, verzeichneten die Neuanmeldungen zum Schuljahr 2004/2005 eine beträchtliche Abnahme der italienischen und einen deutlichen Anstieg von deutschen Kindern.

Als Gründe hierfür werden diskutiert, dass die Lebensperspektiven der italienischen bzw. der gemischt-nationalen Familien sich verändert haben. Die wirtschaftliche und soziale Situation der italienischen Migranten in Wolfsburg ist heterogen: Etwa ein Drittel der italienischen und gemischt-nationalen Familien, deren Kinder die

7 Niedersächsisches Kultusministers (2004): RdErl.d. vom 03.02.2004–303–81071.

DIGS besuchen, hat nicht die Absicht, Wolfsburg zu verlassen, wie z.B. der Zuwachs an Eigenheimen von Familien italienischer Herkunft in verschiedenen Stadtteilen zeigt (RICCÒ 2004a, S. 266–267). Andererseits sind viele Italiener in Wolfsburg entweder von der schwachen Konjunktur stark betroffen oder haben das Rentenalter erreicht. Diese Familien planen, möglichst mit der ganzen Familie – also auch mit ihren Enkelkindern, die unsere Schule besuchen (könnten) – nach Italien zurückzukehren, wenngleich dies nicht immer realistisch ist.

Ein weiterer Grund könnte darin liegen, dass die Bedürfnisse der Familien nicht optimal befriedigt werden. Die DIGS ist eine Gesamtschule und entspricht damit u.U. als Schulform nicht immer den Zukunftsperspektiven der italienischen Migrantenfamilien. Dies gilt einerseits für die gut integrierten Familien, denn sie betrachten den Weg über das Gymnasium und nicht die Gesamtschule als Aufstiegsmöglichkeit für ihre Kinder. Andererseits kann die Schule sozial schwächeren Familien – zumal wenn sie weit entfernt ist – nicht die soziale Unterstützung bieten, die sie benötigen.

Schließlich gibt es Probleme aufgrund der Streichung der Schulbustransporte auch für Erstklässler seitens der Stadt Wolfsburg. Dies verunsichert vor allem die italienischen Familien[8], da sie viel besorgter als die deutschen Familien um ihre Kinder im Verkehr sind.

Diese grobe Ursachenanalyse bedarf einer genaueren Betrachtung. Notwendig wäre eine erneute Untersuchung der Bildungsorientierung der Wolfsburger Familien sowie eine fachkundige Beratung speziell der Familien mit einem italienischen Hintergrund. Auch die Verwurzelung der Schule im soziokulturellen Milieu der Migranten müsste konsolidiert werden. Dieses kann von den ohnehin schon überlasteten italienischen Lehrern allein nicht geleistet werden.

Weiterhin: insieme, in cammino ...!

Das Motto „insieme – gemeinsam“ steht programmatisch auf dem Logo der Schule. Gemeint ist damit sowohl die gemeinsame Verantwortung für den Erziehungs- und Bildungsauftrag durch deutsche und italienische Lehrerinnen und Lehrer als auch das Prinzip des „miteinander und voneinander Lernens“ deutscher und italienischer Schüler im Schulalltag.

Die DIGS erfüllt dieses Programm in vielen Punkten, denn sie hat für deutsche und italienische Schülerinnen und Schüler die Möglichkeit geschaffen, von der Primar- bis zur Oberstufe ein innovatives Curriculum zu verfolgen, in dem Deutsche und Italiener – sowohl Lehrkräfte als auch die Schülerschaft – zusammen lernen, koope-

8 Von den 146 befragten Eltern der in den Schuljahren 1993/94 und 1995/96 angemeldeten Kinder nannten schon damals 31,3 % der italienischen Eltern die Entfernung der Schule vom Wohnbereich als Grund zu Sorgen und Bedenken vor der Einschulung, während von den deutschen Eltern 27 % diese Sorge äußerten (RICCÒ 2004a).

rieren und leben. Auch wenn sich die Schule noch nicht völlig konsolidiert hat und im Bereich eines wirksamen Förderkonzepts noch viel Arbeit zu leisten hat,[9] steht ein Punkt außer Diskussion: Die Schülerinnen und Schüler erreichen hier einen hohen Grad an sprachlicher und sozialer Kompetenz über alle Gesellschaftsschichten hinweg, was einen nicht zu unterschätzenden Stellenwert auch auf dem Arbeitsmarkt hat.

Literatur

ARBEITSGRUPPE ABC (2003): Handbuch zur Koordinierten Alphabetisierung an der Deutsch-Italienischen Gesamtschule Wolfsburg. – Hannover.

IL GABBIANO TRICOLORE (2003-2004): Materialien für den Italienischunterricht an der Grundschule. – Fröndenberg.

NIEDERSÄCHSISCHES KULTUSMINISTER (2002): Schulqualität in Niedersachsen. Ein Orientierungsrahmen: Qualitätsbereiche und Qualitätsmerkmale guter Schulen.

NIEDERSÄCHSISCHES KULTUSMINISTERS (2004): RdErl.d. vom 03.02.2004–303–81071. Die Arbeit in den Schuljahrgängen 5–10 der Integrierten Gesamtschule.

RICCÒ, Antonio (2004a): Ergebnisse der Befragungen der Eltern der an der DIGS angemeldeten Kinder. In: Abschlussbericht der wissenschaftlichen Begleituntersuchung zum Schulversuch Deutsch-Italienische Gesamtschule Wolfsburg (Primarstufe) – Technische Universität Dresden, S. 277–278.

RICCÒ, Antonio (2004b): Italienischunterricht an der Deutsch-Italienischen Gesamtschule Wolfsburg – Primarbereich. In : Abschlussbericht der wissenschaftlichen Begleituntersuchung zum Schulversuch Deutsch-Italienische Gesamtschule Wolfsburg (Primarstufe) – Technische Universität Dresden.

SANDFUCHS, Uwe (1992): Grundzüge einer Interkulturellen Schule in Wolfsburg. In: Europäische Begegnungstage der Sprachen und Kulturen. Europäische Bildungs- und Ausbildungspolitik für Sprachminderheiten in Niedersachsen und Wolfsburg. Zweisprachige Dokumentation der Tagung (28.–30. September 1990). Hrsg: Istituto Italiano di Cultura in Wolfsburg und Ausländerreferat der Stadt Wolfsburg. S. 155, s. auch: Resolution: S. 156–157.

SANDFUCHS, Uwe/ZUMHASCH, Clemens/RICCÒ, Antonio (2004): Abschlussbericht der wissenschaftlichen Begleituntersuchung zum Schulversuch Deutsch-Italienische Gesamtschule Wolfsburg (Primarstufe) – Technische Universität Dresden.

9 hierauf verweist SANDFUCHS 2004 in seinem Abschlussbericht, S. 121–127.

Der schlaue Vogel

Ein Vogel sahs Frölich
auf einer Mauer und san ser
vrolich. Weit von dem Vogel ent-
vernt war eine Kaze, Pläzlich
endekte die Kaze den Vogel und
dachte he he he he dich krigi ich
nach und slicsech an. Der Vagel
aber merkte darfon garniks,
Plözlich aber spran die Kaze
auf die Mauaer. und der Vogel
flaterte auf einen Baum
Und die Kaze spran hinterher.
Und tat schnel zu dem Vogel
Und der Vogel flatert vom Baum
Aber die Kaze kamt nicht
runter. Und der Vogel sint frölich
witer. Und die Kaze konnte
erst wider runter als die
Feuarwer kam.

Name: ______ Datum: 19.6.02

Katharina Kuhs

Deutsch als Zweitsprache im Elementarbereich: Ansätze zur Sprachförderung

> *„Gewiss, dass die Sprachentwicklung der Probanden gefördert werden soll, fließt auch heute wieder allen Autoren leicht aus der Feder (...)"*
> *(REICH 2004, S. 132).*

Mehr denn je, möchte man sagen. Denn der Bedarf ist vorhanden: Aus der Praxis von Kindergarten, Schule und Berufsschule, aus den Zahlen zu Schulübergängen und Bildungsabschlüssen und nicht zuletzt aus den mittlerweile in ihrer Rezeption schon überstrapazierten Ergebnissen von Vergleichsuntersuchungen zu Schulleistungen kommen Forderungen nach einer wirksamen Sprachförderung zweisprachiger Kinder und Jugendlicher. Insbesondere „Förderung von Deutsch als Zweitsprache" hat sich zum Schlagwort mit hohem Gebrauchswert und hoch gesteckten Erwartungen entwickelt. Sprachförderkonzepte und -materialien unter diesem Namen finden großes Interesse, denn sie versprechen Effektivität bei der Deutschvermittlung und stellen in Aussicht, dass sich durch ihren Einsatz die Sprachkompetenz von zweisprachigen Kindern und Jugendlichen nachhaltig verbessert.

Aus der einschlägigen didaktisch- und praxisorientierten Literatur zum Bereich Deutsch als Zweitsprache ist zu erkennen, dass die Bandbreite dessen, was „Förderung von Deutsch als Zweitsprache" meint, ein außerordentlich breites Spektrum umfasst.[1] Impliziert sind alle Teilbereiche von Sprache, deren Mündlichkeit und Schriftlichkeit aber auch Sprachlernbedingungen, Diagnostik, didaktisch-methodische und organisatorische Aspekte sowie Lehr- und Lernmaterialien. Die damit zwangsläufig verbundene Unschärfe des Begriffs macht zwar – zumindest unter Praktikern – zunächst eine schnelle Verständigung darüber möglich, ‚um was es geht', sie verführt jedoch auch zu einem Verbleiben im Allgemeinen, entbindet zunächst von mühsamen Differenzierungen und suggeriert Erfolg allein schon durch ein sprachförderndes Tun.

Andererseits zeigen z.B. schulische Lehrpläne für Deutsch als Zweitsprache und auch Bildungspläne für den Elementarbereich, dass durchaus Zielformulierungen vor-

---

1 Im schulischen Kontext stehen oft Organisation und Inhalte von separaten Sprachfördermaßnahmen in Kurs- oder Stundenform im Vordergrund. Förderung von Deutsch als Zweitsprache im Rahmen des Regelklassenunterrichts wird vergleichsweise wenig diskutiert (vgl. KUHS 2003; PORTMANN-TSELIKAS 1998). Im Bereich der Erwachsenenbildung stehen Deutschkurse für Aussiedler und Ausländer als Inbegriff für „Sprachfördermaßnahmen" (vgl. z.B. OTTO-BENECKE-STIFTUNG 1999; DORMANN/SCHLEBUSCH 1999).

liegen, an denen sich eine Förderung ausrichten kann und ausrichtet. Die o.g. Bandbreite ist hier operationalisiert in z.B. Aussprache, Wortschatz, Grammatik, Sprachhandlungen und soll eine oftmals idealtypisch definierte Sprachkompetenz als Endziel haben. Allerdings ist „Förderung von Deutsch als Zweitsprache" in einem solch komplexen Verständnis dann kaum noch vom Zweitspracherwerb Deutsch insgesamt zu unterscheiden – und verfehlt damit die Spezifik, die dem eigentlichen Fördergedanken zugrunde liegt. Es stellt sich also die Frage nach Zieldefinitionen, die solchermaßen ausgestaltet sind, dass sie eine begründete Auswahl von Förderbereichen leiten können. Konkret: Wie sind Mindestkompetenzen unter sprachlichen Gesichtspunkten bezogen auf Zielsituationen/kommunikative Anforderungen zu definieren? Was z.B. heißt unter dieser Prämisse genau ‚Mitkommen im Regelklassenunterricht' oder was genau sind die sprachlichen Mindestanforderungen des ‚Schuleintritts' , auf die hin im Elementarbereich gefördert werden soll? REICH (2004) wirft diese Fragestellung auf und er sieht hier eine entscheidende Schaltstelle, an der sich eine Sprachförderung zu orientieren hat: „(...) es muss (...) ein allgemeiner Grenzwert für ‚spezifischen Förderbedarf' angegeben und begründet (werden) und es muss gefragt werden, von welchen Lernzielen her der Förderbedarf konkretisiert werden soll" (S. 133). Hiervon ausgehend positioniert sich für ihn dann auch die Notwendigkeit einer Beschreibung des sprachlichen Entwicklungsstandes von zweisprachigen Kindern und Jugendlichen: Sie bildet eine Grundlage, auf der begründete Förderentscheidungen aufbauen können (REICH 2001, S. 78).

Unter Berücksichtigung dieser Prämisse ergibt sich für mich eine Verortung von Sprachförderung zwischen den beiden Eckpunkten ‚Mindestanforderungen/Ziele' und ‚Feststellung/Beschreibung des sprachlichen Entwicklungsstandes'. Sie ist hiernach der – konzeptionell, personell und methodisch-materiell – ausgestaltete Weg zu einem Förderziel hin, welches idealerweise als „Braucht-mindestens-Bestimmung" formuliert sein sollte.

L1				L1
Feststellung/Beschreibung des Entwicklungsstandes	→←	Sprachförderung L1	←→	Sprachliche Anforderungen/ Ziele
		↓ ↑		
L2	→←	Sprachförderung L2	←→	L2

Das Schema spiegelt die häufig anzutreffende Trennung von Erst- und Zweitsprache bei der Erhebung von Sprachstand, bei der sprachlichen Förderung und bei der Definition von Zielen.

Getrennt sind damit Elemente, die in Wirklichkeit eng zusammenhängen oder sogar eine Einheit bilden. So sind Erst- und Zweitsprache(n) in einer Person natürlich eng miteinander verwoben und die eine Sprache ist nicht unabhängig von der anderen zu entwickeln und zu fördern. Hans REICH setzt sich in seinen Arbeiten vehement dafür ein, diese Sichtweise zur Regel und die Gesamtsprachigkeit von Individuen zum Ausgangs- und Zielpunkt von Sprachförderung werden zu lassen. Eine dauerhaft isolierte Betrachtung von Deutsch als Zweitsprache bedeutet für ihn eine einseitige Reduktion der Sprachigkeit eines mehrsprachigen Menschen (REICH/ROTH 2002, S. 6).

Die Realität, bezogen auf Forschung und Sprachförderpraxis, sieht jedoch noch anders aus: Die Entwicklung einer Gesamtsprachigkeit von zweisprachigen Kindern und Jugendlichen ist längst nicht selbstverständlicher Sprachgebrauch und eine miteinander verzahnte Erst- und Zweitsprachenförderung ist in vielen Praxisfeldern noch nicht etabliert. So wird auch im Tätigkeitsfeld „Deutsch als Zweitsprache" vielfach ohne kontinuierlichen Einbezug der muttersprachlichen Voraussetzungen und Kompetenzen der Lerner gearbeitet. Es gilt, sich kritisch damit auseinander zu setzen, was hier an Förderkonzepten vorliegt und wie eine Weiterentwicklung unter Berücksichtigung der Gesamtsprachigkeit der Lerner vorzustellen ist.

In diesen gedanklichen Rahmen stelle ich die nachfolgenden Ausführungen. Ich werde einschlägige Literatur des Elementarbereichs zunächst darauf hin befragen, wie das Thema „Förderung von Deutsch als Zweitsprache" hier bearbeitet wird. Anschließend werden einige Sprachförderkonzepte im Hinblick auf die konkrete Ausgestaltung der folgenden zwei Teilaspekte analysiert: der ‚Sprachförderung durch Interaktion' und der ‚Sprachförderung durch Einbezug von Erkenntnissen der Zweitspracherwerbsforschung'.

Es ist nicht meine Absicht, mit dem vorliegenden Text eine eigene Konzeption zur Förderung von Deutsch als Zweitsprache im Elementarbereich vorzustellen. Vielmehr geht es um eine kritische Sichtung von Vorliegendem, an die sich eine konzeptionelle Weiterentwicklung anschließen kann.

Zum Verständnis der „Förderung von Deutsch als Zweitsprache" im Elementarbereich

Folgt man schriftlichen Bekenntnissen, dann erfährt die Unterstützung der Sprachentwicklung in Institutionen des Elementarbereichs mittlerweile einen nennenswerten Stellenwert. Es wird argumentiert, dass der altersmäßig noch nicht abgeschlossene Sprach(en)erwerb Unterstützung und Weiterentwicklung fordert. Entsprechend sind theoretische Grundlegung und praktische Umsetzung von Sprachfördermaßnahmen Bestandteil des konzeptionellen Selbstverständnisses einer adäquaten Erziehung in Kindergärten und Kindertagesstätten (vgl. den Überblick bei LEIST 2004, S. 86–93). Die große Breite des Verständnisses von dem, was dabei mit ‚Sprachförderung' gemeint ist und ein bisher fehlendes „etabliertes Konzept" ermöglichen dabei erhebliche Spielräume (LEIST 2003). Allerdings bedeutet Sprachförderung im Rahmen der bundesdeutschen Elementarerziehung originär eine Unterstützung der Sprachentwicklung von muttersprachlich deutschen Kindern. Der Blick auf zwei- oder mehrsprachige Kinder und damit auch eine Fokussierung auf die Sprachentwicklung in der Erstsprache und in Deutsch als zweiter Sprache spielte zwar bis zum Ende der 1990iger Jahre eine gewisse Rolle. Sie hatte jedoch keine allzu große Brisanz und wurde eher eingebettet in Diskussionen um das interkulturelle Miteinander in vorschulischen Einrichtungen thematisiert (z.B. AKPINAR/ZIMMER 1984; HEUCHERT 1994). Erst die Ergebnisse von Vergleichsuntersuchungen (OECD, PISA) haben dazu geführt, dass an den Elementarbereich in Bezug auf den Deutscherwerb der zwei- und mehrsprachigen Kinder schlagartig hohe Anforderungen gestellt werden. Bedeutung und Notwendigkeit einer *frühen* Sprachförderung werden als zentrale Konsequenz daraus abgeleitet: „(...) (Es sind) gerade für diese Kinder (= Kinder aus Migrantenfamilien, K.K.) mindestens zwei Jahre in einer Kita nötig, um sie mittels gezielter Förderung so effektiv auf die Schule vorzubereiten, dass sie später dem Unterricht ohne Probleme folgen können (...)“ (OTTO/SPIEWAK 2004, S. 37). Gleichzeitig erkennen die vorschulischen Einrichtungen aber auch, dass „die pädagogische Aufgabe der Sprachförderung – bei Gruppen mit fünf, manchmal zehn verschiedenen Nationalitäten – objektiv komplexer geworden (ist)“ (ULICH 2001, S. 31) und sie suchen adäquate Antworten für den Umgang mit dieser Aufgabe.[2]

Neuere Veröffentlichungen zur Sprachförderung im Elementarbereich gehen heute dezidierter auf die Gruppe der zwei- und mehrsprachigen Kinder ein als früher (z.B. BENHOLZ 2001; BERGHOFF/MAYER-KOENIG 2003, GUADATIELLO 2003, JAMPERT 2002, RINGLER 2004, SCHLÖSSER 2001, ULICH 2001, TOPHINKE 2003). Auffallend ist dabei allerdings, dass eine ganze Reihe der Titel und Texte zwar die ‚systematische‘ Förderung in Deutsch als Zweitsprache versprechen – gleichzeitig aber oft unspezifisch bleiben und eine gemeinsame Sprachförderung mit muttersprachlich deutschen Kindern meinen: „Die Materialien haben in besonderer Weise die Bedürfnisse von Kindern mit nicht-deutscher Erstsprache im Blick. Sie erlauben jedoch eine gemeinsame Förderung aller Kinder: In ihrem spezifischen Ansatz (...) machen sie Angebote, die für alle Kinder gleichermaßen interessant sind“ (TOPHINKE 2003, S. 7; ähnlich auch SCHLÖSSER 2003, die „deutsche Kinder, die einen deutlichen Entwicklungsbedarf im Grundwortschatz und in ihrer sprachlichen Gewandtheit haben“ in ein Förderkonzept einbezieht). Viele der Ausführungen zu Inhalten und Fördermethoden sind über weite Strecken hinweg so allgemein gehalten, dass sie für muttersprachlich deutsche und für Kinder mit Deutsch als Zweitsprache gelten können. Entsprechend wird argumentiert, dass Vieles für alle gilt, dass Manches jedoch mit Blick auf die Zweit-

2 So haben bereits einige Bundesländer (Bayern, Berlin, Brandenburg, Bremen, Mecklenburg-Vorpommern, Nordrhein-Westfalen, Rheinland-Pfalz, Saarland, Sachsen-Anhalt, Schleswig-Holstein, Thüringen) Bildungspläne vorgelegt, in denen Aufgaben und Bildungsziele für Einrichtungen des Elementarbereichs formuliert sind.

sprachenlerner und deren Zweitsprachentwicklung besonders explizit und auch problematischer zu sehen ist.

Wird also das, was für die Sprachentwicklung von muttersprachlich deutschen Kindern als gut und hilfreich angesehen wird, der Einfachheit halber auf die Förderung von Lernern des Deutschen als Zweitsprache ausgeweitet und unter neuen, viel versprechenden Titeln, verkauft? Ändern sich nur die Überschriften, nicht aber die Konzepte? Welche spezifischen Elemente der Zweitsprachenförderung werden vorgestellt und als wie qualitativ gut und effektiv können diese eingestuft werden? In Beantwortung dieser Fragen lässt sich mit Blick auf die vorliegende Literatur festhalten:

a) Es sind im Wesentlichen zwei Umsetzungsschwerpunkte bei der Deutsch als Zweitsprache-Förderung im Elementarbereich unterscheidbar, und diese richten sich auf die Organisation und auf die Methode der Förderung: eine eher ‚integrierte' Sprachförderung, d.h. das Aufgreifen und Bearbeiten von Förderaspekten im Rahmen des Kindergartenalltags (z.B. beim Vorlesen, im Stuhlkreis, in der Alltagskommunikation) und die eher separate, kursähnliche Sprachförderung in Form von Förderprogrammen oder Förderstunden im Rahmen jeweils eigener Zeit- und Gruppeneinheiten. In der Regel werden hier mehrere Kinder zu einer Lernergruppe zusammengefasst, aber auch Einzelförderung wird nicht ausgeschlossen. Zum Teil werden integrierte und separate Formen auch kombiniert oder parallel in einer Einrichtung praktiziert.

b) Inhaltlich umfasst die DaZ-Förderung ein breites Spektrum von Teilaspekten, die mit unterschiedlicher Gewichtung thematisiert werden:

- Die Notwendigkeit und die verschiedenen Möglichkeiten der Beobachtung/ Analyse der Sprachfähigkeiten der Kinder in Erst- und Zweitsprache,
- der Einbezug der Erst-/Herkunftssprachen in den Alltag von Einrichtungen der Elementarerziehung.
- die Unterstützung bzw. Weiterführung des ungesteuerten Zweitspracherwerbsprozesses,
- die Förderung von kommunikativer Kompetenz und Interaktionsfähigkeit in Deutsch,
- die Arbeit an Aussprache und Intonation des Deutschen,
- die Förderung der Bedeutungsentwicklung und die gezielte Vermittlung von deutschem Wortschatz,
- die Vermittlung von grammatischen Strukturen des Deutschen,
- die Vorbereitung auf die schulische Alphabetisierung in deutscher Sprache.

Zusammen gesehen illustrieren diese Aspekte, dass Förderung von Deutsch als Zweitsprache im Elementarbereich ein äußerst komplexes Unterfangen bedeutet, das weder in kurzer Zeit, quasi im Handstreich, noch irgendwie nebenbei betrieben werden kann. Denn jeder der o.g. Aspekte bedarf – nimmt man den Fördergedanken ernst – einer eigenen Ausgestaltung im Hinblick auf Zielsetzung, Stellenwert und Umsetzung.

Sprachförderung durch Interaktion in der Zweitsprache Deutsch

Sprache und Interaktion gehören zusammen wie Kinder und spielen. Kinder im Vorschulalter bewegen sich in der Regel ständig sprechend, sprachhandelnd, kommunizierend mit sich selbst und ihrer Umgebung – und treiben damit kontinuierlich ihre sprachliche und kognitive Entwicklung weiter voran. Hierauf bauen die Vertreter der Argumentation, dass eine gute Einbindung von Zweitsprachenlernern in den sprachhandelnden, interaktiven Alltag von vorschulischen Einrichtungen der beste Weg sei, die Zweitsprache Deutsch zu erlernen bzw. auszubauen. Dabei wird stillschweigend vorausgesetzt, dass die ‚normale' Sprache in den Einrichtungen Deutsch ist, dass die die Zweitsprachenlerner umgebenden Kinder als deutsche Sprachvorbilder dienen und dass das ‚Sprachbad' den Zweitspracherwerb vorantreiben werde. Gemeint ist eine Deutschförderung durch eine mehr oder weniger bewusste kommunikative Nutzung von Alltagssituationen und verbunden ist damit eine höhere Gewichtung von kommunikativem Miteinander in Abgrenzung zur formalen Sprachvermittlung: „Sprachförderung ist (...) am sinnvollsten im Tun und im Kontakt miteinander und nicht dann, wenn man etwa das Formale der Sprache zum Inhalt macht" (BERGHOFF/MAYER-KOENIG 2003, S. 48). Allerdings gibt es Unterschiede in der Vorstellung davon, wie stark gesteuert und wie ‚gestaltet' Interaktionen sein sollten und wie sie angebahnt werden sollten, um ihre sprachfördernde Wirkung entfalten zu können. Ein bloßes sprachliches Mitlaufen der Zweitsprachenlerner im Kindergartenalltag wird mittlerweile nicht mehr als ausreichend angesehen. Favorisiert wird stattdessen eine Einflussnahme auf Quantität und Qualität von Interaktionen

a) durch die Schaffung einer sprachfördernden Atmosphäre und
b) durch die gezielte sprachliche Entfaltung von Kommunikationssituationen.

Entsprechend wird gefordert,

- dass Erzieher/innen Situationen im Kindergartenalltag als geeignet zur Zweitsprachenförderung erkennen (BEAUFTRAGTE DER BUNDESREGIERUNG 2000);
- dass sie in diesen Situationen professionell reagieren, d.h., dass sie sie kommunikativ angemessen füllen und sie sprachhandelnd qualitativ hochwertig begleiten (HEUCHERT 1994);
- dass „Sprache provoziert" und „natürliche Gesprächsanlässe" geschaffen werden (MAIER 1999). Hierzu gehört auch, dass sich Erzieher/innen überlegen, in welchen Situationen Migrantenkinder (mit unterschiedlichen Sprachkenntnissen) voraussichtlich am meisten Deutsch lernen und dass sie dieses Wissen gezielt umsetzen können (ULICH 2001);
- dass eine „sprachförderliche" Atmosphäre hergestellt wird. Gemeint ist eine „angstfreie, sprachfreundliche Atmosphäre" , „eine Atmosphäre von Akzeptanz und Sicherheit, in der das Kind sich traut, Neues zu erproben (...)" (BEAUFTRAGTE DER BUNDESREGIERUNG 2000, S.30 ff.).

Alle diese Prinzipien sind zunächst sprachenübergreifend und damit natürlich auch für muttersprachlich deutsche Kinder gültig. Sie werden jedoch in Bezug auf eine zweitsprachenspezifische Förderung als besonders wichtig hervorgehoben. Dies betrifft insbesondere den zuletzt genannten Punkt, denn das Herstellen und Gelingen von Interaktionen mit (nicht) ausreichend Deutsch sprechenden Vorschulkindern wird ganz wesentlich mit dem Vorhandensein von besonderen kommunikativen Kompetenzen und Persönlichkeitsfaktoren der Erzieher/innen verbunden: Mit der besonderen Fähigkeit, einen ‚öffnenden' Kontakt, eine emotionale Verbindung zum Migrantenkind herzustellen (BERGHOFF/MAYER-KOENIG 2003) und mit der Kompetenz, Verhaltensweisen an den Tag zu legen, „die Kontakte und damit tragfähige Beziehungen unterstützen": einen freundlichen Blick schenken, eine offene Körperhaltung einnehmen, Körperkontakt anbieten, nicht ironisch sein usw. (BEAUFTRAGTE DER BUNDESREGIERUNG 2000).

Allerdings vermisst man in mancher Publikation konkrete Antworten darauf, wie über die genannte affektive Ebene hinaus denn genau ein professionell zweitsprachendidaktisches Interaktionsverhalten von Seiten der Erzieher/innen aussehen sollte. Langsameres Sprechen? Deutlichere Artikulation? Häufigere Wiederholungen? Verstärkter Einsatz nonverbaler Mittel? Verwendung von spezifischem Wortschatz? An genau welchen Stellen und in welchem Umfang soll mit Deutsch lernenden Kindern ‚anders' oder ‚mehr' interagiert werden als mit muttersprachlich deutschen Kindern?

MAIER (1999) propagiert „Deutsch lernen im Spiel" als Kernpunkt seiner „Sprachvermittlungsmethode": „Wohl aber lernen Kinder Sprachen ‚im Spiel', im unmittelbaren Zusammenhang mit allem, was sie (sprachbegleitet!) tun (‚sprachhandeln')" S. 24). Die im Rahmen seiner Publikation vorgeschlagene Zweitsprachenförderung besteht weitgehend aus der Zuordnung von gängigen Lernspielen für Kindergarten und Grundschule (z.B. „Koffer packen", „Was reimt sich auf Suppe?" „Ich sehe was, was du nicht siehst") zu Bereichen grammatischer Grundstrukturen, zur Aussprache und zum Wortschatz des Deutschen (vgl. die kritische Darstellung bei JAMPERT 2002, S. 97–99). Auf entscheidende und spezifische Aspekte der Zweitsprachenförderung im direkten Umgang mit und bei den Spielen (wie z.B. die Bedeutungsklärung oder gezielte Differenzierung von Begriffen, Besonderheiten bei der akustischen Analyse und Artikulation u.ä.) wird nicht eingegangen. Ein Unterschied in der sprachlichen Betreuung von an den Spielen teilnehmenden muttersprachlich deutschen Kindern und Zweitsprachenlernern ist nicht zu erkennen.

BERGHOFF/MAYER-KOENIG (2003) erwarten von Erzieherinnen „fehlerfreies Sprechen, kurze, einfache, verständliche Sätze, gute Artikulation, authentische Sprache" als vorbildliches Interaktionsverhalten mit Zweitsprachenlernern. Aus den bei ihnen aufgeführten Beispielen ist zu erkennen, wie die Erzieherin im Gespräch mit einem Deutsch lernenden Kind mit umfangreichen sprachlichen Äußerungen auf die ‚Einsilbigkeit' des Kindes reagiert, „um die Aussagen entweder sprachlich vorbildlich zu wiederholen oder – den Inhalt aufgreifend – zu antworten." (S. 49).

HEUCHERT setzt andere Prioritäten, um zu einem ‚richtigen', d.h. für das Weiterkommen des Kindes effektiven sprachlichen Input zu kommen: Nicht die grammatikalische/lexikalische Beschaffenheit der Sprache der Erzieherin ist für sie entscheidend, sondern die Tatsache, dass durch Interaktion ein angemessener Input gegeben ist, dass dem Kind das Thema wichtig ist und dass es sich die Bedeutung des Gesagten erschließen kann. „Der im Kindergarten tief verwurzelte Glaube, dass man durch die Quantität der deutschsprachigen Anregungen und durch Übungen den Prozess beeinflussen oder gar beschleunigen kann, ist ein Irrtum. (...) entscheidender aber ist die Qualität der ‚sprachlichen Daten', die das Kind in der deutschsprechenden Umgebung bekommt" (HEUCHERT 1994, S. 28).

Ein Blick unter Interaktionsgesichtspunkten in solche Konzepte, die eine Zweitsprachenförderung als ‚Programm' neben dem bzw. zusätzlich zum Kindergartenalltag vorsehen, macht zwei Grundtendenzen sichtbar: zum einen die Orientierung an fremdsprachendidaktischen Elementen und einer damit verbundenen eher stärker gesteuerten und systematisierten Sprachvermittlung, zum anderen die Orientierung an den ‚natürlichen' (Zweit)Spracherwerbsprozessen mit stärkerer Betonung eines sprachlichen Input, von dem angenommen wird, dass er durch die Kinder ohne systematische Steuerung erwerbsförderlich verarbeitet werden kann.

Eines der ersten Angebote für eine Zweitsprachenförderung nach fremdsprachendidaktischen Prinzipien liegt in der Publikation von GÖBEL u.a. (1983) vor. Es handelt sich um Lehrmaterial für Deutsch als Fremdsprache, entwickelt und erprobt im Elementarbereich an argentinisch-deutschen Auslandsschulen und übertragen auf die Arbeit in multikulturellen Kindergärten in der BRD. Das Konzept der Materialien basiert auf der Sprachhandlungstheorie: ständig wiederkehrende Aktivitäten im Tagesablauf des Kindergartens (z.B. Ankunft, nach Hause gehen, aufräumen, frühstücken ...) und die damit verbundenen Kommunikationsbedürfnisse sind mit Redemitteln verbunden und sollen sprachhandelnd eingeübt werden. Hierfür stehen dem Erziehungspersonal methodische Hinweise und didaktische Materialien zur Verfügung. Interaktionsanlässe, Sprachhandlungen, Wortschatz und Strukturen sind auch für Deutsch lernende Kinder in der BRD relevant. Allerdings begrenzen die in Argentinien angesprochenen sprachlich und kulturell homogenen Kindergruppen und der klar fremdsprachlich definierte Lernrahmen die Übertragbarkeit des Konzepts auf den zweitsprachlichen Förderkontext in Deutschland doch entscheidend.

Die KIKUS-Sprachförderung ist sprachhandlungs- und schulorientiert. Deutsch lernenden Vorschulkindern sollen solche sprachlichen Handlungsmuster vermittelt werden, die „bei Schuleintritt stillschweigend vorausgesetzt werden", nämlich: Frage-Antwort-Muster, Assertion und Assertionsverkettung bis hin zum Erzählen, Aufforderung, Bitte, Erklärung (GARLIN/GUADATIELLO 2003, GUADATIELLO 2003, 24-26). Mit der Methode der „sprachlichen Imitation" als Reaktivierung eines frühkindlichen Spracherwerbsmusters und durch die systematische Arbeit an fehlerhaften Äußerungen („Reparatur in Form eines korrektiven Feedbacks") soll die Sprachhandlungskompetenz verbessert werden.

Das Konzept von „Hokus + Lotus" (KROMER-BUSCH 2004, SPRINGER 2004) vereinigt viele der bisher genannten Aspekte einer Deutschförderung durch Interaktion und findet vielleicht deshalb zunehmend viel Anklang im Elementarbereich:

- Das Anknüpfen an der Phantasie- und Erlebniswelt der Kinder (= magische Welt, Phantasiefiguren, Geschehnisse im unmittelbaren Vorstellungs- und Fassungsbereich der Kinder) und damit das Herstellen einer hohen Motivation zum Mitmachen.
- Das Angebot eines sprachlichen Input, der in Art und Umfang anscheinend den kindlichen Sprachverarbeitungsrhythmus trifft und aufnehmend verarbeitet werden kann (= „Formate" als inhaltlich und formalsprachlich aufeinander aufbauende Kapitel).
- Die hoch konzentrierte persönliche Zuwendung zum einzelnen Kind während der Sprachförderung (= Blickkontakt, direkte Ansprache).
- Die unentwegte und abwechslungsreiche Begleitung des Sprachangebots durch Gestik, Mimik und Rhythmik.
- Das vielfältige Wiederholen von Wortschatz, Strukturen und Handlungen in immer wieder neuen Kontexten und schließlich:
- Die gelungene Verbindung von imitierenden und freien Interaktionsphasen.

Die in diesem Konzept zur Anwendung kommenden einzelnen methodischen Elemente sind keineswegs neu und auch zum Teil in den anderen vorgestellten Konzepten vorhanden, auch die zugrunde liegenden lernpsychologischen Prinzipien sind längst bekannt. Die kluge Kombination dieser Einzelelemente, das Bereitstellen von motivierenden Materialien („magisches T-Shirt", Papier- und Musik-Materialien), das thematische Einfühlen in die Erlebniswelt der Kinder und schließlich die gründliche Schulung von Erzieherinnen bzw. Lehrerinnen im Hinblick auf die methodische Umsetzung des Konzepts machen „Hokus + Lotus" interessant.

Förderung von Deutsch als Zweitsprache und die Rolle des ungesteuerten (Zweit)Spracherwerbs

Es ist begrüßenswert, dass Publikationen zur Zweitsprachenförderung das Thema ‚ungesteuerter Zweitspracherwerbsprozess' der Kinder aufgreifen und versuchen, es in ihre Konzepte einzuarbeiten. Allerdings sind deutliche Unterschiede in der Art des Einbezugs zu erkennen: Mit dem Ziel einer Vermittlung von Kenntnissen über den Zweitspracherwerbsprozess zeigt z.B. HEUCHERT (1994), wie Erzieher/innen in Fortbildungsveranstaltungen über Entwicklungsstadien des ungesteuerten Zweitspracherwerbs sowie über Einflussfaktoren und Erkennungsmerkmale informiert werden und wie in diesem Zusammenhang auch Fragen der Steuerung des Zweitspracherwerbsprozesses und der Stellenwert von Abweichungen diskutiert werden kann. Ohne den Anspruch, eine direkte Umsetzung in die vorschulische Praxis leisten zu müssen, erhalten Erzieher/innen auf diese Weise wichtige Sachinformationen, die ihnen helfen, die Deutsch lernenden Kinder in ihrer Zweisprachigkeit besser zu verstehen und Einflussfaktoren hierauf zu erkennen. Erworbene Kenntnisse sollen hier also indirekt Verhaltensweisen von Erzieher/innen beeinflussen oder anleiten.

MAIER (1999) dagegen vermittelt eine Sichtweise von Zweitsprachenlernern, die sich als eher Defizit orientiert darstellt. So postuliert er, dass in einem Deutsch lernenden Kindergartenkind „durchaus ein ‚Sprachkleinkind' steckt, dessen Sprachvermögen sich noch auf der Stufe eines ein- oder zweijährigen Kindes befindet." (S. 16) Solche Informationen haben möglicherweise weitreichende und dauerhafte Fehleinschätzungen zur Folge. Und auch die Annahme von GUADATIELLO (2003, S. 21), dass „Kinder nicht-deutscher Erstsprache oft Schwierigkeiten (...) im Wissen um Sprachhandlungen überhaupt" haben, reduziert die Zweitsprachenlerner auf ihren noch nicht abgeschlossenen Deutscherwerb. Erworbene Kompetenzen in und mit der Muttersprache werden hier offensichtlich ausgeklammert.

In einigen Konzepten werden theoretische Erkenntnisse zum ungesteuerten Zweitspracherwerb und hier insbesondere solche für den Erwerb der Syntax zur Grundlage von Sprachförderprogrammen gemacht. Wie dies verstanden wird, verdeutlichen die folgenden Textauszüge:

- „Wortschatz und Grammatikelemente werden nicht willkürlich, sondern auf der Basis spracherwerbstheoretischer bzw. empirischer Kenntnisse zusammengestellt." Das heißt: „Lektionen mit einem Wortschatz und grammatischen Elementen, die zu Beginn des natürlichen Zweitspracherwerbs gelernt werden, werden zu einem frühen Zeitpunkt des ZSP (= Programm zur Förderung des Zweitspracherwerbs bei ausländischen Kindern im Vorschulalter, K.K.) erarbeitet." (STREHLE 1990, S. 16)
- „Die Reihenfolge, in der die grammatischen Elemente angegeben sind, sollte (...) bei der Zweitspracherwerbsförderung beachtet werden. Sie basieren nämlich auf der natürlichen Spracherwerbsabfolge, die sich bei jedem Lerner vollzieht." (STREHLE 1990, S. 16)
- „In den (...) Spielen und Übungen werden solche Satzmuster geübt, die sich in Sprachstandserhebungen als für Kinder schwierig erwiesen haben. Die Komplexität der Übungen wird langsam gesteigert. Berücksichtigt werden Forschungsergebnisse über die Reihenfolge des Erwerbs von Satzmustern." (TOPHINKE 2003, S. 15)
- Der Aufbau des Lernangebots (= Spiel- und Übungsbereiche) soll die „Reihenfolge des Erwerbs sprachlicher Muster" berücksichtigen: „Einfache Muster werden vor komplexen Mustern erworben und häufig vorkommende vor seltener vorkommenden (...). Die Sprachförderung kann nicht mit sprachlichen Mustern beginnen, die erst später erworben werden." (TOPHINKE 2003, S. 9)

- Als theoretische Grundlage für das KIKUS-Projekt zur Sprachförderung Deutsch dienen die Phasen des Grammatikerwerbs für Deutsch als Erstsprache. Hiervon ausgehend wird als Grundlage des Förderkonzeptes eine Liste von Grammatikbereichen erstellt, „die von Kindern nicht-deutscher Erstsprache im Vergleich mit gleichaltrigen Kindern deutscher Erstsprache häufig nicht beherrscht werden" (GUADATIELLO 2003, S. 23).

Diese Anstrengungen, wissenschaftliche Ergebnisse der Zweitspracherwerbsforschung für eine Zweitsprachenförderung von Vorschulkindern zu nutzen, sind dann als problematisch anzusehen, wenn die sprachlichen Äußerungen der Kinder in ihrer Eigenart falsch interpretiert werden und wenn davon ausgegangen wird, dass die ‚Verwertung' von Forschungsergebnissen eine mehr oder weniger rigide Gleichsetzung von Phasen des Zweitspracherwerbs mit gesteuerten Vermittlungsstufen bedeutet. Forschungen mit dem Ziel der Auslotung von Möglichkeiten der Übertragung von Erkenntnissen aus dem ungesteuerten Zweitspracherwerb auf eine Progressionsplanung befinden sich noch am Anfang. Erste Ergebnisse unterstützen die Übertragbarkeitshoffnungen eher nicht, denn sie zeigen z.B., dass „der Grammatikerwerb internen Gesetzmäßigkeiten (unterliegt), die durch den Unterricht nicht kurz geschlossen und nicht geändert werden können" (DIEHL u.a. 2000, S. 359). Vor diesem Hintergrund sowie in Anbetracht der Individualität eines jeden Zweitspracherwerbs und des Alters der Kinder muss eine an syntaktischen Erwerbsphasen ausgerichtete Zweitsprachenförderung zumindest kritisch betrachtet werden. Die Vorstellung: ‚Mit allen werden alle Entwicklungsstufen von Anfang bis Ende (fremdsprachendidaktisch orientiert) durchgegangen und damit erwerben alle Kinder die Zweitsprache, so, wie das Programm es vorsieht', wird auch im Rahmen der vorschulischen Erziehung nicht wie eine einfache Rechnung aufgehen.

Resümee

Die Bedürfnisse von zwei- und mehrsprachigen Kindern im Hinblick auf eine Förderung in Deutsch als Zweitsprache werden im Elementarbereich ernst genommen – zumindest auf dem Papier. Dies zeigen die gemachten Ausführungen. In der Literatur sind eine ganze Reihe von zum Teil konkreten Bemühungen dokumentiert, die Kinder in ihrem Zweitspracherwerbsprozess zu sehen und möglichst viele Einflussfaktoren hierauf zu berücksichtigen. Allein die Nennung von verschiedenen Einzelförderbereichen muss als positives Ergebnis einer Auseinandersetzung mit dem Thema gewertet werden – auch wenn längst nicht alle Bereiche aus- und bearbeitet sind und hier noch Handlungsbedarf besteht. Besonders großer Wert wird auf die affektiv-emotionale Komponente gelegt, denn wie ein roter Faden durchzieht die Publikationen die Erkenntnis, dass Zweitsprachenförderung eng verbunden ist mit einer positiven emotionalen Stimulanz und Interaktionsbereitschaft der Kinder. Diese Betonung der affektivon Ebene ist als eine sehr wesentliche Komponente der Zweitsprachenförderung im Elementarbereich anzusehen. Sie ist in dieser Sensibilität und Differenziertheit bisher in der Literatur z.B. zum schulischen Bereich nicht anzutreffen.

Erkennbar ist aber auch, dass noch sehr deutlich die Notwendigkeit einer klareren Profilierung in Richtung auf Deutsch als Zweitsprache besteht. Die Frage „Was genau ist eine Förderung in Deutsch als Zweitsprache?“ in Abgrenzung zu einer ‚Sprachförderung für alle‘ findet sich insbesondere bezogen auf den tagtäglichen Kindergartenalltag bisher an vielen Stellen nicht klar genug beantwortet. Es wäre an eindeutigen Ergebnissen und Empfehlungen zu arbeiten, die Voraussetzung dafür sind, dass die außerordentlich wichtige tagtägliche zweitsprachenspezifische Sprachförderung ‚im Kleinen‘ von Erzieherinnen zweitsprachendidaktisch effektiv gestaltet werden kann.

Während die bearbeitete Literatur zeigt, dass über die grundsätzlich hohe Bedeutung von sprachlicher Interaktion für die Zweitsprachentwicklung von Vorschulkindern (natürlich) großer Konsens besteht, herrscht jedoch deutlich weniger Einigkeit darüber, wie diese Interaktionen letztendlich gestaltet sein sollen, um eine tatsächlich Zweitsprachen fördernde Wirkung zu entfalten. Hier tut sich eine große Bandbreite an Vorstellungen, Vorschlägen, Konzepten und Beispielen auf, deren Bewertung (noch) schwierig ist. Im Hinblick auf über die Alltagskommunikation hinausgehende, d.h. zusätzliche Fördereinheiten scheint die Mindestanforderung an Konzepte darin zu bestehen, dass sie (bezogen auf die Entwicklung von Sprachhandlungskompetenzen und Syntaxerwerb) eine möglichst ausgeglichene Kombination von freien und gesteuerten Interaktionseinheiten gewährleisten und dass die Wortschatzentwicklung durch eine überlegte Themenauswahl weitergeführt wird.

Die Tatsache, dass es für den Elementarbereich Überlegungen gibt im Hinblick auf die Nutzung von Erkenntnissen aus dem ungesteuerten Zweitspracherwerb ist positiv zu bewerten. Damit wird der Forderung entsprochen, „dass Wissen über die Art und Weise der Sprachaneignung vorhanden sein muss, um Förderentscheidungen treffen zu können“ (REICH 2004, S. 136). Allerdings handelt es sich hier um ein äußerst sensibles Thema, das mit entsprechender Umsicht und mit größter evaluativer Aufmerksamkeit behandelt werden muss. So bedarf es meiner Ansicht nach für diejenigen kursorientierten Förderkonzepte im Elementarbereich, die ihre Konzeption an ungesteuerten Erwerbsphasen ausrichten, einer intensiven und über mehrere Jahre angelegten Prozess-Evaluation. Nur auf diese Weise ließe sich ihre Effektivität bezogen auf klar definierte Anforderungssituationen überprüfen und nur damit ließe sich die Frage beantworten, ob sie die an sie gestellten hohen Erwartungen erfüllen.

Literatur

AKPINAR, Ünal/ZIMMER, Jürgen (1984): Von wo kommst'n du? Interkulturelle Erziehung im Kindergarten. Band 1–4. – München.

BEAUFTRAGTE DER BUNDESREGIERUNG FÜR AUSLÄNDERFRAGEN (Hrsg.) (2000): Hallo, Hola, Ola. Sprachförderung in Kindertagesstätten. – Berlin/Bonn.

BENHOLZ, Claudia (2001): Sprachförderung vor Schuleintritt für Kinder mit Migrationshintergrund. Allgemeine Überlegungen und kommentierte Literaturempfehlungen (www. Learn-life.nrw.de/angebote/sprachkurseeinschulung)

BERGHOFF, Wilfried/MAYER-KOENIG, Birgit (2003): Ludmilla, Paul, Hassan, Lisa und Ayse lernen Deutsch. Handbuch zur interkulturellen Pädagogik in Tageseinrichtungen, Schulen, Jugendeinrichtungen und Erwachsenenbildung. – Baltmannsweiler.

DEUTSCHES JUGENDINSTITUT (Hrsg.): Treffpunkt deutsche Sprache. Sprachförderung von mehrsprachigen Kindern in Tageseinrichtungen. – München.

DIEHL, Erika/CHRISTEN, Helen/Leuenberger, Sandra/Pelvat, Isabelle/Studer, Therese (2000): Grammatikunterricht: Alles für der Katz? Untersuchungen zum Zweitsprachenerwerb Deutsch. – Tübingen.

DORMANN, Franz/SCHLEBUSCH, Martina (1999): Sprachförderung, ein unverzichtbares Instrument zur sozialen und beruflichen Integration von Migranten in Deutschland. In: Deutsch lernen, Heft 1, S. 64–74.

GARLIN, Edgardis/GUADATIELLO, Angela (2003): KIKUS – Sprachförderkurse im Kindergarten. In: Beauftragte der Bundesregierung für Migration, Flüchtlinge und Integration (Hrsg.): Förderung von Migranten und Migrantinnen im Elementar- und Primarbereich. Fachtagung am 7. März 2003 in Berlin. Dokumentation. – Berlin/Bonn, S. 76–83.

GÖBEL, Heinz u.a. (1983): Du und ich. Unterrichtspraktisches Handbuch für Deutsch als Zweitsprache im Kindergarten. – Berlin u.a.

GUADATIELLO, Angela (2003): KIKUS – Sprachförderung Deutsch für Kinder im Vor- und Grundschulalter. Projektdokumentation – Linguistische Analyse – Empfehlungen. – München.

HEUCHERT, Lucija (1994): Sie müssen doch Deutsch lernen! Vom Umgang mit Mehrsprachigkeit im Kindergarten. – Frankfurt/M.

JAMPERT, Karin (2002): Schlüsselsituation Sprache. Spracherwerb im Kindergarten unter besonderer Berücksichtigung des Spracherwerbs bei mehrsprachigen Kindern. – Opladen.

KROMER-BUSCH, Dagmar (2004): Mit Fantasie Deutsch lernen. Das Sprachlernprogramm „Hokus + Lotus“. In: Erziehung und Wissenschaft, Heft 1, S. 12.

KUHS, Katharina (2003): Unerfüllte Hoffnungen: Deutsch als Zweitsprache in der Regelklasse. In: Hans Barkowski/Renate Faistauer (Hrsg.): ...in Sachen Deutsch als Fremdsprache. Sprachenpolitik und Mehrsprachigkeit, Unterricht, Interkulturelle Begegnung. – Hohengehren, S. 263–279.

LEIST, Anja (2004): Zweisprachigkeit im Kontext sozialer Netzwerke. Unterstützende Rahmenbedingungen zweisprachiger Entwicklung und Erziehung am Beispiel griechisch-deutsch. – Münster/Berlin.

LEIST, Anja (2003): Sprachförderung im Elementarbereich. In: Ursula Bredel u.a. (Hrsg.): Didaktik der deutschen Sprache. Ein Handbuch. Band 2. – Paderborn u.a., S. 673–683.

MAIER, Wolfgang (1999): Deutsch lernen in Kindergarten und Grundschule: Grundlagen, Methoden und Spielideen zur Sprachförderung und Integration. 3. vollst. überarbeitete Auflage. – München.

OTTO-BENECKE-STIFTUNG (1999): Stellungnahme zu einer bedarfsgerechten Sprachförderung für jüngere Zuwanderer. In: Deutsch lernen, Heft 3, S. 228–232.

OTTO, Jeannette/SPIEWAK, Martin (2004): Spielend ein Genie. In: DIE ZEIT, Nr. 49, 25.11.2004, S. 37 und 39.

PORTMANN-TSELIKAS, Paul R. (1998): Sprachförderung im Unterricht. Handbuch für den Sach- und Sprachunterricht in mehrsprachigen Klassen. – Zürich.

REICH, Hans H. (2004): Sprachstand und Sprachförderung bei zweisprachigen Kindern. In: Yasemin Karakasoglu, Julian Lüddecke (Hrsg.): Migrationsforschung und Interkulturelle Pädagogik. Aktuelle Entwicklungen in Theorie, Empirie und Praxis. Ursula Boos-Nünning zum 60. Geburtstag. – Münster/Berlin, S. 131–143.

REICH, Hans H./Roth, Hans-Joachim u.a. (2002): Spracherwerb zweisprachig aufwachsender Kinder und Jugendlicher. Ein Überblick über den Stand der nationalen und internationalen Forschung. – Hamburg und Landau/Pfalz.

REICH, Hans H. (2001): Verfahren zur Beschreibung der Sprachentwicklung zweisprachiger Kinder. In: Deutsches Jugendinstitut (Hrsg.): Treffpunkt deutsche Sprache. Sprachförderung von mehrsprachigen Kindern in Tageseinrichtungen. – München, S. 77–82.

RINGLER, Maria (2004): Sprachförderung im mehrsprachigen Kindergarten. In: M. Ringler u.a.: Kompetent mehrsprachig. Sprachförderung und interkulturelle Erziehung im Kindergarten, hrsg. vom Verband binationaler Familien und Partnerschaften, iaf e.V. – Frankfurt/M., S. 51–101.

SCHLÖSSER, Elke (2001): Wir verstehen uns gut. Spielerisch Deutsch lernen. Methoden und Bausteine zur Sprachförderung für deutsche und zugewanderte Kinder als Integrationsbeitrag in Kindergarten und Grundschule. – Münster.

SPRINGER, Monika (2004): Hocus + Lotus im Kindergarten. In: Frühes Deutsch, Heft 1, S. 30–35.

STREHLE, Gabriele (1990): Ein Programm zur Förderung des Zweitspracherwerbs bei ausländischen Kindern im Vorschulalter (= Augsburger Berichte zur Entwicklungspsychologie und Pädagogischen Psychologie, Nr. 49). – Augsburg.

TOPHINKE, Doris (2003): Sprachförderung im Kindergarten – Julia, Elena und Fatih entdecken gemeinsam die deutsche Sprache. Materialien und praktische Anleitung. – Weinheim/Basel.

ULICH, Michaela (2001): Die Welt trifft sich im Kindergarten: interkulturelle Arbeit und Sprachförderung. – Neuwied/Berlin.

Annette Kliewer

„Iwwer de Rhoi“: Dialekt und Mehrsprachigkeit im Unterricht an der deutsch-französischen Grenze.

Volker Gallé: Iwwer de Rhoi
Vun Paris aus war de Rhoi en Wassergraawe,
iwwer den mer driwwer muss,
die Burch zu besetze, die Haiser abzubrenne,
die Mensche dodzuschlaa
unn sisch wie en Götze mit breitem Hinnern
uff die Trümmer zu hocke,
dass mer 's aushäld, dass mer sei Wut aushäld
im uffgebloosene Bauch.
Unn mer fequetscht mit bloße Händ die Drauwe zu
Dränewoi:
C'est la Vieh!

Vun Berlin aus war de Rhoi en Wassergraawe,
iwwer den mer driwwer muss,
die Burch zu besetze, die Haiser abzubrenne,
die Mensche dodzuschlaa
unn sisch wi en Götze mit breitem Hinnern
uff die Trümmer zu hocke,
dass mer 's aushäld, dass mer die Wut aushäld
im uffgebloosene Bauch.
Unn mer fequetscht mit bloße Händ die Drauwe zu
Dränewoi:
Stillgestann! Dodgebor!

Vun Meenz aus war de Rhoi e Boulevard,
uff dem mer enuff unn enunner flaniere dud
im sunndachse Kleid.
Unn mer begeschent nix wie Leit:
Aus Pole, aus Afrigga, aus China.
Vun hinner de Mauer, vun iwwerm Ozean.
(...)
Iwwerzwerche unn Gradgeschnittene.
Hannebambel unn Utschebebbes.

Owwer- und Unnermaschores.
Unn was de sunscht noch gern siehsch,
wann de im Café hoksch, e Tässje Schokolad
feschnabuliersch
unn de liewe Gott en gude Man sei läschd
im Gugge
im alsford Gugge.

Vun Meenz aus
is de Rhoi
en Fluss.
(GALLÉ 2001, 9–10)

Der Schriftsteller und Kulturmanager Volker GALLÉ aus Alzey zeigt hier, wie Dialekt mit interkultureller Offenheit einhergehen kann. Die lebensfreudige Regionalkultur wird den beiden todeswütigen Nationalkulturen gegenübergestellt, für die der Rhein nur Grenze zum Fremden darstellt, in der alle Regeln der „civilisation" oder der „Kultur" zugunsten barbarischer Gewalt aufgehoben sind. Diese Bewertung GALLÉS ist einerseits utopisch, andererseits verklärend und übersieht, dass Dialekt die ausschließt, die ihn nicht verstehen. Regionalkultur ist nicht immer nur „gemütlich" wie GALLÉ dies hier darstellt, sondern auch von Provinzialität und Borniertheit geprägt.

Dialekt und Mehrsprachigkeit haben demnach im Unterricht zwischen Pfalz und Elsass, zwischen Deutschland und Frankreich drei verschiedene Dimensionen:

- Dialekt sichert die Grenzen um das Eigene, die „Heimat" und macht den anderen zum Fremden.
- Dialekt ist Gegengewicht gegen die Einheitssprache und damit indirekt Garant für eine mehrsprachige Schule.
- Dialekt bildet – und das deutet GALLÉS Gedicht schon an – Brücken gerade an der deutsch-französischen Grenze, wo nationale Sprachen trennen, der Dialekt aber französischsprachige Wörter aufgreift und Kommunikation an Hochdeutsch und Französisch vorbei ermöglicht.

Immer wieder versichern sich Mundartautoren ihrer Identität, meist in der Lieblingsgattung, dem Gedicht. Einem der bekanntesten Lyriker, dem rheinischen Ludwig Soumagne, hat Hans H. REICH eine detaillierte Monographie gewidmet, eine der ganz wenigen, die es auf diesem Feld gibt. Zwar liegt die Renaissance der Regionalliteratur, speziell der Dialektdichtung einige Jahrzehnte zurück, aber im Deutschunterricht hat sie kaum Spuren hinterlassen. Wie der Literaturunterricht, und zwar ohne die oft beklagte Stofffülle noch zu vergrößern, die Literatur der Region für seine Ziele fruchtbar machen kann, ist bisher noch zu wenig beachtet worden.

Dialekt versus Fremde

Heinrich Kraus: Du armi scheeni Palz
Du Ländche zwische Glan und Queich,
du Land am Rhein: es alte Reich,
wo flejßische und frohe Lejt
geschafft, gefeiert han bis heit.
Und doch: Ma hat se dotgeschlah
De Kriech war unser ewisch Plah:
Die Fremde han ihr Spiel getrieb,
un mir sin off de Streck geblieb
O je!

(...)
Du Ländche: sauber, scheen, adrett,
mit Hof un Dorf, altstolze Städt.
Allseiläbdah hat ma gebaut.
Die Glock hat fromm vom Turm gelaut.
Un doch: Wie oft han die gebrennt!
Um 's Läwe sin mir all gerennt.
Manch schwarzer Dah, manch gruslisch Naacht:
s'war hin, Ruine han geraacht.
O je!

Mei Land, du armi scheeni Palz:
dir steht de Huddel bis zum Hals.
Schon wieder sin die annre do
Un losse nit se drohe noh.
Zu dir, Gott, hebe mir die Hänn:
Ach, mach doch dabber dem e Enn!
Bischt du nit unser Babbe, du?
Hopp, gib uns a mol endlich Ruh!
O je!
(zit. nach BECKMANN/KLIEWER 1997, 305)

Heinrich Kraus (geb. 1932) ist einer der bekanntesten pfälzischen Mundart-Autoren und mit seinen an die zwanzig Gedichtbänden einer der produktivsten, der 1984 für seine Dialektgedichte den Pfalzpreis für Literatur erhielt. In dem Gedicht aus dem Jahre 1987 werden das Fremde und die Fremden geradezu als Bedrohung der pfälzischen Eigenart dargestellt. Verbunden mit dem typischen Eigenlob der Region, die allenfalls etwas „deutscher" erscheint als andere („flejßische und frohe Lejt", „sauber, scheen, adrett", „altstolz", „fromm"), begegnet hier die Klage über das Leid, das immer von außen in die Pfalz hineingetragen wurde. Stimmt dies vielleicht wegen der geographischen Lage der Pfalz für die Vergangenheit mit ihren vielen deutsch-französischen Konflikten, so ist eine Übertragung auf die Gegenwart eher problematisch. Die Abwehr des Fremden wird ganz naiv mit der Verteidigung der Regionalkultur verknüpft. Die nötige Nestwärme garantiert der Dialekt; er ist Mittel, um Fremde auszugrenzen.

Noch deutlicher wird diese Funktion des Dialekts an einem anderen Beispiel: Der Bürgermeister eines elsässischen Dorfes verfällt bei einer öffentlichen Rede, plötzlich ins Elsässische; das verstehen die DialektsprecherInnen als Stärkung des Gemeinschaftsgefühls. NichtdialektsprecherInnen (FranzösInnen aus „Innerfrankreich", ImmigrantInnen aus anderen Ländern oder hochdeutsch sprechende BürgerInnen) werden durch diese Geste als „Fremde" aus der Gemeinschaft ausgeschlossen. Wie mit diesen „Fremden" umzugehen ist, haben die elsässischen WählerInnen bei den Regionalratswahlen im Frühjahr 2004 gezeigt: 28 % von ihnen wählten beim ersten Wahlgang die ausländerfeindlichen Parteien „Front National" und „Alsace d'abord".

Ähnlich ist der Effekt, wenn in pfälzischen Schulklassen selbstverständlich Pfälzisch gesprochen wird: Damit wird unbewusst natürlich signalisiert, dass nur der dazugehört, der auch die Sprache der Gemeinschaft spricht. Auch von Zugewanderten, auf schwäbisch nennt man diese „Noigeschmeckte", wird erwartet, dass sie sich dem anpassen. Dies zeigen auch die Ergebnisse der Repräsentativerhebung zur „Sprachbefindlichkeit" in Deutschland, die 1999 am Institut für Deutsche Sprache in Mannheim durchgeführt wurde: Gerhard STICKEL fasst die Ergebnisse bezüglich der Einstellung zu Dialekt und Mehrsprachigkeit in der Gesellschaft so zusammen: „Kurz gesagt, ist unter den Probanden, die dialektal geprägten Sprachgebrauch akzeptieren, die Tendenz geringer, die innerdeutsche Mehrsprachigkeit positiv zu sehen" (STICKEL 2000, 210 f.). Quer durch alle Altersklassen finden nur ca. 25,4 % die Mehrsprachigkeit von Zuwanderergruppen „gut", 17,1 % halten sie für „schlecht" und 57,2 % ist sie egal (ebda. 209).

Den Zielen einer multikulturellen Gesellschaft steht der Dialekt im Wege, er erscheint als rückwärts gewandt, angeblich volkstümlich und selbstbezogen. Die Präsenz von ImmigrantInnen verschiedener Sprachen im Klassenzimmer fördert dagegen eine moderne Vereinheitlichung der Sprache: „Es ist (...) die große demokratische, ein Stück weit wohl auch gleichmacherische Kraft der Hochsprache als einer relativ uncharakteristischen Sprachform, Unterschiedliches zu einen" (SITTA 1994, 17).

Wer also die Integration von ImmigrantInnen ernst nimmt, müsste als Sprache der multikulturellen Zukunft allein die Standardsprache fördern, wenn nicht sogar die Lingua Franca des Englischen, die auf weltweite Verständigung ausgerichtet ist.

Dialekt versus Einheitssprache

Adrien Finck: 11.9.01
Babylon
zwei tota tüerm
d' gànza walt hàt sa g'sah uf 'm
bildschirm d'blitzschrift
sprochlos oder redt do noch 's àlta teschtamant .
mene tekel upharsin
gott gega gott
so heißt 's groß in großa sprocha.

mir reda n a kleina sproch
(FINCK 2002, 79)

Adrien FINCK, emeritierter Professor für deutsche und elsässische Literatur aus Straßburg, zieht Verbindungen zwischen den Vorkommnissen am 11. September in New York und dem Problem hegemonialer Kulturen und damit indirekt mit dem Elsass-Problem. Dabei spielt er einerseits auf die Vereinheitlichung der Sprachen/Kulturen an, die mit den alttestamentlichen Babylonischen Türmen (Gen. 11) ihren Ausgang genommen habe, die aber auch durch die monotheistische Kultur dieser Zeit begründet wurde (Jahwe gegen die Götter des kanaanäischen Umfelds) und schließlich alttestamentlich beim Gastmahl des Belsazars (Dan. 5,25-28) mit der Androhung des Untergangs des großen babylonischen Reiches ihre Fortsetzung fand. Übertragungen auf die Großmacht USA, aber auch auf die gesamte hegemoniale Kultur des Westens sind angedeutet. Das Elsass mit seinem Dialekt, der „kleinen Sprache" erscheint hier auf der Seite der „Geretteten". Adrien FINCK nimmt damit Konzeptionen auf, nach denen die unterdrückten Kulturen der Peripherie wie eine „Kolonie" der Zentralmacht erscheinen.

Doch auch wer nicht so weit gehen will wie FINCK, kann in dem Festhalten an Dialekten und an kleinen Sprachen einen Akt des Widerstands gegen den „monolingualen Habitus" in der Gesellschaft wie auch in den Schulen sehen, den Ingrid GOGOLIN angeprangert hat. Sie hat nachgezeichnet, wie sowohl die Idiome der fremdsprachigen Minderheiten als auch die regionalen Dialekte aus dem Deutschunterricht verbannt wurden zugunsten des Modells einer Erziehung zur nationalen Einheitssprache und -kultur. Dialektdidaktik könnte demzufolge einhergehen mit interkultureller Didaktik.

Das hieße gegen das Monopol der Standardsprache anzukämpfen, die sich aus der Vielfalt der Sprachen innerhalb einer Klasse ergibt: Wenn vor allem in den städtischen Schulen von den SchülerInnen aus vielen verschiedenen Kulturen im gemeinsamen Gespräch allein eine Lingua Franca akzeptiert wird, die nur noch dialektale Restbestände enthält, so bleibt von FINCKS Utopie wenig übrig. Prozesse der räumlichen, sozioökonomischen und sozialpsychologischen Mobilität haben zu einem Rückgang der alten Dialekte geführt. Auch die Lehrenden stammen kaum noch aus der Region, in der sie unterrichten, so dass von ihnen noch nicht einmal gefordert werden kann, dass sie Dialekttexte vorlesen, geschweige denn, dass sie sich mit ihnen identifizieren. Aber wenn sich auch lediglich noch einzelne „Nur-DialektsprecherInnen" im Klassenzimmer befinden, so ist der Dialekt doch gerade aus didaktischen Gründen ein interessantes Feld, da er exemplarisch für die Mehrsprachigkeit der Gesellschaft wahrgenommen werden kann.

Dialekt als Brücke

Michael Bauer: Krankmaladie (1997)
Nun Adieu, du mein Ade!
Du benutztester Schätzelgruß!
Angesichts der Fremdwortverdeutschungsbemühungen
sagte man fürderhin Tunke oder Beiguß
für Soße.
Und Achtung!
Das Hinzutreten des Deutschen Grusses!

*Bei Verdacht auf Franzoesischung**
*Elsaessischung**
*Pfaelzischung**

in leichten Fällen Volksmund mit
etschbeltmaasmemeliger Endlösung
ausspülen!

Bei schwerer Ethnoverseuchung
bitte Gaumensegel von Wortstamm
reffen!

(hot nix genitzt,
Is alles werre noogewachs.
Heer, die saachen jetzert
„TSCHUESSIKOWSKI"!)
(BAUER 1997, 64–65)

Michael BAUER (geb. 1947) war Lehrer, Chansonnier und Kabarettist, ist Rundfunkredakteur und Schriftsteller. Bekannt wurde BAUER zunächst durch seine Figur des

„Meier Jean", den er in seinen Liedern und Gedichten pfälzische Alltagsweisheiten äußern ließ. In diesem Text nun macht er sich über Versuche lustig, Sprache vereinheitlichen zu wollen. Dabei greift er zurück auf die nationalsozialistische Sprachreinigungspolitik. Diese verbindet er mit medizinischen „Reinigungsprozeduren" und mit Begriffen aus der Segelsprache (in Assoziation zu dem „Gaumensegel"). Die Vermischung der Sprachen der Region sei aber nicht „auszurotten", die Alltagssprache setze sich durch und werde jetzt gemischt mit Begriffen, die sich aus dem Kontakt mit den AussiedlerInnen ergeben.

Besonders an der deutsch-französischen Grenze zwischen Baden/Saarland/Pfalz und dem Elsass verstand man sich untereinander, auch wenn man die jeweiligen Nationalsprachen nicht beherrschte. Der auf beiden Seiten der Grenze ähnliche Dialekt (Moselfränkisch/Lothringisch, Nordelsässisch/Pfälzisch und Alemannisch) stellte zumindest in der Vergangenheit eine Möglichkeit zur Verständigung dar, die aber zur Zeit an Bedeutung verliert, während gleichzeitig wirtschaftliche, administrative und politische Institutionen zueinander finden.

Die grenzüberschreitende Bedeutung des Dialekts ist Jugendlichen der Region oft gar nicht mehr bewusst. Umfragen von BISTER-BROOSEN (1998) haben ergeben, dass weder ElsässerInnen noch BadenerInnen ihren Dialekt einsetzten, wenn sie in interkulturelle Kommunikationssituationen mit den jeweiligen NachbarInnen kamen. Stattdessen versuchten die ElsässerInnen ihr in der Schule gelerntes Hochdeutsch und die BadenerInnen schlimmstenfalls sogar ihr Englisch einzusetzen, selbst wenn beide ansonsten Dialekt sprachen. Auch meine Umfrage bei Jugendlichen der zehnten Klassen aus dem Nordelsass und der Südpfalz hat gezeigt, dass der Dialekt heute kaum noch als Brücke angesehen werden kann, da er von elsässischen Jugendlichen generell nicht zur Kommunikation mit der Peer-Group benutzt wurde, sondern allenfalls noch als Familiensprache.[1]

Andererseits zeigen Untersuchungen, dass man sich sprachlich im Elsass doch auf die pfälzischen oder badischen NachbarInnen anders einstellt als auf die übrigen Deutschen, was auf ein intuitives Verständnis von Sprachverwandtschaften hinweist. Dies belegt ein Interview, das die Straßburger Dialektologin Arlette BOTHOREL-WITZ mit einem 25-Jährigen von der pfälzisch-elsässischen Grenze geführt hat:

> „Wenn i in de Ferie bin un e Hàmburjer treff, no prowier i schun e bissel Hochdaitsch ze redde, wie m'r saat. Un wenn i mit ebber redd vun Karlsruh, no kumme schun meh elsassische Wöerter dezu. I streng mi vielleicht àà nit so ààn, füer 's Daitsche ze redde, wie sés jetz in Hàmburi redde oder in Bremen oder egàl, nit?" (BOTHOREL-WITZ 2001, 121)

---

1 Die Ergebnisse dieser Umfrage werden in meiner von REICH betreuten Habilitation *„Interregionalität. Literaturunterricht an der Grenze zum Elsass"* in Kürze veröffentlicht. (vgl. KLIEWER 2003a, 2003b, 2003c).

Dabei bleibt der Sprecher der Vorstellung von e i n e r deutschen Standardsprache verhaftet, die sich nach der vereinheitlichenden Norm des schulischen Deutschunterrichts richtet. Regionale Varietäten in den Nachbarregionen werden dann zwar wahrgenommen, die Abweichung von der Norm wird aber abgewertet und – wie beim Elsässischen – mit ihrer Randlage erklärt. So erklärt ein 26-jähriger Befragter aus der Nähe von Neuf-Brisach:

> „Sowieso, die, wo d bescht Sprooch redde vum e Lánd, sin immer die, wu meh in de Mitte wohne, well sie ke Ifluß vum, vum Framda han, nit?, vun de àndre Lander drum herum" (BOTHOREL-WITZ 2001, 125).

Der Dialektsprecher folgt hier der Ideologie, dass die Hochsprache („d bescht Sprooch") nur erhalten werden könne, wenn sie dem Einfluss durch die Fremden entzogen würde. Dialekte sind nach dieser Einstellung nur eine Folge von Kulturkontakt mit den Nachbarsprachen.

Dass Dialekte sogar eine Brücke zu ImmigrantInnen aus nichtdeutschen Ländern herstellen können, zeigt das Beispiel des spanischen Schriftstellers José Oliver aus Freiburg: Er schreibt seine Gedichte auf Spanisch und auf Alemannisch (vgl. RÖSCH 1999). Dieses Beispiel einer Integration von ImmigrantInnen in die Regionalkultur ist aber wohl eher eine Ausnahme, in der Regel fällt ImmigrantInnen die Integration in den Dialekt schwerer als die in die Hochsprache.

Didaktische Folgerungen

Die frühen sprachdidaktischen Arbeiten zum Dialektgebrauch wurden – wie überhaupt die gesamte Diskussion um die Kompensation von „restringierten Codes" in Folge von Ulrich AMMONS Sprachbarrieren-Thesen – oft als Zurückdrängen des Dialekts wahrgenommen. Mittlerweile wird der Dialekt nicht mehr als defizitär, sondern als different eingeschätzt – analog der äußeren Mehrsprachigkeit der Gesellschaft analysierte man eine „innere Mehrsprachigkeit" (vgl. ROSENBERG 1993, 16). Vorstöße in der von Hans H. REICH mitherausgegebenen Reihe *Dialekt, Hochsprache kontrastiv* (1976–1981, für die Pfalz: HENN 1980), die Anregungen zu einer Thematisierung einzelner deutscher Dialekte im Deutschunterricht geben sollte, wurden oft so missverstanden, dass ein Ende des Dialekts auch Chancengleichheit für alle SchülerInnen bedeute. Dabei ging es den VerfasserInnen gerade um „funktionale Mehrsprachigkeit". In der Tat konzentrierte sich aber der kontrastive Vergleich zwischen Hochsprache und Dialekt auf die Fehlervermeidung (vor allem Hyperkorrektismen und Interferenzfehler), nicht aber auf die kommunikative Funktion des Dialekts.

Die Probleme dialektsprechender SchülerInnen in der Anpassung an die Hochsprache gibt es heute immer noch, doch sie werden relativiert angesichts einer multikulturellen Zusammensetzung der Schulklassen, in denen noch gravierendere Probleme mit SchülerInnen nichtdeutscher Muttersprache auftreten. Es kann also nicht mehr der Gebrauch eines für alle SchülerInnen üblichen Dialekts vorausgesetzt werden, auf den sich der gemeinsame Unterricht beziehen könnte. Und doch könnte eine Rückbesinnung auf die Dialektdidaktik[2] im Zusammenhang einer Mehrsprachigkeitsdidaktik sinnvoll sein – geht es doch nicht mehr um das Ersetzen von dialektaler Varietät durch die Standardsprache, sondern um eine „*Erweiterung* des Variationsspektrums" (ROSENBERG 1993, 24).[3] SchülerInnen, die mit mehreren Sprachen, aber auch die, die (nur) mit dem Dialekt aufwachsen, müssen auch heute noch lernen, ihre verschiedenen Sprachen kommunikativ angemessen einzusetzen. Dies wird für sie leichter, wenn Mehrsprachigkeit auch im Unterricht eine Rolle spielt und kommt auch den Nicht-DialektsprecherInnen zugute: Wie Basil SCHADER für ImmigrantInnen in der Schweiz festgestellt hat, lernen diejenigen ImmigrantInnen besonders gut die deutsche Standardsprache, die entweder nur mit dieser Standardsprache konfrontiert wurden oder aber in deren Gegenwart immer klar zwischen dem deutsch-schweizerischen Dialekt und der Hochsprache unterschieden wurde (vgl. dazu SCHADER 2003, 29). Übertragen auf den Unterricht müsste dies bedeuten, dass die neue Relevanz des Themas „Dialekt" im Unterricht darin besteht, verschiedene Sprachen und Sprachvarietäten wahrzunehmen, zu valorisieren und dazu anzuregen, sie bewusst einzusetzen.

Dem stimmt Rainald BÜCHERL zu, der die Bedeutung der Dialektdidaktik heute vor allem darin sieht, dass Dialekt als funktional unterschiedlich einsetzbare Mehrsprachigkeit angesehen werden muss: „Unter dem Gesichtspunkt des situativen Sprachgebrauchs muss Dialekt im Unterricht als positives ‚Mehr' begriffen werden. In diesem Sinne ist ein didaktisches Gesamtkonzept zum Lernziel Diglossie zu entwickeln" (BÜCHERL 1993, 73). Dialektkompetenz ist damit ein „Mehr an Sprachenvielfalt", das kein überflüssiger Luxus ist angesichts einer Vereinheitlichungstendenz zugunsten des Englischen.

Man wird sich fragen, welchen Sinn es hat, mit SchülerInnen aus mehreren Kulturen, über pfälzische Dialekttexte nachzudenken. Auch der Literaturunterricht muss Situationen schaffen, in denen SchülerInnen sich die Unterschiede zwischen ihren verschiedenen Sprachen bewusst machen. Sie müssen lernen, Kommunikation in einer mehrsprachigen Gesellschaft einzuüben und sich mit „fremden" Texten auseinander zu setzen. Dazu gehören Übersetzungs- und Übertragungsübungen aus verschiedenen Sprachebenen, Soziolekten, Dialekten und aus früheren Sprachformen, die heute nicht

---

2 ROSENBERG sieht schon 1993 die schulische Umsetzung der Dialektdidaktik sehr skeptisch: „Die praktischen Bemühungen zur Entwicklung einer dialektorientierten Deutschdidaktik müssen in der Bundesrepublik als gescheitert angesehen werden" (ROSENBERG 1993, 47). Diese Situation hat sich auch über zehn Jahre später nicht verbessert.

3 Schon die ersten Untersuchungen zur schulischen Benachteiligung von DialektsprecherInnen durch Ulrich AMMON hatten nachgewiesen, dass nur die „ausgeprägten bzw. Nur-DialektsprecherInnen" Schulschwierigkeiten zu erwarten hatten (vgl. AMMON 1978).

mehr benutzt werden.[4] Texte im Dialekt verweisen auf eine Tradition der deutschen Kultur, die von Vielseitigkeit bestimmt war – ganz im Gegensatz zur Sprach- und Kulturpolitik in Frankreich. Sie haben im Unterricht zudem den Vorteil einer überwindbaren Fremdheit: Texte im Dialekt sind zwar nicht allen auf Anhieb verständlich, aber mit ein wenig Anstrengung doch zu entschlüsseln, so dass Varianten aufgezeigt werden können, ohne im Unverständnis zu enden. Dies ist nicht der Fall, wenn SchülerInnen mit Texten aus völlig fremden Sprachen konfrontiert werden. Der Vergleich unterschiedlicher Konnotationen von Texten in der Hochsprache und im Dialekt erhöht die Sprachaufmerksamkeit anders als ein Vergleich zwischen einem französischen und einem deutschen Text.

Hans H. REICH hat nicht zuletzt mit seiner Veröffentlichung zu dem Dialektautor Ludwig Soumagne und durch seine Mitarbeit an der Reihe „Dialekt, Hochsprache kontrastiv" bewiesen, wie nah eine interkulturelle Didaktik Fragen der regionalen Eigenheiten ist. Diese Seite seines Forschungsbereichs wäre wieder zu entdecken.

Literatur

Primärliteratur:

BAUER, M. (1997): Heimat-Maladie. Mit einem Nachwort von Gabriele Weingartner und Bildern von Ines Braun. – Blieskastel.

BECKMANN, J./KLIEWER, H.-J. (1997): „Ich redd mein Muddersprooch". Anthologie Pfälzer Mundartliteratur. – Landau.

FINCK, A. (2002): 11.9.01. In: Revue Alsacienne de Littérature 77, S. 79.

GALLÉ, V. (2001): Barbarische Glossolalien aus Französisch-Mayenaisien. – Hamm.

Forschungsliteratur:

AMMON, U. (1978): Schulschwierigkeiten von Dialektsprechern. Empirische Untersuchungen sprachabhängiger Schulleistungen und des Schüler- und Lehrerbewusstseins – mit sprachdidaktischen Hinweisen. – Weinheim/Basel.

BISTER-BROOSEN, H. (1998): Sprachkontakte und Sprachattitüden Jugendlicher im Elsass und in Baden. Vergleichende soziolinguistische Untersuchungen in Colmar (Frankreich) und in Freiburg und Müllheim (Deutschland). – Frankfurt/Berlin.

BOTHOREL-WITZ, A./Huck, D. (2001): L'allemand en Alsace. Mythes et réalités. In: Hartweg, F./Staiber, M. (2001) (Hg.): Frontières – Mémoires. Hommage à Adrien Finck. – Strasbourg, S. 117–164.

4 Hier ist auf einen der ersten Aufsätze von Heinz-Jürgen KLIEWER aus dem Jahr 1971 zu verweisen, der den frühneuhochdeutschen Text des Eulenspiegel für den Unterricht vorschlägt.

BÜCHERL, R.: Dialekt als Chance. In: Klotz, P./Sieber, P. (1993) (Hg.): Vielerlei Deutsch. Umgang mit Sprachvarietäten in der Schule. – Stuttgart/Düsseldorf u.a., S. 68–77.

GOGOLIN, I. (1994): Der monolinguale Habitus in der multilingualen Schule. – Münster.

HARTWEG, F./STAIBER, M. (2001) (Hg.): Frontières – Mémoires. Hommage à Adrien Finck. – Strasbourg.

HENN, B. (1980): Pfälzisch. Düsseldorf. (= Dialekt, Hochsprache kontrastiv Bd. 7).

KLIEWER, A. (2003a): Interregionalität in der Literaturdidaktik. In: Reich, H.H. (2003): Zwischen Regionen. Grenzüberschreitende Beziehungen am Beispiel des Oberrheins. – Landau, S. 151–164.

KLIEWER, A. (2003b): Blick über die Grenze: Elsässische Regionalliteratur. In: Lüger, H.-H. (2003): Im Blickpunkt: das Elsass. – Landau, S. 147–162.

KLIEWER, A. (2003c): Interregionaler Literaturunterricht an der Grenze zum Elsass. In: Lüger, H.-H. (2003): Im Blickpunkt: das Elsass. – Landau, S. 311–323.

KLIEWER, H.-J. (1971): Ein kurzweilig Lesen Dil Uhlenspiegel. Die Originalfassung im Unterricht. In: Unterricht heute, Heft 22, S. 415–421.

KLOTZ, P./SIEBER, P. (1993) (Hg.): Vielerlei Deutsch. Umgang mit Sprachvarietäten in der Schule. – Stuttgart/Düsseldorf u.a.

LÜGER, H.-H. (2003): Im Blickpunkt: das Elsass. – Landau.

REICH, H.H. (1990): Ludwig Soumagne. – Krefeld.

REICH, H.H. (2003): Zwischen Regionen. Grenzüberschreitende Beziehungen am Beispiel des Oberrheins. – Landau.

RÖSCH, H. (1999): „Ich wähle nur die Worte, die mich bereits gewählt haben". Die Sprachen des Dichters José Oliver. In: Praxis Deutsch. Zeitschrift für den Deutschunterricht, Heft 157, S. 53–59.

ROSENBERG, P. (1993): Dialekt und Schule: Bilanz und Aufgaben eines Forschungsgebiets. In: Klotz, P./Sieber, P. (1993) (Hg.): Vielerlei Deutsch. Umgang mit Sprachvarietäten in der Schule. – Stuttgart/Düsseldorf u.a., S. 12–58.

SCHADER, B. (2003): Zur Orientierungskompetenz zwischen Dialekt und Standard: Befunde aus zwei Untersuchungen. In: Interkulturell und Global. Forum für Interkulturelle Kommunikation, Erziehung, Bildung und globales Lernen Heft 1/2, S.16–31.

SITTA, H. (1994): Im Dialekt leben. In: Sitta, H./Mioni, A. M. u.a.: Dialekt und Mehrsprachigkeit. Beiträge eines internationalen Symposiums Bozen 1993. – Merano, S. 13–26.

STICKEL, G. (2000): Sprachbefindlichkeit. Dolmetschen und Durchwursteln. Mitteilungen des Deutschen Germanistenverbandes, Heft 2–3, S. 196–213.

MUTTERSPRACHE

Dieter Oberndörfer

Sprache und Nation[1]

Die meisten Staaten Europas sind Sprachnationen. Die jeweils eigene Sprache bildet das Fundament ihrer nationalen Identität. Die Staaten anderer Kontinente sind in der Mehrheit Staatsnationen. Viele von ihnen, wie z.B. die Staaten der ehemaligen spanischen Gebiete Lateinamerikas, sprechen die gleiche Sprache. Daher eignet sich für sie die Sprache nur wenig zur Definition ihrer jeweils eigenen nationalen Identität. In vielen Staatsnationen werden mehrere Sprachen gesprochen. Als Amtssprache oder Verkehrssprachen werden von ihnen die Sprachen früherer Kolonialmächte oder Regionalsprachen benutzt. Die Staatsnationen dokumentieren, dass sich nationale Identität auch ohne endogene eigene Nationalsprache bilden kann. Staaten schaffen sich selbst.

Sprachnationen

Die ideologischen Fundamente der Sprachnationen Europas sind die völkische Romantik des 19. Jahrhunderts und der französische Republikanismus. Völkischer Nationalismus der Romantik prägte die Nationwerdung Deutschlands, der skandinavischen Staaten, der Staaten Osteuropas, Südosteuropas und der Türkei (vgl. dazu ausführlicher OBERNDÖRFER 1994, S. 31–47). Sprachnationalismus und ein die regionalen kulturellen Überlieferungen einebnender staatlicher Zentralismus sind charakteristisch für das ideologische Selbstverständnis des französischen Republikanismus.

Beispiel 1: Sprachnationen im Spiegel des romantischen Sprachnationalismus

Für den völkischen Nationalismus der Romantik ist die Geschichte eine Geschichte der Völker, die wie folgt imaginiert wird: Die Völker hätten sich in ferner Vorzeit gebildet und bildeten mit ihren Ahnen, ihren gegenwärtigen und zukünftigen Generationen mythische überzeitliche Gemeinschaften. Volk und Nation werden in eins gesetzt. Alle Völker hätten ein Anrecht auf politische Selbstbestimmung in einem souveränen Staat. Nur in ihm könnten sie das Potenzial ihrer eigenen Kultur ungestört von Fremden und Fremdem voll entfalten. Träger der Sprachnation könne nur *ein* Volk sein; ein weiteres Volk habe in

---

1 Ich danke Hans Reich für gute und freundschaftliche Zusammenarbeit im Vorstand des „Rats für Migration". Mehrsprachigkeit kann – dies ist die These meines Beitrags – auch für Nationen legitim sein.

ihr keinen Platz. Vielvölkerstaat und Nation werden als unvereinbare Gegensätze gesehen.

Echte Völker hätten eine von den Vorfahren übernommene, nur ihnen eigene Sprache und Kultur. So wirft Johann Gottfried Herder, der wirkmächtige Philosoph der Volksnation, den Franzosen vor, im Unterschied zu den germanischen und slawischen Völkern hätten sie die Sprache ihrer Vorfahren, das Keltische, aufgegeben und dafür einen lateinischen Dialekt übernommen. Daher seien sie keine wahre Nation und Französisch keine echte Nationalsprache. In der Sprache und Kultur echter Völker manifestiere sich die Seele der Nation, der Volksgeist. Ein Volk ohne endogene Sprache und einer aus ihr erwachsenen eigenen Kultur habe keine Seele und sei daher kein echtes Volk, keine Nation. Sprachen seien somit nicht einfach Mittel der Kommunikation, sondern etwas Heiliges und zu Bewahrendes, sie seien – so Herder – ‚Gedanken Gottes'. Daher müssten Volkssprachen, wenn sie nicht mehr gesprochen würden, wiederbelebt oder aus Dialekten und Sprachdokumenten früherer Jahrhunderte neu geschaffen werden.

Damit war die Stunde der nationalen Philologien gekommen (vgl. HAARMANN 1993, S. 259–270). So wurden beispielsweise das Dänische, das Tschechische und die baltischen Sprachen, die im ausgehenden 18. Jahrhundert nur von bäuerlichen Unterschichten und städtischen Dienstboten in Dialektform gesprochen wurden, standardisiert und über die staatliche Volksschule zu tatsächlichen Volkssprachen gemacht. In Griechenland schufen Philologen aus dem Griechischen der byzantinischen Überlieferung und mit Anleihen aus Volksdialekten das Neugriechische. In der Türkei Kemals wurde das Osmanische, die frühere Hof- und Verwaltungssprache der Hohen Pforte, von arabischen und persischen Elementen gesäubert und mit Anleihen aus Turksprachen das heutige Türkisch geschaffen. Von den Zionisten wurde das biblische Hebräisch, das schon zu Zeiten Christi nicht mehr gesprochen worden war, modernisiert und als Neuhebräisch zur Nationalsprache Israels gemacht. In Irland hat das keltische Irisch den Rang der ersten Staatssprache neben dem Englischen, der Sprache der großen Mehrheit. Obwohl Irisch heute nur noch in abgelegenen Regionen von höchstens 20 % der Bevölkerung verstanden wird, und die Versuche seiner Wiederbelebung als Volks- und Verkehrssprache gescheitert sind, werden alle amtlichen Dokumente auch auf Irisch veröffentlicht und sind die Ortsbeschilderungen doppelsprachig. In der Gegenwart versuchen die Bosnier, Serben und Kroaten Bosnien-Herzegowinas ihre gemeinsame Sprache durch die Betonung geringer Unterschiede des Vokabulars, bestimmter Redewendungen und der Aussprache als je eigene Sprachen zu definieren und jeweils für ihr Volk verbindlich zu machen. All dies ist kein Zufall. Es geschieht unter dem Diktat der Ideologie: Ohne eigene Sprache keine echte Volksnation, kein Recht auf politische Selbstbestimmung und Separation.

Der Ideologie des romantischen Sprachnationalismus zufolge haben echte Völker auch eine ihnen von Gott oder von der Geschichte bestimmte Urheimat. Deshalb sei es das historische Recht der Völker, diese Urheimat wieder zurückzufordern und ihre jetzigen Bewohner zu vertreiben, selbst wenn inzwischen viele Jahrhunderte verstrichen sind. So fordern die Litauer heute das Russland verbliebene Gebiet des einstigen Ostpreußens zurück, da dort zuerst Balten, die Ahnen der Litauer, gewohnt hätten. Die Besiedlung Schlesiens mit Slawen im 10. Jahrhundert diente polnischen Nationalisten zur Rechtfertigung ihrer Ansprüche auf Schlesien. Für die serbischen Nationalisten gehört der zu 90 % von Albanern bevölkerte Kosovo zu Serbien, weil dieser im frühen Mittelalter mehrheitlich von Serben bewohnt gewesen sei.

Fremdes und Fremde gelten als Gefahr für die sprachlich-kulturelle Homogenität der Volksnation sowie für die Grundlage nationaler Identität und Legitimität. Daher ist im ethnischen Nationalismus eine Dynamik zu sprachlicher und kultureller Selbsthomogenisierung angelegt, verbunden mit der Vorstellung, dass die eigene Sprache und Kultur möglichst von fremden Elementen ‚gesäubert' werden müsse. Klassische Instrumente der Selbsthomogenisierung der Nation sind die ‚ethnischen Säuberungen' durch Vertreibungen oder sogar die physische Vernichtung ethnokultureller Minderheiten. Extreme Beispiele sind die Vernichtung der armenischen Minderheit Anatoliens, die Genozide und Vertreibungen von Griechen und Türken nach dem Ersten Weltkrieg, die Ermordung von als ‚artfremd' definierten Völkern im Holocaust, die Verfolgung und Abschiebung deutscher Minderheiten in Ost- und Südosteuropa sowie in jüngster Zeit die ethnischen Säuberungen in Bosnien-Herzegowina. Auch wenn den Angehörigen ethnischer Minderheiten gleiche staatsbürgerliche Rechte gewährt werden, bleiben sie für das Staatsvolk dennoch Fremde und werden nicht als echter Teil der Nation akzeptiert. Beispiele hierfür sind die Juden, Polen oder Dänen im Reich Bismarcks oder die arabischen Israelis in Israel heute.

Beispiel 2: Sprachnation im Spiegel des Sprachnationalismus

Der französische Sprachnationalismus hat seine ideologische Grundlage in der Französischen Revolution und ihrem Modell von der einen und unteilbaren Republik. Durch die schon erwähnte Zentralisierung von Politik und Verwaltung sollten die regionalen kulturellen Überlieferungen Frankreichs eingeebnet und mit der Durchsetzung des Französischen, der Sprache der universalen Werte der Revolution, eine neue, sprachlich und kulturell homogene Republik geschaffen werden. Mit ihr – so die Idee – habe eine Weltrevolution begonnen: Die Sprache der Revolution, das Französische, wird zur Menschheitssprache erklärt und die von den französischen Revolutionsheeren oder vom französischen Kolonialismus unterworfenen Völker hätten sich diese anzueignen. Im Unterschied zum ethnischen Nationalismus ist die Ideologie des republikanischen Sprachnationalismus Frankreichs prinzipiell offen für Angehörige aller Völker und ‚Rassen'. Durch Assimilation, durch Übernahme der französischen Sprache und Kultur, sei es auch ihnen möglich, Franzosen gleichen Rechts zu werden.

Doch ungeachtet des weltbürgerlichen Kerns des französischen Republikanismus gibt es im Volksverständnis des französischen Nationalismus durchaus ethnizistische Elemente. Auch hier wird von *dem* französischen, italienischen oder spanischen Volk gesprochen. Zugleich ist *das* Volk eine Größe, dessen Ursprünge in der fernen Vergangenheit liegen. Auch das französische Volk selbst sei nicht erst von der Republik geschaffen worden, sondern angeblich schon immer da gewesen. In diesem Sinne interpretierte Abbé Sieyès die Französische Revolution als Befreiung der Gallier, der wahren Vorfahren der Franzosen, von der Aristokratie fränkisch-germanischer Eroberer. Das klerikale Frankreich hingegen setzte den Beginn der französischen Nation bereits mit der Taufe des barbarischen, fränkischen Merowinger Fürsten Chlodwig an.

Im Unterschied zu den Behauptungen ihrer Ideologen sind die europäischen Sprachnationen keineswegs naturwüchsig vorgegebene, politische Gemeinschaften. Die meisten so genannten Nationalsprachen Europas waren bis Ende des 18. Jahrhunderts *keine* Volkssprachen. Sie wurden erst seit dem frühen 19. Jahrhundert mit Hilfe der staatlichen Volksschule – in allen Nationalstaaten das wichtigste Instrument der sprachlichen Nationbildung – durch die Industrialisierung, die Verstädterung und die Auflösung ländlicher Milieus – um nur einige der wichtigsten Faktoren zu nennen –, als Volkssprachen durchgesetzt. Hinzu kamen die Verbilligung der Buchproduktion und der Erzeugnisse der Presse sowie die allgemeine Wehrpflicht.

Die hochdeutsche Schriftsprache wurde von Martin Luther mit seiner sprachgewaltigen Bibelübersetzung auf der Grundlage der sächsischen Kanzlei- und Verwaltungssprache geschaffen und war zunächst keine Volkssprache. Sie blieb bis zum 19. Jahrhundert die Sprache der Verwaltung, der Kirchen und der kleinen Schicht des städtischen Bürgertums. Die große Mehrheit der Bevölkerung lebte auf dem Land und sprach Dialekte. Ihre sprachliche Distanz zum Hochdeutschen war weit größer als die der heutigen, stärker vom Hochdeutschen geprägten Mundarten. Lesen und schreiben zu können, war – ungeachtet der in einigen protestantischen Gebieten schon sehr früh ergangenen Schulpflichtregelungen – ein Privileg sehr weniger (vgl. KREMNITZ 1997, S. 77f). Erst mit Beginn des 19. Jahrhunderts wurde über die Volksschule und die Druckerpresse das Niederdeutsche, die Sprache der ländlichen Bevölkerung Norddeutschlands, durch das Hochdeutsche, für sie das neue Latein Martin Luthers, verdrängt und die sprachliche Kommunikation zwischen der ländlichen Bevölkerung Süd- und Norddeutschlands ermöglicht.

Auch Französisch war zunächst nicht die Volkssprache der Bewohner des heutigen Frankreichs. Die französische Monarchie war anfänglich ein Staat vieler Völker mit mehreren Schriftsprachen und Literaturen. Französisch wurde mit Ausnahme der Île de France, der Region von Paris, in den meisten Provinzen nicht gesprochen und erst 1539 über ein Edikt Franz I. zur Amtssprache der Krone Frankreichs (vgl. DE CERTEAU u.a. 1975). Bis zum Ende des 18. Jahrhunderts blieb es die Sprache des Hofes, des Adels und der damals noch sehr kleinen Schicht des städtischen Bürgertums. Erst in der Französischen Revolution wurde Französisch über die *levée en masse*[2], als Kommandosprache der Vielvölkerarmeen der Revolution, zur Verkehrssprache Frankreichs. Noch für 1800 wird der

---

2 Eine Form der Wehrpflicht, die während des ersten Koalitionskrieges in Frankreich eingeführt wurde.

Anteil der Bürger mit Französisch als Muttersprache nur auf 10 % der Bevölkerung Frankreichs geschätzt (vgl. KREMNITZ 1997, S. 73; WEBER 1976). Bis 1870 blieb Französisch für die Hälfte seiner Bürger eine Fremdsprache. Erst nach dem Deutsch-Französischen Krieg von 1870/71 wurde durch die Auflösung ländlicher Milieus und die Verbesserung des Volksschulwesens das Französische zur allgemeinen Volkssprache. Erst jetzt in der Dritten Republik wurden die Grundlagen des modernen Frankreich geschaffen, wurde das ideologische Projekt der Französischen Revolution einer auf gemeinsamer Sprache und Kultur gründenden Nation der Realität angenähert (vgl. WEBER 1976, S. 113).

In Italien setzte sich das Italienische – ursprünglich die Regionalsprache der Toskana – erst nach dem Zweiten Weltkrieg über die neuen Medien des Rundfunks und Fernsehens als Volkssprache der Mehrheit durch. Noch 1870 sollen nur 2,5 % der Italiener das moderne Italienisch beherrscht haben (vgl. DE MAURO 1963). In Spanien und Italien konnte das französische Modell des Zentralstaats mit nur einer Sprache nicht die gleiche planierende Assimilationskraft hervorbringen wie in Frankreich. Doch die Gegenbewegungen zur Wiederbelebung regionaler Sprachen und Dialekte blieben in Italien bislang weit schwächer als in Spanien. Die Sprachvölker des Baskenlandes und Kataloniens erkämpften sich hier nach dem Tode des Diktators Franco und dem Ende seiner forcierten Assimilationspolitik innerstaatliche politische Autonomie. Auch andere Sprachregionen Spaniens, wie Galizien oder Andalusien, begannen wieder aufzuleben und ein politisches Eigenleben zu entfalten.

Staatsnationen

In der Staatsnation werden das staatliche Territorium und dessen Bevölkerung, das Staatsvolk, als die Fundamente der Nation begriffen. Nationale Identität gründet nicht wie in der Ideologie der Sprachnation auf der eigenen Volkssprache, sondern wird als Ergebnis gemeinsamer Erfahrungen und Interessen sowie einer als gemeinsam angenommenen Geschichte der Menschen des staatlichen Territoriums vorgestellt. Sprachen sind in der Staatsnation primär Mittel der Kommunikation und nur in sehr eingeschränkter Weise der Ausweis der eigenen nationalen Identität.

Die meisten Staaten Lateinamerikas, Afrikas und Asiens sind Staatsnationen. In Europa sind dies die mehrsprachigen Staaten Schweiz und Belgien und Österreich. Auch das Vereinigte Königsreich Großbritannien kann trotz der Dominanz und politisch-kulturellen Bedeutung des Englischen als Staatsnation klassifiziert werden (vgl. KREMNITZ 1997, S. 60). Staatsnationen können wie die meisten Staaten Lateinamerikas einsprachig oder wie die Vielvölkerstaaten Afrikas und Asiens mehrsprachig sein. Als nationale Amtssprachen wurden von den letzteren meist Fremdsprachen oder regionale Verkehrssprachen übernommen.

Beispiel 1: Einsprachige Staatsnationen

Von Angehörigen der einheimischen Oberschicht gegründet, wurden die Staaten Lateinamerikas ebenso wie die heutigen Nationalstaaten Europas erst im ausgehenden 19. Jahrhundert zu politischen Gemeinschaften, zu Nationen. Erst dann begannen sich breite Bevölkerungsschichten mit ihrem jeweiligen Staat zu identifizieren. In einigen Staaten mit einem hohem Anteil der indianischen Urbevölkerung dauert dieser Prozess bis in die Gegenwart an. Im Konflikt mit den Spaniern ging es zunächst um die Durchsetzung handfester lokaler und regionaler wirtschaftlicher und politischer Interessen der einheimischen Oberschicht. Ideologisch legitimiert wurde der Unabhängigkeitskampf jedoch unter dem Eindruck der Französischen Revolution und der Gründung der Vereinigten Staaten mit panamerikanischen Visionen. Analog zum nordamerikanischen Verfassungsstaat sollte im ehemaligen spanischen Lateinamerika eine gemeinsame Republik lateinamerikanischer Staaten geschaffen werden. Der faktische Prozess der Nationwerdung wurde durch diese panamerikanischen Utopien und die Anschauung des Erfolgs der USA sowie der großen Staaten Europas bei der Nationbildung ideologisch relativiert. Diese bildeten sich dann letztlich ‚unterhalb der Wolken' realitätsferner intellektueller Diskussionen aus den Interessen, den Erfahrungen und der Geschichte der verschiedenen neuen Nationen (vgl. WERZ 1992, S. 91–145; BRADING 1994, S. 83–108; PUHLE 1986). Wie die Nationalstaaten Europas erschufen sich die Staatsnationen Lateinamerikas selbst. Sie entwickelten ein eigenes Wir-Bewusstsein und eine eigene Identität auf dem Fundament unterschiedlicher Erfahrungen und Interessen.

Die Bausteine ihrer Nationwerdung gleichen dabei in vielem denen der Staatenbildungen in Europa. Zu ihnen gehören unter anderem die politische Integration durch den Aufbau staatlicher Bürokratien, durch Volksschule und höhere Bildung. Dazu kommen auch hier die Verstädterung, die Entstehung kleinbürgerlicher Schichten, die Massenmedien sowie der ‚Wettbewerb der Nationen' im Sport und die Wirkung nationaler Symbolik wie z.B. nationale Feiertage, Nationalflagge und Nationalhymne. Besonders zu unterstreichen ist die große gemeinschaftsstiftende Wirkung von Konflikten und Kriegen mit Nachbarn.

Der Nationalismus der Staatsnationen Lateinamerikas ist emotional hoch aufgeladen. Er ist nicht wie in Europa durch die Schreckensbilanz zweier Weltkriege belastet und daher ideologisch nur wenig geschwächt. Daher steht im öffentlichen Diskurs ein politischer Zusammenschluss analog zum politischen Einigungsprozess Europas nicht auf der politischen Tagesordnung.

Da Spanisch die Sprache der früheren Kolonialmacht und die Sprache vieler anderer neuer Staaten des Kontinents war, konnte es nicht zum Differenzkriterium und Identifikationskern eigener nationaler Identität werden, zumal das Spanische im spanischen Lateinamerika wie das Portugiesische in Brasilien die Sprache des ‚Mutterlandes' war. Da die Oberschichten spanischer oder portugiesischer Abkunft und die Masse der Bevölkerung selbst ethnisch und ‚rassisch' überaus inhomogen waren, konnte in Lateinamerika auch das Volk nicht im Sinne einer ethnischen Blutsgemeinschaft zum Differenzkriterium nationaler Identität werden. Zudem öffneten sich die meisten neuen Länder für Immigration. Einige wurden Staaten mit einem sehr hohen Anteil von Einwanderern unterschiedlicher Herkunft.

Die lateinamerikanischen Staatsnationen sind daher ein Beispiel für die prägende Kraft gemeinsamer Erfahrungen, Interessen und Geschichte für die Entstehung politischer Gemeinschaften. Sie zeigen, dass diese Faktoren für die Bildung von Nation weit stärker sein können als eine als gemeinsam gesetzte Sprache, Kultur und Abstammung. Dass letztere nicht, wie die Ideologie der völkischen Sprachnation behauptet, per se Nation stiften, veranschaulichen auch die Beziehungen zwischen Argentinien und Uruguay. Kulturell wurden beide Staaten vom katholisch-spanischen Konservatismus und französisch-spanischen Liberalismus (insbesondere *Krausismo*) geprägt. Die Mehrheit der Bevölkerung ist in Argentinien wie in Uruguay italienischer Abstammung, und hier wie dort wird Spanisch mit italienisch gefärbter Aussprache gesprochen. Dennoch gibt es in beiden Staaten einen starken, sich wechselseitig abgrenzenden Nationalismus und ein reichhaltiges Arsenal gegenseitiger nationaler Vorurteile und Animositäten.

Ein Beleg dafür, dass in der Staatsnation für die Zugehörigkeit zur Nation nicht Ethnie und Volkssprache, sondern das Staatsterritorium und dessen Bevölkerung konstitutiv sind, ist, dass bis heute in den meisten Staaten Lateinamerikas das *ius soli* gilt, der Erwerb der Staatsangehörigkeit durch Geburt im Staatsgebiet. Wie stark das Territorialprinzip nachwirkte, verdeutlicht zum Beispiel die politische Akzeptanz von Ausländern in Chile. Hier konnten sich über lange Zeit – mit Ausnahme ausländischer Diplomaten und ihrer Angehörigen – die im Lande lebenden Ausländer an nationalen Wahlen beteiligen, denn im Idealtypus der Staatsnation sind alle im Staatsgebiet lebenden Menschen Angehörige der Nation.

Der ideologische Stellenwert des Staatsgebiets im nationalen Selbstverständnis zeigte sich in vielen Grenzkonflikten um menschenleere und wirtschaftlich unerschlossene Randgebiete. Auch sie mussten, wenn sie der eigenen Nation vorenthalten oder weggenommen wurden, mit der Nation vereinigt werden. Diese Mystik des Staatsgebiets und seine politisch zwanghaft mobilisierende Kraft äußerten sich zuletzt im Versuch Argentiniens, die Malwinen (Falklandinseln) zu besetzen und sie mit der Nation ‚wiederzuvereinigen'. Die ideologische Bedeutung des Territoriums für die Nationbildung findet in der lateinamerikanischen Literatur bis heute ihren Niederschlag im Mythos der archaischen Prägekraft der *tierra* (Erde) für die Nation. Nicht das Blut, sondern der Boden gelten als Fundament der Nation; er habe ihren Charakter geformt.

Die Nationwerdung der Staatsnationen Lateinamerikas verdeutlicht die Mechanismen und die eigentliche Grundlage der politischen Vergemeinschaftung von Nationalstaaten. Über innen- und außenpolitische Konflikte bildet sich unter den politischen Eliten ein Kommunikations- und Wahrnehmungshorizont gemeinsamer Interessen und Erfahrungen (vgl. DEUTSCH 1966; HÄTTICH 1995). Er grenzt sie von den politischen Eliten anderer Staaten ab und wirkt integrierend nach innen. Ihre Wahrnehmungen werden von der nationalen Geschichtsschreibung und den Erinnerungen des kollektiven Bewusstseins immer und überall nach den gleichen Strickmustern im Nachhinein vereinfacht, idealisiert und glorifiziert. Die *res gestae*, die Taten der Nation, ihre tatsächlichen oder erfundenen Leistungen und ihre Führer werden heroisiert und ihre Niederlagen und Feinde dämonisiert. So wird die Nationbildung zu einem Prozess, an dessen Beginn die Erfahrungen, Interessen und Geschichtsbilder der Gründer stehen, der aber später auch in weitem Umfange von den ideologischen Konstrukten und Mythen der jeweiligen eigenen ‚nationalen' Geschichtsschreibung, der Ideologiewissenschaft des Nationalstaates schlechthin, geformt wird; ein überzeugendes Beispiel hierfür ist Mexiko.

Beispiel 2: Mehrsprachige Staatsnationen

Im Unterschied zu den einsprachigen Staatsnationen Lateinamerikas sind die Staaten Schwarzafrikas und Asiens mehrsprachige Staaten. Als nationale Amts- und Verkehrssprachen wurden von ihnen oft die Sprachen der früheren Kolonialverwaltungen oder regionale Verkehrs- und Handelssprachen, wie das Suaheli in Kenia und Tansania oder Bahasa Indonesia in Indonesien, übernommen. Daher gründet die nationale Identität nicht auf der Sprache einer bestimmten Ethnie, des so genannten Staatsvolkes, sondern bezieht sich auf den jeweiligen Staat und sein Territorium, seine Bevölkerung und Geschichte. Es entwickelt sich kein ethnisch-sprachliches, sondern ein politisches, auf das Staatsgebiet und dessen Staatsvolk in seiner Gesamtheit bezogenes Nationalbewusstsein. Bei ethnisch-kulturellen Konflikten geht es in multiethnischen Staatsnationen um politischen Einfluss und materielle Güter der eigenen Ethnie, also etwa um ihre stärkere Repräsentanz in der Regierung oder ihre bessere Beteiligung an den Gütern des Staates, wie z.B. der Zugang zu Posten in der staatlichen Verwaltung. In diesem internen Wettbewerb werden jedoch meistens die Grenzen des nationalen Staatsgebiets nicht in Frage gestellt. Ethno-kulturelle Gegensätze werden nur selten mit Forderungen nach Separation, Vertreibung oder sprachlich-kultureller Assimilation politisch aufgeladen.

Auch in den neuen Staatsnationen Afrikas und Asiens hat die ideologische Botschaft des ethnischen Nationalismus Europas, dass jedes sich über eine eigene Sprache definierende Volk das Anrecht auf eine eigene souveräne Staatlichkeit habe und sich nur so verwirklichen könne, bislang nur sehr begrenzt als Staatsideologie Resonanz gefunden. Zur Zahl der Ethnien und Sprachen Schwarzafrikas gibt es variierende Schätzungen; je nach Definition variiert ihre Zahl in der Literatur zwischen 1000 und 5000. In diesen Zahlen sind zahlreiche Minisprachen enthalten, darüber hinaus aber auch große Sprachen mit mehr Angehörigen als viele Sprachnationen Ost-, Nord- und Südosteuropas[3] aufweisen.

---

3 Haussa wird z.B. von ca. 33 Mio. (Nigeria und Ghana) gesprochen, Fulbe von 12 Mio. (Nigeria), Joruba von 23 Mio. (Nigeria und Ghana), Ikbo von 19 Mio. (Nigeria und Ghana), Akan von 13. Mio (Ghana und Elfenbeinküste), Luba von 8 Mio. (Zaire/Kongo), die Verkehrssprache Lingala von 31 Mio. (Zaire/Kongo), Kikuyu von 6 Mio. (Kenia), und Luo von 4 Mio. (Kenia). Angaben

Viele dieser Sprachen sind Schriftsprachen mit eigener Literatur. Während der Kolonialzeit und auch nach der Unabhängigkeit wurde in vielen Gebieten – so vor allem in Westafrika – die überlieferte ethno-linguistische Pluralität durch Binnenwanderungen als Folge wirtschaftlicher Entwicklungen weiter vermehrt. In den schnell wachsenden Großstädten bildeten sich Misch- und Pidginsprachen.

Von den neuen Staaten wurden die Grenzziehungen der früheren Kolonialmächte übernommen. Schon bei der Gründung der Organisation Afrikanischer Einheit in Addis Abeba im Jahre 1963 verpflichteten sich die Führer der neuen afrikanischen Staaten in feierlicher Form, die von den Kolonialmächten geschaffenen Grenzen zu achten. Letztere seien ‚unantastbar' (vgl. ILLY 1982, S. 178–207; HANF 1996, S. 42–45; BOS/SCHMIDT 1997, S. 394–441). Diese Unantastbarkeit des nationalen Territoriums und seiner Grenzen ist bis heute ein Dogma afrikanischer Politik und Staatlichkeit geblieben. Die ideologische Ablehnung ethnischer Trennung fand auch im Parteiensystem, in der Gründung nationaler Einheitsparteien, einen Niederschlag. Wie in Lateinamerika gingen die staatsgründenden Eliten zunächst von pankontinentalen – hier panafrikanischen Visionen aus. Sie konnten sich jedoch auch hier nicht gegen die Kraft lokaler Interessen durchsetzen.

Im frankophonen wie im anglophonen Afrika waren von den Kolonialmächten für die Herrschaftssicherung, die Besteuerung und den Aufbau der Wirtschaft relativ leistungskräftige Bürokratien aufgebaut worden. Von entscheidender Bedeutung für die Möglichkeit politischer Integration trotz Multiethnizität und einer reichen Erbschaft überlieferter ethnischer Gegensätze war jedoch die Übernahme der Sprache der Kolonialverwaltungen als Amtssprache der Politik, der Verwaltung, der überregionalen Medien und des Unterrichts in den höheren Etagen des Bildungswesens (vgl. LAITIN 1992). Weil die Amtssprachen von außen kamen, oder – wie in Tansania und Kenia – das Suaheli ursprünglich nur die Sprache einer kleinen Minderheit war,[4] konnten sie eher angenommen werden als die Sprache einer großen einheimischen Ethnie. Durch letztere wären die anderen Ethnien im Streit um politischen Einfluss und materielle Güter benachteiligt worden. Ideologisch be-

---

nach BRITANNICA WORLD DATA (1996), S. 776 ff. – Zur sprachlichen Entwicklung in den verschiedenen Staaten Afrikas vgl. LAITIN (1992).

4 Suaheli, eine Bantupidginsprache mit vielen arabischen Lehnwörtern und ursprünglich die Sprache der Sklavenhändler an der Küste und auf den Ostafrika vorgelagerten Inseln Lamu und Sansibar war schon in vorkolonialer Zeit die Verkehrs- und Handelssprache Ostafrikas bis in den Kongo hinein und wurde bereits von der deutschen Kolonialverwaltung Ostafrikas als Amtssprache der örtlichen Verwaltung und der ‚Schutztruppe' benutzt. In den Augen Nyereres und Kenyattas, den Staatsgründern Tansanias und Kenias, war Suaheli, trotz seiner Entstehungsgeschichte im Sklavenhandel, eine ‚einheimische' Sprache und sollte deshalb das Englische als Amtssprache verdrängen. Mit der politischen Öffnung nach dem Zusammenbruch des Kommunismus in Osteuropa ist in Tansania Englisch für die kommende politische Elite zur Sprache ihrer eigenen Zukunft in Politik, Verwaltung und Wirtschaft geworden. In Kenia hat sich Englisch, gegen das Suaheli in Politik und Verwaltung, durchgesetzt. Englisch ist inzwischen sogar schon die Muttersprache oberer Mittelschichten geworden. Damit entstehen Probleme der Entfremdung im Verhältnis der politischen und wirtschaftlichen Eliten zu ihrer Stammesklientel. Dies um so mehr, da im Mittelstand *ethnic mixing* zunimmt.

gründeter völkischer Sprachnationalismus konnte sich bisher in Schwarzafrika als Staatsdoktrin nur in Südafrika[5] und in Äthiopien durchsetzen. Allerdings bestehen in einigen kleinen sprachlich und ethnisch relativ homogenen Ländern wie Botswana, Lesotho, Swasiland und Somalia Voraussetzungen für die Bildung homogener Sprachnationen.

Die Übernahme von Fremdsprachen als Amtssprachen hat die Entwicklung ethnischer Sprachnationalismen in Schwarzafrika blockiert und die afrikanischen Staaten bisher vor deren inhumaner Kraft geschützt. Schon traditionelle Volksgruppenkonflikte Afrikas enthalten – wie die Genozide, die blutigen ethnischen Vielfrontenkämpfe im Bürgerkrieg Liberias oder der Kampf zwischen Hutus und Tutsis in Ruanda und Burundi[6] dokumentieren – ein im Wortsinn mörderisch inhumanes Potenzial. Die zusätzliche Munitionierung ethnischer Gruppenkonflikte durch die Ideologie des ethnischen Sprachnationalismus wäre die Brandfackel für die Implosion der Staatlichkeit in ganz Schwarzafrika.

Die Bevölkerung der meisten Staaten Schwarzafrikas ist inzwischen über das Bildungssystem und moderne Medien hochpolitisiert. Über diese und andere Erfahrungen hat sich in den neuen Staaten ein kräftiges Wir-Bewusstsein entwickelt. Dies zeigt gerade auch das Beispiel des Vielvölkerstaates Kongo. Trotz eines jahrelangen blutigen Bürgerkriegs und der Brandschatzung durch die Armeen von Nachbarstaaten hat sich dennoch ein ausgeprägtes nationales Identitätsbewusstsein herausgebildet, und der Mythos der Staatsnation hat in den meisten Ländern Schwarzafrikas trotz aller inneren ethnischen Gegensätze Fuß gefasst.

Durch das Ende des Ost-Westkonflikts sind Parameter der Gründungszeit afrikanischer Staaten entfallen, insbesondere das Interesse und Engagement der Großmächte beider Lager an der Stabilität ‚ihrer' Verbündeten und der Macht ‚ihrer' Herrscher. In den Freiräumen, die sich seither bildeten, wird es in der Regel jedoch nicht um Veränderungen von Grenzen nach ethnischen Gesichtspunkten gehen, sondern um wirtschaftliche Interessen und um Macht und Einfluss der Führer der Staatsnationen über ihre eigenen Staatsgrenzen hinaus.[7] Aber selbst wenn die bisherigen Grenzen verändert würden, entstünden dadurch keine ethnisch homogenen Staaten. Die vorhandene ethnische Vielfalt

---

5 In Südafrika wurde elf Volksgruppen die Verwendung und der Schutz der eigenen Sprache in der Verfassung zugesichert. Da mit Ausnahme des Englischen die anderen Sprachen keine Chance haben, sich als Nationalsprache aller Südafrikaner durchzusetzen, wird Englisch wohl noch stärker als bisher gegen Afrikaans, (‚die Sprache der Unterdrücker'), als Staats- und Verkehrssprache an Boden gewinnen.

6 Da die Mehrheitsethnie der Hutus und die Minderheitsethnie der Tutsi Ruandas und Burundis die gleichen Sprachen sprechen, scheidet ethnischer Sprachnationalismus als Konfliktursache aus. Die Konflikte zwischen den Ethnien haben ihre Ursache in tradierten Klassengegensätzen und sind überdies durch die Kolonialverwaltungen verschärft worden. Paradoxerweise (siehe das Beispiel Somalia) sind die bislang blutigsten Bürgerkriege Afrikas nicht in multiethnisch fragmentierten, sondern gerade in ethnisch homogenen Staaten ausgebrochen. Zu den schwierigen Definitionsfragen von Ethnie und ethnischen Konflikten vgl. KREILE (1997), S. 12–18; RÖSEL (1995), S. 117–128.

7 Typisch hierfür sind die Invasion des Kongo durch Ruanda, Uganda und Burundi oder die militärischen Operationen Nigerias in Liberia und Sierra Leone.

zwingt die politischen Führer auch in Zukunft, ethnische Nationbildung zu verhindern. Mittel- und langfristig sind die Multiethnizität der Staaten Schwarzafrikas gerade der stärkste Faktor der weiteren Stabilisierung ihrer Staatlichkeit. Bisher haben Angriffe auf Staatsgrenzen das Identitätsbewusstsein der meisten multiethnischen Staaten Afrikas eher gestärkt als geschwächt.

Mehrsprachige Staatsnationen mit ‚Fremdsprachen' als Verkehrs- oder Amtssprache sind in Asien unter anderem die Philippinen, Indonesien, Singapur, Indien und Pakistan. Ethnisch homogene Sprachnationen sind in Asien heute primär Japan und Korea (vgl. LAITIN 1992, S. 14; MACDONALD 1990, S. 42–60). Auf den Philippinen wurde versucht, das Englische durch Tagalog, eine malaiische Sprache der Insel Luzon, als Amts- und Verkehrssprache zu verdrängen. Aber auch hier ist Englisch die Sprache der Politik, der Verwaltung, der wichtigen nationalen Medien und erheblicher Teile des philippinischen Mittelstandes geblieben. Selbst im Großraum Metromanila mit seinem von zahllosen spanischen und englischen Lehnwörtern durchsetzten tagalischen Patois konnte sich das nur von wenigen beherrschte klassische Tagalog nicht gegen das Englische durchsetzen.[8] Da sich in den Philippinen schon in spanischer Zeit verschiedene andere Schriftsprachen entwickelt hatten und z.B. Cebuano in den mittleren Philippinen ebenso viele Sprecher wie Tagalog hat (je 20 Mio.), wird in den meisten Sprachregionen Englisch als Verwaltungs- und Verkehrssprache vorgezogen.

In Indonesien wurde nach der Unabhängigkeit die bisherige holländische Amtssprache durch Bahasa Indonesia, eine regionale, leicht erlernbare malaiische Handelssprache ersetzt. Bahasa Indonesia, das auch im multiethnischen Malaysia Staatssprache ist, wurde in Indonesien ursprünglich nur von einer kleinen Minderheit an der Küste gesprochen. Inzwischen ist es die Sprache der Verwaltung, Politik, Schulen und Medien der verschiedenen Ethnien Indonesiens geworden.[9] Die Furcht der Ethnien Sumatras, Kalimantans und der Molukken vor kultureller Überfremdung durch die Javaner, die mit 80 Millionen die Hälfte der Gesamtbevölkerung des indonesischen Archipels stellen und über eigene alte Schriftsprachen verfügen, erzwang eine neutrale Nationalsprache. Nur so war die sprachliche und politische Integration der neuen multiethnischen Staatsnation gegen die vorhandenen zentrifugalen politischen Kräfte möglich.

Der politische Vorteil einer neutralen Sprache war auch der Grund für die Durchsetzung des Englischen als dominante Amts- und Verkehrssprache in Singapur gegen die weiteren Amtssprachen des südindischen Tamil und des chinesischen Mandarin, obwohl und gerade weil ca. zwei Drittel der Bevölkerung Singapurs chinesischer Abkunft sind.

---

8 Nach der amtlichen Statistik wird Englisch von ca. 37,3 Mio. und Tagalog (meist in seiner mit Englisch und Spanisch vermischten Dialektform) von 20 Mio. gesprochen. Hinzu kommen fünf weitere Sprachen mit mehreren Millionen Sprechern und 23 ‚kleinere' Sprachen.

9 Heute wird Bahasa Indonesia von 24 Mio. gesprochen, die verschiedenen Formen des Javanischen von 78 Mio., Sundanesisch von 31,25 Mio., Maduresisch von 8,58 Mio., Batak von 4,4 Mio., ‚andere' 54 Mio. (nach BRITANNICA WORLD DATA).

Der indische Subkontinent erinnert an Babylon. Allein in der Indischen Union werden ca. 1650 Sprachen gezählt, davon sind 70 % indo-arischer und 25 % drawidischer, austro-asiatischer und sinotibetischer Herkunft.[10] Viele Sprachen haben eine uralte schriftliche Überlieferung mit reicher Literatur. Sieben Sprachen Indiens gehören zu den 20 meist gesprochenen Sprachen der Welt. So ist Bengali, die Sprache des Nobelpreisträgers Rabindranath Tagore, im Bundesstaat Bengalen die Muttersprache von 72 Millionen und in Bangladesch von weiteren 120 Millionen, Tamil und Telugu die Sprachen von jeweils 65 und 77 Millionen Menschen. Die Verfassung Indiens kennt 19 so genannte ‚aufgezeichnete' (scheduled) ‚nationale' Sprachen, darunter auch das alte Sanskrit, eine dem Latein in Europa vergleichbare, ausgefeilte Kunstsprache (vgl. BRASS 1990). Ferner gibt es noch viele so genannte ‚dominante regionale Sprachen'. Die Amtssprache Indiens, die so genannte ‚official language', ist Hindi, ein durch Sprachnationalisten im 19. Jahrhundert von persischen und arabischen Elementen gesäubertes Urdu, einer Sprache, die in der Umgebung Delhis während der Mogulherrschaft (16./17. Jahrhundert) entstanden ist. Englisch, die weithin praktizierte Verkehrssprache Indiens, hat den amtlichen Status einer ‚assoziierten weiteren Amtssprache' (‚associate additional official language').

Die Geschichte der Indischen Union ist auch die Geschichte der Reorganisation der Bundesstaaten entlang der Grenzen der Regionalsprachen und ihrer in der Verfassung dokumentierten Anerkennung. In den indischen Bundesstaaten haben sich damit ihre jeweilige Sprachen als Schul-, Gerichts- und Verwaltungssprachen der unteren Bereiche durchgesetzt. Im nordindischen Hindigürtel *(hindu belt)* verdrängte Hindi zunehmend die verschiedenen Varianten regionaler Hindisprachen und wurde so zur Verwaltungssprache seiner sechs Einzelstaaten.

Dass Englisch aber nach wie vor und gemessen an der Zahl seiner Sprecher (ca. 120 Mio.) sogar mit zunehmender Tendenz die Verkehrssprache Indiens geblieben ist, erklärt sich gerade aus der Ideologie und der Stärke der regionalen Sprachnationalismen Indiens. Wie in keiner anderen Region außerhalb Europas hatte Herders Philosophie des romantischen Sprachnationalismus schon im 19. Jahrhundert in Indien Widerhall gefunden. Die Wiederentdeckung und romantisch-ideologische Verklärung des Sanskrit durch die Wissenschaft der Indologie als der Ursprache der Arier lieferte indischen Nationalisten die Legitimationsideologie für ihren Kampf gegen die Kolonialmacht (vgl. BANERJEA 1970, S. 225–244). Nach ihr war die Hindukultur der Sprache und Kultur der Kolonialherren und der anderen Völker des Subkontinents wegen ihres Alters und Ursprungs weit überlegen. Sie sollte daher die Grundlagen einer neuen indischen Nation werden. Als Nationalsprache sollte Hindi, ein Sprössling des ehrwürdigen Sanskrit eingeführt werden.

Der romantische Sprach- und Kulturnationalismus ist jedoch auch von anderen Völkern Indiens übernommen worden. In den Augen der tamilischen Nationalisten beispielsweise war das Tamilische, eine Spätform des Drawidischen, die eigentliche Urspra-

10 Diese und die folgenden Angaben nach MUNZINGER-ARCHIV/IH Länder aktuell (1995/29) und BRITANNICA WORLD DATA (1996).

che Indiens. Sanskrit und Hindi waren für sie Sprachen der arischen Eroberer und Unterdrücker Indiens. Je nach politischer Couleur wurde von ihnen die südindische Form des Hinduismus als die eigentliche, ältere, noch nicht von den Ariern degenerierte Form der Hindureligion reklamiert.

Die Durchsetzung des Hindi, das zusammen mit seinen vielen regionalen Varianten nur von etwa 30 % der Bevölkerung Indiens als Muttersprache gesprochen wird, scheitert somit letztlich am Sprachnationalismus der übrigen Sprachvölker Indiens. Daher musste die in der indischen Verfassung ursprünglich vorgesehene Zeit von 15 Jahren für die Ersetzung des Englischen durch Hindi im Behördenverkehr zwischen der Bundesregierung und den Einzelstaaten auf unbestimmte Frist ausgesetzt werden.[11] Spätestens seit den heftigen bürgerkriegsähnlichen Reaktionen Südindiens auf die in den 1960er Jahren versuchte Einführung des Hindi als alleiniger Staatssprache ist deutlich geworden, dass der Ersatz des Englischen durch Hindi das Ende der staatlichen Einheit der Indischen Union bedeuten würde.[12] Gerade wegen der Sakralisierung des Territoriums der geographischen und politischen Einheit Indiens, der ‚Mother India', ist die staatliche Einheit Indiens für den Hindunationalismus absolut unverzichtbar und zwingt ihn deshalb bei der Sprachenfrage zur Zurückhaltung. Dazu kommt das Eigengewicht gemeinsamer politischer und ökonomischer Interessen der Indischen Union und ihrer jeweiligen politischen Führer. Es trägt wie wenig andere Faktoren zur Erhaltung und Stabilisierung der politischen Einheit des indischen Staates bei.

Ebenso wie in Indien blieb in Pakistan das Englische unverzichtbar für die Erhaltung seiner sprachlichen und politischen Einheit. Die Gründung Pakistans durch eine anglisierte Oberschicht aus Furcht vor Unterdrückung durch die Hindumehrheit Indiens hatte ideologisch auch eine völkische Komponente (vgl. ALI 1970, S. 245–249). Pakistan, wörtlich das ‚Land der Reinen', war von dem Philosophen Iqbal, der sich bei seinem Studium in München die Volkssprachenphilosophie Herders angeeignet hatte, als eigentliches Ursprungsland der Arier bestimmt worden. Staatssprache Pakistans wurde Urdu, die Sprache der muslimischen Flüchtlinge aus Indien. Aber auch in Pakistan sind die traditionellen Regional- und Literatursprachen, das Paschto, das Punjabi und Sindi, unter dem Einfluss des ideologisch fundierten Sprachnationalismus revitalisiert worden.[13] Ihre Völker boykottierten die Durchsetzung des Urdu als Amts- und Verkehrssprache, und so blieb auch in Pakistan das Englische die faktische Amts- und Verkehrssprache. Ein Negativbeispiel für die Folgen der Durchsetzung eines völkisch ethnischen Sprachnationalismus in

---

11 Nach dem „Official Languages (Amendment) Act" von 1967 kann die Einführung des Hindi als allgemeine Amtssprache und Ersetzung des Englischen nur erfolgen, wenn damit alle Bundesstaaten einverstanden sind.

12 Dies erinnert an den Ersatz des Lateinischen durch das Ungarische als Amtssprache Ungarns im Jahre 1838. Dies war die entscheidende Geburtshilfe für den Nationalismus der Kroaten und anderer Ethnien der ungarischen Monarchie

13 Die Zahl der Englischsprechenden wird mit 16 Mio., die des Punjabi mit 69 Mio., des Pashto mit 19 Mio., des Sindhi und Siraiki mit 31 Mio. und des Urdu mit 11 Mio. angegeben (BRITANNICA WORLD DATA 1996, S. 779).

Vielvölkerstaaten Asiens stellt bisher Sri Lanka dar. Die Ersetzung des Englischen als Amtssprache durch das Singhalesische führte zu dem bis heute anhaltenden Bürgerkrieg (vgl. RÖSEL 1996; 1997a; 1997b).

Ein Sonderfall für die Bedeutung der Sprache für Nationbildung ist China. Die chinesische Schrift, eine Bilder- und Zeichenschrift, kann auch ohne Kenntnisse der Hansprachen Chinas gelesen und verstanden werden. So war China letztlich keine Sprach-, sondern eine Schriftnation. Durch die Schrift wurden jene großen sprachlichen und kulturellen Gegensätze zwischen Nord- und Südchina überbrückt, die Chinas politische Einheit immer wieder bedroht haben. Die konfuzianischen Beamten der kaiserlichen Verwaltung, die Mandarine, verständigten sich über die Schrift. Die heutige Amtssprache, das so genannte Mandarin, ist eine standardisierte Sprache, die auf der Grundlage der in Peking und den anliegenden nördlichen Provinzen gesprochenen Hanvariante geschaffen und erst 1919 von der chinesischen Nationalversammlung als Nationalsprache eingeführt wurde. Vor allem seit Ende des Zweiten Weltkriegs ist sie über die Volksschule und die Medien zur allgemeinen Verkehrssprache Chinas geworden und erlaubt nunmehr die sprachliche Kommunikation zwischen den Hanvölkern, der Mehrheit Chinas (ca. 85 % der Gesamtbevölkerung), und den ethnischen Minderheiten. Dennoch gibt es in China nach wie vor große Bevölkerungsteile, die nicht Mandarin sprechen (so z.B. Kantonesisch ca. 56 Mio., Hakka 41 Mio., Xiang 54 Mio., Min 46 Mio., Wu 95 Mio. Sprechende).

Die Renaissance der ethnischen Sprachnation in Osteuropa – deutsche Hürden auf dem Wege zur europäischen Staatsnation

Der völkische Sprachnationalismus der Romantik ist nach dem Zusammenbruch des Kommunismus in den Nachfolgestaaten des sowjetischen Imperiums zu neuem Leben erwacht. Die ethnische Sprachnation war, wie die Schriften Lenins und Stalins oder der Staatsaufbau und die Nationalitätenpolitik der Sowjetunion zeigen, die Kehrseite des sowjetischen Internationalismus. Der Internationalismus des Sowjetimperiums diente zur Tarnung des Führungsanspruchs der russischen kommunistischen Partei und ihrer Russifizierungspolitik. Völker und Führungseliten, die den bloßen Verdacht nationaler Opposition geweckt hatten, wurden unterdrückt und verfolgt (vgl. GARAMVÖLGYi 1995). Die Union der Sozialistischen Sowjet-Republiken (UdSSR) bestand aber dennoch aus völkischen Sprachnationen. In den Pässen des Sowjetstaates war die jeweils vererbte nationale ethnische Zugehörigkeit vermerkt, in Kulturhäusern wurde die Folklore der Ethnien in vielfältigen Formen museal gepflegt (z.B. Volkstänze, Trachten, Volkstheater und Volkslieder). In einigen Fällen wurden für ethnische Minderheiten sogar eigene autonome Gebiete – wie z.B. für Juden eine autonome Heimstätte in Sibirien oder für Deutsche die autonome Wolgarepublik – eingerichtet. Ferner wurden viele neue Sprachnationen, die es in zaristischer Zeit noch gar nicht gab, durch planmäßig betriebene Standardisierung und Verschriftung von der ‚sowjetischen Sprachplanung‘ erstmals geschaffen und zu neuen

Regionalsprachen gemacht (vgl. HAARMANN 1993, S. 200–315). Mit dem Zusammenbruch des real existierenden Sozialismus entfiel die bisherige erfolgreiche Kontrolle der Ethnien durch die kommunistischen Parteiorganisationen und deren Machtmonopol. Im ideologischen Vakuum des Zusammenbruchs überlebte allein der völkische Sprachnationalismus als Substanz nationaler Identität (vgl. GEYER 1998).

In der europäischen Union hat die Erinnerung an das Gemetzel der beiden Weltkriege die ideologische Kraft des Nationalismus zwar geschwächt, dennoch beweisen die internen Widerstände gegen den weiteren politischen Einigungsprozess Europas sein immer noch vorhandenes Potenzial. Die Schwächung der Nationalstaaten durch die europäische Einigung führte wie im Baskenland, Katalonien und in Wales zu einer Renaissance völkischer Ideologie und ihres politischen Sprengstoffs.

Speziell für Deutschland, dessen Bonner Staat sich zur republikanischen Staatsnation entwickelt hatte, ist nach dem Beitritt der DDR die Aufgabe der eigenen Staatlichkeit zu Gunsten Europas schwieriger geworden. Viele meinen, dass die erst 1871 geschaffene deutsche Nation wiedergeboren sei und sehen nicht, dass das wiedervereinigte Deutschland mit der schnell zunehmenden Mulitethnizität seiner Bürger, der definitiven Nationbildung Österreichs und der verstärkten emotionalen Distanz der Deutschschweizer zu Deutschland, die endgültige Aufgabe der Ideologie der ethnischen Sprachnation und ihres Grundaxioms der Einheit von Sprache und Nation erzwingt. Zugleich können die in der Berliner Republik vereinigten Staatsnationen der Bonner Republik und der DDR erst über einen längeren Prozess zu einer neuen Geschichts- und Staatsnation zusammenwachsen.[14]

Dass das geistige Erbe der völkischen Sprachnation in Deutschland immer noch in den Köpfen sitzt und nun vor allem der Bejahung einer neuen, erst aufzubauenden, mehrsprachigen europäischen Staatsnation im Wege steht, veranschaulicht die staatsrechtliche Diskussion zum Maastrichturteil des Bundesverfassungsgerichtes. Maßgeblich mitgewirkt an diesem Urteil hat Paul KIRCHHOF, ehemals Richter am Bundesverfassungsgericht und prominenter Rechtslehrer. Nach ihm sind echte Nationen naturwüchsige vorkonstitutionelle Gebilde. Er spricht in diesem Zusammenhang unter Berufung auf die Kirchenlehrer Augustin und Thomas von Aquin davon, dass „Staatenbildung und Rechtsetzung eher das Aufspüren einer vorgefundenen Ordnung als willentliche Setzung sind" oder mit Montesquieu aus der „Natur der Dinge" entstünden (KIRCHHOF 1992, § 183, RDN 27). Sie könnten daher nicht durch Gründungsakt oder Vertrag geschaffen werden, sondern wurzelten vielmehr in eigener gemeinsamer Sprache und homogener Kultur.[15]

---

14 Prägend ist vor allem selbst erfahrene Geschichte, d.h. die Erinnerungen und Sozialisation der letzten drei Generationen. Schon daher gelingt der Versuch einer Anknüpfung der Geschichte der neuen Berliner Republik an Weimar und Bismarcks Reich so wenig. Die Geschichte vor 1945 ist nur noch für die Urgroßväter eigene Erfahrung. Zugleich gibt ihre Belastung durch den Holocaust, den Nationalsozialismus und die Erinnerung an die Reserveleutnantsgesellschaft des preußischen Militarismus einer neuerlichen mythischen Aufwertung durch eine eventuelle neudeutsche nationale Geschichtsschreibung kaum Erfolgschancen.

15 KIRCHHOF (1992): § 183 RDN 27: „Der Staat wird von jeher nicht als beliebig abgrenzbare und zuordnungsfähige Organisation verstanden, das Recht von jeher nicht als gewillkürte Setzung

Da in Europa neun Sprachen gesprochen würden und es keine gemeinsame Sprache der europäischen Völker gäbe, ja selbst Englisch bestenfalls von der Hälfte der Bevölkerung gesprochen werde, könne sich in Europa ‚keine kulturelle Einheit' und kein europäisches Staatsvolk entwickeln. Ein europäischer Staat sei daher eine Chimäre (KIRCHHOF 1992, § 183, RDN 12).

Die von verschiedener Seite geübte Kritik an den derzeitigen Formen und der Möglichkeit der politischen Einigung Europas über wirtschaftliche Integration, einheitliche Währung und Brüsseler Bürokratie, muss sehr ernst genommen werden. Die zitierte Stellungnahme Paul KIRCHHOFS zur politischen Einigung Europas jedoch, deren Argumente etwas verwässert in das Maastrichturteil eingingen (vgl. WEILER 1995, S. 225), ist, was ihren Horizont betrifft, provinziell. Sie ist ideologisch in der unseligen Überlieferung der sprachvölkischen Ideologie Europas und ihrer tribalistischen Staatsmetaphysik beheimatet. Sie macht das Beispiel der Schweiz mit ihren vier Sprachen zur bloßen ‚Ausnahme' (warum nicht zum Modell?) und nimmt nicht zur Kenntnis, dass die Mehrheit der Menschheit in Nationen lebt, deren Staatlichkeit sich nicht aus einer eigenen Sprache begründet. Sie nimmt die historische Tatsache nicht wahr, dass praktisch alle modernen Nationalstaaten über Gründungsakte, Verfassungen und Politik geschaffene Nationen sind, dass Sprache als solche nicht zwangsläufig Nation, politische Gemeinschaft schafft, oder Vielsprachigkeit per se politische Vergemeinschaftung, Nationbildung, verhindert. Und was heißt schon kulturelle und sprachliche Homogenität? Der republikanische Nationalstaat, der moderne Verfassungsstaat, gründet auf dem Fundament der Freiheit von Religion und Weltanschauung. Er schützt und begünstigt kulturellen Pluralismus und befreit von der früheren erst durch Religionskriege erzwungenen religiös-kulturellen Homogenität. Wegen des faktischen kulturellen Pluralismus aller Industriegesellschaften, der zudem im modernen Verfassungsstaat, das heißt in allen republikanischen Nationalstaaten, durch die Verfassung geschützt wird, können nicht kulturelle Homogenität, sondern allein die Normen und das Regelsystem einer republikanischen Verfassung die Grundlage der politischen Einheit Europas bilden (vgl. OBERNDÖRFER 1998; 1996).

Weltweit sind die Staaten, die ihre nationale Identität aus ‚eigener' sprachlicher Homogenität legitimieren, eine Minderheit. Die Mehrheit der Menschheit lebt in mehrsprachigen Staatsnationen. Ihre Geschichte zeigt, dass Nationbildung auch ohne ‚eigene' Sprache und in mehrsprachigen Staaten Erfolg haben kann. Nationen sind keine naturwüchsigen Gebilde. Fast alle wurden gegründet und erschufen sich als politische Gemeinschaften über Politik und eigene Geschichte selbst. Die politische Einigung Europas und

---

begriffen, Staat und Recht werden vielmehr zutreffend als Anerkennung und kontinuitätsverpflichtende Fortbildung von Vorgefundenem gedeutet", desgl. Paul KIRCHHOF, Eur. Beiheft 1/1991, 11(14): „Der vielfach geförderte Kompetenzzuwachs des Europäischen Parlaments ist nicht notwendig eine Kompensation dieses Mangels (Demokratiedefizit und Entparlamentarisierung, d. Verf.), weil eine Staatengemeinschaft nicht auf Demokratie angelegt ist und ihr der eigene Legitimationsgeber, das eigene Staatsvolk, fehlt."

der Aufbau einer *vielsprachigen* europäischen Staatsnation hätten eine weltweite symbolische Signalbedeutung.

Literatur

ALI, C.R. (1970): The Idea of Pakistan. In: Kedouri, E.: Nationalism in Asia and Africa. – New York, S. 245–249.

BANERJEA, S. (1970): The Study of Indian History. In: Kedouri, E.: Nationalism in Asia and Africa. – New York, S. 225–244.

BOS, E./SCHMIDT, S. (1997): Politisierte Ethnizität und Verfassungsstaat in Schwarzafrika. In: Verfassungsgesetzgebung in der Dritten Welt. – Hamburg, S. 394–441.

BRADING, D.A. (1994): Nationalism and State Building in Latin American History. In: Ibero-amerikanisches Archiv, Berlin. 20.1/2, S. 83–108.

BRASS, P.R. (1990): Language Problems. In: The Politics of India since Independence. The New Cambridge History of India, IV, 1. – Cambridge, S. 135–167.

BRITANNICA WORLD DATA (1996). – London.

DE CERTEAU, M. u.a. (1975): Une politique de la langue: La révolution française et le patois. – Paris.

DE MAURO, T. (1963): Storia linguistica dell' Italia unita. – Bari.

DEUTSCH, K.W. (1966): Nationalism and Social Communication. – Cambridge.

GARAMVÖLGYI, J. (1995): Nationalismus, Nationbildung und der Zerfall des sowjetischen Imperiums. In: Reformatio, Zeitschrift für Kultur, Politik und Kirche, 4. Jg., Heft 5, S. 353–359.

GEYER, D. (1998): Völker im Laboratorium. Der Nationalstaat im postkommunistischen Osteuropa. In: Frankfurter Allgemeine Zeitung vom 18.7.1998, Nummer 164.III.

GRIMM, D. (1995): Braucht Europa eine Verfassung? Juristenzeitung vom 16. Juni 1995, S. 12.

HAARMANN, H. (1993): Die Sprachenwelt Europas. – Frankfurt.

HABERMAS, J. (1995): Remarks on Dieter Grimm's "Does Europe Need a Constitution?". In: European Law Journal, Heft 3, S. 305–307.

HÄTTICH, M. (1995): Zum Problem nationaler Identität. In: Jäger, W./Mühleisen, H.O./Veen, H.J. (Hg.): Republik und Dritte Welt. – Paderborn, S. 126.

HANF, D. (1994):Le Jugement de la Cour fédérale allemande sur la traité de Maastricht. In: Revue trimestrielle de Droit Européen (RTD eur.) 30(3), juill.-sept., S. 391–423.

HANF, T. (1996): Zwischen Etatismus und Ethnizismus. Die Vielvölkerstaaten Asiens und Afrikas im Konflikt gegensätzlicher Nationalismen. In: Haungs, P. (Hg.): Renaissance des Nationalismus? – Stuttgart, S. 42–45.

ILLY, H.F. (1982): Nation und Nationalismus in Afrika. In: Winkler, H.A. (Hg.): Nationalismus in der Welt von heute. – Göttingen, S. 178–207.

KIRCHHOF, P. (1991): Deutsches Verfassungsrecht und Europäisches Gemeinschaftsrecht: Kolloquium anlässlich des 25jährigen Bestehens der Zeitschrift Europarecht am 23. November 1990 in Baden-Baden. In: Europarecht, Beiheft 1/1991, 11(14).

KIRCHHOF, P. (1992): Der deutsche Staat im Prozess der deutschen Integration. In: Kirchhof, P./Isensee, J. (Hg.): Handbuch des Staatsrechts für die Bundesrepublik Deutschland. Band VII: Normativität und Schutz der Verfassung – Internationale Beziehungen. – Heidelberg.

KREILE, R. (1997): Politisierung von Ethnizität in Afrika. In: APuZ, Heft 9, S. 12–18.

KREMNITZ, G. (1997): Die Durchsetzung der Nationalsprachen in Europa. – Münster.

MACDONALD, D.S. (1990): Nationalism in Korea. In: Canadian Review of Studies in Nationalism, Heft 1–2, S. 43–60.

MUNZINGER-ARCHIV/Internationales Handbuch – Länder aktuell 1995/29. – Ravensburg.

LAITIN, D.D. (1992): Language Repertoires and State Construction in Africa. – Chicago.

OBERNDÖRFER, D. (1994): Der Wahn des Nationalen – die Alternative der offenen Republik.

OBERNDÖRFER, D. (1996): Die politische Gemeinschaft und ihre Kultur. In: Aus Politik und Zeitgeschichte (APuZ), Nr. 52–53, S. 37–46.

OBERNDÖRFER, D. (1998): Integration oder Abschottung? – Auf dem Weg zur postnationalen Republik. In: Zeitschrift für Ausländerrecht, 18. Jahrgang, 1. Januar 1998, S. 3–14.

PUHLE, H.J. (1986): Nacionalismo en America Latina. In: Revista Paraguaya de Sociologia, No. 67 (Setiembre–Diciembre), S. 119–131.

RÖSEL, J. (1995): Ethnic Nationalism and Ethnic Conflict. In: Politik und Gesellschaft, Heft 2, S. 117–128.

RÖSEL, J. (1996): Die Gestalt und Entstehung des singhalesischen Nationalismus. – Berlin.

RÖSEL, J. (1997a): Der Bürgerkrieg auf Sri Lanka. – Baden-Baden.

RÖSEL, J. (1997b): Gestalt und Entstehung des Tamilischen Nationalismus. – Berlin

VON SIMSON, W. (1991): Was heißt in einer europäischen Verfassung „das Volk“. In: Europarecht, Heft 1.

WEBER, E. (1976): Peasants into Frenchmen. The Modernization of Rural France 1870–1914. – Stanford.

WEILER, J.H.H. (1995): Does Europe Need a Constitution? Demos, Telos and the German Maastricht Decision. In: European Law Journal, Heft 3, S. 219–258.

WERZ, N. (1992): Das neuere politische und sozialwissenschaftliche Denken in Lateinamerika. – Freiburg.

ZULEEG, M. (1993): Demokratie in der Europäischen Gemeinschaft, Juristenzeitung vom 19. Nov. 1993, S. 22.

Günther List

„Bilingualität für das jeweils einzelne Migrantenkind“: Zur Wanderungsgeschichte des Themas Zweisprachigkeit im 19. und 20. Jahrhundert

Im Begriffsinventar interkultureller Erziehung spiegelt sich – wie immer reflektiert – eine aus der Geschichte des Problems überkommene methodische Schwierigkeit. Denn einerseits ist die globale Migrationsbewegung als universalistische Herausforderung ja dazu angetan, die im 19. Jahrhundert festgeschriebenen identitären Parameter von ‚Volk‘ und ‚Nation‘, ‚Muttersprache‘ und ‚Vaterland‘ gründlich zu entgrenzen. Andererseits jedoch kommt realistische Wahrnehmung, erst recht bewusste Akzeptanz der Migration offenbar nur schwer aus ohne Deutungsmuster, die auf vertrackte Weise die Parameter des 19. Jahrhunderts fortleben lassen: Im Liniengewirr explizit gemachter Differenz profilieren sich stets erneut Handlungs- und Bezugsgrößen, in denen die apriorische Ethnisierung und dichotomische Ontologisierung von Selbst- und Fremddefinitionen weiter transportiert wird.

Man muss nicht so weit gehen, den vom ‚interkulturellen‘ Beschreibungs- und Handlungsprogramm unterlegten Begriff ‚Kultur‘ schon als solchen zu verdächtigen. Aber man wird ihn doch nur in dem Maß für nützlich halten können, wie er hilft, die reale und symbolische Beziehungsdynamik zwischen Individuen und Wir-Gruppen aufzuklären. Ebenso wie diese Soziologisierung des Kulturbegriffs repräsentiert auch die qualitative Semantik von ‚Mehrheit‘ und ‚Minderheit‘ einen im 20. gegenüber dem 19. Jahrhundert formulierbar gewordenen, allerdings nur halb eingelösten analytischen Anspruch: Das Begriffspaar extrapoliert aus den einseitigen Resultaten des *Nation-building* heraus die Produktion staatlicher und gesellschaftlicher Statusungleichheit als polares Prinzip. Aber handlungsleitend ist dieses Prinzip eben nicht als Einsicht in die dialektischen Prozesse von Majorisierung und Minorisierung geworden, sondern im Gefolge der völkerrechtlichen Ansprüche betroffener Gruppen nach dem Ersten Weltkrieg. Im Zeichen aktueller Migration schließlich ist der zeitgenössische Begriff der ‚Ethnizität‘ dabei, sein spezifisches Potenzial einzubüßen, nämlich ethnische Konstrukte zugleich als Realitäten ernst zu nehmen *und* zu dekonstruieren. Gerade interkulturelle Pädagogik und Didaktik hat viel Anstrengung nötig, um sich von einem substanzialistischen Trend zu lösen, der nahe legt, sprachlich-kulturell-ethnische Unterscheidungen von Minderheiten auflistbar und diese als Klientel systematischer Intervention zugänglich zu machen.

So enthält die Aussicht auf ein künftiges „Europa für Mehrheiten und Minderheiten“ in sich selbst Widerspruch genug, um als induktiv (selbst)kritische Klärung des begrifflichen Geländes in Erscheinung zu treten (HOHMANN/REICH [Hg.] 1989). Nur an einer, für das operative Selbstverständnis interkultureller Erziehungswissenschaft allerdings konstitutiven Stelle will diese offene Sichtweise nicht recht zur Geltung kommen: an der Weggabelung nämlich, an der ungeachtet aller Vielsprachigkeit der übrigen Sozialisationsmilieus auf der schulischen „*Bilingualität* für das jeweils einzelne Migrantenkind" bestanden wird (HOHMANN 1989, S. 20; Hervorh. d. Verf.). Eine Komplexitätsreduktion aus pädagogischen Gründen, aber mit dem Effekt, dass der Ausgang aus der ethnizistischen Hermetik der Vergangenheit gerade im Medium der persönlichen Sprache weiterhin blockiert bleiben könnte. An dieser Stelle wird aus meiner Sicht Zweisprachigkeit als diejenige Figur kenntlich, in der die *Ambivalenz* der interkulturellen Intervention im Feld gesellschaftlicher Sprachenlernprojekte geradezu paradigmatisch festgeschrieben worden ist. Ausgerechnet der menschenfreundliche Einsatz dieser Figur riskiert letztlich, der gleichen binären Logik zu folgen, wie sie in den so ganz anders gearteten sozialen Repräsentationen des Eigenen und Differenten konflikthaltig latent ist. Während ein von der demokratischen Gesellschaft offen und umfassend zu führender Pluralismusdiskurs hierzulande immer noch aussteht, ist der ethno- und sprachpolitisch weitreichende Anspruch, die interkulturellen Probleme zu lösen, in den pädagogisch-didaktischen Betrieb und dessen Programme für bi-lingualen Unterricht abgewandert. (Abgewandert? Ist er jemals anderswo mit größerem Recht wahrgenommen worden?)

Über die Einheit des Themas Zweisprachigkeit

Dass Zweisprachigkeit als suggestives, schier unwiderlegbares Problemlösungsversprechen noch bis in die 1990er Jahre ausgestrahlt hat, liegt an der eindeutig *positiven* Bedeutung, mit der dieser Programmbegriff im interkulturellen Selbstverständnis der 1970er Jahre ausgestattet worden ist. Mittlerweile wird der so etablierte zentrale Strang des Themas durch zwei divergente Erfahrungsstränge ergänzt, der eine auf der Ebene skeptischen Alltagswissens lokalisierbar, der andere auf der Ebene progressiver Verwissenschaftlichung. Diese beiden neu hinzu getretenen Thematisierungsinteressen bringen das vorderhand letzte, mit Nachkriegszeit und Migration einsetzende Kapitel der Geschichte der Zweisprachigkeit auf den Punkt: Von ihnen her gewinnt das Thema insgesamt Kontur für seine allfällige Re- und Dekonstruktion.

Auf der Seite skeptischen Alltagswissens also Stimmungen und Handlungstendenzen, die – noch diesseits diskursiver Öffentlichkeit – immerhin dabei sind, die strukturelle Verbindung des Themas Zweisprachigkeit mit eingefahrenen identitären Deutungstraditionen aus der Latenz heraustreten zu lassen: Wenn zumal unter dem Eindruck der PISA-Studie bilingualer Unterricht auf der Schiene Deutsch-Englisch zwar forciert, auf der Schiene der Migrantensprachen hingegen mit wachsendem Misstrauen betrachtet wird, so kann sich diese oft affektiv geäußerte Skepsis zugleich sachlich geben, zielt sie doch auf vom multikulturellen Enthusiasmus gern ausgeblendete Befunde. Sie fokussiert sich auf *messbare* sprachliche *Leistungen* (in der Landessprache); sie richtet sich verstärkt auf die bei der Realisierung bilingualer Bildungsformen auftretenden *organisatorischen Schwierigkeiten*; sie nimmt nunmehr auch die *gesellschaftlichen Folgen* (nicht so sehr allerdings die Ursachen) misslingender Integration in den Blick und gewinnt damit einen potenziell politischen Argumentationshorizont (zwischen Ausgrenzung und Assimilation). Mit einem Wort: die Bilingualisierung ‚des' Migrantenkindes ist nunmehr auch von der Rückseite her thematisierbar geworden – als kontraproduktiv nicht erst hinsichtlich ihrer schulischen und gesellschaftspolitischen Umsetzung, sondern schon in ihrem pädagogisch-didaktischen Ansatz. Mit dieser Kritik kommt eine ältere, mental tiefer liegende, aber in Resten noch bis in die 1970er Jahre hinein auch wissenschaftlich präsente Schicht psychologistisch generalisierender Vorurteile explizit *gegen* Zweisprachigkeit erneut zum Vorschein. Eine negative Grundposition, deren Wiederauftauchen bildungs- und wissenschaftshistorisches Interesse unmittelbar auf das lenkt, was hier die *Wanderungsgeschichte* des Themas genannt werden soll: die durch Diskurse und Disziplinen hindurch verfolgbare Karriere einer scheinbar stabilen, ein für allemal festgeschriebenen Sache, die als fragwürdige Konstruktion von Wirklichkeit erst greifbar wird in den wechselnden Konjunkturen der *Rede über* sie.

Offensichtlich untersteht die alltagstheoretische Denkfigur Zweisprachigkeit auch im Übergang vom 20. zum 21. Jahrhundert noch der gleichen Kontradiktorik wie zu Zeiten ihrer – auf die preußisch-deutsche Entwicklung nach 1815 gesehen – schon einmal doppelten, von Attributen des Schadens bzw. Nutzens begleiteten Genese (LIST 2003).[1] Es geht nicht darum, dass das Thema einfach unterschiedlich bewertet wird, sondern es erscheint gleichsam dazu disponiert, zwischen den polar entgegengesetzten Grundeinstellungen des Pro und Contra hin und her geschoben zu werden: Jedes der beiden konträren Urteile über Zweisprachigkeit darf mit axiomatischem Ausschließlichkeitsanspruch auftreten, ohne dass dieser Widerspruch als solcher zum Anlass metasprachlicher Nachfrage nach der Substanz des Gegenstands werden müsste. Im Gegenteil, der alltagstheoretische Gebrauchswert des Themas liegt ersichtlich gerade in seinem unbedingten *Perspektivismus*. Im Ursprungszeitraum werden die mit dem Thema verbundenen Axiomata des Schadens und Nutzens sogar völlig unabhängig voneinander aus ein und demselben identitären Prozess des eigenen *Nation Building* heraus formuliert: zum einen in der Außensicht sprachpolitischer Abwehr des Fremden (minoritäre Perspektive), zum anderen in der Binnensicht der sprachpolitischen Integration von Differenz (majoritäre Perspektive).

---

1 Die folgenden Ausführungen beziehen sich auf eine Interpretation, die H.H. Reich anlässlich des zitierten Aufsatzes gesprächsweise geäußert hat, nämlich: die Geschichte der Zweisprachigkeit könne sich darstellen als eine *Serie* von unter diesem Nenner laufenden, aber in der Essenz unterschiedlichen Projekten. Es ist mein Bestreben, demgegenüber die geschichtliche *Einheit* des Themas zu betonen – ein Versuch, der an dieser Stelle mit entsprechendem Abstraktionsgrad und ohne Belege auskommen muss.

Wie der Blick auf diese Anfänge zeigt, beziehen beide Optiken ihren jeweils axiomatischen Geltungsanspruch nicht zuletzt daraus, dass sie Schaden bzw. Nutzen vorrangig *nicht* dort ansiedeln, wo die für das Thema Anlass gebenden Interessen zu Hause sind: in der Sphäre der Ethno- und Sprachpolitik. Vielmehr verlagert sich das legitimatorische Gewicht der Sache strukturell dauerhaft in die Sphäre der *Psycholinguistik*. Schon im Augenblick der ersten Thematisierung von Zweisprachigkeit nehmen Schaden wie Nutzen den Charakter eines gezielt das Individuum betreffenden anthropologischen Universalismus an. Durch diese *Wanderung* des argumentativen *Schwerpunkts* wird das Thema geschichtlich generiert. Sie endet konsequent auf dem zentralen Schauplatz: in der Sphäre der ebenfalls schon im Anfangszeitraum konzipierten „Zweisprachigen Schule", deren eigentliche, ethno- und sprachpolitische Begründung von vornherein überlagert wird durch das für Pädagogik und Didaktik anstehende Programm, die Vorgaben des anthropologisch-psycholinguistischen Paradigmas umzusetzen. In der Erfindung des Begriffs ‚Zweisprachigkeit' kulminierend findet so eine suggestive *Ontologisierung* der im Bereich interkulturellen Sprachenlernens konstitutiven Grundbegriffe statt. Sie geschieht vor dem Hintergrund der faktischen *Ethnisierung* der gesellschaftlichen Sprachenlernprojekte, ihrer Verkürzung auf dualistische Beziehungen, entsprechend der dichotomisierenden Anlage moderner nationalstaatlicher Interessen- und Konfliktlagen. Ethnisierung und Ontologisierung erweisen sich dabei als zusammengehörig in einem Verhältnis negativer Arbeitsteilung. In ihrem Zeichen organisiert sich um die Achse der dichotomischen Grundfigur „zweier Sprachen" herum die strukturelle Disponibilität der Sache: Jederzeit abrufbar, je nach Bedarf axiomatisch besetzbar, macht die objektivistische Autorität des psychologischen Vordergrundthemas es möglich, den Perspektivismus des basalen ethno- und sprachpolitischen Hintergrundthemas nach Belieben zurück- oder hervortreten zu lassen. Damit aber gerät die geschichtlich breiter angelegte Gesamtthematik tendenziell aus dem Blick.

Demgegenüber wird hier darauf abgestellt, die geschichtliche Einheit des Themas von der Durchgängigkeit einer Denkfigur her sichtbar zu machen, deren eigentümliche (Dys-)Funktionalität noch in ihren aktuellen Erscheinungsformen erhalten bleibt. Die Frage nach einer solchen geschichtlichen Einheit ist umso weniger akademisch, als interkulturelle Pädagogik und Didaktik ja ausgerechnet im Zeichen der Zweisprachigkeit gegenwärtig den Versuch machen, aus der Geschichte dieses Themas *auszuwandern*. Mehr oder minder rein alltagstheoretisch wird die Tragfähigkeit des Begriffs für einen positiven Neuansatz der Zweisprachigen Schule aus nunmehr ‚minoritärer' Perspektive unterstellt, aber Geschichte nur als Kontinuität, und zwar *ex negativo*, für den monolingualen Habitus der majoritären Gegenseite veranschlagt. Gegenläufig zu dieser Selbstpositionierung in der Diskontinuität ist hier auf die dialektische

Kontinuität der schon mit der Semantik der Zweisprachigkeit[2] transportierten und reproduzierten Problematik aufmerksam zu machen.

Schlicht strukturiert wie sie ist, suggeriert die dichotomische Grundfigur des Bilingualismus nämlich *Eindeutigkeit*, während sie de facto das Angebot der *Ausdeutbarkeit* enthält, mithin in eine Vielzahl möglicher Deutungen einmünden kann. Diese Vieldeutigkeit ist nun allein in der historischen Dimension, genauer in den wechselnden Konstellationen der – wie immer: explizit oder latent – ethno- und sprachpolitischen Rezeptionsgeschichte des Themas aufzuklären, bezogen auf die deutsche Geschichte in der Sequenz: Preußen nach 1815, Kaiserreich, Weimarer Republik, Drittes Reich, Bundesrepublik. Folgt man der interkulturellen Selbstkonstruktion, dann wäre diese Sequenz homogen genug, um einen bis heute nachwirkenden Prozess der Monolingualisierung sichtbar werden zu lassen, von dem das aktuelle bilinguale Sprachenlernprojekt abgekoppelt werden kann. Sie wäre *nicht* homogen genug, um die strukturelle Vieldeutigkeit des Themas Zweisprachigkeit bis in die Gegenwart hinein fortwirken zu lassen. Vergleichbarkeit und Übertragbarkeit von Modellen, das ist eine wichtige Konsequenz dieser Sicht, stellen sich also eigentlich nur auf der Ebene der Synchronie her, kritisch gesagt: letztlich im Bannkreis der Ontologisierungstradition des Themas, aus der heraus die Zugehörigkeit des eigenen interkulturellen Paradigmas zur Geschichte der Ethnisierung nicht thematisch zu werden braucht.

Will man eine alternative Wahrnehmung stützen, also den gängigen begriffsrealistischen Umgang mit Zweisprachigkeit dekonstruieren, wird man sich die – hier für die letzten 200 Jahre als durchgängig unterstellte – Wirksamkeit dieser Denkfigur in drastischen Bildern vergegenwärtigen müssen. Im Hinblick auf seine spezifische Disponibiliät für unterschiedliche interkulturelle Sprachspiele trägt der Begriff Zweisprachigkeit dann die Züge eines *Jokers*. Jedoch führt die ausdeutbare Präsenz, die diskurs- und disziplinengeschichtliche Wanderung dieser Figur eben nicht auf ein Szenario der Beliebigkeit. Vielmehr funktioniert die dichotomische Grundstruktur des Themas mit den ihr assoziierten Parametern der Bewertung und Parteinahme zugleich immer auch als *Kippfigur*. Entschieden wird ja über Schaden *oder* Nutzen, majoritäre *oder* minoritäre Perspektive, mithin im Rahmen eines dualistisch organisierten eingeschränkten Repertoires. Dessen Überschaubarkeit aber steht im denkbar größten Widerspruch zur Streubreite der Wirkungen, die von der jeweiligen Kombination der Ja-Nein-Entscheidungen ausgehen.

So gesehen konstituiert sich die geschichtliche Einheit des Themas ‚Zweisprachigkeit' einerseits dadurch, dass im Namen dieses Begriffs zweifellos Geschichte gemacht worden ist und andererseits dadurch, dass diesem Begriff auch seinerseits

---

2 Auf der Ebene der Wortgeschichte ist der Begriff von Anfang an präsent, taucht auch als Abstraktum schon im 19. Jahrhundert auf, wird aber in dieser Form erst im 20. Jahrhundert üblich: Indiz auf die nunmehr erreichte diskurs- und disziplinengeschichtliche Öffentlichkeit des Themas.

Geschichte eingeschrieben worden ist: Auf der Ebene der argumentativen Grundstruktur hat das Thema Zweisprachigkeit, wenn man den ganzen Zeitraum seiner Wirksamkeit überblickt, eine bestimmte (nicht autonome, aber eigene) *Entwicklung* erfahren.

Der Stellenwert heutigen Redens über Bilingualität wird genauer bestimmbar in dem Maße, wie diese Entwicklung vor Augen gebracht werden kann. In ihr drücken sich, dahin geht die hier vertretene These, sowohl großräumige Konjunkturen der ethno- und sprachpolitischen Interessenbildung als auch längerfristige Modifikationen der Organisation interkulturellen Wissens aus – abzulesen in übergreifenden Paradigmenwechseln, denen die *Kombinatorik* der mit dem Begriff assoziierten themenspezifischen Parameter untersteht. Konzentriert man sich auf die Linie der preußisch-deutschen Geschichte, dann lässt sich für die Karriere des Themas Zweisprachigkeit im 19. Jahrhundert summarisch sagen, dass die (stellvertretend für die minoritäre Seite mit formulierte) *majoritäre* Perspektive dominant gewesen ist. Sie hat sich von der Ausgangssituation her verbunden mit dem Alltagsaxiom vom *Nutzen* des Bilingualismus, doch ist dieses Axiom nicht dahin gedrängt worden, sich zu einer förmlichen psychologischen Theorie zu entfalten, sondern hat seine Wirkung unmittelbar im Bereich pädagogisch-didaktischer Handlungsstrategien ausgeübt. Während der legitimatorische Schwerpunkt des Bilingualisierungsprogramms heute auf seiner Wissenschaftlichkeit liegt, haben damals die ethno- und sprachpolitischen Veranlassungen dieses Programms erst noch in Pädagogik und Didaktik eingearbeitet werden müssen. Die Vergleichbarkeit der beiden Situationen ist insofern gegeben, als sich das innerbetriebliche Konzept heutiger Interkulturalität ja auf dieselben anthropologischen Basisbegriffe (Zweisprachigkeit, Muttersprache usw.) gründet wie seinerzeit die so genannte „Zweisprachige (utraquistische) Schule". Aber die Begründungskontexte sind eben doch sehr verschieden. Als entscheidende und augenfällige Veränderung drängt sich der Wechsel der *Perspektive* auf, die heute ganz auf die *minoritären* Interessen bezogen ist (und die majoritäre gleichsam mit formuliert).

Sprachspiele der Zweisprachigkeit

Es liegt nahe, diesen paradigmatischen Übergang von der majoritären zur minoritären Wahrnehmung der Zweisprachigkeit letztlich dem wissenschaftlichen Fortschritt gutzuschreiben – dem gleichen Fortschritt, der eigentlich auch die Alltagsrede vom Schaden obsolet gemacht haben sollte gegenüber der profunden Theorie vom Nutzen. In der Tat sind beide Grundmotive in der interkulturellen Rede vom *minoritären Nutzen* der Zweisprachigkeit zusammengeführt und zurückgebunden an die zunehmende Verwissenschaftlichung des Themas. Neben der revitalisierten Abgrenzungstradition und diametral gegenläufig zu ihr ist dies der andere Erfahrungsstrang aktueller Thematisierungsgeschichte – legitimatorischer Anhalt pädagogisch-didaktischer Interkulturalität auch deshalb, weil das Wissen über Bilingualität nunmehr interdisziplinär gebündelt als abrufbares Ganzes auftritt. Das so geartete wissenschaftliche Großprojekt „Bilingualism" ist freilich, wenn man genauer hinsieht, ein Komplex von Sprachspielen, in deren Arbeitsteilung am Ende gerade die von der Genese des Themas her bekannten Züge durchschlagen.

Seltsam widersprüchlich zwischen Ontologisierung und Deontologisierung ausgespannt zeigt sich auf dieser Entwicklungsstufe zumal die Figuration des Leitbegriffs selbst. Einerseits ist der *psycholinguistische* Charakter des thematischen Kernbereichs von Zweisprachigkeit nunmehr wissenschaftstheoretisch festgeschrieben: Als ontologisch stabile Größe wird diese Fokussierung samt ihrem positiven Generalnenner nicht nur in den Anwendungskontexten des Bildungssystems theoretisch unterstellt und praktisch beansprucht. Sie wird auch im Sektor soziolinguistisch-sprachsoziologischer Forschung ohne die sonst dort übliche distanzierte Umgehensweise mit ideologisch befrachteten Begriffen schlicht unterlegt. Andererseits hat sich das von der Zweisprachigkeit ausgehende psycholinguistische Interesse an Phänomenen individueller Plurilingualität nur entfalten können im Zug einer Öffnung der dualistischen Grundfigur. Aber bezeichnenderweise führt der definitorische Verzicht auf Perfektion und überhaupt zahlenmäßige Begrenzung der am „Bilingualism" beteiligten Sprachen eben nicht konsequent auch zur Preisgabe dieses Terminus, der vielmehr bequem stehen bleiben darf für den ganzen dergestalt ausgedehnten Forschungskomplex. Für die begriffsrealistischen Praxen des interkulturellen Betriebs kommen aus dieser Entwicklung mithin alles andere als Impulse der Deontologisierung.

Aber auch die Problemgeschichte des basalen Ethnizismus der Zweisprachigkeit wird im Rahmen des so abgestützten interdisziplinären Großprojekts Bilingualism weder überwunden noch überhaupt angemessen wahrgenommen. Vielmehr befördert die in der individuellen Dimension widersprüchlich fortgesetzte Ontologisierung des Begriffs auch in der kollektiven Dimension des Themas einen Widerspruch auf neuer Stufe: Wissenschaftlicher Umgang mit Zweisprachigkeit bedeutet nunmehr einerseits *De-Ethnisierung*, entschiedene Abkoppelung sowohl des pädagogisch-didaktischen Handlungsbezirks wie des gesamten Forschungsspektrums von direkten Vorgaben einer wie immer gearteten – im übrigen explizit gar nicht existenten – staatsgesellschaftlichen Ethno- und Sprachpolitik. Andererseits lässt gerade diese im Vergleich zum 19. Jahrhundert gewonnene methodologische Unabhängigkeit außerwissenschaftliche Optionen zu, die sich durchaus auf der thematischen Linie der *Re-Ethnisierung* bewegen – nur jetzt (auch wissenschaftlich begründbar) vorzugsweise in Richtung minoritärer Parteinahme (*für* Ethnizität, bedrohte Sprachen usw.). Im Ergebnis finden diese beiden gegensätzlichen Trends im Spektrum der dem Großprojekt Bilingualism subsumierbaren Fallbeispiele ununterscheidbar zusammen: Sie beliefern das ontologisierte Thema (einen sozusagen dekontextualisierten Grundtext) auf der Ebene seiner expansiven Geltungsansprüche mit einer beliebig erweiterbaren Menge geschichtlich *neutralisierter* ethnisch-kultureller Kontexte.

Diese arbeitsteiligen Sprachspiele entwickelter Wissenschaftlichkeit bestimmen das vorderhand letzte Kapitel der Wanderungsgeschichte des Themas. Es enthält zweifellos einen Fortschritt, doch der wird nicht so sehr im Sinn der Auflösung als vielmehr der Ausdifferenzierung vorstrukturierter Widersprüchlichkeit fassbar. Nimmt man diesen Fortschritt vom 19. Jahrhundert her in den Blick, dann führt er eben *nicht* geradlinig vom majoritären zum minoritären Paradigma, sondern konkretisiert sich in einem mittleren, die ersten beiden Drittel des 20. Jahrhunderts umfassenden Kapitel der *Passage*. Komplizierte Sprachspiele sind zu rekonstruieren, in denen der Wechsel *aller* Parameter durchbuchstabiert worden ist, und in denen sich die Linien traditioneller Alltagstheorie und ausgreifender Verwissenschaftlichung, von heute her gesehen, paradox überkreuzt haben – präzis der Entwicklungszusammenhang für die konträre Anlage gegenwärtigen Redens über Zweisprachigkeit.

Dem steht nicht entgegen, dass die heute wieder virulente majoritäre Alltagsrede vom Schaden schon bei der Genese des Themas im frühen 19. Jahrhundert ausgebildet worden ist: im Rahmen des sich erst institutionalisierenden *Nation-building* (der noch unfertigen Majorisierung, wenn man so will) als Ausdruck der nach außen gekehrten Angst vor der eigenen (sprachlichen) Minorisierung. Das Thema Zweisprachigkeit kommt an dieser strukturgeschichtlichen Stelle, ohne dass der Widerspruch zum majoritären Mainstream explizit würde, als Kippfigur ins Bild. Wir werden darauf aufmerksam gemacht, wie diese Kippfigur grundsätzlich funktioniert, nämlich nicht nur als einprogrammierte Möglichkeit zum förmlichen Perspektiven*wechsel*, sondern auch so, dass majoritäre und minoritäre Sicht als zwei *Seiten desselben* Interesses entwickelt werden können. Dennoch bleibt es für das 19. Jahrhundert im preußisch-deutschen Fall bei der Dominanz der nationalstaatlich entwickelten, linear majoritären Perspektive, und erst im Übergang zum 20. Jahrhundert, angesichts des Scheiterns der Zweisprachigen Schule, entwickelt sich auch das Thema Zweisprachigkeit weiter. Wie an dieser Stelle der majoritäre Perspektivismus strukturell komplizierter wird und mit einer je nach Innen- oder Außenrichtung *umkehrbaren* Axiomatik des Schadens oder Nutzens zu operieren lernt, ist historisch rekonstruiert worden. Doch das ist bereits Teilstück einer sehr viel weiter gehenden, seit Anfang des 20. Jahrhunderts greifenden und langfristig wirksamen themengeschichtlichen *Zäsur*, die zunächst an der Oberfläche klare Verhältnisse herstellt, indem sie die bis dahin gültigen Akzente umpolt.

Zwei einschneidende Entwicklungen erfährt das Thema jetzt in seinen Parametern. Erstens wird die Dominanz der majoritären Perspektive durch den rhetorischen Primat der *minoritären* Perspektive abgelöst. Zweitens tritt an die Stelle des bisher herrschenden Axioms vom Nutzen der Zweisprachigkeit die Rede von ihrem *Schaden*. Beide Modifikationen gehören zusammen und sind unmittelbar zurückzuführen auf die von den kleineren Nationalitäten in den nationalen Homogenisierungsprozessen des 19. Jahrhunderts gemachten *schlechten* Erfahrungen mit aufgedrungener Zweisprachigkeit. Dass dieses aus majoritärer Sicht bis dahin positiv besetzte Thema als *solches* attraktiv genug ist, um mit umgekehrter Logik negativ akzentuiert und in die minoritäre Optik hineingedreht zu werden, spricht für seine strukturelle ,Wanderungsfähigkeit'. Damit installiert sich ein Paradigma, das nicht nur in allen Punkten diametral zum Mainstream des 19. Jahrhunderts steht, sondern *in puncto* Bewertung der Bilingualität auch vom aktuellen Diskussionsstand abweicht, obwohl es ihn zugleich mit seiner neu erworbenen Beweglichkeit ebenso nachhaltig wie fragwürdig bestimmen wird. Schon auf den ersten Blick muss irritieren, dass das ab 1900 installierte Paradigma der minoritären Pathologisierung von Zweisprachigkeit sich ausgerechnet auf die Schiene der *Verwissenschaftlichung* des Themas setzt und damit genau in Richtung des heutigen – nunmehr wieder positiv akzentuierten – minoritären Paradigmas bewegt. In der Tat wäre eine so radikale Umpolung der Bewertung und Parteinahme wie die nach 1900 nicht möglich gewesen ohne die paradigmatische Installation der Denkfigur Bilingualität auf einer *Metaebene*, von der aus sich das Thema in synoptischer Sicht entfalten und der Umgang mit seinen Parametern als grundsätzlich steuerbar handhaben lässt. Dergestalt hinauf wandernd auf die Ebene der Theoriebildung, gewinnt der Titelbegriff „Zweisprachigkeit" *(bilinguisme, bilingualism)* jetzt erstmals terminologische Stabilität und fungiert als Klammerbegriff für die äußere *Verselbständigung* des Themas – nicht von ungefähr im Rahmen einer sich zunehmend internationalisierenden und interdisziplinär ausgreifenden Diskursgeschichte. Sieht man genauer hin, gibt freilich die Vielfalt und Gegenläufigkeit der auf dieser Ebene installierten Sprachspiele Anlass zu größtem Zweifel an der Tragfähigkeit des Themas, an der Verlässlichkeit der mit ihm assoziierbaren Orientierungen.

Das gilt sowohl für die Axiomatik des Nutzens und Schadens an und für sich wie für den hinter ihr stehenden, aber für sie nicht offen aufkommenden ethno- und sprachpolitischen Perspektivismus. Was die axiomatische Bewertung der Zweisprachigkeit angeht, so erlangt sie jetzt einen neuen theoretischen Status durch Inkorporation ins System der *pädagogischen Psychologie*. In diesem Sprachspiel wird psycholinguistische Neugier durchaus auch zur Untersuchung von Phänomenen angeregt, die vorderhand mit dem Mainstream nur den Titel gemeinsam haben – prominent die Erkenntnis von der keinesfalls schädlichen, eher nützlichen bilingualen Sozialisation im elitären verschiedensprachigen Elternhaus. Aber wiederum bleibt für Jahrzehnte beherrschend eben doch die ethno- und sprachpolitisch motivierte These vom individuellen *Schaden* der Zweisprachigkeit. Da ihre Vertreter behaupten können, sie aus der prinzipiell möglich gewordenen *Abwägung* zwischen Schaden und Nutzen hergeleitet zu haben, erhält sie weitgehend ungeprüft wissenschaftlichen Rang, und das wirft Schatten voraus auch auf die heute wissenschaftlich gültige Umkehrthese vom individuellen Nutzen. Befähigt sie wirklich dazu, die typologische und geschichtliche Unterschiedlichkeit der für sie einschlägigen Fallbeispiele und Modelle zu sortieren?

Auch die minoritäre Option ihrerseits ist als solche schwerlich geeignet, die kognitive Organisation des von ihr handlungsstrategisch unterlegten Wissens über Zweisprachigkeit zu leisten. Schon allein deshalb nicht, weil der im 20. Jahrhundert ausgebildete minoritär-majoritäre Perspektivismus ja eindeutige Zuordnungen eher vernebelt und in jedem Einzelfall aufklärungsbedürftig ist – auch für das geschichtliche Mischungsverhältnis der Perspektiven im heutigen interkulturellen Sprachspiel. So können denn die hier eingesetzten Begriffe ‚majoritär' und ‚minoritär' letztlich nicht mehr sein als Hilfskategorien, um divergente ethno- und sprachpolitische Handlungsinteressen festzuhalten. Interessen, die dazu tendieren, sich selber nicht auf den Begriff zu bringen, die aber gleichwohl – gewollt oder ungewollt – auf die Ethnisierung sprachlicher Verhältnisse abstellen und dafür den (wanderungsgeschichtlich eingefahrenen) Umweg über die Ontologisierung des psychologisch-pädagogischen Instrumentariums nehmen. Unter dem Dach der minoritären Pathologisierung (heute: Normalisierung) von Zweisprachigkeit sammeln sich daher in den 1920er Jahren nicht von ungefähr psycholinguistische Betroffenheiten heterogener Art – aus den Geschichten alter und neuer Minorisierung, aus Erfahrungen des Kippens majoritärer in minoritäre Interessenlagen (Deutschland nach 1918) und umgekehrt (*Nation-building* vormaliger ‚Nationalitäten') oder einfach aus mehrsprachigen Staatsgebilden. Der in diesen Gemengelagen wirksame Perspektivismus liefert durchaus Anstöße zu seiner theoriegeleiteten Verarbeitung, aber am Ende kommen sie ersichtlich nicht so sehr dem analytischen und pluralistischen Umgang mit Komplexität als vielmehr der erneuerten *Dichotomisierung* der Verhältnisse zugute: Unter politisch zivilisierten Bedingungen haben sich zwar Praxen der Gegenseitigkeit etabliert, jedoch nur, um das Modell der Zweisprachigen Schule wieder aufleben zu lassen, und ausgerechnet im NS-System ist unter rassentheoretischem Vorzeichen das Axiom vom Nutzen der Zweisprachigkeit (eingeschränkt auf die Mitglieder des eigenen ‚Volkskörpers' im Ausland) elaboriert worden.

Dem heutigen Programm „Bilingualität für das jeweils einzelne Migrantenkind" fällt also aus den Sprachspielen der Passage, die das Thema Zweisprachigkeit durch das 20. Jahrhundert genommen hat, eine recht ungeordnete, historisch noch weitgehend ungeklärte ethno- und sprachpolitische Erbschaft zu. Die Lage wird nicht übersichtlicher dadurch, dass der Umgang mit dem Thema auf der gegenwärtigen Stufe seiner Wanderungsgeschichte endlich mit eindeutig guten Absichten angekommen ist. Gewiss, im Rahmen des wissenschaftlichen Großprojekts Bilingualism imponiert der pädagogisch-didaktische Ansatz des interkulturellen Sprachspiels durch die Geradlinigkeit seiner Handlungsimpulse. Aber der Versuch, Zweisprachigkeit für quantitativ erhebliche Populationen aufgrund spezieller Programme einfach *herzustellen*, setzt sich auch umso größeren Risiken aus. In dem Maße, in dem dieser Versuch auf die Tragfähigkeit der Denkfigur Zweisprachigkeit setzt, schreibt er die schulische, lebensweltliche und gesellschaftliche Ontologisierung und Ethnisierung von Kategorien wie Muttersprache fort, ohne in einen offenen ethno- und sprachpolitischen Diskurs über die Aushandlung majoritär-minoritärer Interessen eintreten zu müssen. Das drängt zum Vergleich mit dem preußisch-deutschen Institut der Zweisprachigen (utraquistischen) Schule des 19. Jahrhunderts, das ebenfalls voll liberalem Elan auf die

Produktion von Bilingualität abgezielt hat, jedoch im Ergebnis an sich selbst gescheitert ist.

Im 20. Jahrhundert sind es die Sprachspiele einer expansiven Thematisierung, die der Denkfigur Zweisprachigkeit von außen her, aber ohne ihren Gebrauchswert zu erschüttern, durch Destabilisierung ihrer Parameter das theoretische Fundament entzogen haben. Im 19. Jahrhundert lässt die Geschichte der Zweisprachigen Schule bereits in den gleichen, aber von *innen* her beobachtbaren (und ebenso wenig lehrreich gewordenen) Prozess hineinsehen. Hat sich die ursprünglich liberale Anlage dieses Instituts doch während seiner 100jährigen Geschichte im Zeichen zunehmend verschärfter ethno- und sprachpolitischer Homogenisierungsprogramme ins reine assimilatorische *Gegenteil* verkehrt (eine Entwicklung, die durch die Umsetzung im pädagogisch-didaktischen Betrieb zum größeren Teil gefördert, zum kleineren gebremst, jedenfalls gespiegelt wird). Worauf es hier ankommt: Das Scheitern dieser Schulform ist kausal nicht ablösbar von der schon bei ihrer *Gründung* gestellten Aufgabe, für Populationen mit anderer Sprache eine derart uneindeutige Sache wie den eindeutigen Status der Zweisprachigkeit (den „Besitz zweier Sprachen") herzustellen. Nichts spricht dafür, dass die gleiche Aufgabe heute widerspruchsfrei zu lösen sein könnte, im Gegenteil. Damals hat sie sich wenigstens noch offen mit jenem vieldeutigen Arbeitsbegriff verbunden, der heute zumindest hierzulande in die Latenz abgewandert ist: dem des *Übergangs*. Während der Titel „Zweisprachige Schule" durch die ganze Wendegeschichte des Instituts hindurch stabil geblieben ist (und so in seiner Brüchigkeit im Nachhinein manifest werden kann), bildet sich in der von Anfang an präsenten operationalen Verschiebbarkeit der Semantik des Übergangs die ganze Karriere des Scheiterns ab: Einerseits einsetzbar auf der Ebene pädagogisch-didaktisch behutsamer *Einführung* in die andere Sprache, steht der Begriff andererseits auf individueller wie kollektiver Ebene für einen umfassenden *Sprachwechsel*.

Gerade dieses Exempel wird nun nicht im Sinn einer belasteten ‚Vorgeschichte' zu lesen sein, sondern im Hinblick auf die geschichtliche *Vorbelastung*, die – im Thema selbst angelegt – durch seine Wanderungsgeschichte weiter transportiert und ausgebaut worden ist, und die im interkulturellen Sprachspiel ohne kritischen historischen Rekurs nicht hintergehbar wird.

Schlussbemerkung

An dieser Stelle fragt man sich in der Tat, ob die systematische Herstellung von „Zweisprachigkeit" nicht auf das Papier zweisprachiger Texte beschränkt werden sollte, weil sie zuviel potenzielle Gewaltsamkeit und Unkalkulierbarkeit enthält. Es schiene mir durchaus in der Logik der „enrichment philosophy of bilingual education" selbst zu liegen, wenn die weit ausgespannte Programmatik interkultureller Bildung sich künftig vom eng geführten Programm „zweisprachiger Erziehung" lösen könnte

– umso mehr, als dieses ohnehin von „two (or more) media of instruction“ ausgeht (FISHMAN [1979] 1989, S. 447). Nur, es reicht eben nicht aus, diese Erweiterung in den alten Termini zu betreiben, weil sie der Kreativität von vornherein Grenzen setzen. Um das Paradigma der Zweisprachigkeit zu transzendieren, bedarf es auch eines neuen Ansatzes. Er ist in Richtung auf gesellschaftliche Bedingungen und individuelle Kompetenzen der „Quersprachigkeit“ (LIST/LIST 2004) vorstellbar.

Literatur

FISHMAN, J.A. ([1979] 1989): Philosophies of bilingual education in societal perspective. In: Fishman, J.A. (ed.): Language and Ethnicity in Minority Sociolinguistic Perspective. – Clevedon, S. 439–451.

HOHMANN, M. (1989): Interkulturelle Erziehung – eine Chance für Europa? In: Hohmann, M. /Reich, H.H. (Hg.): Ein Europa für Mehrheiten und Minderheiten. Diskussionen um interkulturelle Erziehung. – Münster, S. 1–32.

LIST, G. (2003): „Zweisprachigkeit“ als interkulturelles Konstrukt. Zur Geschichte einer zwiespältigen Komplexitätsreduktion. In: Gogolin, I./Helmchen, J./Lutz, H./Schmidt, G. (Hg.): Pluralismus unausweichlich? Blickwechsel zwischen Vergleichender und Interkultureller Pädagogik. – Münster, S. 33–57.

LIST, G. /LIST, G. (2004): Sprachliche Heterogenität, „Quersprachigkeit” und sprachliches Lernen. In: Quetz, J./Solmecke, G. (Hg.): Brücken schlagen: Fächer – Sprachen – Institutionen. Dokumentation zum 20. Kongress für Fremdsprachendidaktik, veranstaltet von der DGFF. Frankfurt a. M., 1.–4.10. 2003. – Berlin, S. 89–104.

Wilfried Stölting

Staatliche Sprachenpolitik und politische Gegenwehr – der Fall des ‚Sprachtests' für Spätaussiedler

Hans Reich gehört zu den Fachleuten in der Spracharbeit mit zugewanderten Minderheiten, die deren Sprachlichkeit nicht auf den deutschen Anteil reduzieren und deshalb auch unmittelbar auf die sprachenpolitischen Verhältnisse und Überzeugungen in der Bundesrepublik Deutschland einwirken. Auch schließt seine Perspektive die Zuwanderinnen und Zuwanderer aus der ehemaligen Sowjetunion ein – keine Selbstverständlichkeit für die westdeutsche Generation, die mit und an der Arbeitsmigration aus den Mittelmeerländern beruflich sozialisiert wurde. ‚Gleichstämmige' Zuwanderer aus der Gemeinschaft Unabhängiger Staaten (GUS) finden sich in Israel, in Griechenland und eben auch in Deutschland – die (‚Spät'-)Aussiedler.

BADE/REICH (1999) weisen in der Einleitung des von ihnen herausgegebenen Bandes zur Migrations- und Integrationspolitik in prägnanten Formulierungen auf die Spezifika dieser Zuwanderergruppe hin. Die Zuwanderung ‚Gleichstämmiger' ist schwerer steuerbar als andere Typen der Migration: Das ihnen einmal gewährte Zuwanderungsrecht lässt sich nicht einfach aufheben wie im Falle der Arbeitsmigration mit dem Anwerbestopp. Die gleiche Abstammung muss rechtlich operationalisiert werden. Die dadurch ausgelöste politische und rechtliche Ethnisierung der Zuwanderung verstärkt in der Aufnahmegesellschaft die Erwartung, die Zugewanderten ließen sich leicht assimilieren. Einen Einblick in die rechtlichen und organisatorischen Probleme der Bundesrepublik Deutschland mit dieser Zuwanderung geben die Publikationen von SILAGI (2001); KIND/NIEMEIER (2002) und PETERS (2003). Im Rahmen der von den Russlanddeutschen zu durchlaufenden Anerkennungsprozedur ist die Frage der Beherrschung der deutschen Sprache ein entscheidendes Moment. Im Folgenden werden zuerst Argumente und Beispiele aus der Praxis vorgetragen, um zu zeigen, mit welchen Schwierigkeiten die Erhebung und Niveaubestimmung der von den Russlanddeutschen ‚mitzubringenden' Deutschkenntnisse verbunden und vor allem wie problematisch die hierzu angewendeten Verfahren sind. In einem zweiten Schritt geht es um die Möglichkeiten und die Notwendigkeit der Intervention seitens der Fachwissenschaft.

Zu den rechtlichen Grundlagen

Die rechtliche Grundlage für die heutigen Spätaussiedler aus der früheren Sowjetunion steht in der Kontinuität des 1953 für die aus den ehemals deutschen Gebieten Vertriebenen und Geflüchteten geschaffenen Bundesvertriebenen- und -flüchtlingsgesetzes (BVFG), mit späterer Erweiterung des Vertreibungsbegriffs auf Auslandsdeutsche mit einem ‚Kriegsfolgenschicksal'. Zwischen 1950 und 2003 sind ca. 4.4 Millionen ‚Heimatvertriebene' (aus den ehemals deutschen Gebieten), ‚Aussiedler' (aus den ost- und südosteuropäischen Staaten bis 1992) und ‚Spätaussiedler' (ab 1993) in die Bundesrepublik Deutschland gekommen, davon aus der Sowjetunion bzw. der GUS ca. 2.2 Millionen mehrheitlich seit 1990, in 2003 immer noch ca. 72 Tausend. Die gesellschaftliche und politische Auseinandersetzung über die Fortführung der Aussiedlung begleitet uns seit den 1990er Jahren. In ihrer Folge wurde das BVFG weiter entwickelt: ab 1993 geändert durch das Kriegsfolgenbereinigungsgesetz, welches nur noch für die Russlanddeutschen ein kollektives Kriegsfolgenschicksal unterstellt und den Erwerb des Spätaussiedlerstatus auf bis 2002 Geborene begrenzt; sodann geändert durch das Spätaussiedlerstatusgesetz, das die Voraussetzungen für diesen Status neu fasst. Das BVFG unterscheidet zwischen Spätaussiedlern (§ 4), deren Abkömmlingen und Ehegatten (§ 7) sowie übrigen Familienangehörigen, die ihren Ausländerstatus behalten (§ 8). Das für die Durchführung des Aufnahmeverfahrens zuständige Bundesverwaltungsamt (BVA) ist weiterhin mit einem Antragsvolumen von mehreren Hunderttausend pro Jahr belastet, das für Widerspruchsverfahren gegen eine Ablehnung zentral zuständige Verwaltungsgericht in Köln mit jährlich Tausenden von Fällen. Für diesen Massenprozess wurden formale Verfahren zur Prüfung der von Russlanddeutschen beanspruchten deutsch-ethnischen Zugehörigkeit (‚deutsches Volkstum') entwickelt.

Die Voraussetzungen für die Anerkennung nach § 4 BVFG – von der alle übrigen Familienmitglieder abhängen – und ihre Prüfung ergeben sich aus dem folgenden Beispiel: Tausende von Russlanddeutschen erhalten in diesen Jahren Post vom Bundesverwaltungsamt (BVA) – Aufnahmebescheide, aber auch Ablehnungen nach dem folgendem Muster[1].

1 Auszüge aus dem Ablehnungsbescheid versehe ich mit Zwischenüberschriften in Kursivdruck.

Betreff: Aufnahme von Deutschen nach dem Bundesvertriebenengesetz
Entscheidung über den Antrag: Ihr Aufnahmeantrag, eingegangen am [viereinhalb Jahre zuvor], wird abgelehnt.
Begründung der Entscheidung/Voraussetzung für die Aufnahme: Wer Anerkennung als Spätaussiedler finden will, muss deutscher Volkszugehöriger sein.
Definition von Volkszugehörigkeit: Derjenige, der nach dem 31.12. 1923 geboren wurde, ist deutscher Volkszugehöriger, wenn er von einem deutschen Staatsangehörigen oder deutschen Volkszugehörigen abstammt und sich bis zum Verlassen der Aussiedlungsgebiete durch eine entsprechende Nationalitätserklärung oder auf vergleichbare Weise nur zum deutschen Volkstum bekannt oder nach dem Recht des Herkunftsstaates zur deutschen Nationalität gehört hat.
Bestätigungsmerkmal: Das Bekenntnis zum deutschen Volkstum oder die rechtliche Zuordnung zur deutschen Nationalität muss bestätigt werden durch die familiäre Vermittlung der deutschen Sprache.
Operationalisierung des Merkmals: [...] die familiäre Vermittlung der deutschen Sprache ist gem. Abs. 2 Satz 3 BVFG nur festgestellt, wenn der Antragsteller im Zeitpunkt der Aussiedlung aufgrund dieser Vermittlung zumindest ein einfaches Gespräch auf Deutsch führen kann.
Prüfergebnis für das Merkmal: Ihre deutschen Sprachkenntnisse wurden im Rahmen einer Anhörung in [...] überprüft. Hierbei wurde festgestellt, dass Sie nur über unzureichende deutsche Sprachkenntnisse verfügen, die für ein einfaches Gespräch keineswegs ausreichen.
Folgerung für das Merkmal: Von einer ausreichenden familiären Vermittlung der deutschen Sprache im Elternhaus kann damit nicht ausgegangen werden.
Folgerung für die Volkszugehörigkeit und dadurch für den Antrag: Aus den dargelegten Gründen sind Sie keine deutsche Volkszugehörige im Sinne des § 6 Abs. 2 BVFG und können daher keine Aufnahme als Spätaussiedler im Bundesgebiet finden.
Rechtsbehelfsbelehrung: Gegen diesen Bescheid des Bundesverwaltungsamtes kann innerhalb eines Monats nach Bekanntgabe Widerspruch erhoben werden.

Mit dem Protokoll der Anhörung zum Bestätigungsmerkmal (‚Sprachtest') hat das BVA ein Entscheidungsinstrument in der Hand, dessen praktische Bedeutung sich auch aus der folgenden Formulierung in den Ablehnungsbescheiden des BVA ergibt:

> „Ob Sie das Erfordernis der deutschen Abstammung erfüllen und ob Sie sich von der Ausstellung Ihres ersten Inlandspasses durchgängig bis heute zur deutschen Nationalität erklärt haben, kann dahinstehen, da Ihnen die deutsche Sprache nicht innerhalb der Familie vermittelt wurde."

‚Sprachtest' als migrationssteuerndes Instrument

Hier ist eine dieser Rechtskonstruktionen geschaffen worden, die ungeachtet vorliegender Nationalitätenerklärungen und Abstammungsnachweise durch die Bestimmung der „deutschen Volkszugehörigkeit" über das Kriterium der familialen Deutschvermittlung und dessen Operationalisierung durch ein ‚einfaches Gespräch' zu einem Zeitpunkt, der Jahrzehnte nach der Vermittlung liegen kann, in Hunderttausend Fällen die Zahl der potenziellen Antragssteller auf die Größenordnung von Zehntausenden reduziert. Weniger als die Hälfte der Antragsteller, die überhaupt zum Sprachtest anreisen, kann ihn bestehen: „Der Sprachtest hat insofern eine bedeutende Filterfunktion" (UNABHÄNGIGE KOMMISSION „ZUWANDERUNG" 2001, S. 181).

Die juristische und migrationssteuernde Funktion des ‚Sprachtests' wird durch eine innenpolitische ergänzt:

> „Spätaussiedler würden kaum noch als (ehemalige) Volksdeutsche wahrgenommen werden können, wenn sie ohne Deutschkenntnisse als solche anerkannt werden könnten; außerdem würde ihre Integration zusätzlich erschwert" (DEUTSCHER BUNDESTAG 2001, S. 5f.).

Die Bindung der Akzeptanz der Russlanddeutschen in der bundesdeutschen Gesellschaft an die gemeinsame deutsche Sprache wird in diesen und vielen ähnlichen Verlautbarungen mit der gesellschaftlichen Aufgabe verquickt, Zugewanderte in der Gesellschaft durch den Erwerb einer allen gemeinsamen Sprache handlungsfähig zu machen. Letzterem Ziel dient die im geplanten Zuwanderungsgesetz enthaltene Erfordernis, dass nichtdeutsche Ehegatten und die Abkömmlinge, die in den Aufnahmebescheid eines Spätaussiedlers einzubeziehen sind, noch im Herkunftsland einen ‚Integrationssprachtest' bestanden haben müssen, der mit dem Nachweis deutscher Sprachkenntnisse in Einbürgerungsverfahren vergleichbar ist. Andernfalls ist die Einreise der ‚Einbezogenen' nur noch im Wege des Familiennachzugs nach den engen Regeln des Ausländerrechts möglich. Hintergrund ist, dass heute nur noch ca. 20 Prozent der Zuwanderer anerkannte Volkszugehörige sind und bei den übrigen bisher keine Deutschkenntnisse behördlich erforderlich waren.

Noch sind die Deutschlernzentren in den Herkunftsländern kaum darauf vorbereitet, für einen solchen Test in großem Umfang zu qualifizieren. Schon deshalb werden die Zuwandererzahlen weiter sinken: Den geforderten Deutschkenntnissen hinkt die Förderung ihres Erwerbs bis zum Niveau B2 im Referenzrahmen für Sprachen des Europarats hinterher (vgl. TRIM u.a. 2001). Diese Schere verstärkt den Filtercharakter eines grundsätzlich zweckmäßigen und von anderen Einwanderungsstaaten ebenfalls geforderten Sprachnachweises im Zuge der Immigration. Das Kolloquium „Sprachliche Integration von Aussiedlern in den 1990er Jahren – Forschungsbilanz und Forschungsperspektiven" am Institut für Deutsche Sprache im April 2001 erhob die Forderung, einen solchen, für alle Zuwanderer aus der GUS zweckmäßigen Deutschnachweis von der Feststellung der deutschen Volkszugehörigkeit nach § 4 BVFG abzukoppeln, da der ‚Sprachtest' in zu vielen Hinsichten problematisch sei (vgl. REITEMEIER 2003, S. 16f.).

Der Sprachtest ist nicht nur für die Russlanddeutschen, sondern generell für die bundesrepublikanische Einwanderungsgesellschaft problematisch: zum einen weil er in westeuropäischer Tradition signalwirkend die Bindung von Ethnizität an ‚Muttersprache' verstärkt (zur Kritik dieser Auffassung siehe STÖLTING 2003) und damit auch andere Sprachminoritäten betrifft. Denn diese Tradition läuft der Anerkennung der real mehrsprachigen und sprachenteiligen deutschen Gesellschaft zuwider und entwertet die Herkunftssprache Russisch. Zum anderen setzt die mit dem Sprachtest verbundene Botschaft an Einheimische und Zuwanderer letztere unter einen starken und unrealistischen Anpassungsdruck – mit den entsprechenden Verweigerungen. Wenn der Aussiedlerbeauftragte der Bundesregierung erklärt:

> „Sprache ist der Schlüssel zur Integration [...]. Wenn Jugendliche sprachlos hier ankommen, bleiben sie unter sich [...]. Diese Auswüchse können verhindert werden. Wenn die Opposition zulässt, dass monatlich ca. 5.000 Angehörige von Spätaussiedlern ohne Sprachkenntnisse einreisen, dann schürt sie das Feuer" (WELT, 06.02. 2004),

so bestätigt seine Gleichsetzung von ‚ohne Deutsch' mit ‚sprachlos' das defizitäre öffentliche Bewusstsein.

Widerspruch auslösen muss auch die Instrumentalisierung von Deutschkenntnissen, wenn sie eine politische Grundsatzentscheidung ersetzen soll. Die Aussiedlung von Deutschen aus der UdSSR war nach dem Anwerbestopp für Arbeitsmigranten die einzige politisch gewollte Zuwanderung, und die gegenwärtige Regierung hält – mit Begrenzung auf bis 2002 Geborene – grundsätzlich daran fest. Es gab im Jahre 2001, im Zuge der Vorbereitung des Spätaussiedlerstatusgesetzes, einen politischen Handel im Bundesrat: Entweder sollte die kollektive Anerkennung eines Kriegsfolgenschicksals für alle Russlanddeutsche entfallen, wie mehrere Bundesländer forderten, oder die Steuerung des Zuzugs durch den ‚Sprachtest' sollte in verschärfter Form bestehen bleiben.

Familiale Deutschvermittlung als Erkennungsmerkmal

Im Zuge dieser Instrumentalisierung hat der Gesetzgeber bei der Neufassung von § 6 Abs. 2 BVFG die Feststellung der familialen Deutschvermittlung an die Deutschbeherrschung zum Aussiedlungszeitpunkt gebunden. Bei KIND/NIEMEIER (2002, S. 189) lässt sich die juristische Argumentation nachlesen. Sprachwissenschaftlich ist die unterstellte Permanenzwirkung des Erwerbs einer Einzelsprache im Kindesalter nicht haltbar, wie jede Mehrsprachigkeitsforschung belegt: Zu viele gesellschaftliche Faktoren können nach dem Erwerb zum Sprachabbau (*language attrition*) und zum Sprachwechsel (*language shift*) führen. Die Faktoren, die zum Verlust von Deutschkenntnissen in der Sowjetunion führten, sind ausreichend beschrieben worden (vgl. z.B. FRANK 1992; ROSENBERG 1997). Für die Elizitierung von Reliktkenntnissen im Deutschen, die eine familiale Vermittlung bestätigen könnten, sind die Anhörung durch das BVA und ihr Zielkriterium („einfaches Gespräch") indessen nicht geeignet. Andere Verfahren zur Feststellung der Vermittlung – Befragung des Antragstellers, seiner Verwandten, dritter Personen – lässt das Gesetz nicht zu, da diese für die Rechtsfeststellung angeblich unbefriedigend seien.

Mit der Voraussetzung, ein einfaches Gespräch auf Deutsch führen zu können, bezeichnet § 6 Abs. 2 BVFG das erforderliche Deutschniveau nur vage. Die Operationalisierung der Anforderung hat über Jahre zu einer Art ‚Gerichtslinguistik' in Klagefällen abgewiesener Antragsteller geführt und 2003 zu einer vorläufigen Richtlinie der Bundesregierung zu § 6 BVFG. Der gegenwärtige Stand sei kurz umrissen (vgl. BUNDESVERWALTUNGSGERICHT 2003):

- Das BVA nimmt folgende über den Gesetzestext hinausgehende Spezifizierungen vor: „Gespräch im Sinne eines Dialogs" und „sich über einfache Sachverhalte des täglichen Lebens flüssig zu unterhalten". Die dialogische Gesprächsführung soll ausschalten, dass für die Anhörung erlernte Darstellungen reproduziert werden. Erforderlich ist ein einfacher und begrenzter Gedankenaustausch zu einem Thema. Stockendes Sprechen, Suchen nach Wörtern, Nachfragen nach Unverstandenem seien solange zu akzeptieren, als noch von mündlicher Interaktion gesprochen werden könne.
- Das tatsächlich familial vermittelte russländisch und dialektal geprägte Deutsch der familialen Vermittlung sei zu akzeptieren (und sogar der beste Beleg für diese Vermittlung), notfalls sei ein Dialektkundiger hinzuzuziehen. Besonderer Begründung bedürften eher Hochdeutschkenntnis, da sie außerhalb der Familie erworben sein könnte.
- In formaler Hinsicht müsse die Satzstruktur beherrscht werden, wobei begrenzter Wortschatz und Fehler in Satzbau, Wortwahl und Aussprache nicht schädlich seien, wenn sie dem richtigen Verstehen nicht entgegen stünden.
- Eine ‚informatorische Anhörung' in deutscher Sprache zur Klärung der Volkszugehörigkeit, wie immer wieder von Gerichten in Klageverfahren vorgenommen, sei unzulässig, da dies über einfache Sachverhalte des täglichen Lebens hinaus ginge.

Auch professionelle Deutschtester dürften bei diesen Rahmenkriterien angesichts der Bedeutung der Entscheidung für die Betroffenen vor Bewertungsprobleme gestellt sein. Nach meiner Erfahrung in Widerspruchs- und Klageverfahren von Russlanddeutschen werden sogar diese Kriterien oft mangelhaft berücksichtigt, im Gegensatz zur Behauptung des Bundesbeauftragten, den Kriterien trügen die ‚Sprachtests' des BVA seit jeher Rechnung – eine Aussage, die Auswirkungen der BVG-Urteile auf bereits abgeschlossene Verfahren verhindern soll (vgl. WELT 14.05. 2004). Die häufigsten Kritikpunkte seien hier kurz vorgestellt (vgl. STÖLTING 2003; ALBAYRAK 2004, Kap. III):

- Es fehlt eine einvernehmliche Charakterisierung von ‚einfachem Gespräch'. Die Anhörung stellt ein Interview dar und zusätzlich einen institutionellen Diskurs. Dialogizität ist kein Merkmal institutioneller Interviews, Frage-Antwort-Verhalten ist normal.
- Die Russlanddeutschen sind mehrsprachig aufgewachsen. Die Anforderung, beim ‚Sprachtest' im monolingualen Modus zu kommunizieren, ist ein Bruch mit dem habituellen Sprachverhalten.
- Die hochdeutschen Äußerungen der Tester sind ein zentrales Problem für die Russlanddeutschen. Standarddeutsch ist hier aber ‚idiomatische Sprache', die laut Europäischem Referenzrahmen zu vermeiden ist.
- Das Standarddeutsch der Tester behindert die Verwendung russlanddeutscher Varietäten – Dialekte sind Binnensprachen von Gruppen und vor Ämtern unangemessen. Stattdessen bemühen sich die Antragsteller um (schlecht beherrschtes) Schriftdeutsch – mit folgender negativer Bewertung; und gute schriftdeutsche Beherrschung kann ihnen als schulisch oder im Deutschkurs erlernt ausgelegt werden.
- Aufgrund mangelnder Kenntnisse von Russlanddeutsch interpretieren Tester historische Kontaktphänomene mit dem Russischen fälschlicherweise als Hinweis auf den Erwerb des Deutschen als Fremdsprache.
- Tester leisten keine verlässliche Protokollierung von Dialektäußerungen und protokollieren keine Russizismen; das erschwert eine Überprüfung ihrer Beurteilung sehr.
- Tester haben nicht genügend sprachwissenschaftliche Kenntnisse, um Indikatoren für eine familiale Vermittlung (im Unterschied zu Sprachkurs-Kenntnissen) in ihrer Beurteilung zu würdigen. Kriterien für den Rückschluss auf familiale Deutschvermittlung sind auf ‚Dialektfärbung' beschränkt.
- Den Testern fehlen explizite Beurteilungskriterien für aktuelle Deutschbeherrschung. Eine Auswertung von Protokollen ergibt variierende Begründungen: ‚Geläufigkeit', ‚Satzbildung', ‚längere Passagen', ‚spontanes Antworten' – wie auch deren Gegenteil.

Schließlich bleibt grundsätzlich festzuhalten: Obwohl es sich um rechtliche Anhörungen handelt, sind die ‚Sprachtests' aufgrund der Art der Durchführung und Bewertung als Sprachstandserhebungsmaßnahmen zu charakterisieren. Testtheoretisch sind sie mangelhaft, sowohl unter dem Gesichtspunkt von Validität (Verfälschung des Testziels durch das Varietätenproblem), wie hinsichtlich Reliabilität (gleiche Ergebnisse bei unterschiedlichen Testern?, Übereinstimmung mit anderen Prüfverfahren?) und Auswertungsobjektivität (unklare Kriterien für die Fähigkeit, sich auf einfache Art mündlich zu verständigen). Der Charakter einer Anhörung schließlich verbietet es den

Antragstellern, einen Sprachtest des BVA zu wiederholen. Dazu kann es erst im Klageverfahren vor Gericht kommen.

Nach Einschätzung kompetenter Rechtsanwälte auf diesem Gebiet sind in rund 70 Prozent aller wegen mangelnder Deutschkenntnisse negativ beschiedener Aufnahmeanträge die vorhandenen Kenntnisse in der Tat nicht ausreichend für eine Anerkennung der deutschen Volkszugehörigkeit nach dem BVFG: Diese Menschen können sich (nicht mehr?) in irgendeinem Deutsch verständigen. Um dies festzustellen, genügt auch der amateurhafte ‚Sprachtest'. Rechtsanwälte und Rechtsprechung haben sich an Gesetze zu halten, wie problematisch diese auch sein mögen.

Die Möglichkeit, sich gegen den sprachenpolitischen Umgang des Staates mit den Russlanddeutschen und dessen Auswirkung auf die Gesellschaft der Bundesrepublik zu wehren, hat unter anderen die Fachwissenschaft. Sie muss sich dagegen verwahren, dass die Politik und ihre Agenturen ihre Gegenstände zu eigenen Zwecken instrumentalisieren. Ihre Aufgabe ist die Gegenwehr gegen die gängigen sprachenpolitischen Auffassungen, die sich zu Gesetzestexten kristallisieren, und die Gegenwehr gegen die 30 Prozent der Entscheidungen des BVA, die ihr Zustandekommen diesem konkreten ‚Sprachtest' verdanken.

Zu den Aufgaben der Fachwissenschaft

Zunächst gilt es, die Instrumentalisierung von Sprache zu politischen Zwecken – ihre Mechanismen, ihre juristischen Tricks, ihre Durchführungspraxis – in der Fachwelt bekannt zu machen: Das Thema ist zwar in den russischsprachigen Medien Deutschlands ein Dauerbrenner, seine Kenntnis in der einheimischen Bevölkerung ist aber auf Fachjuristen, Sozialarbeiter in der Aussiedlerbetreuung und einen sehr überschaubaren Kreis von Sprachwissenschaftlern und Sprachpädagogen beschränkt (siehe die Teilnehmerinnen und Teilnehmer am Mannheimer Kolloquium). Die Präsentation des Themas auf der Jahrestagung 2003 des *Fachverbandes Deutsch als Fremdsprache* hat bisher zu keiner Initiative des Verbandes geführt. Der Versuch, Gutachtertätigkeiten in Anerkennungsverfahren auf mehrere Schultern in mehreren Teilen Deutschlands zu verteilen, stößt bisher auf die Schwierigkeit, dass in der *Gemeinschaft der in Deutsch als Fremdsprache Tätigen* (intern: DaFia) wenig Kenntnisse über russlanddeutsche Varietäten und Russisch vorhanden sind, und die Lösung durch Teamarbeit weiterhin aussteht. Falls es zutreffen sollte, dass sich in der DaFia eine Distanzhaltung gegenüber der ‚gleichstämmigen' Zuwanderung auswirkt, so ist dieser mit dem Argument zu begegnen, dass sich unsere Spracharbeit generell auf Zuwanderergruppen richtet, die von Wirtschaft und Politik ins Land geholt/gelassen werden. Spracharbeit mit russlanddeutschen Aussiedlern ist nicht per se Bekenntnis zur Priorität der ‚gleichstämmigen' Zuwanderung, und wer diese Zuwanderung nicht favorisieren möchte, muss noch lange nicht die fragwürdigen Mittel der staatlichen Politik zu ihrer Begrenzung akzeptieren.

Des Weiteren ist der Aufbau eines Netzes von Gutachtern in Widerspruchs- und Klageverfahren erforderlich, sie müssten allerdings zunächst für diese Aufgabe geschult werden. Sie müssten sich Kenntnisse über juristische Aspekte (unter Hinzuziehung von Rechtskundigen), Aspekte des Sprachtestens und Kenntnisse über russlanddeutsche Varietäten aneignen. Sie müssten lernen, Merkmale eines deutschen Primärsprachenerwerbs zu ermitteln und Verfahren zur Elizitierung ungeübter Deutschkenntnisse zu entwickeln. Hierzu sollen im Folgenden noch einige Hinweise gegeben werden, um zu zeigen, dass eine solche Gutachtertätigkeit genügend Ansatzpunkte findet und anhängige Verfahren zum Erfolg führen können.

Rechtliche Grundlage für den ‚Sprachtest' ist das Verwaltungsverfahrensgesetz. Demnach liegt es im Ermessen der Behörde, welche Mittel sie zur Erforschung eines Sachverhalts anwendet. Darunter fällt auch die Einrichtung eines ‚Sprachtests' sowie die Festlegung seines Inhalts und der Kriterien für seine Auswertung. Diese Beweismittel und Kriterien können aber laut ständiger Rechtsprechung des Bundesverwaltungsgerichts vor Gericht rechtlich beurteilt und durch ähnliche Beweismittel erschüttert werden. Es handelt sich – entgegen der Auffassung des BVA und des Bundesinnenministeriums – bei den ‚Sprachtests' der Behörde keinesfalls um unangreifbare Heiligtümer, sondern um Elemente der Sachverhaltsermittlung, denen die Betroffenen gleichwertige Beweismittel entgegen stellen können. Ausgehend davon, dass die Beweislast für ausreichende Deutschkenntnisse bei den Antragstellern liegt, genügt es nicht, den ‚Sprachtest' des BVA in seinem Ergebnis und in seinen Methoden anzugreifen. Abgelehnte Antragsteller haben auch ein Gegengutachten zu ihrer Deutschbeherrschung vorzulegen, das zum Beispiel auf der Grundlage eines Tests bei einer Fachperson erstellt worden ist, den der Betreffende in Deutschland während eines Besuchsaufenthalts bei Verwandten abgelegt hat. Verantwortungsvolle Rechtsanwälte auf diesem Gebiet geben ihren Mandanten ein Merkblatt zur Sprachüberprüfung an die Hand, das der Fachperson als Orientierung dienen kann.

Möglichkeiten der Intervention

Der erste Schritt besteht also darin, den Widersprüchen gegen einen Ablehnungsbescheid des BVA ein Gutachten zum konkreten Sprachtestprotokoll beizugeben, das vom Antragsteller bzw. seinem Bevollmächtigten in Deutschland angefordert werden kann. Zunächst ist die Beurteilung der Deutschkenntnisse durch den Tester anzusehen und die Begründung für die Einstufung („Sprachvermögen des/der Antragstellers/in") zu analysieren. Ein Ablehnungsbescheid ergeht bei Einstufungen in die Kategorien IV („Eine Verständigung war zwar möglich, ein Gespräch im Sinne eines Dialoges kam jedoch nicht zustande.") oder V („Eine Verständigung in deutscher Sprache war nicht möglich."). Schließlich ist im protokollierten Gespräch nach den konkreten Grundlagen für die Begründung zu suchen.

Besonders bei der Überprüfung von Bescheiden, in denen die antragstellende Person in die Kategorie IV eingeordnet wurde, finden sich Diskrepanzen und Unzulänglichkeiten. Hierzu einige Beispiele mit Erläuterungen:

- *„spricht in kurzen Sätzen bzw. zählt Begriffe auf"*
  Das Protokoll enthält 18 vollständige Sätze und vier nicht-satzförmige Äußerungen (Was haben Sie Ostern gegessen? – Kuchen), die in einem mündlichen Gespräch außerhalb von Deutschkursen normal sind, da durch den Kontext geklärt. Aufzählungen sind in Äußerungen eingebettet.

- *„geht z.T. nicht richtig auf die gestellten Fragen ein/erzählt etwas anderes"*
  Diese Feststellung trifft auf zehn von elf Fragen nicht zu, lediglich auf: Wann waren Sie in Deutschland? – Mit meim Sohn.

- *„häufige Wiederholung der Fragen/mehrmaliges Eingreifen des Sprachtesters"*
  Diese Feststellung ist durch das Protokoll nicht belegt und mithin keine Überprüfung am konkreten Fall möglich.

- *„Durcheinander von einigen deutschen und vielen russischen Wörtern"*
  Das Durcheinander ist im Protokoll nicht belegt, denn es verzeichnet lediglich vier russische Wörter. Die Antragstellerin erklärt, sie habe sich an die Dolmetscherin gewandt: einmal mit einer Seitenbemerkung zum Sinn der Frage, zweimal mit der (unbeantworteten) Bitte um jeweils einen deutschen *terminus technicus* (‚Grube', ‚Fensterreiniger').

- *BVA-Bescheid: keine „familiäre Vermittlung der deutschen Sprache"*
  Die Begründung im Protokoll vermerkt Dialektfärbung, das Protokoll verzeichnet wolgadeutsches Vokabular (‚schaffen', ‚Hinkel', ‚Bub', ‚nei' [hinein]).

- *„kein Dialekt, Deutsch im Sprachkurs gelernt"*
  Das Protokoll verzeichnet Formen der umgangssprachlichen Familiensprache die eine familiale Deutschvermittlung bestätigen: Beherrschung der Verbinversion (halb drei geh ich uf die Arbeit), Beherrschung der Verbklammer (ich tu mit de Kinder lerne), Beherrschung der Perfektbildung (mir waret gefahre nach F.), Beherrschung der Adjektivflexion (mit meim Sohn), Beherrschung der Pluralbildung der Substantive (Eltern, Schwestern), Elision der Endung in der 1. Person Präsens (ich zähl, koch ich, ich setz), dialektale Elision des auslautenden –n (zusammenknete, wohne, fahre); Nebensatzbildung mit Endstellung des Verbs, Negation von Artikelwörtern (ich hab keine Verwandte), Reflexivverben (ich fühl mich schlecht), Rektion der Verben (ich komm aus -, fahr mit dem Zug).

Antragstellerinnen und Antragsteller können im Gespräch mit Gutachtern auch darauf hinweisen oder über Bevollmächtigte mitteilen lassen, wenn das Anhörungsprotokoll in relevanten Teilen fehlerhaft oder missverständlich ist (nicht oder anders protokollierte Fragen, Antworten), auf unberücksichtigte Umstände hinweisen (Schwerhörigkeit) oder auf Störungen in der Anhörungssituation. Zu der Begründung „häufiges Wiederholen der Fragen durch den Tester" sind Ausführungen zu Verständnisproblemen mit dessen nicht-russländischem Hochdeutsch zweckmäßig; zu der Begründung „Zögern/Stocken, um zu überlegen" und zu der Einstufung „kein Dialog" Hinweise auf die Bewertungskriterien nach dem Europäischen Referenzrahmen/Niveaustufe A2/Sprachaufgabe Interviewgespräche mit Detailaufschlüsselung nach den Kriterien Interaktion und Flüssigkeit („Kann ohne große Mühe Redewendungen über ein vertrautes Thema zusammenstellen, um kurze Gespräche zu meistern, obwohl er/sie ganz offensichtlich häufig stockt und neu ansetzen muss."). Überhaupt ist eine Argumentation mit dem Referenzrahmen in diesem Zusammenhang zweckmäßig, da er – obwohl nicht auf primärsprachliche Beherrschung orientiert – Basis der heute gängigen Deutschtests ist (TRIM u. a. 2001).

Kommt es nach der Ablehnung eines Widerspruchs zur Klage vor dem Verwaltungsgericht Köln, das seine eigene Anhörung zu den Deutschkenntnissen durchführt, und geht diese Klage in die Revision, so ist das Anhörungsprotokoll des Verwaltungsgerichts zu begutachten. Wurde dort eine ‚informatorische Anhörung' in deutscher Sprache durchgeführt, so ist sie grundsätzlich nicht zulässig. Hierzu ein Beispiel aus einem von mir erstellten Gutachten:

> „Die Mehrzahl der Problemphasen geht auf den Einzelrichter zurück, der es unternimmt, über das Anforderungsniveau an ein einfaches Gespräch hinausgehende Fragen zur Antragstellung und zur sprachlichen Sozialisation durch das Medium der deutschen Sprache klären zu wollen („Sie haben das alles mitbekommen, was an Förmlichkeiten für das Verfahren notwendig war?"). Der Aufforderung, vor Gericht ‚Schwäbisch' zu sprechen, steht entgegen, dass sprachsoziologischer Zwang der Verwendung von Dialekten im amtlichen Kontext entgegensteht. Die Äußerung des Richters, Plattdeutsch zu verstehen, belegt eine grundsätzliche Unkenntnis der russlanddeutschen Sprachverhältnisse: das mennonitische Plautdiitsch auf westpreußischer Grundlage ist in mündlicher Form für Binnendeutsche unverständlich. Der Richter in der Expertenrolle eines Juristen kann nicht gleichzeitig die Expertenrolle eines Sprachwissenschaftlers beanspruchen."

Beim OVG Münster fragte der Richter laut meiner Aufzeichnung: „Es ist so schwer, mit Ihnen deutsch zu sprechen. Hat sich das so verschlechtert seither?" – „Ich hatte zwei Hirnschläge." Auswertung des Richters: Deutschergebnis „problematisch, warum so schlecht?"

Deutschüberprüfung als Beweismittel in Widerspruchs- und Klageverfahren

Aus dem zur Begutachtung Gesagten ergeben sich schon Hinweise auf die Ausrichtung der Deutschüberprüfung als Beweismittel der Antragsteller in Widerspruchs- und Klageverfahren. Sie sollten sich an der Niveaustufe A2 des Referenzrahmens orientieren und an entsprechenden Tests (START 2, vgl. PERLMANN-BALME/KIEFER 2004, S. 93ff.) sowie Indikatoren eines vorschulischen Deutscherwerbs in der Familie besondere Aufmerksamkeit schenken. Merkblätter von Rechtsanwälten zur Deutschüberprüfung sind in diese beiden Richtungen weiterzuentwickeln. Bei Sitzungen mit besuchsweise eingereisten abgelehnten Antragstellern unternehme ich neben der Deutschüberprüfung und der Stellungnahme zum Sprachtestprotokoll auch eine Erhebung der Sprachbiographie (auf Russisch oder mit einer des Russischen kundigen Person). Kurze Angaben zum Erwerb von Deutsch, Russisch und anderen Sprachen machen die Antragsteller bereits in ihrem Aufnahmeantrag und auf Russisch zu Beginn des ‚Sprachtests'. Obwohl sprachbiographische Informationen nicht der Operationalisierung der Volkszugehörigkeit durch ein Gespräch auf Deutsch im Sinne des Gesetzes entsprechen und eher unter ‚andere Verfahren' zur Feststellung der Deutschvermittlung einzuordnen sind, so können sie aber in der Argumentation gegen nicht eindeutige Ergebnisse der Deutschüberprüfung eine Hilfsfunktion einnehmen.

Nicht selten ergibt die Sprachbiographie, dass zwar familiale Deutschvermittlung stattgefunden hat, dass aber zwischen dieser und dem nicht gelungenen Gespräch auf Deutsch zum Zeitpunkt der Aussiedlung Jahrzehnte eines nur russischsprachigen Lebens (russischsprachige Ehepartner und Kinder, russischsprachige Umgebung und Berufstätigkeit) liegen. Die Prämisse der lebenszeitlich konstanten Wirkung von Primärsprachenvermittlung, von der der Gesetzgeber ausgeht, trifft nicht zu. Ist es lediglich von wissenschaftlichem Interesse oder wird es eines Tages auch den (bis 2002 geborenen) Russlanddeutschen helfen, die Probleme mit ihrer Auffindung (*retrieval problems*) zu überwinden, wenn wir nach Verfahren suchen, um lange nicht praktizierte, aber mental gespeicherte Sprachkenntnisse zu ermitteln? Il'ja Gorelov berichtet über eine dramatische und erfolgreiche Deutschstimulierung bei einem Kriegsopfer, das seine Primärsprache anscheinend völlig vergessen hatte (vgl. GORELOV/SEDOV 1997, S. 175-177) und zur Reaktivierung von ‚*dormant languages*' gibt es eine schmale Forschungstradition (vgl. DE BOT/STOESSEL 2000; SCHMID 2002). Kämen wir hier einen praktischen Schritt weiter, so könnten sich Menschen, die es aus dem Schicksal ihrer Familie und ihrem eigenen Schicksal leidvoll wissen, zumindest bestätigen lassen, dass sie auch sprachlich ‚deutsche Volkszugehörige' sind – obwohl ihnen die bundesdeutsche Gesetzgebung dies abspricht.

Literatur

ALBAYRAK, Y. (2004): Deutschland prüft Deutsche. Behördliche Maßnahmen zur Feststellung der Deutschbeherrschung von Zugewanderten. – Oldenburg.

BADE, K. J./REICH, H.H. (Hg.) (1999): Migrations- und Integrationspolitik gegenüber „gleichstämmigen" Zuwanderern. – Osnabrück.

BUNDESVERWALTUNGSGERICHT (2003): Urteile vom 4. September 2003. BVerG 5 C 11.03, BverG 5 C 33.02.

DE BOT, K./STOESSEL, S. (2000): In Search of Yesterday's Words: Reactivating a Long-Forgotten Language. In: Applied Linguistics, Heft 21/3, S. 333–353.

DEUTSCHER BUNDESTAG (2001): Erste Beschlussempfehlung und erster Bericht des Innenausschusses (4. Ausschuss) zu dem Gesetzentwurf der Fraktionen SPD und Bündnis 90/Die Grünen. Entwurf eines Gesetzes zur Klarstellung des Spätaussiedlerstatus. Drucksache 14/6573, 04.07.2001, S. 1–7.

FRANK, H. (1992). Zur sprachlichen Entwicklung der deutschen Minderheit in Russland und in der Sowjetunion. – Frankfurt am Main.

GORELOV, I.N./SEDOV, K.F. (1997): Osnovy psicholingvistiki. – Moskva.

KIND, H./NIEMEIER, M. (2002): Das Spätaussiedlerstatusgesetz – eine notwendige Klarstellung. In: Zeitschrift für Ausländerrecht und Ausländerpolitik, Heft 5/6, S. 188–192.

PETERS, W. (2003): Aussiedlerzuzug – Entwicklung und Perspektiven. In: Zeitschrift für Ausländerrecht und Ausländerpolitik, Heft 5/6, S. 193–197.

PERLMANN-BALME, M./KIEFER, P. (Hg.) (2004): Start Deutsch. Deutschprüfungen für Erwachsene A1 A2. – München.

REITEMEIER, U. (Hg.) (2003): Sprachliche Integration von Aussiedlern im internationalen Vergleich. – Mannheim.

ROSENBERG, P. (1997): Die Sprache der Deutschen in Russland. In: Stricker, G. (Hg.) (1997): Deutsche Geschichte im Osten Europas. Bd. 7 Russland. – Berlin, S. 585–608.

SCHMID, M.S. (2002): First Language Attrition, Use and Maintenance. The Case of German Jews in Anglophone Countries. – Amsterdam.

SILAGI, M. (2001): Das Spätaussiedlerstatusgesetz – eine legislatorische Fehlleistung. In: Zeitschrift für Ausländerrecht und Ausländerpolitik, Heft 6, S. 259–263.

STÖLTING, W. (2003): Selektion und Rücksprachung. Die Deutschtests für Spätaussiedler. In: Reitemeier, U. (Hg.): Sprachliche Integration von Aussiedlern im internationalen Vergleich. – Mannheim, S. 137–163.

TRIM u.a. (2001): Gemeinsamer europäischer Referenzrahmen für Sprachen: lernen, lehren, beurteilen. – München/Berlin.

UNABHÄNGIGE KOMMISSION „ZUWANDERUNG" (2001): Zuwanderung gestalten – Integration fördern. – Berlin.

WELT, J. (06.02.2004): Aussiedler nicht als Kriminelle abstempeln! (Bundesministerium des Innern, Internetredaktion), S. 1–3.
URL: http://www.mit-mainz.com/downloads/Welt-Aussiedler-krimi.pdf (Stand: 29.03.2005)

WELT, J. (13.05.2004): Urteile zu Sprachtests nicht falsch interpretieren! (Bundesministerium des Innern, Internetredaktion), S. 1f.
URL: http://www.bmi.bund.de/cln_007/nn_122310/Internet/Content/Nachrichten/Pressemitteilungen/2004/05/MdB__Welt__warnt__Urteile__zu__Sprachtests__Id__94893__de.html (Stand: 29.02.2005)

Sjaak Kroon

Bilder von Muttersprachenunterricht

Bilder prägen die Wirklichkeit. Mehr als Worte verstehen sie es, einen bestimmten Sachverhalt, eine Idee oder eine historische Begebenheit so zu erfassen, dass das Bild alleine genügt, diesen Sachverhalt, diese Idee oder diese Begebenheit den Zuschauern schlagartig und integral, das heißt mit allen impliziten und expliziten Konnotationen, voll ins Bewusstsein zu rücken. Ein weltbekanntes Beispiel ist der von Alberto Gutierrez fotografierte Kopf Ernesto Che GUEVARAS, der, auch wenn er jetzt zur kommerziellen Verzierung von T-Shirts, Kaffeetassen, Regenschirmen und anderen käuflichen Gegenständen verwendet werden mag, lange Jahre für viele Symbol des Widerstands gegen die etablierte Ordnung war. Ein Beispiel mehr persönlicher Art ist das Bild des Struwwelpeters. Seit mir als Kind „Struwwelpeter" von meiner Tante Maria aus Weeze aus HOFFMANNS ungekürzter farbiger Volksausgabe vorgelesen wurde, – die Ausgabe, inzwischen ist sie ein wenig ramponiert, besitze ich noch immer, – ist mir dieses Bild als Ikone von Ungehorsam und Strafe (und, in Anbetracht seiner langen Haare, später vielleicht auch ein bisschen als Ikone des Widerstands) bis jetzt im Gedächtnis geblieben. Diese Bilder besagen mehr als das von Che GUEVARA 1966/1967 geschriebene „Bolivianische Tagebuch" und die um 1845 von Heinrich HOFFMANN zu den Bildern vom „Struwwelpeter" verfasste Geschichte.

Bild 1: Ernesto Che GUEVARA und der Struwwelpeter

Begriffsgeschichte und Bilder

In diesem Beitrag will ich versuchen, die Geschichte des muttersprachlichen Unterrichts in den Niederlanden, – hier verstanden als Unterricht in den Sprachen von Migranten (siehe aber KROON 2003) – an Bildern festzumachen. Diese Geschichte ist schon mehrfach in Worten beschrieben worden (vgl. z.B. LUCASSEN/KÖBBEN 1992). Doch eine Bildergeschichte des muttersprachlichen Unterrichts gibt es noch nicht. Meine These ist, dass sich die verschiedenen historischen Abschnitte des Muttersprachenunterrichts, die ich mit Jan STURM in einem begriffsgeschichtlichen Beitrag zum Begriff *‚eigen taal‘ (*eigene Sprache) herausgearbeitet habe (KROON/STURM 2003), nicht nur inhaltlich-organisatorisch sondern auch in ihrer ideologischen Position in bestimmten Bildern widerspiegeln.

Man könnte meinen, dass die Diskussion zum Muttersprachenunterricht im oben genannten Sinne zu dem Zeitpunkt begann, als sich die ersten Immigranten in den Niederlanden niederließen, das heißt in den vierziger und fünfziger Jahren des vorigen Jahrhunderts, als nach der Unabhängigkeitserklärung Indonesiens die sogenannten Indischen Niederländer und die Südmolukker einwanderten. Das ist aber in zweierlei Hinsicht falsch. Zum einen begann diese Diskussion erst viel später. Lange Zeit wurde nämlich davon ausgegangen, dass eine explizite Minderheitenpolitik, geschweige denn eine Minderheitensprachenpolitik, nicht unbedingt notwendig sei, insofern politisch die Assimilation (im Falle der Indischen Niederländer) bzw. die Remigration (im Falle der Südmolukker) beabsichtigt war. Erst 1981 formulierte das niederländische Bildungsministerium als ein Ziel der Minderheitenpolitik, dass die Schule die Identität ethnischer Minderheiten berücksichtigen sollte, unter anderem durch die Einrichtung des Unterrichts in der eigenen Sprache und Kultur *(onderwijs in eigen taal en cultuur)*. Zum anderen hat diese Diskussion aber auch eine schon viel ältere Geschichte, denn schon in der Kolonialzeit hat sich der Pädagoge G.J. NIEUWENHUIS (1925) Gedanken darüber gemacht, wie die niederländische Sprache im Zusammenhang mit den Sprachen Indiens (d.h. Niederländisch-Ostindiens, der heutigen Republik Indonesien) zu unterrichten sei. NIEUWENHUIS ist außerdem der erste, der versucht hat, seine Ansichten in einem Bild zu veranschaulichen. Das ist der Grund, weshalb ich im Folgenden mit NIEUWENHUIS anfange. Niederländische Zitate werden dabei ins Deutsche übersetzt, aber in den Abbildungen bleibt das Niederländische erhalten.

Das erste Bild: Niederländisch in Indien (1925)

Mit seiner 1893 veröffentlichten Broschüre „Plädoyer für die Muttersprache, die Jugend und die Lehrer“ begann J.H. VAN DEN BOSCH eine progressive Reform des Muttersprachenunterrichts (d.h. des Niederländischunterrichts). Er plädierte dafür, die dominante Schriftsprache, die im 19. Jahrhundert weit von der gesprochenen Sprache entfernt war, in der Schule durch die gesprochene Sprache zu ersetzen, auch wenn dies radikale Veränderungen der Praxis mit sich bringen würde (vgl. KROON/STURM 1994). NIEUWENHUIS stimmte den Ideen von VAN DEN BOSCH zur Reform des Muttersprachenunterrrichts zu, sah sich aber im Hinblick auf den multikulturellen und mehrsprachigen kolonialen Kontext Niederländisch-Ostindiens, für den er einen neuen Sprachunterricht konzipieren wollte, vor die Aufgabe gestellt, sich mit dem zugrundegelegten Konzept von Muttersprache gründlich auseinanderzusetzen.

Nach NIEUWENHUIS sollte im ‚neuen Sprachunterricht' in Niederländisch-Ostindien ‚inländischen Schülern' Niederländisch als ‚Fremdsprache' gelehrt werden: für „ältere inländische Schüler, die unsere Sprache nur als Zusatzsprache (also vor allem passiv) benötigen" oder als ‚fremde Verkehrssprache' für „junge inländische und chinesische Schüler, die zu Hause eine andere Sprache als Niederländisch sprechen, und die später ihre gesamte Ausbildung in unserer Sprache erhalten". Die inländischen Sprachen seien dabei als Unterrichtssprache unentbehrlich. Für inländische Schüler in den höheren Klassen jedoch „bekommt die fremde Verkehrssprache allmählich die Kraft der Muttersprache". Gleichzeitig sollte aber Klarheit darüber bestehen, dass „Muttersprachunterricht im vollen Sinne des Wortes in Indien nur in den inländischen Sprachen möglich ist. Nur dabei kann das, was diesen Unterricht in Europa nunmehr so reich und lebendig macht, voll zur Geltung kommen" (NIEUWENHUIS 1925, S. 30, 31).

NIEUWENHUIS Konzeption wurde von ihm bildlich umgesetzt (Bild 2). Darin zeigt er, wie er Individuum (Leiter), Gesellschaft, Schule und niederländische Sprachfertigkeit mit der eigenen (inländischen) bzw. fremden (niederländischen) Kultur untereinander verbunden sieht: Im unteren Bereich nehmen die eigene (inländische) Sprache und Kultur einen zentralen Platz ein. Dort verortet er die Masse des Volkes, die als Hüterin der eigenen Kultur die fremde (niederländische) Sprache und Kultur nicht brauche. Im schmalen oberen Bereich platziert er die höher gestellten Arbeiter mit leitender Funktion, für die die aktive und passive Beherrschung der niederländischen Sprache unentbehrlich sei. Dazwischen befindet sich der Bereich mit den Arbeitern mittlerer Qualifikation, für die eine aktive Beherrschung der eigenen Sprache und eine passive Beherrschung der fremden Sprache notwendig sei. Diese Zwischenschicht bestehe vor allem aus Absteigern aus der höheren Schicht, für die es sich als zu schwierig erwiesen habe, aktive Niederländischkenntnisse zu erwerben. Sie bildeten die Verbindung zwischen der oberen und der unteren Schicht und sorgten dafür, dass der Strom zwischen Unterschicht und Oberschicht ungebrochen blieb.

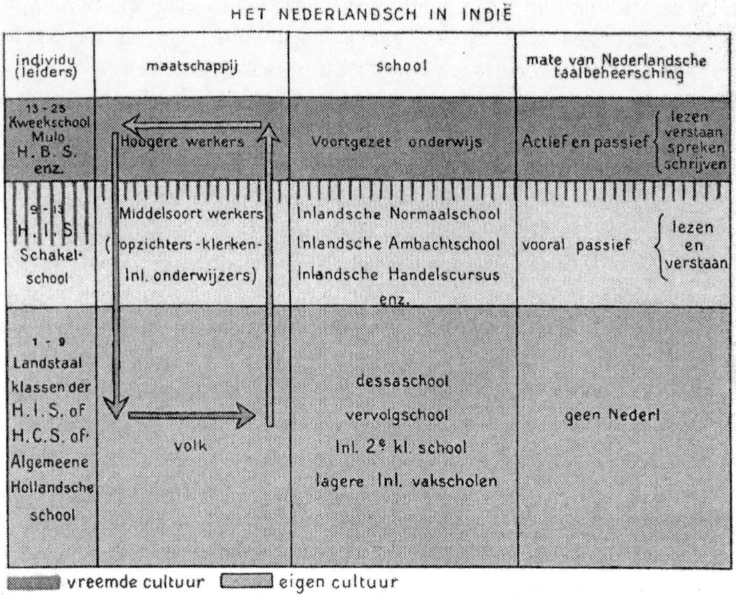

Bild 2: Niederländisch in Indien (NIEUWENHUIS 1925, S. 20)

NIEUWENHUIS Ideen zur Mehrsprachigkeit im Unterricht, die ich hier nur ganz knapp erörtern konnte, sind überraschend modern. LUCASSEN/KÖBBEN (1992) zeigen, dass sie die Entwicklung der niederländischen Sprachenpolitik in der Frage des Unterrichts für die Minderheiten nach dem Zweiten Weltkrieg in hohem Maße beeinflusst haben. In den nächsten Abschnitten werde ich diese Politik kurz schildern.

Das zweite Bild: Unterricht in der eigenen Sprache und Kultur (1970–1989)

Die ‚eigene Sprache und Kultur' als zusätzliches Unterrichtsfach für ausländische Kinder wurde von der niederländischen Regierung erstmals in der „NOTA BUITENLANDSE WERKNEMERS" (1970) diskutiert. Was jedoch ‚eigene Sprache und Kultur' genau bedeutet, wurde dabei nicht erläutert. In weiteren Texten der Regierung ist von der ‚Sprache und Kultur des Herkunftslandes' die Rede, aber auch von ‚Muttersprache'. Dass ‚eigene Sprache' und ‚Muttersprache' problematische Begriffe sind, wurde in der Diskussion über den Unterricht für surinamische, antillianische und südmolukkische Immigranten deutlich. Im Falle der beiden ersten Gruppen wurde, wider besseres Wissen, an der formalen Position festgehalten, dass sie – als ‚Reichsgenossen' – denselben Sprach- und Kulturhintergrund hätten wie niederländische Kinder, und es deshalb keines Unterrichts in der ‚eigenen Sprache und Kultur' bedürfe. Den Südmolukkern hingegen wurde Unterricht in ihrer wirklichen eigenen Sprache und Kultur angeboten (erst Molukkisch-Malaiisch, später Melaju Sini), weil aufgrund der Immigrationsgeschichte dieser Gruppe von Unterricht in der Sprache des Herkunftslandes (Indonesisch) nicht die Rede sein konnte.

Im Zusammenhang mit dem „BELEIDSPLAN CULTURELE MINDERHEDEN IN HET ONDERWIJS", den die Regierung 1981 veröffentlichte, fand zum ersten Mal eine Auseinandersetzung über die Problematik des Unterschieds zwischen ‚eigener Sprache' und ‚offizieller Sprache des Herkunftslandes' statt. Es wurde festgehalten, dass im ‚Unterricht in der eigenen Sprache und Kultur' als Fach vor allem die offizielle Sprache des Herkunftslandes, in (bilingualen) Auffangklassen hingegen insbesondere die eigene Sprache benutzt werden sollte. Trotz dieser im Grunde von niemandem angezweifelten Einsicht, hielt die Regierung in der „NOTITIE ONDERWIJS IN DE EIGEN TAAL EN CULTUUR" (1983) an der offiziellen Sprache des Herkunftslandes als Zielsprache des ‚Unterrichts in der eigenen Sprache und Kultur' fest: *„Onderwijs in de eigen taal en cultuur"* – das entsprechende Akronym ist OETC; später hieß es nur noch *„onderwijs in de eigen taal"* – OET. In der zweiten Hälfte der 1980er Jahre wurde dieser Unterricht auch gesetzlich geregelt, und zwar dergestalt, dass die Kulturkomponente gestrichen wurde.

Es scheint fast, als hätte der ‚Unterricht in der eigenen Sprache' in den 1970er und 1980er Jahren den Charakter eines Slogans bekommen, der – einmal akzeptiert – nicht mehr Anlass für eine kritische Reflexion der Wirklichkeit war, auf die er sich bezog. Wie bei den meisten Parolen, führte auch im Falle des ‚Unterrichts in der eigenen Sprache' der proklamatorische Charakter des Slogans dazu, dass alle, die sich unter dieser Fahne versammelten, damit bewusst oder unbewusst in Kauf nahmen, dass der Slogan der Wirklichkeit nicht vollständig bzw. nicht in jeder Beziehung entsprach. Obwohl es sich in Wirklichkeit um Unterricht in der offiziellen Sprache des Herkunftslandes handelte, wurde die Formel ‚Unterricht in der eigenen Sprache' zum perfekten Slogan, um zeigen zu können, dass man das Herz auf dem rechten Fleck habe, wenn es darum ging, eine Minderheitenpolitik mit dem Ziel der ‚Integration mit Erhalt der eigenen Identität' zu gestalten (vgl. KROON/STURM 2003).

Diese Doppeldeutigkeit kommt auch in dem Bild zum Ausdruck, das die Diskussion zum Unterricht in der eigenen Sprache in den Niederlanden lange Zeit begleitet hat. Dass dabei meistens von einer Diskussion über ‚zweisprachigen Unterricht' die Rede war, passt zu dieser Doppeldeutigkeit: Obwohl man wusste, dass es sich eigentlich um Unterricht in der ‚offiziellen Sprache des Herkunftslandes' handelte, sprach man von Unterricht in der „eigenen Sprache", und obwohl man wusste, dass es sich lediglich um Unterricht in dieser Sprache als Fach handelte, sprach man trotzdem von „zweisprachigem Unterricht".

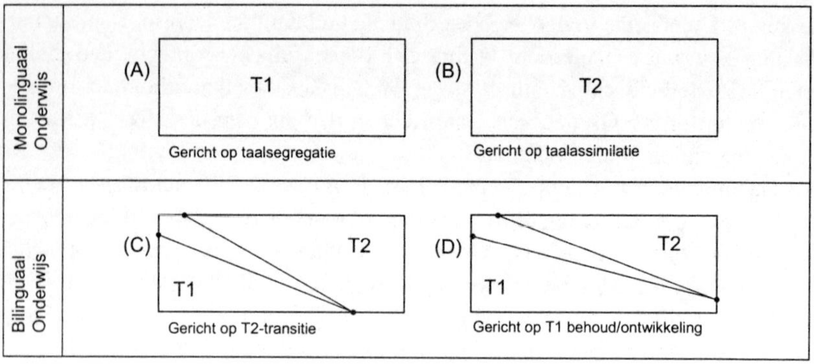

Bild 3: Modelle für den Unterricht von Sprachminderheiten (EXTRA 1982, S. 5)

Die vier Modelle für den Unterricht von Sprachminderheiten hat Guus EXTRA (1982) in der Lehrerzeitschrift *„Levende Talen"* veröffentlicht. Die Quadrate A und B repräsentieren den monolingualen Unterricht: In Quadrat A ist T1, die Sprache der Minderheit, als Unterrichtssprache (Ziel: Segregation) und in Quadrat B T2, Niederländisch als Zweitsprache (Ziel: Assimilation), eingetragen[1]. Die Quadrate C und D repräsentieren den zweisprachigen Unterricht: in Quadrat C wird die T1 als Unterrichtssprache nach einiger Zeit von der T2 abgelöst (Ziel: Transition), in Quadrat D bleibt die T1 als Unterrichtssprache permanent erhalten (Ziel: Spracherhalt/Sprachentwicklung). Unterricht entsprechend den Modellen in den Quadraten A, C und D waren damals wie heute im niederländischen Bildungswesen der Ausnahmefall; das in Quadrat B repräsentierte Modell dagegen der Normalfall. Wichtig ist es zu betonen, dass die Modelle lediglich den Stellenwert der T1 der Schüler als Unterrichtssprache, nicht als Fach visualisieren. Mit anderen Worten: Sie haben kaum einen Zusammenhang mit der erwähnten Diskussion zur Frage der eigenen Sprache als Gegenstand des Unterrichts, werden aber dennoch, wider besseres Wissen, lange Jahre in der Diskussion benutzt, weil man damit zeigen konnte, dass man eigentlich Befürworter eines bilingualen Unterrichts war – auch wenn es solchen in den Niederlanden, wie jeder weiß, kaum gab. Somit bekam auch das Bild den Charakter eines Slogans. Am Rande sei hier bemerkt, dass ich Bild 3 auch selbst so benutzt habe – ich habe dabei aber systematisch die T1 und die T2 als Fach in allen Quadraten eingezeichnet (vgl. KROON/VALLEN 1994).

1 T steht für niederländisch *taal* (Sprache).

Das dritte Bild: Unterricht in allochthonen lebenden Sprachen (1989–2000)

Der vom „Wissenschaftlichen Rat für Regierungspolitik“ 1989 veröffentlichte Bericht *„Allochtonenbeleid“* bedeutete eine radikale Veränderung der Politik bezüglich des Unterrichts in der eigenen Sprache (WRR 1989). Der Rat stellte die Rolle der Schule bezüglich dieses Unterrichts zur Diskussion und schlug vor, diesen Unterricht außerhalb des regulären Curriculums, aber innerhalb der Schule anzubieten. Dieser Vorschlag wurde von der Regierung jedoch nicht direkt übernommen. Zwar wurde festgestellt, dass der herkömmliche Unterricht in der eigenen Sprache für viele Kinder eher ein ‚Fremdsprachenunterricht‘ sei, zugleich aber wurde betont, dass die meisten Eltern im Unterricht die offiziellen Sprachen des Herkunftslandes wegen deren Status und Gebrauchswerts bevorzugten. Doch in Auffangklassen, so die Regierung, sollte die ‚Muttersprache‘ der Kinder benutzt werden, und auch für ältere Kinder sei es wichtig, bei der Erläuterung von Begriffen die ‚richtige eigene Sprache‘ zu benutzen. Wo die ‚eigene Sprache‘ als Fach angeboten wurde, sollte jedoch die ‚Standardsprache‘ gelehrt werden. Die Benutzung der eigenen Sprache als Hilfssprache im Unterricht wurde dabei übrigens für wichtiger gehalten als der Unterricht in der eigenen Sprache als Fach. Die Argumente für diese Stellungnahme waren insbesondere sprachwissenschaftlicher Art (vgl. EIGEN TAAL ALS ONDERDEEL VAN GEÏNTEGREERD TALENONDERWIJS 1991). Auch wenn die Regierung bezüglich des Konzepts ‚eigene Sprache‘ eine differenziertere Position vertrat als der Rat, so wurde doch auch ihrerseits keine konzeptuelle Klarheit geschaffen. Das führte zu einer doppelten Diskrepanz zwischen dem faktischen und gewünschten Gegenstand des Unterrichts (offizielle Sprache versus Muttersprache) und zwischen der faktischen Bezeichnung dieses Unterrichts (Unterricht in der eigenen Sprache) und einer deskriptiv adäquaten Bezeichnung desselben.

Diese Diskussion wurde mit einem Gutachten der Kommission „Allochthone Schüler im Unterricht“ vorläufig beendet (CALO 1992). Die Kommission plädierte für eine Kulturpolitik im Unterricht, die alle Sprachen gleich behandelt und schlug daher vor, neben dem Unterricht in den herkömmlichen neueren Fremdsprachen den Unterricht in ‚allochthonen lebenden Sprachen‘ *(Onderwijs in Allochtone Levende Talen* – OALT) anzubieten. Dabei wurde jede Sprache, die von außerhalb der Niederlande kommt und bei Einwohnern der Niederlande im Gebrauch ist, als allochthone lebende Sprache verstanden. Eltern und Kinder sollten dabei wählen, welche Sprache als Unterrichtssprache bevorzugt wird. Dies konnte entweder die zu Hause benutzte Sprachvarietät sein oder die offizielle Sprache des Herkunftslandes. Die Regierung übernahm im Großen und Ganzen die Vorschläge der Kommission einschließlich des Akronyms OALT, und 1998 wurde der Unterricht in allochthonen lebenden Sprachen gesetzlich festgelegt. Das Gesetz machte es möglich, OALT als Maßnahme zur Unterstützung des regulären Curriculums in den unteren Schuljahren, als sogenannte Sprachhilfe, und als extracurriculares Fach in allen Schuljahren zu organisieren. Als das Gesetz verabschiedet wurde, lag die Priorität eindeutig beim ‚Unterricht in der eigenen Sprache' als Fach. Die Sprachhilfe, für die OALT-Gelder zur Bekämpfung von Benachteiligung im Unterricht benutzt wurden, wurde als eine Alternative gesehen, die in den unteren Schuljahren die Möglichkeit bot, den verschiedenen Wünschen der Eltern entgegenzukommen.

Mit dem OALT-Gesetz kam die dreißigjährige Diskussion über die inhaltliche Zustimmung der ‚eigenen Sprache' zu einem vorläufigen Ende. Die sprachwissenschaftliche Position, derzufolge die ‚eigene Sprache', die Sprache der primären Sozialisation, also die ‚Muttersprache' ist, die pädagogische Position, dass der Unterricht in der eigenen Sprache nie die ihm zugeschriebenen oder davon erhofften Effekte haben kann, wenn es sich dabei um Unterricht in der offiziellen Sprache des Herkunftslandes handele, und die sprachpolitische Position hinsichtlich der Unhaltbarkeit einer Gleichsetzung von eigener und offizieller Sprache, haben letzten Endes Recht bekommen. Ohne die deskriptive Adäquatheit der Bezeichnung ‚allochthone lebende Sprachen' in Frage zu stellen, muss aber zugestanden werden, dass OALT die programmatische und werbende Kraft, die die Bezeichnung ‚eigene Sprache' in der Diskussion hatte, fehlte. OALT überzeugte nicht und im politischen, öffentlichen und wissenschaftlichen Diskurs wurde immer deutlicher die Position vertreten, dass auch der niederländische Bürger allochthoner Herkunft, wenn er Teil der niederländischen Gesellschaft sein möchte, auf jeden Fall Niederländisch können müsse. Ob er daneben noch eine andere Sprache beherrscht, gehe die Regierung im Grunde nichts an. Der Erwerb, die Beherrschung und der Erhalt der eigenen Sprache (und Kultur) mögen für die eigene Identität wichtig sein, konstitutiv für niederländische Staatsbürgerschaft seien sie aber keineswegs. Dafür sei die Beherrschung der niederländischen Sprache und Kultur die Norm. Diese Position ist mittlerweile von der Regierung in einer neuen und im Europäischen Vergleich sehr strengen Einbürgerungspolitik materialisiert worden. Der erste Satz der CONTOURENNOTA ‚HERZIENING VAN HET INBURGERINGSSTELSEL' (2004) lautet wie folgt: „Mitmachen in der niederländischen Gesellschaft beginnt bei der Beherrschung der niederländischen Sprache und Kenntnis der Werte und Normen hier."

Es ist unverkennbar so, dass die Vorschläge der CALO zur Gestaltung von OALT weniger erfolgreich waren als die des Wissenschaftlichen Rats für Regierungspolitik. Der Preis, der für das OALT-Gesetz bezahlt wurde, war letzten Endes die Marginalisierung des Unterrichts in der eigenen Sprache als Fach. Diese kritische Einsicht scheint für das Bild von OALT, das von EXTRA/MOL/DE RUITER (2001) präsentiert wurde, maßgebend gewesen zu sein.

Stadium	Onderbouw (1–4)		Bovenbouw (5–8)
Status	In schooltijd	Buiten schooltijd	Buiten schooltijd
Functie	Ondersteunend: gericht op het leren van Nederlands	Intrinsiek: gericht op het leren van allochtone talen zelf	Intrinsiek: gericht op het leren van allochtone talen zelf

Bild 4: Status und Funktion von OALT (EXTRA/MOL/DE RUITER 2001, S. 15)

Das Bild zeigt vor allem den Statusunterschied zwischen OALT als Sprachhilfe und OALT als Fach. Die Funktion von OALT als Fach ergibt sich nur außerhalb des Curriculums. Damit wird dem Fachunterricht im OALT-Gesetz ein geringerer Status als der Sprachhilfevariante zugewiesen, obwohl von der CALO gerade OALT als Fach hochgespielt wurde. Die Positionierung von OALT als Fach außerhalb des Curriculums verstärkt, so EXTRA/MOL/DE RUITER (2001, S. 15), die Vorstellung, dass die erste Funktion wichtiger sei als die zweite.

Obwohl dieses Bild also auf den ersten Blick eine objektive Schilderung des Inhalts des OALT-Gesetzes scheint, ist es in Wirklichkeit eine Kritik dieses Gesetzes. Das geht auch deutlich aus dem Kommentar der Autoren zum Bild hervor. Darin heißt es, dass die von der CALO vorgeschlagene Entkoppelung von Ethnizität und Förderbedürftigkeit im Gesetz nur teilweise übernommen und außerdem zweideutig ausgearbeitet worden sei. Auch die Bezeichnung der Funktion von OALT innerhalb der Klassen 1 bis 4 als „auf das Lernen des Niederländischen ausgerichtet" kann in diesem Sinne als Kritik begriffen werden, weil im Gesetz lediglich von einer Sprachhilfeunterstützung zur Erreichung der Ziele des Curriculums generell die Rede ist.

Das OALT-Bild von 2001 (Bild 4) war viel weniger erfolgreich als das OETC-Bild von 1982 (Bild 3). Das hängt meines Erachtens vor allem damit zusammen, dass in der Diskussion zum Unterricht in allochthonen lebenden Sprachen die Reihen viel weniger geschlossen waren als im Diskurs zum Unterricht in der eigenen Sprache. OALT hat nie die Kraft eines Slogans gehabt, und das Bild, das die Kritik hinsichtlich der gesetzlichen Umsetzung von OALT veranschaulichen sollte, wurde kaum wahrgenommen und schaffte es somit auch nicht, die Kritik zu mobilisieren.

Das vierte Bild: eigene Sprache als gewählte Sprache (2001–2004)

Es stellte sich bald heraus, dass die Implementierung von OALT als Sprachhilfe und als Fach außerhalb des Curriculums keine einfache Sache war. Die öffentliche Diskussion zum Unterricht in der eigenen Sprache, oft fälschlicherweise mit dem Akronym OET statt OALT belegt (übrigens auch ein Indiz dafür, dass das Akronym nie zum Schlagwort geworden ist), wurde weitergeführt. Sehr einflussreich war ein Zeitungsbeitrag von Paul SCHEFFER (2000) mit der Schlagzeile „Das multikulturelle Drama". In dem Artikel wird der Unterricht in der eigenen Sprache abgewertet und energisch für eine ‚Anpassung' und Niederländisch als Zweitsprache plädiert. SCHEFFERS Stellungnahme löste viele positive wie auch negative Reaktionen aus. So stellten Sprachwissenschaftler in einem gemeinsamen MANIFEST (2000) fest, dass sich in der öffentlichen Debatte über die multikulturelle Gesellschaft eine Tendenz zur Einsprachigkeit, für Niederländisch und gegen Mehrsprachigkeit, abzeichne. Das MANIFEST dagegen plädiert für ‚Mehrsprachigkeit als Ausgangspunkt und Ziel'. Was genau Mehrsprachigkeit in diesem Zusammenhang bedeutet, wird aber im MANIFEST – wie auch in der ähnlich lautenden „DECLARATION of Oegstgeest" (2001) – nicht konkretisiert. Es hat den Anschein, als sei hier versucht worden, einen neuen Slogan einzuführen, der soviel proklamatorische Kraft hat, dass Politik, Wissenschaft und Öffentlichkeit sich dahinter stellen. Der Wechsel im Diskurs vom Begriff ‚eigene Sprache' oder ‚Muttersprache' über ‚allochthone lebende Sprache' zu dem der ‚Mehrsprachigkeit' scheint aber keineswegs selbstverständlich und wird sicher nicht nur durch die einfache Proklamation des Begriffs ‚Mehrsprachigkeit' erreicht.

Im Verlauf der Debatte sind dann einige keineswegs positive Evaluationsberichte zur OALT-Praxis erschienen (ALGEMENE REKENKAMER 2001; TURKENBURG 2001). Die Regierung nahm dies zum Anlass, den Unterrichtsrat zu bitten, ein Gutachten bezüglich „des Beitrags des Unterrichts in der eigenen Sprache zur Integration und Partizipation von allochthonen in der niederländischen Gesellschaft" zu verfassen (ONDERWIJSRAAD 2001, S. 9). In seinem Bericht „Zusammen zur Sprachenschule" schlägt der Rat vor, Sprachhilfepolitik und OALT-Politik zu trennen, dem Unterricht in der eigenen Sprache eine eigenständige Stellung außerhalb des Unterrichts zu geben und ihn für alle Schüler, nicht nur für Schüler bestimmter Bevölkerungsgruppen, zugänglich zu machen. In diesem Sinne hat der Rat vorgeschlagen, die Bezeichnung OALT durch *„Onderwijs in nieuwe moderne vreemde talen"* (Unterricht in neueren modernen Fremdsprachen) zu ersetzen. Dieses Sprachangebot würde es allen Schülern möglich machen, an einer Sprachenschule Unterricht in einer von ihnen selbst gewählten Sprache zu besuchen. Damit ergab sich eine Akzentverschiebung im Diskurs von ‚eigene oder allochthone Sprache' hin zu ‚gewählte Sprache'.

Die Regierung konnte nicht mehr auf das Gutachten des Rats reagieren, da sie 2002 demissioniert hat. Die neue Regierung, eine rechte Koalition aus CDA, LPF und VVD, stellte allerdings schon im Juli 2002 in einem Vorpapier zu ihrer Regierungserklärung ihre Position zum Unterricht in der eigenen Sprache unmissverständlich dar: „OALT wird abgeschafft", hieß es dort (STRATEGISCH AKKOORD 2002, S. 12). Ein im September 2002 von Wissenschaftlern und Politikern veröffentlichtes *„Manifest over meertaligheid als meerwaarde voor alle leerlingen"* (Manifest über Mehrsprachigkeit als Mehrwert für alle Schüler) plädierte noch einmal „für Mehrsprachigkeit für alle Kinder und für eine gleichwertige Stellung aller Sprachen im Unterricht" mit dem Ziel, dass im Curriculum der Grundschule neben Niederländisch und Englisch „Unterricht in einer dritten Sprache nach Wahl für alle Kinder" aufgenommen werden sollte (MANIFEST 2002, S. 1). Dieser Vorschlag wurde von Guus EXTRA (2004) in Bild 5 umgesetzt.

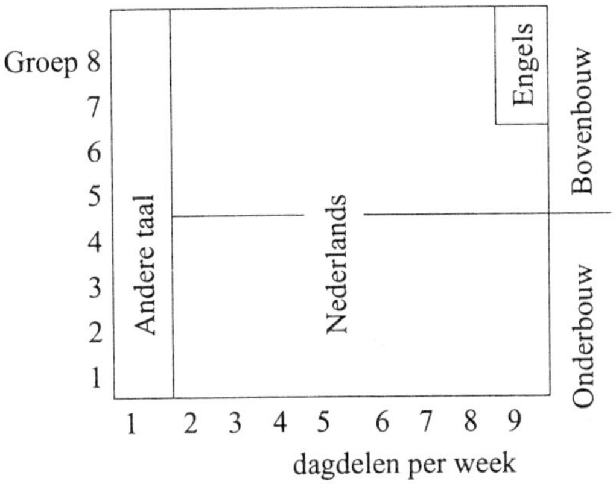

Bild 5: Modell für dreisprachigen Unterricht in der Grundschule (EXTRA 2004, S. 11)

In diesem Modell, so EXTRA, liegt der Hauptakzent auf Niederländisch als Unterrichtssprache und Fach. Für alle Schüler gelten dieselben Endziele, die gegebenenfalls über verschiedene Lernwege erreicht werden können. Englisch als Fach ist für die Schüler in den Gruppen 7 und 8 gedacht und in einem bestimmten Stundenanteil pro Woche wird allen Gruppen eine dritte Sprache angeboten. Diese Sprache kann aus einer von jeder Gemeinde festzulegenden, variablen Liste von Sprachen ausgewählt und – immer unter Aufsicht der Schulaufsichtsbehörde – angeboten werden. Die Liste ergibt sich aus Elternbefragungen, aus der Nachfrage in der jeweiligen Schule oder einer örtlichen Sprachenschule. Auch wenn man zwischen den Zeilen des MANIFESTS lesen kann, dass die Verfasser als dritte Sprache eine allochthone lebende Sprache bevorzugen, stellt es im Prinzip eine Bestätigung und Konkretisierung der neuen Perspektive dar, die vom Unterrichtsrat in den Diskurs zum Unterricht in der eigenen Sprache eingeführt wurde: nicht länger die eigene Sprache, die Muttersprache oder allochthone lebende Sprache und alle damit einhergehenden ideologischen, pädagogischen, linguistischen und sprachpolitischen Konnotationen, sondern die von den Schülern selbst gewählte dritte Sprache bildet die Basis für den Erwerb des Sprachkapitals, das in der heutigen Gesellschaft Mehrwert bedeutet. Bild 4 ist erst vor Kurzem veröffentlicht worden. Über seinc Rezeption sind daher noch keine Aussagen möglich.

Die Regierung musste zurücktreten, bevor sie den Plan zur Abschaffung von OALT ausführen konnte. Die neue Regierung, eine Koalition aus CDA, VVD und D66, war in Sachen Integrationspolitik allerdings der gleichen Ansicht. Deshalb gibt es seit dem ersten August 2004 in den Niederlanden keinen gesetzlich gesicherten Unterricht in der eigenen Sprache mehr.

Ein Bild, das die Vorschläge des Unterrichtsrats illustriert, existiert nicht. Es wirkt wie eine Ironie, dass der Umschlag des Gutachtens des Rats als Verzierung einige vom Winde zerzauste Pusteblumen zeigt: Treffender hätte die letzte Station der Entwicklung des Unterrichts in der eigenen Sprache in den Niederlanden wohl kaum illustriert werden können.

Zwei letzte Bilder

Die bisher gezeigten vier Bilder waren alle in zweifacher Hinsicht niederländisch: Sie wurden von Niederländern entworfen und beziehen sich auf niederländische Begebenheiten und Sachverhalte. Natürlich gibt es auch fremde Bilder: Bilder von Nicht-Niederländern und/oder über nicht-niederländische Zustände. Zwei solche Bilder möchte ich hier zum Schluss als weiteren Gedankenanstoß kurz zeigen.

Das erste Bild ist von dem viel zu früh verstorbenen Willem FASE. Es findet sich in seiner vergleichenden Studie über den Unterricht in der eigenen Sprache in den Vereinigten Staaten, in England, Deutschland, Frankreich, Belgien und Schweden (FASE 1987). Dieses Bild ist anders als die oben vorgestellten Bilder, da es nur deskriptiv sein soll. Es zeigt ganz deutlich die in der politischen und ideologischen Diskussion, wie sie oben vorgestellt wurde, oft verzerrten Unterschiede zwischen den verschiedenen Inhalten und Formen des Unterrichts in der eigenen Sprache.

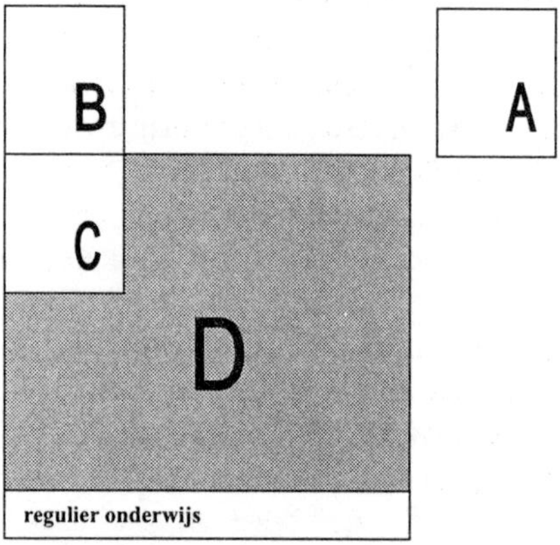

Bild 6: Unterricht in der eigenen Sprache vom Rande zum Kern des Curriculums (FASE 1987, S. 92)

Typ A bezeichnet FASE als Parallelunterricht: Er wird unabhängig vom Staat, zum Beispiel von den Minderheiten selbst organisiert. Typ B bezeichnet er als additiven Unterricht: Das reguläre Curriculum ist für alle Schüler Pflicht und für bestimmte Gruppen besteht die Möglichkeit, Unterricht in der eigenen Sprache zu erhalten. Typ C repräsentiert das Ersatzmodell: Der Unterricht in der eigenen Sprache ist ein – immer noch abgegrenzter – Teil des regulären Curriculums, der für bestimmte Gruppen an Stelle von anderen Fächern erteilt wird, oder als Wahlfach für bestimmte Gruppen oder alle Schüler zugänglich ist. Typ D ist im Kern des Curriculums angesiedelt und wird als bilingualer Unterricht bezeichnet: Die eigene Sprache wird in bestimmten Fächern als Unterrichtssprache benutzt.

FASES Bild ist einfach, einleuchtend und analytisch adäquat. Es hätte, wäre es allgemeiner rezipiert worden als es der Fall war, auch in der niederländischen Diskussion eine bedeutende Rolle spielen können und hätte dieselbe möglicherweise schneller auf den Punkt gebracht (auch wenn FASE auf der vorletzten Seite seiner Studie feststellt, dass seine Erwägungen, weil er nicht normativ sein will, kaum in Empfehlungen an wen auch immer münden können).

Das letzte Bild, das ich zeigen möchte, ist, wenn ich mich recht erinnere, von Fritz WITTEK. Er war es jedenfalls, der es während einer Tagung von *ECCE Interkulturell* – einer Expertengruppe, die unter der Leitung von Hans Reich 1986–1989 von der Europäischen Kommission mit einer unabhängigen vergleichenden Evaluation von EG-Modellversuchen zum Unterricht der Kinder von Wanderarbeitnehmern beauftragt wurde (REID/REICH 1992) – in Brüssel an die Tafel malte.

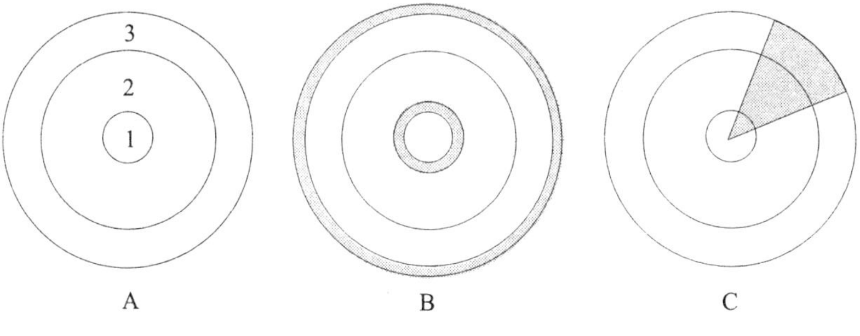

Bild 7: Mehrsprachiger Unterricht im Kreis (WITTEK)

WITTEKS Bild, wie ich es in Erinnerung habe, ist ästhetisch und inhaltlich tadellos. Es zeigt den Unterricht als drei konzentrische Kreise (Bild 7A). Der innere Kreis enthält die wichtigen Fächer wie Sprache und Rechnen (1), der mittlere Kreis die Sachfächer wie Geschichte oder Biologie (2) und der äußere Kreis Fächer wie Zeichnen oder Gymnastik (3). In diesem sofort erkennbaren Zusammenhang wird der Unterricht in der eigenen Sprache als Fach auf zwei verschiedene Weisen visualisiert. Einmal als zusätzlicher konzentrischer Kreis am Rande, d.h. als marginales Fach und einmal als konzentrischer Kreis zwischen Kern und Sachfächern, d.h. als wichtiges Fach (Bild 7B). Die eigene Sprache als Unterrichtssprache wurde von WITTEK visualisiert als eine Art von Tortenstück, das sich mit der Spitze im Kern des Curriculums befindet und mit der breiten Seite am Rande (Bild 7C). Wo der Unterricht in der eigenen Sprache als Fach immer (mehr oder weniger) vom Rest des Curriculums isoliert ist, greift die Benutzung der eigenen Sprache als Unterrichtssprache, das heißt als eine Form des bilingualen Unterrichts, direkt in das Curriculum und alle darin enthaltenen Fächer ein, wenn auch in den Kernfächern weniger als in den anderen Fächern.

Eine Visualisierung des Unterrichts in der eigenen Sprache als separater Kreis außerhalb des Schulcurriculums (vgl. FASES Typ A), die auch möglich gewesen wäre, fehlte damals in WITTEKS Bild. Und dafür gibt es Gründe. Auch wenn die meisten EG-Modellversuche den Unterricht in der eigenen Sprache als Fach betrafen, galten innerhalb *ECCE Interkulturell* eher Formen des bilingualen Unterrichts als erstrebenswert. Das Tortenstück fand daher, gerade wegen des interkulturellen Mehrwerts der viel stärkeren Position der eigenen Sprache, wenn sie auch als Unterrichtssprache und nicht nur als Fach benutzt wird, mehr Anklang als die konzentrischen Kreise. WITTEK (1992, S. 11, 12) schreibt dazu:

> "If intercultural education is about fundamental revision of the whole of the curriculum, designed to allow education to reflect accurately the needs and potential of all the groups its serves, then education for bilingualism should be seen as one part of that wider framework of intercultural education as a whole. The case for bilingual education can be deduced from the basic idea that schools have an obligation to respond to and develop the educational potential of every individual child. (...) If we emphasise the idea of putting bilingualism on the agenda of the education systems, rather than putting mother tongue teaching on to the timetable of the schools, we will see that the target is for bilingualism to be taken into account right across the whole of the curriculum, and not for mother tongue teaching to be confined to a marginal, low status area of the curriculum."

Gerade in der potenziellen Brisanz des Tortenstücks für eine prinzipielle Innovation des ganzen Unterrichts im interkulturellen Sinne scheint mir die Erklärung dafür zu liegen, dass der bilinguale Unterricht – den es zum Beispiel in den Niederlanden eigentlich nur versuchsweise und sehr beschränkt gegeben hat – mittlerweile fast kaum mehr existiert. Dass den Unterricht in der eigenen Sprache als Fach dasselbe Schicksal erwartet oder schon getroffen hat wie zum Beispiel in den Niederlanden, wo er, wie gesagt, 2004 abgeschafft wurde, ist ein Indiz für die heutzutage in vielen Staaten als Variante von *English only* verfolgter Politik, die immer mehr und immer deutlicher auf Einsprachigkeit und Assimilation zielt. Es ist zu befürchten, dass die von mir 1998 in der Zeitschrift „Deutsch lernen" noch befürwortete Selbstverständlichkeit von Mehrsprachigkeit neben der Selbstverständlichkeit vom Niederländischen (KROON

1998) damit endgültig ins Hintertreffen gerät – auch wenn die Mantra, der zu Folge Mehrsprachigkeit für Europa und die europäischen Bürger wichtig sei, derzeit jedem Europolitiker auf den Lippen liegt. Es gibt noch viel zu tun – und Hans Reich wird uns dabei hoffentlich weiter unterstützen.

Literatur

ALGEMENE REKENKAMER (2001): Onderwijs in Allochtone Levende Talen (OALT). 10. April 2001.

BELEIDSPLAN CULTURELE MINDERHEDEN IN HET ONDERWIJS (1981): – 's-Gravenhage: Ministerie van Onderwijs en Wetenschappen.

CALO (1992): Ceders in de tuin. Naar een nieuwe opzet van het onderwijsbeleid voor allochtone leerlingen. Rapportage van de Commissie Allochtone Leerlingen in het Onderwijs. Deel een. – 's-Gravenhage: Ministerie van Onderwijs en Wetenschappen.

CONTOURENNOTA ‚HERZIENING VAN HET INBURGERINGSSTELSEL' (2004): Anlage zu einem Brief vom Minister für Ausländerangelegenheiten und Integration an das Parlament vom 23. April 2004 (dds5283594/04).

DECLARATION (2001): Declaration of Oegstgeest (the Netherlands): moving away from a monolingual habitus. In: Extra, G./Gorter, D. (Eds.): The Other Languages of Europe. Demographic, Sociolinguistic and Educational Perspectives. – Clevedon, S. 447–449.

EIGEN TAAL ALS ONDERDEEL VAN GEÏNTEGREERD TALENONDERWIJS. Beleidsnotitie (1991). – 's-Gravenhage: Ministerie van Onderwijs en Wetenschappen.

EXTRA, G. (1982): Taalminderheden en onderwijs in vergelijkend perspectief. Levende Talen, 368, S. 2–11.

EXTRA, G. (2004). De omgang met taaldiversiteit in multicultureel Europa. In Aarts, R./Broeder, P./Maljers, A. (Ed.), Jong geleerd is oud gedaan. Talen leren in het basisonderwijs. – Alkmaar: Europees Platform voor het Nederlands Onderwijs.

EXTRA, G./MOL, T./DE RUITER, J. (2001): De status van allochtone talen thuis en op school. – Tilburg.

FASE, W. (1987): Voorbij de grenzen van onderwijs in eigen taal en cultuur. Meertaligheid op school in zes landen verkend. – 's-Gravenhage/Rotterdam.

GUEVARA, E.C. (1968): Bolivianisches Tagebuch. – München: Trikont.

HOFFMANN, H. (1900): Der Struwwelpeter: oder lustige Geschichten und drollige Bilder für Kinder von 3–6 Jahren. – Frankfurt a. M.

KROON, S. (1998): Plädoyer für die Selbstverständlichkeit von Mehrsprachigkeit. Deutsch lernen, Heft 1, S. 46–58.

KROON, S. (2003): Mother Tongue and Mother Tongue Education. In: Bourne, J./Reid, E. (Eds.): Language Education. World Yearbook of Education 2003. – London, S. 35–48.

KROON, S./Sturm, J. (1994): Das nationale Selbstverständnis im Unterricht der Nationalsprache: Der Fall der Niederlande. Eine Vorstudie. In: Gogolin, I. (Hg.): Das nationale Selbstverständnis der Bildung. – Münster/New York, S. 161–192.

KROON, S./Sturm, J. (2003): Eigen taal. Een gebruiksanalyse in taalbeleidsdocumenten over onderwijs aan allochtone leerlingen vanaf 1970. In: Thema's en trends in de sociolinguïstiek 4. Toegepaste Taalwetenschap in Artikelen, 70, 2, S. 147–159.

KROON, S./VALLEN, T. (1994): Konsequenzen von Mehrsprachigkeit für den Sprachunterricht. Osnabrücker Beiträge zur Sprachtheorie, Heft 48, S. 79–100.

LUCASSEN, L./KÖBBEN, A.J.F. (1992): Het partiële gelijk: controverses over het onderwijs in de eigen taal en cultuur en de rol daarbij van beleid en wetenschap (1951–1991). – Amsterdam/Lisse.

MANIFEST (2000): Het Multiculturele Voordeel: Meertaligheid als Uitgangspunt. Taalkundig Manifest. In: Verslag van het debat ‚Het Multiculturele Voordeel: Meertaligheid als Uitgangspunt' 23 juni 2000, Trippenhuis, KNAW, Amsterdam. – Utrecht/Amsterdam, S. 11–14.

MANIFEST (2002): Manifest over meertaligheid als meerwaarde voor alle leerlingen. (Kopie)

NIEUWENHUIS, G. J. (1925): Bronnenboek voor het nieuwe taalonderwijs in Indië. – Groningen/Den Haag/Weltevreden.

NOTA BUITENLANDSE WERKNEMERS (1970): Tweede Kamer Zitting 1969–1970, 10504, nr. 2, d.d. 14 januari 1970.

NOTITIE ONDERWIJS IN EIGEN TAAL EN CULTUUR (1983): Tweede Kamer Vergaderjaar 1983–1984, 16 825, nr. 5. – 's-Gravenhage, d.d. 27 oktober 1983.

REID, E./REICH, H.H. (Eds.) (1992): Breaking the Boundaries. Migrant Workers' Children in the EC. – Clevedon.

ONDERWIJSRAAD (2001): Samen naar de Taalschool. Nieuwe moderne vreemde talen in perspectief. – Den Haag.

SCHEFFER, P. (2000): Het multiculturele drama. NRC-Handelsblad, 29. Januar 2000.

STRATEGISCH AKKOORD (2002): Strategisch akkoord voor kabinet CDA, LPF, VVD. Werken aan vertrouwen, een kwestie van aanpakken. 3 juli 2002. (Kopie)

TURKENBURG, M. (2001): Onderwijs in allochtone levende talen. Een verkenning in zeven gemeenten. – Den Haag: Sociaal en Cultureel Planbureau.

VAN DEN BOSCH, J.H. (1893): Pleidooi voor de Moedertaal, de Jeugd en de Onderwijzers. – Groningen.

WRR (1989): Allochtonenbeleid. Rapporten aan de Regering 36. – 's-Gravenhage.

WITTEK, F. (1992): The Historical and International Context for Current Action on Intercultural Education. In: Reid, E./Reich, H.H. (Eds.): Breaking the Boundaries. Migrant Workers' Children in the EC. – Clevedon, S. 1–14.

Michael Damanakis

Entstehung von „Parallelgemeinden“ und „Parallelnetzen“ und ihre bildungspolitische Rolle: Das Beispiel der griechischen Privatschulen in Nordrhein-Westfalen.

Vor genau 26 Jahren lernte ich im Rahmen eines Fortbildungsseminars für griechische Lehrer in Nordrhein-Westfalen die damalige ALFA-Triade, Hohmann/Reich/ Boos-Nünning, sowie andere ALFA-Kolleginnen und -Kollegen kennen. Kurz danach, im Sommersemester 1979, bekam ich auf Vorschlag von Hans H. Reich einen Lehrauftrag an der damaligen PH Neuss und anschließend wurde ich einer der Hauptmitarbeiter des Aufbaustudienganges „Lehrer für Kinder mit fremder Muttersprache“, der von der EWH Landau und der Universität Mainz getragen und von Hans H. Reich geleitet wurde. Seitdem existiert zwischen uns nicht nur eine kontinuierliche Kooperation, sondern auch eine tiefe Freundschaft. Der Vorschlag, zur vorliegenden Festschrift beizutragen, war mir daher mehr als willkommen.

In den 1970er Jahren fand in Nordrhein-Westfalen (NRW) auf Druck der griechischen Elternvereine ein Umwandlungsprozess der Vorbereitungsklassen in Kurzform (Verbleibdauer bis zwei Jahre) zu Vorbereitungsklassen in Langform (Verbleibdauer vier oder sechs Jahre) statt. Dieser Umwandlungsprozess bereitete den Boden für die Einrichtung von griechischen Privatschulen zu Beginn der 1980er Jahre durch die damalige griechische PASOK-Regierung (PASOK = Panhellenische Sozialistische Bewegung).

Seitdem existieren in Nordrhein-Westfalen so wie in anderen Bundesländern zwei Hauptformen von griechischem Unterricht: der Unterricht in den genannten Privatschulen, in denen die Schüler ihre Schulpflicht erfüllen, und der Muttersprachliche Zusatzunterricht für die in den deutschen Regelklassen integrierten griechischen Schüler. Der erste wird von den griechischen diplomatischen Vertretungen beaufsichtigt, während der Muttersprachliche Unterricht der nordrhein-westfälischen Schulaufsicht unterliegt.

Laut Statistiken der griechischen Botschaft und des griechischen Generalkonsulats in Düsseldorf sowie des Kultusministeriums besuchten in NRW im Schuljahr 1997/98 13.096 griechische Schüler allgemeinbildende deutsche Regelklassen des Primar- und Sekundarbereichs, während in den griechischen Privatschulen 2.956 Schüler unterrichtet wurden. Im selben Schuljahr besuchten auf Bundesebene 7.507 Schüler griechische Privatschulen und 31.520 Regelklassen in den deutschen allgemeinbildenden Schulen (s. hierzu die Analysen von DAMANAKIS 1999 und 2003).

Gegenstand des vorliegenden Beitrags sind zwei Untersuchungen, die in den Jahren 1986 und 1998 in den genannten zwei Schulformen in Nordrhein-Westfalen durchgeführt worden sind.

Im Jahre 1986 habe ich eine Befragung in den griechischen Privatschulen von Düsseldorf und Wuppertal sowie in einer Reihe von Muttersprachlichen Kursen des Landes durchgeführt. Sie bezog sich auf die Rahmenbedingungen des Unterrichts, die Einstellung der Schüler gegenüber dem Muttersprachlichen Unterricht, den Sprachgebrauch der Schüler in verschiedenen Kommunikationssituationen und auf besondere Bildungsprobleme.

Im Jahre 1998[1] wurde eine follow-up Erhebung durchgeführt[2], deren Ziel es war zu untersuchen, ob und welche Änderungen in der Zwischenzeit von zwölf Jahren stattgefunden haben. Folgende Entwicklungen waren festzustellen:

In den 1990er Jahren fand eine neue Wanderung aus Griechenland nach Deutschland statt, die zu einem Anwachsen der griechischen Bevölkerung in Deutschland von 320.200 (1990) auf 365.400 (2000) führte. Die Familien der Neu-Einwanderer schickten ihre Kinder mehrheitlich auf die griechischen Privatschulen. Im Jahre 1998 waren 42 % der Väter und 45 % der Mütter der Kinder in den griechischen Privatschulen in Düsseldorf und Wuppertal Neu-Einwanderer.[3] So stieg sowohl das durchschnittliche Bildungsniveau der Eltern als auch ihr Berufsstatus. Insbesondere nahm die Zahl der Selbständigen auf 30 % der Väter zu. Die Selbständigen und die Angestellten waren stark auf Rückwanderung orientiert und betrachteten ihren Aufenthalt in Deutschland als provisorisch. Der Grund für die Wahl der griechischen Privatschulen war in der Regel die besondere und im Vergleich zur Aufnahmeprüfung der Absolventen in Griechenland leichtere Aufnahmeprüfung in die griechische Universität für Absolventen der griechischen Lyzeen in Deutschland. Die Eltern legitimierten aber zugleich ihre Entscheidung für die griechischen Privatschulen kulturell und ideologisch.

Im Zeitraum zwischen 1986 und 1998 lässt sich im Hinblick auf den Gebrauch der deutschen und der griechischen Sprache eine unterschiedliche Entwicklung in den griechischen Privatschulen und den Muttersprachlichen Kursen beobachten: In ersteren ging der Gebrauch der deutschen Sprache als Kommunikationscode zwischen den

---

1 Sowohl die Untersuchung von 1986 als auch jene von 1998 wurden im Rahmen von Bildungsprojekten, die von der EU und dem griechischen Erziehungsministerium finanziert wurden und sich auf die Bildung der griechischen Kinder im Ausland bezogen, durchgeführt.

2 Stichproben von Schülern und Eltern in den griechischen Privatschulen von Düsseldorf und Wuppertal:
1986: Düsseldorf: 171 Schüler der Klassen 4 bis 6, 155 Eltern; Wuppertal: 189 Schüler, 111 Eltern.
1998: Düsseldorf: 162 Schüler der Klassen 4 bis 6, 80 Eltern; Wuppertal: 151 Schüler, 122 Eltern.

3 Als Neu-Einwanderer werden jene Personen bezeichnet, die weniger als zehn Jahre in Deutschland lebten.

Kindern und mit ihren Eltern zugunsten des Griechischen zurück. Der Gebrauch des Griechischen nahm in der Zwischenzeit so stark zu, dass die griechische Sprache fast der ausschließliche Kommunikationscode in der Familie und in der Schule wurde. Im Gegensatz dazu kommunizierten die Schüler der Muttersprachlichen Kurse untereinander und mit ihren Eltern hauptsächlich in Deutsch, der Gebrauch des Deutschen nahm zu Lasten des Griechischen zu.

In der gleichen Zeit ging der Prozentsatz der Schüler in den Muttersprachlichen Kursen zurück, so dass im Jahre 1998 nur noch 53 % der griechischen Schüler, die deutsche Regelklassen besuchten, zugleich in den Muttersprachlichen Kursen Griechisch lernten, während im Jahre 1986 der entsprechende Prozentsatz noch ca. 70 % betragen hatte.

Die Schülerinnen und Schüler der beiden Schulformen unterscheiden sich demnach in mehrerer Hinsicht: Die Schüler der griechischen Privatschulen sind zum großen Teil Kinder von Neu-Einwanderern, besuchen von Anfang an und ausschließlich griechische Schulen, kommunizieren in der Regel in Griechisch und nur selten in beiden Sprachen, sind an ihre Kolonie gebunden und orientieren sich stark nach Griechenland (Rückkehrwunsch). Die gleichaltrigen Griechen in den Muttersprachlichen Kursen sind dagegen in der Regel in Deutschland geboren und aufgewachsen, besuchen deutsche Schulen, kommunizieren in der Regel in beiden Sprachen oder nur in Deutsch. Sie orientieren sich zwar nicht nach Griechenland im Sinne eines „Rückkehrwunsches“, pflegen aber Beziehungen zu Griechenland und haben eine starke emotionale Bindung an die griechischen Kultur.

Die Schülerinnen und Schüler der Muttersprachlichen Kurse bewegen sich zwischen zwei Schul- und soziokulturellen Systemen und sind in diesem Sinne interkulturell orientiert, während die Schüler der griechischen Privatschulen sich in einem sozialen Feld bewegen, das sich rund um diese Schulen gebildet hat. Ich bezeichne diese als „Parallelgemeinden“ (s. hierzu auch DAMANAKIS 2003).

„Parallelgemeinden“

Um die Gründe zu analysieren, die zur Bildung von „Parallelgemeinden“ im Umfeld der griechischen Privatschulen geführt haben, sollen zunächst die Begriffe Kolonie (παροικία) und Gemeinde (κοινότητα) erörtert werden. Den Begriff Kolonie verstehe ich als Instrument zur Beschreibung und Analyse einer Menge von Personen, die in einer Region außerhalb des Herkunftslandes leben und sich selbst aufgrund von ethnokulturellen und/oder religiösen Charakteristika als verschieden von der herrschenden sowie von anderen ethnokulturellen Gruppen definieren. Die reale oder virtuelle ethnokulturelle Differenz dient zugleich als Differenzierungskategorie zur Abgrenzung von anderen Gruppen und als Identifizierungskategorie mit der eigenen sowie der Herkunftsgruppe.

Jede Person, die sich als Trägerin derselben ethnokulturellen Charakteristika wie die der Kolonie versteht, gehört zur Kolonie, unabhängig vom Grad der Teilnahme und Mitwirkens im Kolonieleben. Der Zusammenschluss der Koloniemitglieder in Organisationen aufgrund von speziellen Subcharakteristika, wie beispielsweise ethnoregionale (Verein der Kreter, der Makedonier u.s.w.), soziale, ökonomische, politische (griechische Zivilgemeinde), religiöse (Griechisch-Orthodoxe Gemeinden), berufliche (Berufsverbände) oder andere gemeinsame Interessen (Sportvereine, Elternvereine u.s.w.) führt zur Formierung von Gemeinden.

Im Gegensatz zur Kolonie, die locker organisiert ist, sind Gemeinden durch eine gewisse Intimität und aktive Teilnahme ihrer Mitglieder sowie durch eine straffe Strukturierung charakterisiert. Während die Kolonie in vieler Hinsicht heterogen ist, decken die Gemeinden in der Regel nur einen Sektor der sozialen, ökonomischen, kulturellen und politischen Lebensbedürfnisse ab und wirken dadurch homogener.

Aus dieser Definition ergibt sich, dass eine Kolonie aus vielen Gemeinden, oder anders formuliert, aus vielen Organisationen besteht, die jeweils einen Teil der Koloniebedürfnisse befriedigen. Sobald eine Organisation sämtliche Bedürfnisse der Kolonie zu befriedigen versucht und als alleinige Sprecherin und Vertreterin der Kolonie zu fungieren beansprucht, kommt es zu internen Konflikten. Klassische Beispiele solcher Koloniekonflikte sind die Konflikte zwischen den griechischen „Zivilgemeinden“ und den „Kirchengemeinden“ in Australien (TAMIS 2001), teilweise auch in Kanada (KONSTANTINIDIS 2004) und in Deutschland (DAMANAKIS 1987, S. 65 ff).

Obwohl die griechisch-orthodoxe Kirche vor der Bildung der Kolonien existierte und in ihre Kirchengemeinden fast alle Griechen einbezieht, kann auch sie nicht als die alleinige Sprecherin und Griechenvertreterin gegenüber den Institutionen des Herkunfts- und Aufnahmelandes agieren. Ebenso ist sie nicht in der Lage, alle Bedürfnisse der Koloniemitglieder zu befriedigen. Sie werden in der Regel durch die jeweils zuständigen Institutionen des Herkunftslandes und vor allem des Aufnahmelandes befriedigt. Trotz der obigen Einschränkungen ist die griechisch-orthodoxe Kirche die einzige Instanz in Deutschland, die wenigstens in Hinsicht auf die Religiosität fast alle Griechen vertreten und somit als eine Art universalistische Instanz fungieren kann.

Die Interventionsmöglichkeiten der Kirche könnten zu der Annahme führen, dass die Kirche einer der Hauptfaktoren zur Bildung von „Parallelgemeinden“ sei. Bevor auf diese Annahme eingegangen wird, soll aber das Verhältnis zwischen den Begriffen „Kolonie“ (παροικία), „Parallelgesellschaften“ und „Parallelgemeinden“ geklärt werden.

Der Begriff „Parallelgesellschaft“ wird in Deutschland in unmittelbarem Zusammenhang mit der Ausländerpräsenz diskutiert (OBERNDÖRFER 2001, BIELEFELDT/HEITMEYER 2000, HEITMEYER/MÜLLER/SCHRÖDER 1997, MÜLLER-MAHL 2000), was auch für den Begriff „Kolonie“ der Fall ist (z.B. HECKMANN 1981 und 1991).

Nach HECKMANN (1991, S. 26) wird eine Kolonie konstruiert, damit sie bestimmte Bedürfnisse vor allem der ersten Migrantengeneration befriedigt. Sie kann aber auch Ergebnis einer Transferierung von bereits existierenden sozialen Beziehungen und Netzen im Herkunftsland auf das Aufnahmeland sein (HECKMANN 1994, S. 149; MÜLLER-MAHL 2000). Obwohl die Kolonie außer der Wärme und dem Sicherheitsgefühl, die sie den Koloniemitgliedern gibt, auch materielle Bedürfnisse befriedigen und zugleich als Sozialisationsinstanz funktionieren kann, stellt sie „keine selbstgenügsame oder gar autonome Gesellschaft" (HECKMANN 1994, S. 150) dar, sondern fungiert als eine „Zwischenwelt" zwischen der Herkunfts- und der Aufnahmegesellschaft.

Im Gegensatz hierzu scheint der Begriff „Parallelgesellschaft" eine Situation beschreiben zu wollen, in der „ein großer Teil der Subjektbedürfnisse innerhalb der Gemeindegrenzen und zwar mit eigenen Mitteln der betreffenden Gemeinde befriedigt wird" (GOTOWOS 2002, S. 8).

Von besonderem Interesse ist, dass der Begriff „Parallelgesellschaften" in Deutschland in unmittelbarem Zusammenhang mit der Einrichtung und Funktion von Moscheezentren in großen Ballungsgebieten, wie Berlin, Dortmund, Mannheim, diskutiert wird. Die Einrichtung von solchen religiösen Zentren scheint mit einer gewissen Angst der einheimischen Bevölkerung verbunden zu sein, denn „der Kampf um kulturelle bzw. religiöse Identität ist zugleich ein Kampf um kulturelles Heimatrecht" (BIELEFELD/HEITMEYER 2000, S. 255). Mit religiösen Gemeinden als Kerne von „Parallelgesellschaften" scheint in den Augen der einheimischen Bevölkerung mehr als Institutionen zur Befriedigung religiöser Bedürfnisse verbunden zu werden; sie stellen in ihren Augen „parallele", d.h. autonome und vom Gesellschaftskörper abgetrennte Gesellschaften dar. Dies sei negativ zu beurteilen, weil dadurch die Gesellschaft zersplittert und der Gesellschaftszusammenhang bedroht werde.

Auf der anderen Seite gibt es die Argumentation, wonach die Existenz von Parallelgesellschaften kein neues Phänomen sei. Diese seien sogar legitim, solange die Aufnahmegesellschaft gewisse Bedürfnisse einer ethnischen und/oder religiösen Gruppe nicht befriedige (s. z.B. OBERNDÖRFER 2001, S. 21 ff.).

Gemäß einer dritten Auffassung hinge die Konzentration von ethnischen Gruppen in bestimmten Wohnvierteln mit der Armut und der sozialen Ungleichheit unmittelbar zusammen und solle daher in diesem Sinne analysiert und verstanden werden (BOOS-NÜNNING 2002).

Wenn man „Parallelgesellschaften" als eine Menge von Personen bezeichnet, die institutionell und sozial so organisiert sind, dass sie völlig oder teilweise mit eigenen Mitteln ihre ökonomischen, sozialen, kulturellen und politischen Bedürfnisse befriedigen können, ist es offensichtlich, dass solche Gesellschaften tatsächlich in Ländern wie Kanada, der Schweiz oder Belgien existieren. Dagegen hat der Begriff der Parallelgesellschaft in Ländern, die wie Deutschland im Sinne eines einheitlichen Nationalstaates organisiert und zugleich multikulturell sind, keine reale Basis und spiegelt vielmehr die Einstellungen, Vorurteile und Stereotypen der Majoritätsgruppe wider.

Aus dieser Analyse ergibt sich also, dass die Begriffe *Kolonie* und *Parallelgesellschaft* nicht identisch sind. Der Klarheit wegen benutze ich weiterhin den Begriff *Kolonie*, so wie er oben definiert wurde. Um hingegen Prozesse zu beschreiben, die zur Autonomie und Segregation innerhalb der Gesamtgesellschaft führen, verwende ich den Begriff *Parallelgemeinde.* Er soll eine Teilmenge von Koloniemitgliedern bezeichnen, die aufgrund von bestimmten Kriterien und Interessen institutionell und sozial so organisiert sind, dass sie mit eigenen Mitteln teilweise oder vollständig bestimmte Teilbedürfnisse befriedigen können.

Eine Kolonie kann demnach sowohl aus Gemeinden bzw. Organisationen bestehen, die ihren Mitgliedern zur Integration verhelfen, als auch aus Parallelgemeinden, die ihre Mitglieder zur Segregation hin bewegen.

Griechische Kolonien und die griechisch-orthodoxe Kirche in Deutschland

Sowohl in Düsseldorf als auch in Wuppertal existieren außer der griechisch-orthodoxen Kirche, die über eigene Kulturzentren (πνευματικά κέντρα) verfügt, gut organisierte Zivilgemeinden, Elternvereine, Sport- und Kulturvereine, ethnoregionale Vereine (z.B. Verein der Kreter) sowie andere Interessengemeinschaften. Alle diese Organisationen treten nicht mit dem Anspruch auf, alle Bedürfnisse ihrer Mitglieder zu befriedigen, wozu sie weder finanziell noch von ihrem institutionellen Status und ihrer Organisation her in der Lage sind. Der institutionelle Status, die Struktur und vor allem die Ressourcen der einzelnen Organisationen und der Kolonien als Ganzes reichen keinesfalls zur vollständigen Bedarfsdeckung ihrer Mitglieder aus. Keine Kolonie beispielsweise verfügt über eine einheitliche Gesamtführung, die von allen oder wenigstens von der Mehrheit der Koloniemitglieder akzeptiert wird. Wenn es eine Institution gibt, die die strukturellen und organisatorischen Voraussetzungen erfüllt und teilweise über Mittel verfügt, um als Führungskraft für die Gesamtkolonie agieren zu können, dann ist dies die griechisch-orthodoxe Kirche, die als die dritte christliche Kirche in Deutschland offiziell anerkannt worden ist. Die griechisch-orthodoxe Kirche erfüllt jedoch zuallererst die religiösen Bedürfnisse ihrer Mitglieder. Außerdem lassen ihr ökumenischer Geist und ihre bisherige Praxis keinen Raum zur Förderung von Parallelgemeinden oder gar Parallelgesellschaften. Die griechisch-orthodoxe Kirche fungiert nicht als Segregationsinstanz, sondern als Faktor für die Integration der Griechen in die Aufnahmegesellschaft.

Aus diesen Gründen unterstützt die griechisch-orthodoxe Kirche auch nicht die griechischen Privatschulen, denn obgleich sie die Möglichkeit hätte, private Konfessionsschulen einzurichten, wurde bisher keine solche Initiative ergriffen. Im Gegenteil scheint die Kirche sehr skeptisch und distanziert gegenüber jeder Schulform zu stehen, die zur Segregation führen könnte.

Parallelgemeinden, Parallelnetze und der Nationalstaat

Wenn aber doch von der Existenz von „Parallelgemeinden“ im Umfeld der griechischen Privatschulen gesprochen werden kann, wie die oben referierten Ergebnisse unserer Untersuchungen in NRW nahe legen, hängt dies unmittelbar mit der Vergabe der Studienplätze in den Universitäten und Fachhochschulen Griechenlands zusammen.

Laut Gesetz 1351/1983 (FEK 561) sind 4 % der Studienplätze für die Kinder der Auslandsgriechen reserviert worden. Diese Plätze werden aufgrund einer speziellen Aufnahmeprüfung vergeben. Dieses Privileg ist eine starke Motivation für die Eltern, ihre Kinder in die griechischen Privatschulen zu schicken und trägt wesentlich zu deren Existenz bei. Wie wachsam die Elternvereine sind und wie stark sie diese Sondermaßnahme beschützen, zeigen ihre Protestaktionen in den Jahren 1996 und 1997, als die griechischen Privatschulen im Ausland ab dem Schuljahr 1997/98 nach und nach abgeschafft werden sollten (nach Paragraph 14, Artikel 8 des Gesetzes 2413/1996). Die straff organisierten und gut aufeinander abgestimmten Protestaktionen der Elternvereine vor allem aus Deutschland führten zur Aufhebung der Regelung von 1996 durch das Gesetz 2621/1998, Artikel 3. Dieser Erfolg der Elternvereine gegenüber der griechischen Regierung lässt eine doppelte Schlussfolgerung zu: Erstens agieren die Eltern als eine straffe und dynamische „Interessengemeinschaft“ und zweitens ist ihre bildungspolitische Rolle entscheidend.

Auf diese bildungspolitische Rolle werde ich zurückkommen. Zuvor soll jedoch skizziert werden, wie diese Interessengemeinschaften funktionieren, wie sie sich rückkoppeln und selbst erhalten. Zu diesem Zweck werde ich auf den Begriff der sozialen Netze, so wie er von DERTILIS (2000, S. 120 ff) verstanden wird, zurückgreifen.

Die Einrichtung von griechischen Privatschulen in Deutschland ist auf die Bildungspolitik der ersten PASOK-Regierung[4] zurückzuführen. Diese Politik hängt ihrerseits unmittelbar mit der Tätigkeit und der Organisation der Partei in Deutschland zusammen, da die meisten Elternvereinsfunktionäre zugleich Parteifunktionäre waren. So ist es im Jahre 1982 zu der Einrichtung von griechischen Privatschulen vor allem im Bundesland NRW, wo ein Drittel der Griechen lebt, gekommen (s. hierzu MICHELAKAKI 2001).

In jeder Privatschule wurde als Kern der Schulgemeinde ein Elternverein gegründet. Die jeweilige Schulgemeinde beschränkte sich jedoch nicht auf den Elternverein, sondern schloss in ihre Reihen die Schüler, die Lehrer, künftige Elternvereinsmitglieder und Sympathisanten aus der Zivilgemeinde sowie die anderen Kolonieorganisationen ein, so dass nach und nach ein Netz entstand.

4 PASOK = Panhellenische Sozialistische Bewegung, eine der zwei großen politischen Parteien Griechenlands. Sie regierte das Land von 1981–1989 sowie von 1993–2004.

Obwohl die Parteiorganisationen von PASOK sowie die Elternverbände auf Landesebene weiterhin existieren, scheinen sich die Netze, die sich um die griechischen Privatschulen formieren, verselbstständigt zu haben und für sich eine eigene bildungspolitische Rolle zu beanspruchen. Die Eltern jeder Privatschule suchen Sympathisanten und Partner unter den anderen Kolonieorganisationen, so dass sie mit deren Unterstützung ihre eigenen Interessen besser vertreten und vorantreiben können. Dadurch wird ein Akteurenetz mit gemeinsamer Ideologie und gemeinsamen Zielen aufgebaut. Der Kern des jeweiligen Netzes besteht aus den Elternvereinsmitgliedern.

Gleichzeitig gibt es eine enge Kooperation zwischen den Schulgemeinden der Privatschulen, wie beispielsweise zwischen den griechischen Privatschulen von Düsseldorf, Wuppertal und Bielefeld, so dass ein interregionales Netz von gleichartigen Organisationen/Gemeinden entstanden ist. Dies ist wiederum mit dem nationalen Zentrum Griechenland verbunden:

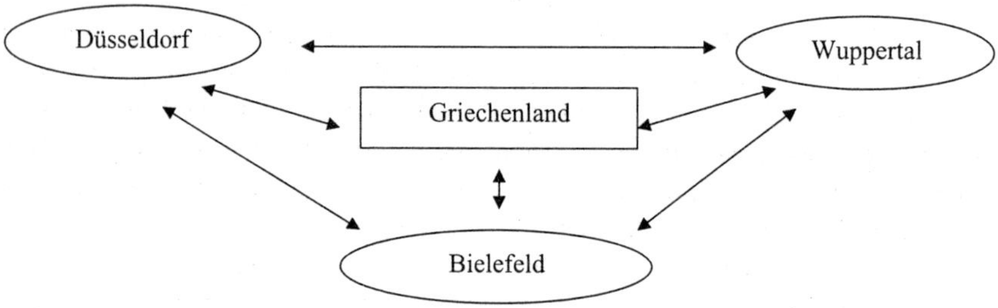

Abb. 1: Regionale, interregionale und überregionale Netze

Es sind also nicht die Schulgemeinden, die über die Mittel zur Deckung ihrer Bedürfnisse verfügen, sondern der griechische Nationalstaat.[5] Wenn diese Schulgemeinden die Möglichkeit haben, als Parallelgemeinden zu existieren und für die Bildungspolitik des Aufnahmelandes kein Interesse zu zeigen, ist dieses auf die bildungspolitische Unterstützung des Herkunftslandes zurückzuführen. Die jeweiligen griechischen Regierungen ihrerseits ermöglichen solche Entwicklungen, entweder weil sie davon überzeugt sind, einer guten Sache zu dienen, oder aber weil sie mit den Eltern als Wähler nicht in Konflikt geraten wollen. So sind sie schließlich politisch Teil der Parallelnetze geworden und darin verfangen.

Hinsichtlich der Interessen der Netzakteure ist zu unterstreichen, dass diese politischer und ideologischer Natur sind. Sowohl die aus den anderen Kolonieorganisationen kommenden Akteure als auch die aus Griechenland kommenden Politiker, die sich den diesbezüglichen Parallelgemeinden anschließen, profitieren politisch davon.

5 Es ist zu unterstreichen, dass vom griechischen Staat jährlich ca. 50.000.000 € für die Bildung der griechischen Kinder im Ausland zur Verfügung gestellt werden. Von diesen 50.000.000 gehen ca. 40.000.000 nach Deutschland und von den 40.000.000 wiederum geht der größte Teil an die griechischen Privatschulen.

Anders verhält es sich bei den Lehrkräften, deren Rolle in den Parallelgemeinden mit materiellen Interessen verbunden ist. Die Existenz von griechischen Privatschulen sichert nämlich Arbeitsstellen ab, die mit aus Griechenland abgeordneten Lehrern besetzt werden.[6]

Aufgrund der bisherigen Analysen könnten wir also schließen, dass die Netzmitglieder durch ihre Teilnahme in den Netzen und ihre Aktivitäten auch eigenen Interessen dienen. Eine solche Schlussfolgerung hat jedoch ihre Grenzen, da die Interessen der verschiedenen Gruppen und Akteure nicht immer identisch sind. Dieses gilt insbesondere für die überregionalen Netze, die sich aus andersartigen, d.h. nicht homogenen Organisationen zusammensetzen. Für die Einrichtung, das Funktionieren und die Effektivität vor allem der überregionalen Netze ist daher auch eine gemeinsame Ideologie nötig.

Ideologische Fundierung und Legitimierung der Parallelnetze und ihrer bildungspolitischen Aktivität.

Dass die griechischen Parallelgemeinden und -netze eine entscheidende bildungspolitische Rolle spielen, dürfte deutlich geworden sein. Besonderes Interesse verdienen aber auch die Prozesse und der Inhalt der Legitimierung dieser bildungspolitischen Rolle. Dafür gibt es reiches Belegmaterial, welches im Rahmen des bereits erwähnten Projektes zusammengestellt worden ist. Aus Platzgründen soll darauf aber nur kurz eingegangen werden und der Legitimierungsprozess nur skizziert werden.

Wenn hier von Legitimierung die Rede ist, ist nicht die Legalität der Existenz der Gemeinden und Netze an sich gemeint – sie existieren legal, sowohl gemäß der deutschen als auch der griechischen Gesetzgebung – sondern die Legitimierung ihrer bildungspolitischen Aktivitäten, die auf den Erhalt der griechischen Privatschulen und des leichten Zutritts ihrer Absolventen zu den griechischen Universitäten abzielen. Die diesbezüglichen Argumente beziehen sich auf die Prävention möglicher negativer Folgen einer frühen Zweisprachigkeit und Assimilation, einer an Griechenland orientierten Einstellung der Eltern und der Rückkehrwunsch von Eltern und Kindern sowie den Erhalt der Tradition, der nationalen Identität und die Abwendung einer eventuellen kulturellen Entfremdung. Vor allem das letzte Argument scheint alle Gruppen und Akteure zusammenzuhalten und ihnen das Gefühl zu geben, dass ihre Mission und ihre Aktivitäten sowohl für die Kinder, die griechischen Gemeinden in Deutschland als auch für Griechenland nützlich seien.

---

6 Nach informellen Informationen profitieren manche der aus Griechenland abgeordneten Lehrer sogar doppelt aus den griechischen Privatschulen, in dem Sinne dass sie außer ihrem Monatsgehalt in Griechenland und in Deutschland ein drittes Gehalt dadurch verdienen, dass sie den Abiturienten Privatunterricht (Frodistirio) erteilen.

Strukturelle und funktionale Charakteristika der Netze: vorläufige Ergebnisse.

Wenn man die bisherigen Analysen zusammenfassen und die strukturellen und funktionalen Charakteristika der Netze herausstellen möchte, so wäre folgendes festzuhalten. Eine Kolonie kann sowohl aus gleichartigen als auch aus unterschiedlichen Gemeinden und Organisationen bestehen, die integrativ oder segregativ arbeiten. Die auf Segregation zielenden Parallelgemeinden benötigen, um existieren zu können, eine gemeinsame Zielsetzung und Ideologie sowie ein Minimum an eigenen Ressourcen. Im Falle der griechischen Schulgemeinden werden diese zwei Voraussetzungen mit Unterstützung Griechenlands erfüllt.

Die Parallelgemeinden sind von manchen Institutionen der Aufnahmegesellschaft abgetrennt und isoliert, nicht aber von den entsprechenden Institutionen der Kolonie und der Herkunftsgesellschaft. Zur Erreichung ihrer Zielsetzung suchen sie Partner unter den Akteuren der Kolonie sowie unter den Politikern des Herkunftslandes, so dass nach und nach Netze entstehen, die aus Zentral- und Peripherieelementen bestehen. Als Zentralelement des jeweiligen Netzes dient die Ursprungsgemeinde und als Peripherieelemente die Gruppen und Personen, die nach und nach hinzugefügt werden.

Betrachtet man die strukturellen und funktionalen Charakteristika der Netze näher, so stellt man fest, dass sie unter folgenden Dimensionen subsumiert werden könnten:

a) institutionell-strukturelle Dimension,
b) geographische Dimension,
c) ideologische Dimension,
d) funktional-organisatorische Dimension.

Diese Dimensionen sollen am Beispiel der griechischen Schulgemeinden (Tabelle 1) diskutiert werden.

Dimension	**Entwicklungsinhalt**
institutionell-strukturell	Zentral- und Peripherieelemente der Netze Verbindung der zentralen, strukturellen Elemente der Netze mit staatlichen und gesellschaftlichen Institutionen/Strukturen Zusammenschluss gleichartiger Organisationen in Verbänden
geographisch	Aufbau von - regionalen Netzen - interregionalen Netzen - überregionalen Netzen
ideologisch	Ideologie des Nationalstaates ethnozentrische Ideologie

Dimension	Entwicklungsinhalt
funktional-organisatorisch	Zur Erreichung von bestimmten Zielen organisieren und funktionieren auf der Ebene von: - Elternvereinen - Parallelgemeinden - Regionalen und interregionalen Netzen - Überregionalen Netzen

Tabelle 1: Dimensionen und Charakteristika der Netze

a) Institutionell-strukturelle Dimension

Wie bereits erwähnt, ist das zentrale strukturelle Element des Netzes die jeweilige Schulgemeinde, die ihrerseits den Elternverein als Zentralelement hat. Der jeweilige Elternverein ist registriert und anerkannt und kann als legale Basis zum Netzaufbau dienen. Der institutionalisierte und legal arbeitende Elternverein verbindet die Netze mit Strukturen und Institutionen des Herkunfts- und Aufnahmestaates und kann zugleich neue Gruppen und/oder Personen in seine eigenen Strukturen legal einbeziehen.

Im Gegensatz zu den Zentralelementen der Netze sind jedoch die Peripherieelemente nicht immer durchsichtig und können nur von Insidern durchblickt und verstanden werden.

b) Geographische Dimension

Gleichartige Gemeinden/Organisationen einer Region (z.B. Elternvereine der Volksschule, des Gymnasiums und des Lyzeums in einer Stadt) konstruieren ein regionales Netz, welches nach und nach mit Peripherieelementen bereichert und erweitert wird.

Zwei oder mehrere Netze von zwei oder mehr Regionen bauen dann ein interregionales Netz auf, welches in der Regel aus gleichartigen Organisationen besteht. Die interregionalen Netze tauchen als Verbände auf und sind somit institutionell gesichert und legalisiert.

Im Gegensatz zu den regionalen und interregionalen Netzen sind die überregionalen in der Regel nicht institutionalisiert und gesetzlich abgesichert, es sei denn, dass es ein Abkommen zwischen dem Herkunfts- und dem Aufnahmestaat gibt. Das Hauptcharakteristikum der überregionalen Netze ist, dass in ihnen Gruppen und Personen nicht nur aus den Kolonien, sondern auch aus dem Herkunftsland verwickelt sind.

c) Ideologische Dimension

Der Zusammenhalt und der Aktionsplan eines Netzes – vor allem bei den überregionalen – werden durch eine klare Zielsetzung und eine gemeinsame Ideologie gesichert. Die Ideologie ist unabdingbar vor allem für Netze, die aus verschiedenen Organisationen bestehen und somit von ihrer Zusammensetzung her nicht homogen sind.

Während also im Falle eines homogenen (d.h. aus gleichartigen Organisationen bestehenden) Netzes die gemeinsamen Interessen und Profiterwartungen für den Zusammenhalt des Netzes ausreichen, haben die heterogenen Netze außer der Zielsetzung eine Ideologie nötig.

In unserem Beispiel ist die Ideologie der Parallelgemeinden und -netze jene des Nationalstaates und des Ethnozentrismus. Diese Ideologie, gekoppelt mit bestimmten persönlichen Interessen und Profiterwartungen (wie z.B. leichter Zutritt der eigenen Kinder in die griechischen Universitäten), erzeugt eine aggressive Haltung gegenüber jeder Institution oder Person, die der Zielsetzung der Parallelgemeinden und Parallelnetze entgegentritt.

d) Funktional-organisatorische Dimension
Die Organisierung und die Funktion der Parallelgemeinden und der Parallelnetze werden hauptsächlich von der jeweiligen Zielsetzung bestimmt.

Zum Beginn der Einrichtung von griechischen Privatschulen (Schuljahr 1982/83) reichte z.B. ein Schulverein zur Förderung der Elterninteressen und der Schulangelegenheiten aus, weil die damaligen griechischen Regierungen ohnehin diese Schulform förderten. Dem Entstehen einer Schulgemeinde, das sachlich begründet war, folgte jeweils der Aufbau eines regionalen Netzes, welches die Schulgemeindegrenzen überschritt und der Etablierung der neuen Schulform dienen sollte. Als später die griechischen Regierungen an der Richtigkeit und der Effizienz dieser Schulen zu zweifeln begannen und sie durch das Gesetz 2413/1996 abzuschaffen versuchten, bauten die Eltern inter- und überregionale Netze auf, um damit eine politische Lobby zur Verteidigung ihrer Bildungsinteressen zu errichten.

Zusammenfassend könnte man sagen, dass die Entwicklung der Parallelnetze mit der Gründung eines einzelnen Elternvereins begann, um über den Aufbau von Parallelgemeinden sowie regionaler und interregionaler Netze in die heute bestehenden überregionalen Netze zu münden. Auf der anderen Seite dürfte ersichtlich geworden sein, dass die jeweilige Zielsetzung des Netzes mit einer bestimmten organisatorischen Struktur einhergeht. Heute benötigt man ein starkes überregionales Netz, um die Weiterexistenz der Privatschulen zu verteidigen und zu sichern. Vor zwanzig Jahren reichte ein Elternverein aus.

Schlusswort

Die Tatsache, dass die Entstehung und die Existenz von Parallelgemeinden und Parallelnetzen mit der Einrichtung und Zielsetzung der griechischen Privatschulen unmittelbar zusammenhängen, könnte zu der Annahme führen, dass eine eventuelle Änderung der Bildungspolitik des griechischen Erziehungsministeriums unmittelbare Folgen auf die Parallelgemeinden und Parallelnetze hätte.

Dies ist eine logische Annahme. Man soll aber auf der anderen Seite bedenken, dass ein Politikwechsel in Richtung Abschaffung dieser Schulen vor demselben Dilemma stünde wie 1996, als ein ähnlicher Versuch unternommen wurde und fehlschlug.

Heißt dies aber, dass es sich hier um eine ausweglose Situation handelt?

Das Ziel des Beitrags war es, die Entstehung, die Struktur und die Funktion von Parallelgemeinden und Parallelnetzen beispielhaft zu skizzieren. Um die Frage nach einer Veränderung der gegenwärtigen Situation beantworten zu können, müsste man weitere Faktoren in die Analyse einbeziehen und die Grenze der Parallelgemeinden und -netze überschreiten.

Literatur

BIELEFELDT, H./HEITMEYER, W. (2000): Konflikte um religiöse Symbole: Moscheebau und Muezzinruf in deutschen Städten. In: Journal für Konflikt- und Gewaltforschung, Heft 2, S. 250–265.

BOOS-NÜNNING, U. (2002): Armut von Kindern aus Zuwandererfamilien. In: Butterwegge, C. (Hrsg.): Kinderarmut in Deutschland. Ursachen, Erscheinungsformen und Gegenmaßnahmen. Campus Verlag, Frankfurt/New York, S. 150–173.

HECKMANN, F. (1981): Die Bundesrepublik: Ein Einwanderungsland? Zur Soziologie der Gastarbeiterbevölkerung als Einwanderungsminorität. Klett-Cotta, Stuttgart.

HECKMANN, F. (1991): Ethnische Kolonien. In: Österreichische Zeitschrift für Soziologie, Heft 3, S. 25–41.

HECKMANN, F. (1994): Ethnische Vielfalt und Akkulturation im Eingliederungsprozess. In: Das Manifest der 60. Deutschland und Einwanderung. Beck'sche Reihe, C.H. Beck München, S. 38–48 und 148–163.

HEITMEYER, W./MÜLLER, J./SCHRÖDER, H. (1997): Verlockender Fundamentalismus. Suhrkamp, Frankfurt.

KANAVAKIS, M. (1989): Griechische Schulinitiativen in der Bundesrepublik Deutschland. Peter Lang, Frankfurt a. M.

MÜLLER-MAHL, D. (2000): Ein ägyptisches Dorf in Paris. Eine empirische Studie zur Süd-Nord-Migration am Beispiel ägyptischer «Sans-papiers» in Frankreich. In: IMIS-Beiträge, Heft 15, S. 79–110.

OBERNDÖRFER D. (2001): Integration der Ausländer in den demokratischen Verfassungsstaat: Ziele und Aufgaben. In: Bade, K.J. (Hrsg.): Integration und Illegalität in Deutschland. RFM, IMIS S. 11–29.

ZOGRAFOU, A. (1982): Zwischen zwei Kulturen. Griechische Kinder in der Bundesrepublik. ISS Materialien 19. – Frankfurt.

Γκότοβος, Α. (2002): Εκπαίδευση και Ετερότητα. Ζητήματα Διαπολιτισμικής Παιδαγωγικής. Μεταίχμιο, Αθήνα.

Δαμανάκης, Μ. (1987): Μετανάστευση και Εκπαίδευση. Αθήνα.

Δαμανάκης, Μ. (1988): Διερεύνηση των συνθηκών διεξαγωγής του Μαθήματος Μητρικής Γλώσσας για τα Ελληνόπουλα στην Ο.Δ. Γερμανίας: Κοινωνικοπολιτισμικές και μαθησιακές προϋποθέσεις των μαθητών και η στάση τους απέναντι στο Μάθημα Μητρικής Γλώσσας. Οτο: Επιστημονική Επετηρίδα του Παιδαγωγικού Τμήματος Δ.Ε. (Νρ. 1) Πανεπιστήμιο Ιωαννίνων, Ιωάννινα, σ. 11–272.

Δαμανάκης, Μ. (1993): Ομογενείς φοιτητές σε Ελληνικά Πανεπιστήμια. Σμυρνιωτάκης, Αθήνα.

Δαμανάκης, Μ. (1999α): Εθνοπολιτισμική Ταυτότητα και Εκπαίδευση στην Ελληνική Διασπορά. Οτο: Δαμανάκης Μ./Μιχελακάκη Θ. (επιμ.) (1999): Ελληνόγλωσση εκπαίδευση στο εξωτερικό. Πρακτικά Πανελλήνιου – Πανομογενειακού Συνεδρίου. Ρέθυμνο 26–28 Ιουνίου 1998. Ε.ΔΙΑ.Μ.ΜΕ, Ρέθυμνο, σ. 36–47.

Δαμανάκης, Μ. (2001): Θεωρητική προσέγγιση της κοινωνικοποίησης των ελληνοπαίδων της διασποράς. Οτο: Βάμβουκας Μ./Δαμανάκης Μ./Κατσιμαλή Γ. (2001): Προλεγόμενα Αναλυτικού Προγράμματος για την Ελληνόγλωσση Εκπαίδευση στη Διασπορά. Ε.ΔΙΑ.Μ.ΜΕ, Ρέθυμνο, σ. 15–48.

Δαμανάκης, Μ. (2003): Ελληνικά Σχολεία και Τμήματα Μητρικής Γλώσσας στη Γερμανία (1986–1998). Ε.ΔΙΑ.Μ.ΜΕ., Ρέθυμνο.

Δερτιλής, Γ.Β. (2000): Ευρώπη. Δύο δοκίμια και τρία σχόλια. Εκδόσεις Καστανιώτη, Αθήνα.

Κωνσταντινίδης, Σ. (επιμ.) (2001): Η ελληνόγλωσση εκπαίδευση στον Καναδά. Ε.ΔΙΑ.Μ.ΜΕ, Ρέθυμνο.

Μιχελακάκη, Θ. (2001): Η εκπαιδευτική πολιτική της Ελλάδας για τα παιδιά των Ελλήνων μεταναστών στη Γερμανία (1975–85) Ε.ΔΙΑ.Μ.ΜΕ, Ρέθυμνο.

Τάμης, Α. (2001): Ελληνόγλωσση εκπαίδευση στην Αυστραλία. Η σημερινή κατάσταση της Ελληνικής. Ε.ΔΙΑ.Μ.ΜΕ, Ρέθυμνο.

Χασιώτης, Ι.Κ. (1993): Επισκόπηση της Νεοελληνικής Διασποράς. Βάννιας, Θεσσαλονίκη.

Fritz Wittek

„So genau weiß das keiner!“ – Erinnerungen an den europäischen Mehrwert

Only once more that soap.
Joyce, Ulysses
Je me laisse aller comme je me trouve; aussi ne sont ce pas icy matieres qu'il ne soit pas permis d'ignorer, et d'en parler casuellement et temerairement.
Montaigne, Les Essais

In einem kurzen Text, den Heinz Reich und ich vor etlichen Jahren – damals, als die Bäume noch grün waren und wir so etwas öfter taten – gemeinsam verfasst haben, um einen Ausschuss von Beamten aus den Bildungsministerien der EG-Mitgliedstaaten über die Ergebnisse der Evaluation einer europäischen Modellversuchsreihe zur Beschulung der Kinder von Wanderarbeitnehmern[1] zu informieren, bedauerten wir, dass sie im Lauf der Zeit ihre ursprüngliche Kohärenz eingebüßt habe, was sowohl ihrer Innovationsfähigkeit als auch ihrer „europäischen Dimension“ Abbruch getan habe.

Das war eine Sprache, die in den an gedämpfte Töne gewöhnten Ohren der für die Verwaltung eben jener Dimension verantwortlichen (nicht: des für die Modellversuchsreihe zuständigen) Kommissionsbeamten ungehörig dissonant klang, sodass sie sich gehalten fühlten, uns zum Verzicht auf diese Wendung zu drängen. Es sei, so meinten sie, unklug, sie den nicht minder empfindlichen Gemütern der Mitglieder jenes Ausschusses zuzumuten, da doch unsere Darbietung allererst dazu beitragen sollte, ihnen ihre Zustimmung zur Weiterführung des Programms – ob in geänderter Form, sei vorerst nicht die Frage – abzuringen. Ob wir angesichts dieser kämpferischen Sprache Widerstand für zwecklos hielten, ob wir, dergestalt in die Mitverantwortung genommen, beim rechten Tun nicht hintanstehen wollten; was wir davon dachten, was wir einander darüber sagten und was nicht, wer weiß es noch? Selbst ob wir eine neue, um den anstößigen Passus gereinigte Fassung vorgelegt haben, wüsste ich nicht mehr mit Sicherheit zu sagen.[2] So viele Jahre später will mir das auch nicht mehr erheblich scheinen, zumal es für meine Zwecke ausreichen würde, wenn die Geschichte statt schlecht erinnert nur gut erfunden wäre.

1 So hieß das damals alles: „EG“, nicht: „EU“, „Kinder von Wanderarbeitnehmern“, nicht: „Kinder mit Migrationshintergrund“.

2 Ich habe aus dem Gedächtnis zitiert und müsste selbst bei einer Datierung des Texts (1988? 1989?) Irrtumsvorbehalt in Anspruch nehmen. Klarheit über den genauen Wortlaut und über die Existenz einer gesäuberten Fassung könnten allein Grabungen in den Tiefen gewisser Landauer Archive erbringen.

Dass wir die Schwächung der „europäischen Dimension“ der Modellversuchsreihe beklagt und damit behördlichen Unmut ausgelöst haben – des jedoch bin ich gewiss, und darum soll es hier gehen: Warum das Eine, warum das Andere?

Jene Modellversuchsreihe – Teil des ersten bildungspolitischen Aktionsprogramms der Europäischen Gemeinschaft (EG 1976) – hatte zunächst aus vier gleichzeitig angelaufenen Projekten gleicher Dauer bestanden, die im Primarschulbereich ebenso vieler Mitgliedstaaten stattfanden. Zwei von ihnen befassten sich primär mit Unterricht in der Sprache des Aufnahmelandes, die beiden anderen mit muttersprachlichem Unterricht.[3] Später beteiligten sich weitere Mitgliedstaaten, es kamen Sekundarschulprojekte und Materialentwicklungsprojekte unterschiedlichster Art hinzu, das Spektrum der thematischen Schwerpunkte wurde um interkulturellen Unterricht erweitert, die Projekte liefen zu unterschiedlichen Zeitpunkten an und waren von unterschiedlicher Dauer. Mit den parallel laufenden Projekten gleicher Thematik und gleicher Dauer war es vorbei. Die Modellversuchsserie wurde unüberschaubar, die Chance des Vergleichens war dahin, und gar von der Möglichkeit eines vertieften, in irgendeiner Weise folgenreichen Gedankenaustauschs zwischen den Akteuren der einzelnen Projekte konnte nicht mehr die Rede sein. Um zu bezeichnen, was dabei verloren ging, hatten wir den Namen „europäische Dimension“ gewählt, nicht der Präzision des Ausdrucks zuliebe, sondern um an die Hörgewohnheiten unseres Publikums anzuknüpfen. Kein Treffer.

Als unfreiwillige Akteure dieser traurigen Geschichte haben wir, wenn ich mich richtig erinnere, damals nicht viel Anlass gesehen, die Motive der Kommissionsbeamten zu ergründen. Wir hatten sie – ausgerechnet vor Vertretern des damals einzigen Entscheidungsorgans der EG, sprich des Ministerrats – an ihr ureigenstes Ding erinnert, nämlich ihre Fürsorgepflicht für die „europäische Dimension“. War die etwa vernachlässigt worden? Dass ihnen bei der Vorstellung mulmig geworden sei, der Ausschuss könne sich verleiten lassen, so zu fragen, schien uns ihren Vorstoß ausreichend zu erklären.

Heute indes frage ich mich, ob das alles war. Hatten wir nicht eine wesentliche Qualität der „europäischen Dimension“ außer Acht gelassen, nämlich ihre radikale Undefinierbarkeit und wunderliche Gegenstandslosigkeit – was dasselbe und gewiss kein Schönheitsmerkmal ist, sie aber für die Aufnahme in den Sprachschatz europäischer Gremien qualifiziert, wo sie als Prunkwort einem *consensus molle* Geltung verschafft, der sich als solcher nicht zu erkennen geben mag?[4] Hatte nicht unsere Formulierung die Vermutung nahe gelegt, wir hielten die „europäische Dimension“ nicht für

3 Für eine ausführliche Darstellung dieser ersten Phase vgl. BOOS-NÜNNING u.a. (1983). Die Ergebnisse der dritten Evaluationsphase sind dokumentiert in: REID/REICH (1992).

4 Wenige Jahre nach dem Ereignis, von dem ich hier berichtet habe, hat sie in Art. 126, Abs. 2 des Vertrags von Maastricht als „europäische Dimension im Bildungswesen“ eine schöne Karriere gemacht (EU 1995, S. 256). Der Verfassungsvertrag hat in Art. III–282 die Formulierung beibehalten. (EU 2004, S. 127).

ein aus europäischem Bürgerenthusiasmus zu glaubendes Höheres, sondern für ein Mittel zu bestimmbaren Zwecken, daher nicht wesensgemäß der Diskussion darüber entzogen, was von ihr zu erwarten sei? So hatten wir's gemeint, genau, und das war unser zweiter Verstoß gegen die guten Sitten.

Den dritten begehe ich jetzt im Alleingang und behaupte, mit der „europäischen Dimension" hätten wir schon damals so wenig im Sinn gehabt wie ich heute, hätten von ihr überhaupt nur deswegen gesprochen, weil der im europäischen Jargon für solche Fälle zuständige Ausdruck uns nicht geläufig, vielleicht noch nicht einmal erfunden war. Was wir gemeint hatten, waren die Ergebnisse der europäischen Kooperation; deren amtlicher Name lautet heute „europäischer Mehrwert".

Kein Zweifel: Das Unbehagen unserer Beamten hätten wir auch erregt, wenn wir von seiner Minderung oder gar seinem Schwund gesprochen hätten, denn seiner Produktion vorzustehen ist genauso Aufgabe der Kommission, wie es ihr obliegt, die „europäische Dimension" zu hüten. Und auch dem Verdacht, einem Ausdruck von vorteilhafter Vieldeutigkeit eine präzise Bedeutung unterschieben zu wollen, hätten wir uns ausgesetzt, denn um den europäischen Mehrwert ist es ähnlich bestellt wie um die europäische Dimension: Er muss für alles mögliche herhalten und hat das so oft getan, dass er selbst bei seinen professionellen Benutzern in den Ruf eines definitionsresistenten Füllworts gekommen ist. Oder wie sonst soll ich mir erklären, dass in all den späteren Jahren, in denen ich als Hilfskraft, Consultant, Zeitbediensteter und in weiteren originellen Arbeitsverhältnissen im Dienst der Europäischen Kommission gestanden und dem „europäischen Mehrwert"– ich gebe zu: ohne dienstliche Anordnung, aus schierem Interesse, angetrieben allein von dem Wunsch, den Zweck meines beruflichen Treibens genauer zu bestimmen – nachgestellt habe, es mir kein einziges Mal gelungen ist, eine Diskussion über diesen rätselhaften Ausdruck anzuzetteln oder auf Fragen andere Auskünfte zu erhalten als haltlose Ausflüchte, ratlos-unwirsches Schulterzucken oder frenetisches Wühlen in irgendwelchen Papieren: Der schon wieder!

Dabei ist die Frage ganz einfach: Welche Resultate transnationaler europäischer Kooperation lassen sich mit anderen Mitteln nicht erzielen und rechtfertigen den beträchtlichen Aufwand (Zeit, Geld, graue Masse), ohne den sie nun mal nicht denkbar ist? Und wie erzielt man diese Resultate?

So zu fragen, legt der Vertrag von Maastricht nah, in dessen Art. 3 b es heißt: „In den Bereichen, die nicht in ihre ausschließliche Zuständigkeit fallen, wird die Gemeinschaft nach dem Subsidiaritätsprinzip nur tätig, sofern und soweit die Ziele der in Betracht gezogenen Maßnahmen auf Ebene der Mitgliedstaaten nicht ausreichend erreicht werden können und daher wegen ihres Umfangs oder ihrer Wirkungen besser auf Gemeinschaftsebene erreicht werden können." (EU 1995, S. 112).

Negativ gewendet heißt das zunächst nur, dass die Gemeinschaft sich bestimmter Aktivitäten zu enthalten habe; soweit scheint das klar genug. Komplizierter wird es, wenn wir die Formulierung ins Positive wenden und als Kern einer Definition des europäischen Mehrwerts verstehen: Er besteht aus solchen Wirkungen der europäischen Kooperation, *die sich mit anderen Mitteln nicht erreichen lassen.*

Insofern ist folgerichtig, wenn es im neunten Erwägungsgrund des Beschlusses über die Durchführung des Programms „Sokrates" heißt: „Zur Verstärkung des zusätzlichen Nutzens der Gemeinschaftsaktion ist es notwendig, dass die Kommission in Zusammenarbeit mit den Mitgliedstaaten auf allen Ebenen Kohärenz und Komplementarität zwischen den im Rahmen dieses Beschlusses durchgeführten Aktionen und den anderen einschlägigen Politiken, Instrumenten und Aktionen der Gemeinschaft herstellt." (EG 2000, S. 2).[5]

Diese Wendung gibt keine Auskunft darüber, was der „europäische Mehrwert" sei, belegt jedoch die Existenz eines Glaubens daran, dass es sich bei ihm um eine gute Sache handle, die beträchtlicher Anstrengungen wert sei, und zwar auf allen Ebenen. In der Einleitung zu ihrem kürzlich veröffentlichten Vorschlag für die dritte, nunmehr integrierte Phase der gemeinschaftlichen Bildungsprogramme geht die Kommission einen Schritt weiter und behauptet, das Objekt dieses Glaubens sei beileibe kein außerweltlich Gegebenes, sondern ein durch und durch Diesseitiges, dessen Existenz belegt sei, was fast so gut ist wie bewiesen: „Die Wirksamkeit und der Mehrwert der europäischen Kooperationsprogramme auf dem Gebiet der allgemeinen und beruflichen Bildung ist *(sic!)* wiederholt belegt worden. Sie geben ein Instrument an die Hand, das der Verbreitung von Innovation und bewährter Praxis dient, die sonst auf nationaler Ebene begrenzt bliebe. Die Förderung der Mobilität wirkt sich zudem nicht nur eindeutig positiv auf die betroffenen Individuen aus, sondern auch auf die daran beteiligten Institutionen. Die verschiedenen europäischen Kooperationsformen, die durch die Programme unterstützt werden, tragen (...) zur Modernisierung und Verbesserung der allgemeinen und beruflichen Bildung innerhalb der Union bei." (KEG 2004b, S. 3).

Zwar bleibt die Kommission die Belege schuldig, doch skizziert sie immerhin, wie sie sich den europäischen Mehrwert vorstellt, als Wortwolke: Verbreitung von Innovation und bewährter Praxis, positive Auswirkungen auf betroffene Individuen und beteiligte Institutionen, Modernisierung und Verbesserung der allgemeinen und beruflichen Bildung. Im selben Text heißt es später sogar, der europäische Mehrwert könne – vermutlich bevor er mit Hilfe von „Kohärenz und Komplementarität auf allen Ebenen" verstärkt wird – „generiert" (ibd., S. 9) werden; welche Mittel dazu geeignet seien, bleibt indes offen. All das ist kaum geeignet, den Verdacht zu entkräften, in Sachen europäischer Mehrwert sei der Glaube die entscheidende Erkenntnisvoraussetzung.

5 Dass es hier statt Mehrwert „zusätzlicher Nutzen" heißt, halte ich für die Tat eines zartsinnigen Übersetzers, der den schnöden Mehrwert von der Bildung fernhalten wollte, oder umgekehrt. In den englischen und französischen Fassungen jedenfalls heißt es „added value" bzw. „valeur ajoutée". In jüngeren Texten heißt es auch auf deutsch „Mehrwert".

Dass wir es bei ihm mit einem Ding voller Mucken zu tun haben, zeigt die Kommission selbst, wenn sie sich im Anhang zu dem zitierten Programmvorschlag zur Frage der Teilnahme von Partnern aus Drittländern äußert: „Die Entscheidung über eine Förderung solcher Partner richtet sich danach, inwieweit sich aus ihrer Teilnahme an dem Projekt, dem Netzwerk oder der Partnerschaft voraussichtlich ein Mehrwert auf europäischer Ebene ergibt." (ibd., S. 55).

Sollte das bei Entscheidungen über die Förderung von Partnern aus Mitgliedstaaten anders sein? Sind diese etwa von der Mehrwertgenerierung dispensiert? Sind sie nicht, können sie nicht, dürfen sie nicht: Mehrwertgenerierung – wir werden das noch sehen – ist Pflicht aller europäischen Programmpartner. Sollen wir schließen, dass die Teilnahme der einen (der aus Drittländern) nur unter bestimmten Bedingungen, die der anderen dagegen (der aus den Mitgliedstaaten) naturgesetzmäßig einen „Mehrwert auf europäischer Ebene" ergäbe, als geheimnisvolles Nebenprodukt ihres andersgearteten Seins als Partner aus Mitgliedstaaten? Sollen wir nicht!

Wir sollen noch nicht einmal fragen, woran erkennbar würde, dass die Teilnahme der einen (der aus Drittländern) einen „Mehrwert auf europäischer Ebene" ergäbe, und unter welchen Bedingungen sie das täte. Denn die Frage wäre beantwortbar nur, wenn wir wüssten, woran jener Mehrwert erkennbar ist und wie er entsteht bzw. generiert wird. Wissen wir aber nicht, können wir auch nicht wissen, denn in der Sphäre innerweltlicher Religiosität, in der wir uns hier bewegen, kommt es auf Glauben (an den Mehrwert) und Hoffen (auf die Förderung) an; Genau-Wissen-Wollen dagegen steht im Verdacht der Ketzerei. Dass dem so ist, dürfte freilich einen durch und durch diesseitigen Grund haben: Wer es genau zu wissen meint, meint leicht auch, es besser zu wissen und glaubt womöglich, Entscheidungen anfechten zu können. Von theologischen Spitzfindigkeiten hat die europäische Mehrwertreligion sich außer Ärger nichts zu versprechen; die kultischen Handlungen finden hinter Wörterdampfschleiern statt.

Gegen diese Kritik ließe sich einwenden, sie stütze sich auf ungeeignete Quellen. Soll man von den Texten internationaler Verträge oder von Beschlüssen des Europäischen Parlaments und des Rats – von Texten also, die Kompromisse in verabschiedungsreife Form bringen und daher um eine gewisse Vieldeutigkeit nicht herumkommen – verlangen, dass sie über den europäischen Mehrwert Auskunft geben? Sollen soll man vielleicht nicht; müssen aber muss man dennoch, denn diese Texte setzen Rechtsvorschriften, deren Vieldeutigkeit ihrer Verbindlichkeit keinen Abbruch tut. Wer schon einmal ein Projekt beantragt oder gar abgerechnet hat, wird sich zu erinnern wissen. Immerhin droht der „Leitfaden für Antragsteller für das Sokrates-Programm" mit vier Auswahlkriterien für transnationale Kooperationsprojekte, darunter dieses, aus drei Teilen hübsch zusammengeschachtelt: „Potentielle, kurz-, mittel- und langfristige *Auswirkungen* des Projekts in verschiedenen europäischen Staaten, Fähigkeit des Projekts, *Fachwissen aus verschiedenen europäischen Staaten zu bün-*

deln und *genereller Mehrwert für die Europäische Union"*. (KEG 2000, S. 19. – Hervorh. i. O.)

Das Dokument ist 143 Seiten lang und unternimmt nicht mehr als einen schlappen Anlauf, die Formel zu erläutern, auch das leider nur für einen von vielen Programmbereichen: Der „wesentliche europäische Mehrwert" der Comenius-Fremdsprachenprojekte bestehe darin, dass sie „vielen Schülern die Möglichkeit (eröffnen), Kenntnisse in einer Sprache zu erwerben, die normalerweise nicht auf ihrem Lehrplan steht." (ibd., S. 341). Als Fallbeispiel aus der Sparte „positive Auswirkungen auf betroffene Individuen" vielleicht gar nicht schlecht, aber als Anleitung für AntragstellerInnen? Sollen die glauben, wer die richtige Projektsorte beantrage, brauche sich um die Mehrwertgenerierung keine Sorgen mehr zu machen? Warum aber muss, wer ein Projekt einer anderen Kategorie beantragen will, auch auf die Illusion verzichten, im Förderdschungel nicht auf sich selbst gestellt zu sein? Mehrwertgenerierung in Aussicht zu stellen, ist AntragstellerInnenpflicht, wie man's später macht dagegen ein Rätsel. Immerhin erfahren wir, dass sie – ganz im Sinne der Nichtdiskriminierung – nicht nur AntragstellerInnen aus Drittländern aufgegeben wird. Dagegen kann man nichts haben.

Meine Erinnerungen an den europäischen Mehrwert (unwirsches Schulterzucken, wütendes Papiergeraschel etc.) haben sich längst in eine Jagd nach ihm verwandelt (Mausklicks, Tastaturgeklapper, *copy/paste*). Im Hochwald der amtlichen Verlautbarungen habe ich ihn nur als quasi-religiöses Irrlichtern beobachten können, und auch das nur von weitem. Als Beweis der Existenz eines europäischen Mehrwertglaubens dürften diese Sichtungen zwar ausreichen, aber sollen wir allein daraus auf die Nichtexistenz des europäischen Mehrwert schließen?

Um der Sache auf den Grund zu kommen, habe ich mich durch das Unterholz halbamtlicher Texte an den europäischen Mehrwert heranzupirschen versucht und zu diesem Zweck vier von der Europäischen Kommission veröffentlichte Evaluationsberichte über das Socrates-Programm nach „Mehrwert", „*added value*" bzw. „*valeur ajoutée*" durchsucht. Alle Texte können vom Server der Generaldirektion Bildung und Kultur der Europäischen Kommission heruntergeladen werden.[6]

Sehen wir uns an, was beim Studium der Evaluationsberichte herauskommt. Die Fragen sind, wie gesagt, einfach: Welche Resultate transnationaler europäischer Kooperation lassen sich mit anderen Mitteln nicht erzielen und rechtfertigen den beträchtlichen Aufwand (Zeit, Geld, graue Masse), ohne den sie nun mal nicht denkbar ist? Und wie erzielt man diese Resultate?

Um es gleich zu sagen: Außer windschiefen Definitionen und ein paar Fallbeispielen kommt auch beim Studium der Evaluationsberichte nicht viel heraus.

---

6 BARBIER FRINAULT & ASSOCIÉS (2003a, 2003b), CSES (2004), DELOITTE & TOUCHE (2000).

Der erste Bericht von BARBIER FRINAULT & ASSOCIÉS enthält die Ergebnisse der ex-post Evaluation einer Aktion, die der schulischen Erziehung der Kinder von Migranten, Eltern aus fahrenden Berufen sowie von Sinti und Roma gewidmet war. Hier stellt sich, wie wir noch sehen werden, die Frage in besonderer Weise, doch obwohl der Bericht dem Mehrwert der Aktion ein ganzes Kapitel widmet, enthält er keinerlei Versuch, ihren *europäischen* Mehrwert zu definieren, sondern beschränkt sich darauf, Einschätzungen des Mehrwerts *tout court* zu referieren, die mittels Leitfaden-Interviews und Fragebogen erhoben wurden:

Die Projekte „hätten zumindest in dieser Form ohne die Aktion nicht stattfinden können." (BARBIER FRINAULT & ASSOCIÉS 2003a, S. 11). „Die Aktion Comenius 2 unter Socrates I hat vor allem die Schaffung transnationaler Netze für Informationsaustausch ermöglicht." (S. 107) „Die Aktion Comenius 2 unter Socrates I hat außerdem die Entfaltung einer sozialen Aktion zugunsten von sehr genau umschriebenen Lernergruppen ermöglicht." (S. 11). Wenn BARBIER FRINAULT & ASSOCIÉS keinen Evaluationsauftrag von der Kommission ergattert hätten, hätte das niemand bemerkt.

Doch finden wir immerhin Anhaltspunkte dafür, was Mehrwert vielleicht sei bzw. hätte sein können: „Insgesamt unterstreicht die Mehrheit der Gesprächspartner, der Mehrwert der Aktion bestehe in punktuellen Verbesserungen der Unterrichtsqualität auf Grund von Ideen- und Erfahrungsaustausch, des Vergleichs pädagogischer Praktiken und der gemeinsamen Entwicklung neuer Methodologien und Instrumente." (S. 105). Eine „strukturelle Verbesserung der Bildungssysteme" hätte man sich wünschen können, aber „mehrere Gesprächspartner unterstreichen einen relativ schwachen Mehrwert der Aktion" in dieser Hinsicht; „ein wahrer Mehrwert der Aktion hätte darin bestehen können, eine größere Wissenschaftlichkeit der Aktivitäten, Methodologien und Instrumente zu erreichen." (S. 11). Ich hätte eher gedacht, die Wissenschaft hätte dem Mehrwert auf die Beine helfen können, aber für BARBIER FRINAULT & ASSOCIÉS ist die Wissenschaftlichkeit mehr wert, und dabei muss es bleiben.

Noch dürftiger fallen die Ergebnisse ihres zweiten Berichts aus, einer Halbzeit-Evaluation der Aktion 2 von Comenius II, die sich mit der Aus- und Weiterbildung des „Schulpersonals" befasst, das dem Übersetzungsdienst der Europäischen Kommission für diese gut gefundene Bezeichnung dankt.

An der rechten Begeisterung für zünftige Mehrwertgenerierung dagegen scheint es ihm zu fehlen, sodass mehrere nationale Agenturen Anlass nehmen zu monieren, dass „viele Lehrer diese Erfahrung (Teilnahme an Mobilitätsmaßnahmen – *FWK*) als persönliche Chance wahrnehmen, zu reisen und ihre eigenen Kenntnisse zu verbessern. Wenige Lehrer sehen sie als Möglichkeit, pädagogische Kompetenzen zu verbessern und ihre Schüler davon profitieren zu lassen." (BARBIER FRINAULT & ASSOCIÉS 2003b, S. 195). Jedoch die „Steigerung der Anzahl der Begünstigten von Assistentenstellen im Sprachbereich (...) ist eine Aktivität mit hohem Mehrwert, sowohl für die zukünftigen Lehrer als auch für die Schüler" (S. 220). Damit lassen BARBIER FRINAULT & ASSOCIÉS vom Mehrwert ab, vielleicht besser so.

DELOITTE & TOUCHE riskieren einen Versuch, freihändig den europäischen Mehrwert zu definieren. Der geht prompt daneben: „In einem allgemeinen Sinne resultiert ‚europäischer Mehrwert' aus allen den verschiedenen Zielen, die die Projekte erreicht haben, mit besonderem Akzent auf der Integration der europäischen Dimension in das Curriculum und der Durchführung konkreter europäischer Zusammenarbeit.

Ein wichtiges Element des Mehrwerts bestand darin, dass die Bildungssysteme Europas sich dafür geöffnet haben, voneinander zu lernen und einander zu bereichern. Mehrwert kann auch bei der Übernahme neuer pädagogischer Ansätze festgestellt werden, die aktives Lernen und die Fähigkeit zu lebenslangem Lernen fördern.

Europäischer Mehrwert besteht auch in der Tatsache, dass transnationale Projekte in gewissem Umfang zur Verbesserung der Beschäftigungsfähigkeit junger Menschen beigetragen haben. Schüler haben mehrere Grundfertigkeiten erworben, die in der heutigen Berufswelt entscheidend sind. Sie haben verbesserte Sprachfertigkeiten erworben, die für mobile Arbeitskräfte unverzichtbar sind und ihre Beschäftigungsaussichten in ganz Europa erhöhen." (DELOITTE & TOUCHE 2000, S. 125).

Das ist nicht mehr als eine weitere Zusammenstellung von Vermutungen darüber, was europäischer Mehrwert sein könnte, ebenso beliebig wie die vorher zitierten, sodass wir auf weitere Funde aus der Mehrwertgrube verzichten können. Nur dass die Schulpartnerschaften der Aktion Comenius 1 im Programm Socrates I „aktiv interkulturelle Erziehung mit Menschen innerhalb und außerhalb Europas gefördert" haben, sodass „Stereotype abgebaut wurden" und „gegenseitiger Respekt und Verständnis" zunahmen (S. 124), kann zu erwähnen ich mir nicht verkneifen. Weil's so schön ist; ob's auch stimmt?

Dem Centre for Strategy and Evaluation Services schwant, dass mit dem europäischen Mehrwert nicht zu spaßen ist, und es beruft sich bei seinem Definitionsversuch auf eine autorisierte Quelle: „Die Kommission definiert ‚Gemeinschaftsmehrwert' als eine Situation, in der die Maßnahmen der EU Ergebnisse erzielen, die mit den Prinzipien der Subsidiarität (wo angestrebte Ziele nicht ausreichend durch nationale oder regionale Behörden erreicht werden können), der Proportionalität (Gemeinschaftsaktivitäten überschreiten nicht den zur Erreichung der Vertragsziele erforderlichen Umfang) und der Additionalität (die Gemeinschaftsförderung hilft, nationale Fördermittel einzuwerben) übereinstimmen. ‚Gemeinschaftsmehrwert' kann durch Prozesse, Prioritäten oder finanzielle Aspekte demonstriert werden, wobei die Maßnahmen in jedem Fall rein nationalen oder regionalen Anstrengungen Wert hinzufügen." (CSES 2004, S. 7).

Eine Belegstelle nachzuweisen, unterlassen die Autoren, ob aus Nachlässigkeit oder weil sie aus ihren Gesprächsnotizen abgeschrieben haben, bleibt offen. Interessant ist die Definition dennoch, denn sie zeigt, dass Definitionen des europäischen Mehrwerts je nach Position und Perspektive ihrer AutorInnen unterschiedlich ausfallen werden. Oder sollen wir annehmen, dass er allein in seiner Vereinbarkeit mit mehr oder weniger obskuren Klauseln der europäischen Verträge besteht? Was würde da aus der Mehrwertgenerierungspflicht der ProjektakteurInnen? Nicht dran rütteln, meinen DELOITTE & TOUCHE und können sich dennoch nicht erklären, warum „selbst die Projektverantwortlichen sich oft nicht sehr deutlich bewusst sind, wie die Projektaktivitäten zu europäischem Mehrwert (...) beitragen, bzw. dass sie dem nicht genügend Aufmerksamkeit widmen.“ (DELOITTE & TOUCHE 2000, S. 125).

Wow, DELOITTE & TOUCHE melden Kritik an, hoffentlich geht das gut! Wen kritisieren sie? Sie sagen es nicht ausdrücklich; heißt das, dass sie die sich möglicherweise kritisiert Fühlenden einladen, die heiße Kartoffel herumzureichen? Tun sie nicht: Der vorwurfsvolle Ton, in dem sie es sagen, schließt aus, dass die Kritik etwa an die Adresse der Kommission gerichtet sein könnte. Wenn in dieser Welt jemand zugemutet werden kann, sich Vorwürfe anzuhören, dann den Projektverantwortlichen.

Dennoch lässt sich aus der Mutprobe von DELOITTE & TOUCHE etwas lernen: Da von den Projektverantwortlichen kaum zu erwarten ist, dass sie sich nach erfolgter Bewilligung ihres Antrags darum sorgen, ob es bei der Entscheidung mit rechten Dingen (Subsidiarität, Proportionalität, Additionalität) zugegangen sei, dann müssen wir annehmen, dass der Mehrwert, um den sie sich so sündhaft wenig Gedanken machen, nicht derselbe ist wie der von der Kommission gepflegte: Aus der Perspektive der Projektverantwortlichen darf der europäische Mehrwert anders aussehen als aus der Perspektive der Europäischen Kommission.

Das ist aber auch schon so gut wie alles, denn dass der europäische Mehrwert eine Sache des Glaubens und Behauptens sei, haben wir schon gewusst. Dass die zitierten Ergebnisse tatsächlich erzielt worden sind, soll damit gar nicht bestritten sein, doch erfahren wir – abgesehen einmal von Mobilitäts- und Sprachunterrichtsprojekten, wo wir uns das auch ohne Zutun von DELOITTE & TOUCHE gedacht hätten – in keinem Fall, warum sie der Tatsache zu verdanken seien, dass sie *im Rahmen europäischer Zusammenarbeit* entstanden sind.

Was hindert uns zu fragen, ob z.B. die „Übernahme neuer pädagogischer Ansätze (…), die aktives Lernen und die Fähigkeit zu lebenslangem Lernen fördern“, auch ohne die Mühsal und Kosten der europäischen Kooperation bewerkstelligt werden könne, vielleicht sogar schneller, billiger, besser? Das Bejubeln der europäischen Kooperation ändert nichts daran, dass sie eine Angelegenheit voller Fallgruben ist: Das fängt an mit den zahllosen nicht nur sprachlichen Missverständnissen, die in transnationalen Diskussionen über jeweils „eigene“ berufliche Praxis unvermeidlich und ohne beharrliches Klären nicht auszuräumen sind; das hört nicht auf mit den nationalen Stereotypen, von denen keineswegs sicher ist, dass sie bloß deswegen abgebaut werden, weil Menschen verschiedener Nationalität gemeinsam an einem Projekt arbeiten, das sie unter Zeitdruck zusammengezimmert haben, oft ohne einander anders als von Partnersuch-Seiten im Internet zu kennen. Doch davon redet niemand.

Kurz, es geht zu wie bei CORTÁZAR, der in seinem Bericht „Über die Ausrottung der Krokodile in der Auvergne“ Verständnis dafür äußert, „dass die Behörden sich nicht dadurch lächerlich machen wollen, dass sie Tieren nachstellen, für deren Existenz keinerlei unwiderlegliche Beweise vorliegen". (CORTÁZAR 1980, S. 280).[7] Und wie bei CORTÁZAR die UNESCO, die FAO, die WHO, das Institut Butantan, die Gendarmerie und die Präfektur und wie oben schon wir lassen auch die europäischen Behörden sich nicht davon abbringen, dass das Fehlen eines Existenzbeweises noch lange kein Nichtexistenzbeweis sei und beharren auf dem Grundsatz, die Mehrwertexistenz sei möglich und beträchtlicher Anstrengungen wert.

Wenn aber einmal ein Krokodil gesichtet wird, das so knackegrün und so vorweltlich echsern beschuppt ist wie damals das in unseren Kinderbüchern – jahaa, dann wird es abgebucht und eingepökelt und ins europäische Mehrwertmuseum gerollt, wo es traurig glotzend den Beweis seiner unbestreitbaren Krokodilsexistenz verkörpert: „Die *Mobilitätsmaßnahmen* weisen eine hohe Effektivität auf. (...) Der *europäische Mehrwert* besteht darin, dass das Bewusstsein für die kulturelle Vielfalt sowie größere Toleranz gegenüber Unterschieden gefördert werden." (KEG 2004b, S. 6 – Hervorh. i. O.).

Ein bisschen blaues Blech wird ihm angezweckt, Erinnerung an die Strategie von Lissabon[8], noch ein Objekt der Anbetung, mit gelben Sternen schön geschmückt, warum denn nicht: „Der Gewinn an Beschäftigungsfähigkeit ist wahrscheinlich, der an beruflicher Kompetenz sicher." (KEG 2004b, S. 6). Die Frage heißt nicht, warum nicht; sie heißt: Warum? Soll das alles sein, was bei der Mehrwertgenerierung herauskommt – die Mehrwertgeneration? Ach Jugend, ach Bildung! Ach Europa.

Sehen wir uns lieber an, was wir bislang herausgebracht haben: Das Mehrwertgeld ist so abstrakt, wie sein Name es verspricht, gegenüber dem konkreten Gebrauchswert zutiefst gleichgültig. Mit ihm kann sich jeder was kaufen, die Europäische Kommission einen aufmunternden Spruch für den Europäischen Rat, das Schulpersonal punktuelle Verbesserungen der Unterrichtsqualität und eine persönliche Chance zu reisen, die Teilnehmer von Comenius-Fremdsprachenprojekten Möglichkeiten zum Erwerb von Kenntnissen in Sprachen, die normalerweise nicht auf ihrem Lehrplan stehen, die Bildungsmodernisierer ein Instrument zur Verbreitung von Innovation und bewährter Praxis, usw. In der Arbeitsmarktstatistik schlägt es auch zu Buche: Internationale Consultingfirmen, Kongressausrichter, das Reise- und Übersetzergewerbe, Experten für alles mögliche und manches andere. Und ganz nebenbei lernen die Europäer einander kennen. Warum also nörgeln?
Weil es so traurig ist, darum!

---

7 Nach der französischen Übersetzung von Laure Guille-Bataillon von mir freihändig ins Deutsche gebracht.

8 „Die Union hat sich heute ein **neues strategisches Ziel** für das kommende Jahrzehnt gesetzt: *das Ziel, die Union zum wettbewerbsfähigsten und dynamischsten wissensbasierten Wirtschaftsraum der Welt zu machen – einem Wirtschaftsraum, der fähig ist, ein dauerhaftes Wirtschaftswachstum mit mehr und besseren Arbeitsplätzen und einem größeren sozialen Zusammenhalt zu erzielen.*" (EUROPÄISCHER RAT 2000, S. 1 – Hervorh. i. O.).

Oder ist es etwa nicht traurig, dass so getan wird, als könnte diese gewaltige – und historisch vorbildlose! – Veranstaltung namens „transnationale europäische Bildungskooperation" mit so wenig gedanklicher Anstrengung auskommen; dass alles, was an ihr neu, unvorhergesehen und unvorhersehbar ist, mit ödem Wortbombast verkleistert wird, der die technokratische Politikroutine als alternativlos und die Mehrwertfrömmelei als allein selig machend anpreist?

Zum Glück ist es so, dass diese Rechnung nicht aufgeht. Meine Erinnerung jedenfalls sagt mir, dass vor, auf und nach vielen der transnationalen Projektsitzungen, Seminaren, Kolloquien etc., an denen ich teilgenommen habe, durchaus darüber nachgedacht und gestritten wurde, wozu die jeweilige Veranstaltung gut sein sollte oder gewesen war, was an Einsichten zu erhoffen bzw. erarbeitet worden sei, wie sie zu konsolidieren seien, ob sie vielleicht umsetzbar seien, und wenn ja, wie. Wer das unbedingt will, soll von mir aus solche Diskussionen ruhig als Auseinandersetzungen über europäischen Mehrwert bezeichnen, woraus er bestehe und wie er zu generieren sei. Das wäre immerhin ein Schritt auf dem Weg zu dem Eingeständnis, dass normal konstituierte Menschen sich zwar schwer damit tun, sich für europäischen Mehrwert zu begeistern, in der Regel aber nichts dagegen haben, sich Klarheit über die Zwecke ihres Tuns zu verschaffen.

Natürlich macht es den ProjektteilnehmerInnen Spaß, mal für ein paar Tage der Alltagsroutine zu entkommen, neue Menschen kennen zu lernen, auf andrer Leut Kosten zu verreisen, nebenbei vielleicht sogar ihrer Karriere einen Dienst zu erweisen, was weiß ich. Nur ist das eben nicht alles, und wer bereit ist, ein bisschen weiter zu denken als die zitierten nationalen Agenturen, wird sich darüber nicht wundern. Die weitaus meisten Teilnehmer an solchen Veranstaltungen haben sich jede Menge Zusatzarbeit aufgehalst, um ihr europäisches Projekt realisieren zu können, und sie wollen mehr davon haben als bloß ein bisschen Verbrüderung beim Wein. Ihr Problem besteht eher darin, dass sie oft nicht genau wissen, was sie sich realistischerweise von der Teilnahme an solchen Projekten versprechen können, und wie sie sich holen können, was zu haben wäre. Statt darüber zu zetern, dass die ProjektakteurInnen nicht zielstrebig in Mehrwertgenerierung investieren, sondern im Förderdschungel sammeln und jagen, was am Wegrand liegt, täten die europäischen Institutionen und ihre Evaluatoren besser daran, zusammenzutragen und zu ordnen, was die AkteurInnen der europäischen Projekte spontan, d.h. ohne sich vom europäischen Imponierjargon einschüchtern zu lassen, an sachlichem und methodischem Wissen produzieren, einfach weil sie aus ihren Projekten das Beste machen wollen. Wenn die europäischen Institutionen und ihre Evaluatoren das nur mit einem Minimum an Ernsthaftigkeit täten, könnte auch ihnen nicht lange verborgen bleiben, wie viel interessanter und fruchtbarer es wäre, die Fragen nach der europäischen Kooperation aus der Nähe zu betrachten und zu analysieren statt hohlen Jargon („genereller Mehrwert für die europäische Union") draufzuschmeißen.

Wenn die europäischen Institutionen (Kommission, Parlament, Rat) sich über europäische Kooperationsprogramme einigen wollen, müssen sie sich andere Fragen über Ziele und Management dieser Programme stellen als später die am Programm beteiligten AkteurInnen – das ist nicht das Problem. Und wenn die Ratsmitglieder sich wieder in ihre Alltagsgestalt als nationale MinisterInnen zurückverwandelt haben, werden sie ihre Fragen noch einmal anders stellen, und auch die UniversitätspräsidentInnen, MitarbeiterInnen der nationalen Agenturen, SchulleiterInnen, LehrerbildnerInnen oder LehrerInnen usw. werden sich ihre Fragen auf je eigene Weise stellen müssen.[9] Falls schließlich der europäische Mehrwert auch mit Inhalten zu tun haben sollte, werden die DidaktikerInnen aus sozial- und geisteswissenschaftlichen Fächern sich ihre Fragen noch einmal anders stellen müssen als ihre KollegInnen aus Mathematik und Naturwissenschaften, und die TeilnehmerInnen eines Projekt über Selbstevaluation als Strategie des *school improvement* noch einmal anders. Alle sind mit denselben Fragen beschäftigt, aber je nach Ziel und Gegenstand der Kooperation, Position der Fragenden im Bildungssystem und den sich daraus ergebenden Zwängen anders: Was versprechen wir uns davon, wie holen wir es uns? Haben wir es gekriegt? Wenn ja, wie; und wie sieht es aus? Wenn nein, warum nicht? – In den Projekten werden diese Fragen täglich gestellt; warum versucht niemand zu erfahren, wie die Antworten lauten?

Wie könnten die Fragen aussehen, wenn sie von TeilnehmerInnen an europäischen Projekten gestellt werden, die sich mit Fragen der schulischen Bildung in gesellschaftlichen Kontexten befassen, die von Migrationsfolgen gekennzeichnet sind? Und wie die Antworten?

Kommen wir noch einmal auf die Erfahrungen zurück, die Heinz Reich und ich (und viele andere, von denen einige zu diesem Band beigetragen haben) damals gemacht haben: Wir hatten die Chance bekommen, Modellversuche zur schulischen Erziehung der Kindern von Eingewanderten zu vergleichen, und das über einen relativ langen Zeitraum hinweg, insgesamt zehn Jahre. Unser ursprüngliches Interesse dabei war, durch das Vergleichen Möglichkeiten zur Verbesserung der öffentlichen Schulbildung dieser Kinder ausfindig zu machen. Unsere leitenden Qualitätskriterien waren Chancengleichheit und Respektierung des kulturellen Erfahrungshintergrunds dieser Kinder; aus diesem zweiten Prinzip wurde im Lauf der Zeit das der interkulturellen Erziehung.

Da wir es mit einer kleinen Zahl von Projekten zu tun hatten, die weitgehend unabhängig voneinander arbeiteten und unterschiedliche pädagogisch-didaktische Konzepte verfolgten, konnten wir gar nicht anders, als qualitativ und „verstehend“ zu arbeiten. Zumindest in der Anfangsphase war allen Projekten gemeinsam, dass sie Pilotcharakter beanspruchten, d.h. darauf aus waren, neue Wege des Unterrichts in den

9 Nur die TeilnehmerInnen an Mobilitätsmaßnahmen können aufs Fragen verzichten, sie sind mit europäischem Mehrwert bestäubt wie der Guglhupf mit Puderzucker.

Sprachen der Einwanderungsländer bzw. in den Herkunftssprachen der Schüler sowie später auch im interkulturellen Unterricht zu erforschen. Das hieß, dass wir sie keinesfalls als Musterbeispiele oder gar Schaukästen nationaler Bildungspolitiken auffassen durften, sondern uns im Gegenteil bemühen mussten, herauszuarbeiten, was an ihnen jeweils „besonders" war. Um ihre Innovationsstrategien verstehen zu können, mussten wir uns zunächst einen Begriff von den spezifisch nationalen Kontexten machen, auf die diese Innovationsstrategien einwirken wollten. Das fing an mit den didaktischen Konzepten der Lehrer, Fragen der Schulorganisation und Lehrerausbildung, Traditionen und Normen des (Fremd-)Sprachenunterrichts, hörte mit Geschichte und Struktur der Bildungssysteme noch lange nicht auf, sondern ging weiter zu den Einwanderungs- und „Integrationspolitiken", den bildungspolitischen Konzeptionen zur Bewältigung der Migrationsfolgen und endete erst bei den gesellschaftlichen Machtverhältnissen und den mit ihnen verschwisterten nationalen Traditionen, die dafür sorgen, dass alle das Gleiche tun, aber auf je eigenartige Weise.

Vor allem hieß das, dass wir feste lernen mussten, sachlich wie methodisch. Den Teilnehmern von transnationalen Schulprojekten, die sich mit ganz ähnlichen Fragen herumschlagen, geht es nicht anders. Gewiss: Sie tun das nicht als Wissenschaftler, sind nicht drauf gedrillt, aus bloßer Lust am Fragen nachzuhaken, weiterzubohren, nachzulesen etc.; sie haben keine zehn Jahre Zeit und sind selten darauf aus, ihre Erfahrungen zu Büchern zu verarbeiten. Wenn sie sich über ihre Interessen keine Illusionen machen (und die wenigsten tun das), dann wollen sie lernen, wie sie ihre berufliche Praxis verbessern können. Und sie lernen so, wie man das eben tut, wenn man es mit Unbekanntem, d.h. mit Dingen zu tun hat, die man am besten aus dem eigenen Vorurteil kennt: Sie fangen forsch an, besinnen sich allmählich, tasten sich durchs Dunkel, erinnern sich an ihre Lesefähigkeit, fragen, fragen wieder, überprüfen Urteile, revidieren Irrtümer, finden sich allmählich zurecht, verlaufen sich hoffnungslos, verstehen gar nichts mehr, verlieren die Lust am Fragen und – fangen wieder von vorn an zu fragen. Die meisten, meistens. Und sie tun noch etwas, was wir damals taten: Sie evaluieren, sogar mehr als ihnen klar ist. Meistens evaluieren sie die Anderen, manchmal aber auch sich selbst, ihr Selbstbild, ihre Irrtümer, ihre Einsichten.

Alles das unterscheidet sich nicht grundlegend von dem, was auch Heinz Reich und ich damals getan haben. Gewiss macht die Summe der vielen graduellen Unterschiede einen qualitativen aus: Die AkteurInnen europäischer Projekte arbeiten meist in Schulen, lokalen Behörden oder Nichtregierungsorganisationen und neigen nicht selten zu einer gewissen Laxheit in Fragen der methodologischen Selbstkontrolle. Dennoch schlage ich vor, ihr Tun als eine ins Praktische gewendete Spielart des transnational vergleichenden Sozialforschens aufzufassen. Das klingt gleich ganz anders und macht den Blick frei für das, woraus der europäische Mehrwert in Wirklichkeit besteht: Bewegung in der grauen Masse, neue Fragen, neue Ideen, neue Zweifel, neue Irrtümer, neue Einsichten; im glücklichen Fall veränderte Praxis.

Immer noch unbeantwortet ist indessen die Frage, was denn den transnationalen Gedanken- und Erfahrungsaustausch von dem Austausch unterscheide, den die AkteurInnen solcher Projekte „zuhause“ als Bestandteil ihrer Alltagspraxis pflegen.

Zwei Unterschiede erscheinen mir wichtig: Der erste dürfte für alle transnationalen Projekte gelten und besteht darin, dass sie aus dem Alltag herausgenommen sind und insofern Raum für experimentelles Denken und offenes Fragen lassen. Ob indes die Zeit ausreicht, um die „richtigen“, d.h. die Fragen zu entdecken, die sich „zuhause“ für veränderte Alltagspraxis der TeilnehmerInnen fruchtbar machen lassen, ist eine andere Sache. Bei einer Projektdauer von höchstens drei Jahren sind zwei bis drei Projektsitzungen jährlich nicht viel, der Austausch zwischen den Projektsitzungen kommt den neuen Kommunikationstechnologien zum Trotz nicht ohne weiteres in Gang, und der Zwang zur Produktion vorzeigbarer, nach Möglichkeit „disseminationsfähiger“ Resultate verringert die Zeit zum „Fragen“, d.h. zum „Lernen“.[10] Aus der verfügbaren Zeit das meiste zu machen, ohne sich von ihrer Knappheit peitschen zu lassen, ist keine Kleinigkeit. Dabei vermag in gewissen Grenzen die qualifizierte Ausübung einer Kunst helfen, die im Französischen mit dem schönen Wort *animation* bezeichnet wird und fast das Gegenteil von Moderation ist, nämlich nichts mit Mäßigung, aber alles damit zu tun hat, einer Diskussion Seele (Verstand, Witz, Kenntnisreichtum, Humor, etwas distanzierte Disziplin) einzuhauchen. Dazu gleich mehr.

Der zweite Unterschied zwischen transnationalem und häuslichem Gedankenaustausch gilt vermutlich nur für Projekte gesellschaftswissenschaftlicher Thematik, deren TeilnehmerInnen eine einzigartige Chance bekommen, ihren Nationalismus zu sondieren. Über den stolpern sie mit fast traumwandlerischer Sicherheit. Ich habe jahrelang in transnationalen Kontexten mit SpezialistInnen für die Erziehung von Kindern mit Migrationshintergrund und ihren mit Migrationsfolgen befassten KollegInnen aus der Sozialpolitik zusammengearbeitet und dabei oft beobachtet, dass sie – auf Anti-Nationalismus eingefuchst wie sie sind – leicht vergessen, dass der Nationalismus neben seinen verbiesterten Varianten unauffälligere Spielarten kennt, das Befangensein in Denk- und Sichtweisen, an deren Grenzen das im jeweiligen nationalen Kontext als denkmöglich Zugelassene vom Ausländischen und Spinnerten[11] geschieden wird.

---

10 In ähnlicher Weise lähmend wirkt die Ideologie von der „Übertragung guter Praxis“, die asymmetrische Kommunikationsverhältnisse bekräftigt (Die einen „haben“, die anderen „übertragen“ „gute Praxis“.) und das Lernen der TeilnehmerInnen unter die Kuratel von abstrakten, inhaltlich nicht explizierten Standards stellt, die nichts weiter tun als zur Stabilisierung der Herrschaftsverhältnisse beitragen, denen sie sich verdanken und die sie voraussetzen. Was heißt Modernisierung, was Verbesserung der Bildungssysteme? In welche Richtung fließen die Transferströme? Wie sieht die „gute Praxis“ aus, die sie transportieren?

11 „*Outlandish (...)*: 1. Foreign, alien; not native or indigenous. 2. Foreign-looking, of foreign fashion; unfamiliar, strange; odd, bizarre, uncouth. 3. Out-of-the-way, remote; far removed from civilization (now usu. derogatory).“ (SOED 1978, S. 1474).

Statt alle Beteiligten als AkteurInnen sozialen und politischen Wandels anzusehen, wie sie es für sich selbst – meist zu Recht – in Anspruch nehmen, neigen die TeilnehmerInnen solcher Projekte nicht selten dazu, einander wie Repräsentanten der Länder zu betrachten, aus denen sie kommen. Das verleitet sie dazu, auch sich selbst als Abgesandte misszuverstehen und zu verhalten, mit all den Folgen, die das haben muss: Wenn sie mit den „Anderen" sprechen, sagen sie „wir", wenn sie „bei mir zuhause" meinen, vergessen, wie sie sich dort („zuhause") täglich über „die da" (andere „Andere") ärgern, klären Missverständnisse auf, die sie nicht für solche halten und sagen auch sonst allerlei Dinge, die ihnen „zuhause" im Traum nicht einfallen würden, kurz, führen sich als Sprecher „ihres" Landes auf, tun es ohne Zwang und merken es nicht.

An solchen Situationen wird anschaulich, was kunstgerechte interkulturelle *animation* leisten muss, um die in die transnationale Kommunikation der „Nationalen" eingezogenen Fallstricke übersteigen zu helfen. Ein kniffliger Job; wer ihn erfolgreich machen will, muss wissen, dass die Sachen, die im Projekt verhandelt werden, nicht von der Weise getrennt werden können, in der die einen wie die anderen sie „zuhause" zu diskutieren gewohnt sind, muss von diesen Sachen mehr als bloß eine vage Ahnung haben, sollte die Kontexte in den Herkunftsländern der KooperationspartnerInnen kennen sowie Erfahrungen mit transnationaler Interkulturalität und eine gutgefüllte Kiste mit Animationstricks mitbringen. Eine Dosis skepsisgehärteter Mehrwerthoffnung tut keinen Schaden. Eine Profession wird daraus nicht, Professionalität muss trotzdem sein. Da jedoch diese Aufgabe meist bei den ProjektkoordinatorInnen hängen bleibt, die ihre Rolle vor allem der Tatsache verdanken, dass sie den Antrag initiiert und koordiniert haben und bei der Projektabrechnung dasselbe zu tun versprochen haben, ist es um die Professionalität schlecht bestellt: Wer für Respektierung von Antragsfristen sorgen und Budgets wasserdicht machen kann, braucht deswegen noch lange nicht zu wissen, wie interkulturelle Kommunikation in transnationalen Situationen „animiert" werden kann.

Eine gute *animation* dagegen kann sich den Umstand zunutze machen, dass die transnationale Kooperation, da sie andere als die gewohnten „Anderen" ins Spiel bringt – nämlich „Andere", die meinesgleichen sind und nicht sind – die Beteiligten vor verdoppelte Spiegelungen des „Selbst" stellt, in denen sie sich selbst wie „Andere" oder gar als „Fremde" gegenüberstehen.

Schon die unvermeidliche, meist als lästig empfundene („Lasst uns nicht mit solchen Fragen Zeit verlieren: Wissen wir etwa nicht, worüber wir reden?") und daher im Schnellgang absolvierte Diskussion darüber, wie diejenigen, die alle (?) als die „Anderen" zu denken gewohnt sind (*„ethnic minorities", „populations issus de l'immigration"*, „Menschen mit Migrationshintergrund", usw.) zu bezeichnen seien, vielleicht sogar darüber, und warum diese Bezeichnungen zutreffend bzw. falsch oder gar Ausdruck verdächtigen Denkens seien, kann sowohl das Abspulen automatisierter Argumentationsmuster als auch Reaktionen von großer Heftigkeit auslösen. Sehr schnell zeigt sich, dass wir keineswegs gewiss wissen, worüber (über wen!) „wir“ reden, und dass es bei dieser Frage nicht allein darum geht, über wen geredet wird, sondern darum, wer über wen redet, wie und warum. Und um das, was dieses Reden verschweigt, und was es über „uns“ sagt. Die scheinbar so nüchterne Frage, worüber zu reden sei, ruft mächtige Identifikationen auf den Plan, die mir die „anderen Anderen“, die ich eben nicht als „Andere“, sondern als „meinesgleichen“ und insofern vertraut zu denken gewohnt bin, plötzlich als nicht ohne Weiteres begreiflich, vielleicht als unbegreiflich verbohrt, jedenfalls aber als fremd, erklärungsbedürftig erscheinen lassen. Umgekehrt mich ihnen, und in ihrem Spiegel wiederum mich mir selbst.

Jedoch kann diese Diskussion – wenn sie gut animiert wird – mir diese „anderen Anderen“ („meinesgleichen“) auch als mit Hilfe soziologischer Kategorien und historischen Wissens erklärbar erscheinen lassen. Das muss nicht unbedingt heißen, dass ich sie verstehen werde, braucht das auch deswegen nicht zu tun, weil es bei der transnationalen Kooperation von AkteurInnen der „Integration“, anders als diese AkteurInnen verständlicherweise meist annehmen, nicht in erster Linie darum geht, dass ich die „anderen Anderen“ verstehen lerne, sondern vielmehr darum, dass ich lerne, in ihrer Spiegelung meiner selbst als fremd inne zu werden, d.h. als erklärungsbedürftig und als mit Hilfe soziologischer Kategorien und historischen Wissens erklärbar.

Dass diese Verfremdungseffekte sich auch an anderen Gegenständen entzünden können, liegt auf der Hand. Entscheidend wichtig ist dagegen, dass die *animation* sich dem in derartigen Situationen auftretenden spontanen Wunsch der TeilnehmerInnen nach möglichst breiter Information verweigert und statt dessen auf thematische Engführung der Debatte hinarbeitet. Ein transnationales Kooperationsprojekt ist nicht die Gelegenheit, sich umfassende Kenntnisse über die historische Bedingtheit von Einwanderungspolitiken „anderer“ Länder anzueignen. Aber die verfremdenden Einsichten, die an Einzelfragen erarbeitet werden, strahlen zurück in gewohnte Denk- und Wahrnehmungsmuster und lassen scheinbar Vertrautes in unsicherem Licht erscheinen.

Das transnational vergleichende Sozialforschen über die Folgen der modernen Migrationen sowie über die politische und gesellschaftliche Verarbeitung dieser Folgen – auch das der „Praktiker“, die sich in „ihren“ Gesellschaften mit diesen Folgen und den Formen ihrer Verarbeitung herumschlagen – kann den Blick auf einen grundlegenden Sachverhalt der Migrationssoziologie freimachen, den der algerisch-französische Soziologe Abdelmalek SAYAD so beschrieben hat: „Die Kategorien, mittels derer wir die Einwanderung (und allgemein unsere gesamte gesellschaftliche und politische Welt) denken, sind soziale, ökonomische, kulturelle und ethische (Man kann sich den Raum nicht zu groß vorstellen, den die Moral in der Wahrnehmung des Phänomens der Einwanderung beansprucht.), letztlich also politische Kategorien; kein Zweifel: sie sind objektiv (d.h. ohne unser Wissen und folglich auch unabhängig von unserem Wollen) nationale – oder eben nationalistische – Kategorien. Die Strukturen unseres politischen Alltagsverstandes, der sich spontan in unserer Vision der Welt niederschlägt und über weite Strecken für sie konstitutiv, zugleich aber auch ihr Produkt ist, sind in ihrem Kern *nationale* Strukturen und zeitigen entsprechende praktische Folgen. Sie sind strukturierte Strukturen in dem Sinne, dass sie gesellschaftlich und historisch bestimmt sind; zugleich sind sie strukturierende Strukturen in dem Sinne, dass sie unsere gesamte Vorstellungswelt und in deren Folge die Welt selbst prägen und organisieren" (SAYAD 1999, S. 395 f.). Dies sei, so SAYAD nach fünfundzwanzig Jahren des Forschens über die gesellschaftliche Konstruktion der „Immigration", „vielleicht einer der letzten Sachverhalte, die man entdeckt, wenn man das Problem der Einwanderung reflektiert und über die Einwanderung arbeitet, obwohl man ohne Zweifel damit hätte anfangen müssen oder es zumindest, bevor man anfing, hätte wissen müssen" (ibd., S. 396).

Anders gesagt: Die sog. Einwanderungs- und Integrationspolitiken drehen sich nicht allein darum, die Substanz, d.h. das Selbstbild der Nation zu schützen, sondern auch darum, es im Spiegel der „Anderen" immer aufs Neue neu zu konstruieren. Aus dieser Perspektive macht es dann keinen gar so erheblichen Unterschied mehr, ob dabei die „Substanz" der Nation – das als ihr wesentlich eigen Gedachte – als aus universalistischen Prinzipien abgeleitet oder als aus einer Volksidentität quellend imaginiert wird, ob also, was da an Unreinem in Umlauf kommt, als „Blut" oder als „partikularistisches Denken" gefürchtet wird.[12]

Das transnational vergleichende Sozialforschen der sog. Praktiker aus den verschiedenen Bereichen der „Integrationspolitik" kann – noch einmal: wenn es gut animiert wird, und wenn die Zeit reicht – einen kurzen Weg zu einer Grundeinsicht der Migrationssoziologie bahnen, die nicht deswegen so leicht vergessen wird, weil sie so schwer zu begreifen ist, sondern die im strengen Sinne des Wortes verdrängt, d.h. vom Bewusstsein ausgeschlossen wird. Für die AkteurInnen der „Integrationspolitiken" *kann* der Mehrwert der transnationalen europäischen Kooperation darin bestehen, dass sie sich fremd und erklärungsbedürftig werden, d.h. Grundtatsachen ihrer (kulturellen, politischen, moralischen, etc.) Sozialisation als national determiniert zu begreifen und zu ihnen Distanz zu gewinnen lernen, d.h. sie zu historisieren und sich damit das kleine bisschen Freiheit zu erarbeiten, das nötig ist, um sich von der transnationalen Kooperation auf ungehörige Gedanken bringen zu lassen, ihren Horizont zu durchlöchern und ihr Lernen in eigene Regie zu nehmen. Ziemlich genau das, was auch interkulturelle Bildung will.

Gewiss, bevor sie sich daran machen, die Kooperation für Veränderungen ihrer eigenen Praxis fruchtbar zu machen, werden sie die spezifischen Fachfragen, die sie mit Hilfe ihres Projekts bearbeiten wollen, noch einmal durchdeklinieren müssen.

12 Nachgerade schulbuchmäßig sauber hat das jüngst die französische Debatte über das Tragen des Kopftuchs in der Schule vorgeführt. Wie da ein abstrakter Universalismus zum Privatbesitz und Geburtsmal der französischen Nation ausgerufen wurde, das hatte äußerst merkwürdigen Schwung. Für Deutschland hat RÄTHZEL (1997) analysiert, wie die „Anderen" in den Dienst der nationalen Imagination genommen werden.

Welche Folgen das dann im Einzelnen für ihre Weiterarbeit an diesen Fachfragen hat, kann hier offen bleiben: ist ihre Sache. Doch mit der „Übertragung guter Praxis" wird das dann nicht mehr viel zu tun haben. Der „europäische Mehrwert" besteht nicht aus sauber abgebuchten Produkten, sondern aus unsauberen Gedanken. Die sind schwerer zu haben als der europäische Beamtenverstand sich das erträumt, und noch schwerer nachzuweisen. Mit Fehlschlägen ist zu rechnen; dennoch könnte die Mühe sich lohnen.

Die Förderbedingungen der europäischen Bildungsprogramme zwingen in fast allen Fällen die „Endbegünstigten" zur Vorlage gemeinsam erarbeiteter Produkte, die als Nachweis ordnungsgemäß stattgehabter Mehrwertgenerierung dienen und, sofern sie plangemäß unters Publikum gebracht („disseminiert") worden sind, die Auszahlung des Fördersaldos auslösen. Neben der Beruhigung des Rechnungshofs dient das sicher auch dem Zweck, die Projekte auf den Weg zu konzentrierter Arbeit zu bugsieren. Gut gemeint, gewiss; ob auch gut gedacht? Ich habe keine Hinweise dafür finden können, dass nach erfolgter Produktion, „Dissemination", Auszahlung der Restmittel und Schließung der Akte sich irgend jemand dafür interessiert, was diese Produkte taugen, ob von ihnen Gebrauch gemacht wird, geschweige denn welcher. Dass der Mehrwert dieser Produkte so wenig analysiert wird, bringt mich ein weiteres Mal auf die Frage, ob die Propheten der Mehrwertgenerierung ihrer Sache so sicher seien, wie sie glauben machen möchten. Es wäre der Produktivität der transnationalen Kooperation förderlicher, die Chancen für qualifizierte transnationale *animation* (und Evaluation) der Kooperation zu verbessern, d.h. sie verbindlich zu machen.

Das würde freilich die Bereitschaft voraussetzen, sich auf Debatten über qualitative Fragen einzulassen statt sich an Leerformeln wie „Qualität", „europäische Dimension", „europäischer Mehrwert" etc. hochzuziehen. Soll man von den europäischen Institutionen erwarten, dass sie trotz der Unwägbarkeiten einer diskursiven Entwicklung von inhaltlichen und methodischen Qualitätskriterien ihr priesterliches Definitionsmonopol aufgeben? Dem steht nicht der Text der Verträge entgegen, indes sehr wohl das Interesse der Administrationen am *streamlining* des Programm-Managements.

Anders dürfte das bei den BasisakteurInnen der transnationalen Kooperation aussehen, die ein eigenes Interesse an brauchbaren Resultaten haben. Für sie geht es nicht um das Generieren abstrakten Mehrwerts, sondern um das Aneignen der europäischen Kooperation und der Gebrauchswerte, die bei ihr herausspringen (können). Ohne einen gewissen Listenreichtum und eine Dosis Standfestigkeit werden sie allerdings nicht auskommen. Skeptisch wird man sein dürfen; verzweifeln muss man nicht.

Literatur:

BARBIER FRINAULT & ASSOCIÉS (2003a): Evaluation ex post de l'action Comenius 2 du programme Socrates I, Rapport final. o.O. (Brüssel). http://www.europa.eu.int/comm/dgs/education_culture/evalreports/education/2004/comiisoci/comIIsocIxprep_fr.pdf

BARBIER FRINAULT & ASSOCIÉS (2003b): Evaluation intermédiaire de l'action Comenius 2 du Programme Socrates II, Rapport final. o.O. (Brüssel). http://www.europa.eu.int/comm/dgs/education_culture/evalreports/education/2004/comiisocii/comIIsocIIintrep_fr.pdf

BOOS-NÜNNING, Ursula u.a. (1983): Aufnahmeunterricht, Muttersprachlicher Unterricht, Interkultureller Unterricht. – München.

CORTÁZAR, Julio (1980): Sur l'extermination des crocodiles en Auvergne. In: Cortázar, J.: Le tour du jour en quatre-vingts mondes. – Paris.

CSES (2004): Centre for Strategy and Evaluation Services: Impact of School Partnerships (Socrates II/Comenius 1 2000–2006). o.O. (Brüssel). http://www.europa.eu.int/comm/dgs/education_culture/evalreports/education/2004/comisocii/comIsocIIintrep_en.pdf)

DELOITTE & TOUCHE (2000): Evaluation of European school partnerships under Comenius Action 1 & Lingua Action E. o.O. (Brüssel). http://www.europa.eu.int/comm/education/programmes/socrates/comenius/evaluation/soc1com1_en.pdf

EG = EUROPÄISCHE GEMEINSCHAFTEN (1976): Entschließung des Rats und der im Rat vereinigten Minister für Bildungswesen mit einem Aktionsprogramm im Bildungsbereich vom 9.2.1976. In: ABl. EG, Nr. C 38/1 vom 19.02.1976.

EG = EUROPÄISCHE GEMEINSCHAFTEN (2000): Beschluß Nr. 253/2000/EG des Europäischen Parlaments und des Rates vom 24. Januar 2000 über die Durchführung der zweiten Phase des gemeinschaftlichen Aktionsprogramms im Bereich der allgemeinen Bildung Sokrates. In: ABl. EG, Nr. L 28/2 vom 3.2.2000.

EU = EUROPÄISCHE UNION (1995): Textsammlung, Band I, Teil 1. – Luxemburg (Amt für amtliche Veröffentlichungen der Europäischen Gemeinschaften).

EU = EUROPÄISCHE UNION (2004): Vertrag über eine Verfassung für Europa. In: ABl. EU, Nr. C 310 vom 16.12.2004.

EUROPÄISCHER RAT (2000): Schlussfolgerungen des Vorsitzes, Europäischer Rat vom 23. und 24. März 2000. http:/ue.eu.int/ueDocs/cms_Data/docs/pressData/de/ec/00100-r1.d0.htm

KEG (2000): Kommission der EG: Leitfaden für Antragsteller für das Sokrates-Programm. o.O.; (Brüssel). http://europa.eu.int/comm/education/programmes/socrates/downfile/guidede.pdf

KEG (2004a): Zwischenbericht über die erzielten Ergebnisse und über die qualitativen und quantitativen Aspekte der Durchführung der zweiten Phase des gemein-

schaftlichen Aktionsprogramms im Bereich der allgemeinen Bildung ‚Sokrates'. KOM (2004) 153 endgültig, 8.3.2004.
http://www.europa.eu.int/comm/education/programmes/evaluation/intsocrates_de.pdf

KEG (2004b): Kommission der Europäischen Gemeinschaften: Vorschlag für einen Beschluss des Europäischen Parlaments und des Rates über ein integriertes Aktionsprogramm im Bereich des lebenslangen Lernens. KOM (2004) 474 endgültig, 14.7.2004.
http://www.europa.eu.int/comm/dgs/education_culture/newprog/com4_de.pdf

RÄTHZEL, Nora (1997): Gegenbilder der deutschen Nation. Nationale Identität durch Konstruktionen des Anderen. – Opladen.

REID, Euan/REICH, Hans H. (Hrsg.) (1992): Breaking the Boundaries. Migrant Workers' Children in the EC. – Clevedon.

SAYAD, Abdelmalek (1999): Immigration et « pensée d'Etat ». In: Sayad, A.: La double absence. Des illusions de l'émigré aux souffrances de l'immigré. – Paris, S. 393–413.

SOED (1978): The Shorter Oxford English Dictionary on Historical Principles. – Oxford.

Autorinnen und Autoren

Prof. Dr. Ernst APELTAUER
Universität Flensburg, Abt. Deutsch als fremde Sprache
Am Campus 1, 22943 Flensburg

Prof. Dr. Ursula BOOS-NÜNNING
Universität Duisburg-Essen, Standort Essen, Fachbereich 2
Universitätsstr. 12, 45117 Essen

Prof. Dr. Michael DAMANAKIS
Universität Kreta, Fachbereich Erziehungswissenschaft
Stavromenos, GR – 74 100 Rethymnon

Hildegard DIRIM
Sancak Mah., 216. Sokak 2/7, TR – 06550 Ankara, Türkei

Prof. Dr. İnci DIRIM
Universität Hannover, Fachbereich Erziehungswissenschaften, Institut für Erziehungswissenschaft, Bismarckstr. 2, 30173 Hannover

Prof. Dr. Ingrid GOGOLIN
Universität Hamburg, Institut für International und Interkulturell Vergleichende Erziehungswissenschaft, Von-Melle-Park 8, 20146 Hamburg

Milena HIENZ DE ALBENTIIS
Gaußstr. 15, 53125 Bonn

Prof. Dr. Manfred HOHMANN
Sternstr. 15, 48145 Münster

Prof. Jens Normann JØRGENSEN
Institut for Nordiske Studier og Sprogvidenskab, Københavns Universitet
Amager, Njalsgade 120, DK – 2300 København 5

Dr. Annette KLIEWER
4, rue des Tilleuls, F – 67160 Wissembourg

Dr. Sjaak KROON
Babylon Universiteit van Tilburg
Postbus 90153, NL – 5000 LE Tilburg

Prof Dr. Marianne KÜGER-POTRATZ
Westfälische Wilhelms-Universität Münster, Arbeitsstelle für interkulturelle Pädagogik, Georgskommende 33, 48143 Münster

Univ.-Prof. Dr. Hans-Jürgen KRUMM
Lehrstuhl Deutsch als Fremdsprache, Institut für Germanistik der Universität Wien, Dr. Karl Lueger-Ring 1, A – 1010 Wien

Dr. Katharina KUHS
Universität Koblenz-Landau, Campus Landau, Institut für Bildung im Kindes- und Jugendalter – Arbeitsbereich Interkulturelle Bildung –
Thomas-Nast-Str. 44, 76829 Landau/Pfalz

Prof. Dr. Gudula LIST
Kaiserstr. 17, 13589 Berlin

Dr. Günther LIST
Kaiserstr. 17, 13589 Berlin

Prof. Dr. Ursula NEUMANN
Universität Hamburg, Institut für International und Interkulturell Vergleichende Erziehungswissenschaft, Von-Melle-Park 8, 20146 Hamburg

Prof. Dr. Dr. h.c. Dieter OBERNDÖRFER
Arnold Bergstraesser Institut für kulturwiss. Forschung
Forschungsinstitut zu Politik u. Gesellschaft überseeischer Länder
Windaustr. 16, 79110 Freiburg

Prof. Dr. Hanns PETILLON
Universität Koblenz-Landau, Fachbereich 5: Erziehungswissenschaft
Institut für Bildung im Kindes- und Jugendalter
August-Croissant-Str. 5, 76829 Landau

Tülin POLAT
Istanbul Üniversitesi Hasan Ali, Yücel Eğitim Fakültesi Alman Dili, Eğitimi Anabilim Dali, Besim Ömerpaşa cad. 11, 34470 Beyazit/Istanbul, Türkei

Heide REICH
Sachsenstr. 7, 76829 Landau/Pfalz

Prof. Dr. Hans-Joachim ROTH
Universität zu Köln, Erziehungswissenschaftliche Fakultät, Abt. für allgemeine Pädagogik, Gronewaldstr. 2, 50931 Köln

Ludwig SOUMAGNE
geboren am 11. Juni 1927 in Norf (heute: Neuss-Norf), Bäcker- und Konditormeister und Mundartautor, lebte zuletzt auf der Museumsinsel Hombroich, gestorben am 22. Oktober 2003

Prof. Dr. Wilfried STÖLTING
Carl von Ossietzky-Universität Oldenburg, Interdisziplinäres Zentrum für Bildung und Kommunikation in Migrationsprozessen (IBKM)
Postfach 2503, 26111 Oldenburg

Nilüfer TAPAN
Istanbul Üniversitesi Hasan Ali, Yücel Eğitim Fakültesi Alman Dili, Eğitimi Anabilim Dali, Besim Ömerpaşa cad. 11, 34470 Beyazit/Istanbul, Türkei

Prof. Dr. Ton VALLEN
Faculteit Communicatie & Cultuur, Universiteit Tilburg (U39)
Postbus 90153, NL – 5000 LE Tilburg

Fritz WITTEK
11, rue Pierre Bonnard, F – 75020 Paris